数字经济学术前沿研究丛书

丛书主编 ◎ 王文举　吴卫星

执行主编 ◎ 陈彦斌

数字经济发展

SHUZI JINGJI FAZHAN
DUI JIUYE ZONGLIANG JIEGOU
JI ZHILIANG DE YINGXIANG
YU TISHENG JIZHI YANJIU

对就业总量、结构及质量的影响与提升机制研究

刘翠花 ◎ 著

首都经济贸易大学出版社

Capital University of Economics and Business Press

·北京·

图书在版编目（CIP）数据

数字经济发展对就业总量、结构及质量的影响与提升
机制研究 / 刘翠花著. -- 北京 : 首都经济贸易大学出
版社，2024. 11. -- ISBN 978-7-5638-3762-5

Ⅰ．F241.4

中国国家版本馆 CIP 数据核字第 20248JQ089 号

数字经济发展对就业总量、结构及质量的影响与提升机制研究

刘翠花　著

责任编辑	晓　地	
封面设计	**砚祥志远·激光照排** TEL: 010-65976003	
出版发行	首都经济贸易大学出版社	
地　　址	北京市朝阳区红庙（邮编 100026）	
电　　话	(010) 65976483　65065761　65071505（传真）	
网　　址	http://www. sjmcb. com	
E - mail	publish@ cueb. edu. cn	
经　　销	全国新华书店	
照　　排	北京砚祥志远激光照排技术有限公司	
印　　刷	北京九州迅驰传媒文化有限公司	
成品尺寸	170 毫米×240 毫米　1/16	
字　　数	404 千字	
印　　张	25.5	
版　　次	2024 年 11 月第 1 版　2024 年 11 月第 1 次印刷	
书　　号	ISBN 978-7-5638-3762-5	
定　　价	96.00 元	

前　言

人工智能、大数据、云计算、移动通信（5G）商用等数字技术不断创新与融合发展，数字经济发展不仅引领着社会生产力不断提升，更对就业领域产生了深刻影响。就业是最大的民生，是国民经济的"晴雨表"和社会稳定的"压舱石"。党的二十大报告指出："坚持就业优先战略，促进高质量充分就业。"数字经济的快速发展，助力创造了众多新生岗位和职业，吸纳了大量群体就业，各种灵活就业发展迅速，规模不断扩大，已经成为稳就业、保民生的重要途径。数字经济快速发展推动产业结构加快了数字化变革进程，速度远超以往任何时期，而与产业结构变化相对应的是就业结构转型，依托数字技术的平台经济、共享经济催生的新产业、新业态，对就业结构和劳动力资源配置产生了重要影响。同时，大力发展数字经济是实现更高质量和更充分就业目标的强劲动力。就业质量是一个综合性概念，可以反映劳动者从事社会工作条件的优劣程度，如工资水平和福利待遇的高低，劳动供给及就业环境状况，劳动权益是否得到保障，以及对所从事工作的满意度，等等。在数字经济发展背景下，青年、农民工及各种灵活就业等群体的就业质量也成为迫切关注的对象。鉴于此，本书深入考察数字经济发展对就业总量、结构及质量的影响及提升机制，对于积极落实数字中国战略，助力推进数字经济与就业协同稳健发展，从而实现更加充分更高质量就业具有重要意义。

纵观国内外研究，欧盟等较早开始了对就业质量相关问题的研究，提出体面劳动等概念，但是由于国情的特殊性，判断标准存在较大差异，不能完全适用于解释中国问题。近年来，国内学者开始关注就业质量问题，但现有研究对就业质量的概念存在分歧，就业质量指标体系构建尚需完善，特别是宏观与微观群体层面的就业质量测算、影响因素，以及异质性值得深入研究，数字经济发展背景下就业质量差异分解与促进就业扩容提质的路径机制等问题仍需进一步研究。鉴于此，本书第 2 章理论基础与文献综述部分，梳理社会分工理论、马克思就业理论、技术变革与劳动力需求理论等相关理论文献，同时围绕数字经济发展对就业总量、结构及质量的影响进行相关文献述评，从而为后文实证检验提供文献基础。

第 3 章数字经济发展对就业总量的影响研究，主要利用宏观微观调查数据，从数字经济发展现状，数字经济的就业数量效应分析，数字经济的创业增长效应分析，数字生活的就业效应分析四个方面开展研究。研究发现，数字经济发展创造了大量就业机会，显著增加了就业数量，提高了个人就业概率；数字经济发展推动了产业结构升级，显著促进了创业增长。第 4 章数字经济发展对就业结构及就业质量的影响研究，利用省级面板数据进行实证分析，研究发现，数字经济发展促进了就业结构升级优化，并显著提升了就业质量。

第 5 章数字经济时代就业质量的影响因素及异质性研究，分别利用中国家庭追踪调查数据、中国劳动力动态调查数据等，实证检验了弹性工作对青年就业质量的影响，职业技能培训对农民工就业质量的影响，比较不同就业类型对流动人口就业质量的影响差异。研究发现，数字经济促使工作方式发生变革，弹性工作有助于提升青年就业质量；职业技能培训显著提升农民工就业质量，且与女性、中西部相比，职业技能培训对男性、东部地区农民工就业质量的正向影响更显著；非正规受雇、自我经营均会对流动人口就业质量产生负向影响，且自我经营对流动人口就业质量产生的负向影响相对较小。

第 6 章数字经济时代就业质量的差异分解研究，分别利用中国综合社会调查数据、中国劳动力动态调查数据、中国家庭追踪调查数据等，考察了互联网使用对性别工资的影响及工资差异分解，工作时间对流动人口健康状况的影响及非线性分解，从城乡差异角度分析了互联网使用对青年群体收入提升和技能溢价的影响。研究发现，随着数字化网络的广泛普及，互联网使用显著缩小了性别工资差异；工作时间明显扩大了正常工时者与超时加班者自评健康差异、心理健康差异和身体质量指数 BMI 差异；互联网使用对高技能青年群体收入水平产生了额外提升效应，促成高低技能之间收入溢价。

第 7 章数字经济发展促进就业扩容提质的机制研究，第 1 节从数实融合发展角度，分析促进就业扩容提质的内在机制，研究发现，数实融合贯穿整个社会再生产过程，促进了就业数量与就业质量发生重要变化。第 2 节从企业数字化转型角度分析促进就业扩容提质的内在机制，并从全景式视角探讨劳动关系发展新趋势。第 3 节从劳动者技能提升角度出发，分析了新技术革命带来的新变化与新要求、工作新环境、工作新趋势，以及劳动者数字技能提升的具体路径选择。在以上研究基础上，第 8 章为研究结论与政策建议，本书根据相关研究结论，提出了以下建议：加强数字基础设施建设与核心数字技术攻关，推进数据要素市场体系建设；推动数字产业化和产业数字化协同发展，构筑创新创业发展高地；构建数字经济生态体系，持续推动就业结构优化升级；加快企业组织结构变革，鼓励个体适应新环境、强化新技能；试点完善中国情境下的弹性工作制，加强农民工职业技能培训，强化用工管理，努力提升重点群体就业质量；优化数字经济平台治理，保护流动人口的合法工时权益；弥合性别、城乡数字鸿沟，加强数实融合复合型人才培养，努力缩小就业质量区域差异；完善新就业形态公共就业服务和保障体系，构建和谐劳动关系等，从而为实现更加充分更高质量就业提供数理依据和合理化政策建议。

本书是在国家社会科学基金青年项目"数字经济发展对就业总量、结构及质量的影响与提升机制研究"（20CJY015）结项报告的基础上完成的。全国哲学社会科学工作办公室于 2020 年 9 月给予该项目获批立项，于 2023 年 5 月结项。本书出版得到首都经济贸易大学经济学院学科建设经费的大力资助。在此，作者对全国哲学社会科学工作办公室、首都经济贸易大学经济学院及首都经济贸易大学出版社表示衷心感谢！

目　录

1 绪 论

1.1 研究背景及意义

1.1.1 研究背景

当下，人工智能、大数据、云计算、移动通信（5G）商用等数字技术的不断创新和融合发展，不仅引领着社会生产力不断提升，更对就业领域产生了深刻影响。就业是最大的民生，是国民经济的"晴雨表"和社会稳定的"压舱石"。党的十九大报告明确指出，"要坚持就业优先战略和积极就业政策，实现更高质量和更充分就业"。党的二十大报告进一步指出，"坚持就业优先战略，促进高质量充分就业"。数字经济的快速发展，助力创造了众多新生岗位和职业，吸纳了大量群体就业。《中国数字经济就业发展研究报告（2021）》①显示，数字产业化领域招聘岗位占总招聘数的 32.6%，占总招聘人数比重达 24.2%；产业数字化领域招聘岗位占总招聘岗位数的 67.4%，招聘人数占总招聘人数的 75.8%，产业数字化领域吸纳数字经济就业能力更强；同时，小微企业就业辐射带动效应强，吸纳就业主体作用凸显。在新冠疫情期间，数字经济彰显就业弹性大、灵活性高、吸纳能力强等特性，助力实现稳就业、保民生战略目标。例如，美团启动了"春归计划"，盒马鲜生尝试"共享员工"模式，不仅解决了大量临时性就业难题，也为拓宽经济发展新空间提供了新思路和新机遇。各种灵活就业发展迅速，规模不断扩大，已经成

---

① 中国信息通信研究院：《中国数字经济就业发展研究报告（2021）》，http://www.caict.ac.cn/kxyj/qwfb/ztbg/202103/t20210323_372157.htm，2021 年 3 月 23 日。

为稳就业、保民生的重要途径。

数字经济快速发展推动产业结构加快数字化变革进程，如互联网电信业、软件业、电商零售业、科学技术研发等领域迅速崛起，速度远超以往任何时期，而与产业结构变化相对应的是就业结构转型。中国信息通信研究院发布的《中国数字经济发展报告（2021）》[①]显示，2020 年中国数字产业化规模为 7.5 万亿元，占 GDP 比重为 7.3%，产业数字化规模为 31.7 万亿元，占 GDP 比重为 31.2%，数字产业化和产业数字化占数字经济的比重分别为 19.1%，80.9%。数字经济时代，依托数字技术的平台经济，共享经济催生的新产业、新业态对就业结构和劳动力资源配置产生了重要影响。2014 年，中央经济工作会议提出，中国经济发展进入新常态，随着经济增速从高速向中高速换挡转变，就业政策也由追求数量向追求质量转变。2017 年，党的十九大报告再次提出就业是最大的民生，要努力实现更高质量和更充分就业。大力发展数字经济是实现更高质量和更充分就业目标的强劲动力。就业质量是一个综合性概念，可以反映劳动者从事社会工作所得到的工作条件的优劣程度，如工资水平和福利待遇的高低，劳动供给及就业环境状况，劳动权益是否得到保障，以及对所从事工作的满意度，等等。数字经济发展有利于持续优化就业环境，催生更多的新岗位和新职业。2019 年《中国人口与劳动问题报告》[②] 显示，2018 年，全国平均每天新增企业 1.83 万户，城镇个体私营就业人员突破 2 亿人，由新业态、新产业、新商业模式带动的新增就业达到总体的 70%，就业环境持续向好改善。数字经济发展有利于提升就业能力，进一步提高劳动生产率。随着互联网、高科技及工业智能化逐步渗透，劳动者对新技术和新事物的接纳能力也逐渐增强，有助于提升工作效率。数字经济发展有利于决胜脱贫攻坚，增加贫困劳动者收入。以外卖骑手为例，骑手作为依托数字平台产生的新就业形态，吸纳了大量建档立卡贫困人口，也成为许多贫困地区人口进入城市实现迅速就业的主要途径。但需要注意的是，数字经济发展初期，新就业形态群体会面临社会保险参保不足，劳动者与平台

---

① 中国信息通信研究院：《中国数字经济发展报告（2021）》，http://www.caict.ac.cn/kxyj/qwfb/bps/202104/t20210423_374626.htm，2021 年 4 月 23 日。

② 张车伟：《中国人口与劳动问题报告（2019 年版）》，社会科学文献出版社 2019 年版。

企业之间存在弱从属或无从属的劳动关系，相关法律法规尚未及时完善，因而会降低其劳动保护，若不能尽快解决会阻碍就业质量提升。

我国政府高度重视数字经济领域新就业形态的发展，2020 年政府工作报告①指出，当前我国包括零工在内的灵活就业人数以亿计，尤其是电商网购、在线服务等新业态在抗疫中发挥了重要作用，要大力发展平台经济、共享经济，打造数字经济新优势。2020 年 7 月，国务院总理李克强在《关于支持多渠道灵活就业的意见》②中强调，当前新业态蓬勃发展，要取消对灵活就业的不合理限制，鼓励自谋职业、自主创业，全力以赴稳定就业大局。随着互联网快速普及，以网络应用和数字经济发展为重要依托的新型灵活就业模式不断发展，诸如网络营销师、网约车司机、网约配送员等职业应运而生。灵活就业新模式具有门槛低、工作方式灵活、就业弹性大等特点，农民、妇女、青年等弱势群体皆可平台就业创业，不仅能获得较高收入，还兼顾工作和家庭生活，以个体充分的灵活性、流动性敏捷应对外部不确定性，成为缓解就业压力、减少结构性和摩擦性失业的重要渠道。当前，全球经济发展面临严峻考验，全球劳动力市场面临高度不平衡和不确定性，复苏进程仍然缓慢。国际劳工组织发布的《世界就业和社会展望：2021 年趋势》③显示，2020 年全球总工作时间大约损失了 8.8%，相当于 2.55 亿全职工人一整年的工作时间。受疫情影响，全球劳动力市场危机远未结束，就业增长至少在 2023 年前都不足以弥补所受损失。就业作为最大的民生工程、民心工程和根基工程，是维护社会稳定的重要保障。中国政府坚持把就业作为民生之本，始终将稳就业、保就业摆在最突出位置。2018 年 7 月，中共中央政治局会议首次提出"六稳"工作要求，并将稳就业居于首位。2019 年 3 月，政府工作报告首次将就业优先政策与财政政策、货币政策并列置于宏观政策层面，并强调稳增长首要任务是稳定和扩大就业。2020 年 4 月，在全球疫情蔓延背景下，中共

---

① 国务院：2020 年政府工作报告，http://www. gov. cn/premier/2020 - 05/29/content 55 16072. htm，2020 年 5 月 29 日。

② 国务院：《关于支持多渠道灵活就业的意见》，中国政府网，http://www. gov. cn/xinwen/2020-07/31/content_5531688. htm，2020 年 7 月 31 日。

③ 国际劳工组织：《世界就业和社会展望：2021 年趋势》，http://www. ilo. org/beijing/what-we-do/publications/WCMS_797422/lang--zh/index. htm，2021 年 6 月 2 日。

中央政治局首次提出"六保"工作，保就业依然是六保之首。2020年7月，国务院办公厅印发《关于支持多渠道灵活就业的意见》，把支持灵活就业作为稳就业和保就业的重要举措，坚持市场引领和政府引导并重、放开搞活和规范有序并举，强化政策服务供给，激发劳动者创业活力和创新潜能，鼓励自谋职业、自主创业。

"双创"已经成为时代热潮，近年来，创业带动就业的倍增效应不断显现。2021年10月，李克强总理出席全国大众创业万众创新活动周时指出[①]，立足新发展阶段要继续做好"六保"工作，特别是注重前三保，保就业、保民生、保市场主体，保就业、保民生要靠市场主体，要推动双创不断迈上新台阶，催生更多市场主体，拓展经济发展空间。2021年11月，中国政府网数据显示[②]，全国市场主体总量已突破1.5亿户，其中，有1亿户是近10年新增的，个体工商户也已突破1亿户，亿万市场主体不仅推动了中国经济迈上百万亿元大关，而且承载了7亿多人的就业基本盘。过去10年，也是中国数字经济蓬勃发展的10年，据《中国数字经济发展报告（2021）》显示，2011—2020年，中国数字经济占GDP比重由20.3%提升至38.6%，数字经济在国民经济中的地位愈发突出，尤其是自2016年以来，数字经济对GDP增长率始终保持在50%以上。过去10年，也是中国产业结构发生重大变化的10年，2013年中国第三产业占比首超第二产业，成为驱动经济发展的重要引擎。产业结构的变化，离不开数字经济的蓬勃发展，数字经济催生新产业、新业态、新商业模式，对生产、生活、生态产生了广泛深刻影响。同时，数字经济是促进新增市场主体快速增长，助力实现大众创业、万众创新，创造大量就业岗位的核心动力，对中国保就业、保民生、保市场主体发挥了重要作用。鉴于此，本书利用2010—2020年中国省级面板数据，实证分析数字经济发展对产业结构升级、创业增长的影响及内在机理，研究结论对于立足新发展阶段和数字经济蓬勃发展趋势背景下，持续优化升级产业结构，扎实推进大众创

---

① 新华社：《李克强出席全国大众创业万众创新活动周启动仪式 强调推动双创不断迈上新台阶 汇聚推动经济发展的澎湃力量》，https://baijiahao.baidu.com/s? id = 1714059739580185303&wfr = spider&for＝pc，2021年10月19日。

② 《我国市场主体总量突破1.5亿户，个体工商户突破1亿户》，http://www.gov.cn/xinwen/2021-11/03/content_5648587.htm，2021年11月3日。

业，万众创新具有重要的现实意义。

近年来，随着数字技术的快速迭代与跨界融合，我国数字经济发展势头强劲，数字经济已经成为经济增长的重要推动力量。中国信息通信研究院发布的《中国数字经济发展报告（2022）》①显示，2021 年，我国数字经济规模达到 45.5 万亿元，占 GDP 的比重达到 39.8%，同比名义增长 16.2%。数字经济浪潮下，众多新产业、新业态、新商业模式层出不穷，劳动力市场中涌现了大量新就业机会和就业岗位。借助数字技术赋能，就业的时空限制被进一步打破，弹性工时、远程办公、职位共享等灵活工作形式在青年群体中逐渐盛行，青年群体的职业选择更加多元化、自主化。国家统计局数据显示，我国灵活就业者人数已高达 2 亿人，其中，90 后是灵活就业群体的主力军。《2021 年春招市场行情周报（第四期）》②数据显示，2021 年灵活就业群体中，因"工作时间和地点灵活"而选择的人占比 48.7%，因"正式工作外增加一份收入"的人占比 46.9%，"工作与生活更加平衡"是青年选择灵活就业的主要因素。

灵活的工作方式有利于构建生育友好的就业环境，2022 年 8 月 16 日，国家卫生健康委、国家发展改革委等 17 个部门印发《关于进一步完善和落实积极生育支持措施的指导意见》③ 提出，用人单位可通过与职工协商，鼓励采取弹性上下班、居家办公等工作方式，以方便职工照顾子女，帮助职工解决育儿困难。青年是国家的未来、民族的希望，作为重点就业人群，青年就业质量高低关系到千家万户的期盼与福祉。数字经济时代，新产业、新业态促使青年就业更具灵活性，要为青年提供充足的见习机会，更多渠道搭建见习供需对接平台，强化精准就业帮扶和政策支持力度，努力形成高质量发展与就业扩容提质互促共进的良性循环，对于实现稳增长、保就业、保民生具有重要的现实意义。

---

① 中国信息通信研究院：《中国数字经济发展报告（2022）》，http://www.caict.ac.cn/kxyj/qwfb/bps/202207/t20220708_405627.htm，2022 年 7 月 8 日。

② 《2021 年春招市场行情周报（第四期）》，https://new.qq.com/rain/a/20220307A04CLO00，2022 年 3 月 7 日。

③ 《关于进一步完善和落实积极生育支持措施的指导意见》，http://www.gov.cn/zhengce/zhengceku/2022-08/16/content_5705882.htm，2022 年 8 月 16 日。

弹性工作制已成为很多用人单位加强经营和灵活用工的一种手段，尤其是随着数字经济、平台经济的发展，数字化技术逐步解决了劳动力供需即时性、合理性和人岗匹配精准性问题，众多企业的生产组织方式发生改变，青年群体中灵活就业的规模越来越大，弹性工作制在给青年就业者带来自由性、灵活性的同时，也产生了一些劳动权益及保护问题，愈发成为亟待关注的热点话题。弹性工作制最初是为了解决劳动效率低下、工作压力较大等工作问题的，然而关于弹性工作制的相关实证研究对此持有不同观点。支持者认为，弹性工作制侧重关注员工的多元化、灵活性需求，并在一定程度上解决工作-家庭冲突，能够有效缓解工作压力和提升就业质量（刘永强和赵曙明，2016）；反对者认为，弹性工作制多为企业单方面提出，劳动者不能充分维护自身权益，尤其是存在企业加班时间较为隐性，加班费用不能有效支付等问题（杨菊华，2018）；还有学者指出，弹性工时模糊了工作与生活的边界，提高了边界的渗透性，工作时间反而因此会延长（梁萌，2019）。可见，已有研究关于弹性工作制度能否有效提升青年就业质量和缓解工作压力莫衷一是，仍存在争议并亟待深入研究。

当下，新一轮科技革命和产业革命加速推进，数字技术不断创新融合发展，发展数字经济成为全球各国的重大战略。2021 年 8 月，中国信息通信研究院发布的《全球数字经济白皮书》显示，中国数字经济规模为 5.4 万亿美元，位居全球第二，但从增速层面看，中国数字经济增速全球第一，我国大踏步迈入数字经济时代。《第 50 次中国互联网络发展状况统计报告》[①] 显示，截至 2022 年 6 月，我国网民规模为 10.51 亿人，互联网普及率达 74.4%。随着互联网快速普及，互联网对人们的收入水平、工资差异产生了重要影响。已有研究表明，互联网通过降低信息成本，改善就业搜寻匹配方式，提升信息交流效率和人力资本等方式对工资产生溢价效应（Krueger，1993；Autor et al.，1998）。但由于不同性别之间网络使用的巨大差异性，促使其对性别工资的影响将有所区别。根据国际经验可知，与男性相比，女性在社会资源和教

---

① 中国互联网络信息中心：《第 50 次中国互联网络发展状况统计报告》，http://www.gov.cn/xinwen/2022-09/01/content_5707695.htm，2021 年 9 月 15 日。

育水平方面处于弱势，女性使用互联网的机会相对较少，但网络日益普及会有助于缩小这种差异（Wasserman and Richmond-Abbott，2005）。随着女性网民比例不断攀升，互联网会如何影响性别工资差异？当前数字经济背景下互联网使用范围日趋扩大，衍生的许多新就业形态必定会对性别工资差异造成影响，而已有国内相关研究并不充分，亟待进一步丰富和拓展相关文献。

数字经济时代，互联网迎来了更加强劲的发展动能，对人类生产生活产生了深远影响。2019 年以来，借助互联网赋能，我国连续颁布了 4 批共 56 个新职业，丰富拓展了青年群体就业渠道。然而，由于中国城乡二元经济结构导致的城乡经济发展水平、劳动力技能结构差异较大，同时城乡互联网基础设施建设不平衡、不充分，造成城乡之间数字人才和数字鸿沟较为明显。互联网日益向农村地区渗透，但是依旧存在较大的数字鸿沟，非网民仍然以农村地区人群为主，数字技术使用技能缺乏、劳动力文化程度限制和年龄因素，是当前非网民不上网的重要原因。随着数字经济的快速发展，互联网已成为影响个体收入提升的重要因素。已有文献对互联网使用如何影响收入水平和城乡收入差距进行了研究，研究发现，互联网使用具有显著的工资溢价效应，同时近年来互联网普及对于缩小城乡收入差距也显现出积极信号，然而鲜有文献从城乡差异角度考察互联网使用对青年群体收入提升和技能溢价的影响。

青年群体是国家的未来和民族的希望，2022 年 4 月，国务院新闻办公室发布的《新时代的中国青年》白皮书指出，随着互联网的快速普及，越来越多的青年便捷地获取信息、交流思想、交友互动、购物消费，青年的学习、生活和工作方式发生深刻改变。2022 年 5 月，习近平在庆祝中国共产主义青年团成立 100 周年大会上讲到，新时代的中国青年，生逢其时，重任在肩。随着数字经济蓬勃发展，互联网对青年职业发展和收入提升产生显著影响，同时，当前各行各业更加亲和高技能青年人才和复合型人才，由于中国特殊的城乡二元结构导致城乡居民受教育水平差异较大，农村地区高学历和高技能青年人才比例较低，受教育水平较低的青年群体对新技术的掌握和应用程度显然低于高学历青年人才。因此，这种城乡互联网普及率和高低技能青年人才差异是否显著影响技能溢价进而不利于缩小城乡收入差距，需要进一步深入研究。因此，本书利用 2020 年中国家庭追踪调查数据，基于我国城乡数字人才、数字鸿沟差异角度，实证检验互联网使用对青年群体收入提升和技能溢价的影响，试图为进一步缩小城乡数字鸿沟和收入差距，以及借助互联网赋能乡村振兴提供数理依据。

随着互联网底层技术不断创新和融合发展，我国数字经济增长强劲，已经成为经济增长的新引擎和新动能（许宪春和张美慧，2020）。新一轮科技革命和产业革命加速推进，数字经济发展将会进一步释放国民消费潜力，成为促进就业结构升级并实现更高质量就业的强劲动力。泰普斯科特（Tapscott，1996）正式提出"数字经济"的概念，认为数字经济是一个广泛运用信息与通信技术的经济系统。此后，世界各国、各组织及学者陆续开展了数字经济的内涵及测算研究，但由于各国数字经济发展程度不尽相同，目前国际上尚未对数字经济的内涵达成共识。现阶段，数字经济已经成为就业扩容提质的重要力量，但目前关于数字经济时代就业质量的影响因素及异质性研究并不完善，如弹性工作、技能培训、异质性非正规就业等因素如何影响青年、农民工、流动人口等重点群体就业质量亟待深入研究。随着互联网日益普及，互联网对性别工资差异和城乡收入差异的影响及差异分解仍需探究，如何弥合数字鸿沟不断缩小就业质量差异成为亟待关注和解决的重要议题。在前述研究基础上，本书进一步提出数字经济促进就业扩容提质的理论机制，为努力形成数字经济高质量发展与就业扩容提质互促共进的良性循环提供新思路，也为构建政府、用人单位、劳动者三位一体的就业促进机制和高质量的新形态就业提供路径选择，具有重要的现实价值。

1.1.2　研究意义

本书的研究意义主要体现在理论意义和现实意义两个层面。

1.1.2.1　理论意义

一是揭示数字经济发展对我国就业总量、结构及质量的影响及其机理，并分别构建数字经济发展指数，就业质量评价体系及指数，利用等权重法、熵权法、CRITIC 法等不同的赋权方法进行赋权与测评，丰富了数字经济和就业理论的交叉研究。二是从数字产业化和产业数字化两个层面构建中国省级数字经济发展指数，将数字经济发展、产业结构升级与创业增长，放在同一理论框架下进行分析，同时从推动科学技术创新和加速社会分工深化的视角，更为全面地阐释数字经济发展对创业增长的理论机理。三是从数实融合、企业数字化转型、劳动者技能提升层面，阐释了促进就业扩容提质的理论机制、制约因素和推进路径，对企业组织变革的底层逻辑与变革方向进行分析，并从全景式视角探讨劳动关系发展新趋势，对于新发展阶段加速推进数实融合发展，积极构建和谐劳动关系，全面提升劳动者技能与推动实现高质量充分就业具有重要的理论价值。

1.1.2.2 现实意义

一是从宏观层面测评了数字经济发展对就业总量、就业结构及就业质量的影响及异质性，并探究了其内在影响机制，以期为实现数字经济发展、就业结构升级与更高质量就业，提出合理化政策建议和推进路径。二是实证检验数字经济对创业增长的影响效应及内在机理，并比较分析数字产业化和产业数字化对创业增长影响的差异化，为政府部门部署数字产业创新、产业数字化升级及创业增长提供了经验证据。三是从微观层面，分别构建了青年、农民工、流动人口等群体就业质量指标评价体系，依据不同的赋权方法进行赋权并测算评价以上各群体的就业质量，从弹性工作、职业技能培训、异质性非正规就业视角，对以上重点群体就业质量的影响、异质性及机制进行研究，以期拓展、丰富就业质量测评、影响因素及异质性等相关文献研究，并为针对性提高各群体就业质量提出合理化政策建议。四是利用微观调查数据，实证分析了互联网使用对性别工资差异的影响，并采用奥克萨卡—布林德（Oaxaca-Blinder）分解和分位数分解方法对性别工资差异进行分解，以期深入考察在工资均值和工资条件分布不同位置上性别工资差异、影响因素贡献度及年份变化趋势，为努力弥合数字鸿沟、缩小性别工资差异提出针对性建议。五是利用微观调查数据，实证分析了工作时间对流动人口健康状况的影响，利用 Fairlie 非线性分解方法，得到工作时间对流动人口正常工时者和超时加班者健康差异的贡献度，并考察健康差异的性别、区域及年份变化趋势，对健康差异的文献进行了丰富和拓展。采用中介效应模型进行影响机制分析，并以改善整体健康资本水平为宗旨提出合理化建议，这对深刻认识中国流动人口工时健康差异问题提供了经验依据。通过以上实证研究，本书试图从宏观微观层面全面考察数字经济发展对就业总量、结构及质量的影响及提升机制，并深入考察在数字经济快速发展和数字技术创新驱动下，衍生出各种新就业形态的就业质量评价及实证研究，这对于实现数字中国战略，为政府制定数字经济与新就业形态良性发展的政策提供了新思路，对于深入贯彻落实党的二十大精神，全面推进数字经济与更充分、更高质量就业稳健发展具有重要的现实意义。

1.2 研究思路及内容

1.2.1 研究思路

本书聚焦"数字经济发展对就业总量、结构及质量的影响与提升机制研究"的中心主题。

首先，系统梳理了数字经济促进就业总量增长、就业结构优化，及就业质量提升相关的理论分析，从弹性工作、职业技能培训、互联网使用、工资差异、健康资本等层面进一步展开阐释。同时，围绕核心主题梳理了相关文献，主要从数字经济发展的就业效应（包括数字经济的内涵与测量，数字经济对就业总量、结构及质量的影响），弹性工作对青年就业质量的影响，职业技能培训对农民工就业质量的影响，互联网使用对工资差异的影响，非正规就业对流动人口就业质量的影响，工作时间对健康的影响等层面进行文献述评，从而为后文的实证检验提供文献基础。

其次，选取反映数字经济发展的典型数字产业，以及从数字产业化和产业数字化维度构建数字经济指数对数字经济发展进行测评，从推动科学技术创新和深化社会分工层面阐释数字经济的就业效应，利用省级宏观数据测评了各省份就业质量状况，并实证分析数字经济发展对就业总量、就业结构和就业质量的影响。就业质量是一个综合性概念，除了各地区、省级宏观层面的就业质量外，还有聚焦劳动者微观个体层面的就业质量。鉴于此，利用微观调查数据，实证分析了弹性工作对青年就业质量的影响、异质性及机理分析，职业技能培训对农民工就业质量的影响，异质性非正规就业对流动人口就业质量的影响及机理，以期进一步丰富就业质量的影响因素及异质性相关领域的研究。此外，本书从性别工资差异、流动人口工时健康差异、城乡技能溢价差异，对不同群体间就业质量的差异分解进行研究，以期缩小不同群体间工资差异、健康差异，为弥合各群体差异及实现更高质量就业提供实证依据。

最后，从数实融合发展、企业数字化转型、劳动者数字技能提升三个维度，对促进就业扩容提质的机制进行研究，试图在数字经济蓬勃发展趋势下，为实现更加充分、更高质量就业提供更多有益思考。

基于以上分析发现的结论，提出了相关的政策建议。

1.2.2 研究内容

本书的研究内容主要包括八个章节。

第 1 章绪论，主要阐述了研究背景和研究意义，明确了本书的研究思路、研究内容及研究方法，并进一步指出了本书的研究贡献与创新之处。

第 2 章理论基础与文献综述。首先梳理了社会分工理论、马克思就业理论、技术变革与劳动力需求理论、森的可行能力理论、工作家庭边界理论、工作需求–资源理论、人力资本理论、劳动力市场分割理论、信息搜寻理论、家庭经济理论、贫困就业理论、二元经济理论、健康需求理论等理论文献，同时从数字经济发展的就业效应（数字经济的内涵与测量，数字经济对就业总量、结构及质量的影响），弹性工作对青年就业质量的影响，职业技能培训对农民工就业质量的影响，互联网使用对工资差异的影响，非正规就业对流动人口就业质量的影响，工作时间对健康的影响等层面进行文献述评，从而为后文实证检验提供文献基础。

第 3 章数字经济发展对就业总量的影响研究。本章从数字经济发展现状，数字经济的就业数量效应分析，数字经济的创业增长效应分析，数字生活的就业效应分析四个方面展开研究。首先构建了数字经济发展指数，并基于

2010—2020 年中国省级面板数据，分别对数字经济发展对就业数量、产业结构升级和创业增长的影响、异质性等进行了研究，发现数字经济发展创造了大量就业机会，显著增加了就业数量，数字经济发展推动了产业结构升级，显著促进了创业增长。此外，本章的第 3 节利用 2010—2015 年中国综合社会调查数据，实证分析了数字生活的就业效应，研究发现，数字生活有利于提高个人就业概率。

第 4 章数字经济发展对就业结构及就业质量的影响研究。基于 2008—2018 年中国省级面板数据，从就业环境、就业能力、劳动报酬和劳动保护 4 个一级指标、20 个二级指标，构建了就业数量指标评价体系，并测算了中国各省级地区就业质量得分，选取互联网和电信业、软件业、电商零售业、科学技术业，作为反映数字经济发展的四个典型数字产业，深入分析了数字经济发展对产业就业结构、就业质量的影响及区域异质性，并探究了内在影响机制及就业质量的分维度检验。研究发现，数字经济发展促进了就业结构升级，显著提升了就业质量。

第 5 章数字经济时代就业质量的影响因素及异质性研究。第 1 节利用 2020 年中国家庭追踪调查数据（CFPS，2020），从主观、客观两方面构建了青年就业质量指标评价体系，实证检验了弹性工作对青年就业质量的影响及内在机制，对不同性别、城乡、职业类型、收入等级青年群体进行异质性分析，从而为努力完善弹性工作制度和实现青年更高质量就业提出合理化政策建议。研究发现，数字经济促使工作方式发生变革，弹性工作有助于提升青年就业质量，而且生活满意度和心理健康是弹性工作各维度及指数影响青年就业质量的两个重要渠道。第 2 节利用中国劳动力动态调查（CLDS，2016）微观调查问卷数据，构建农民工就业质量指数方程，并比较分析了农民工参加公共培训和私人培训，对其就业质量总指数及分项指标的影响差异，并对不同性别、区域异质性进行分析。研究发现，职业技能培训显著提升了农民工的就业质量，且与女性、中西部相比，职业技能培训对男性、东部地区农民工就业质量的正向影响更显著。第 3 节采用 2016 年中国劳动力动态调整（CLDS）数据，构建了流动人口就业质量指数方程，比较了流动人口从事非正规受雇和自我经营对其就业质量总指数的影响差异，分析了不同性别、城乡群体异质性并探讨内在影响机制。研究发现，非正规受雇、自我经营均会对流动人口就业质量产生负向影响，且自我经营对流动人口就业质量产生的负向影响相对较小。第 4 节采用 2015 年中国综合社会调查（CGSS）数据，分析了异质性非正规就业对居民社会信任的影响，并对不同性别、城乡群体进行了异质性分析。

第 6 章是数字经济时代就业质量的差异分解研究。第 1 节利用 2010 年、2013 年、2015 年中国综合社会调查数据，考察了互联网的使用对性别工资的影响及工资差异分解，探讨了不同年龄段群体互联网使用，对性别工资差异变动的异质性及内在影响机理。研究发现，随着数字化网络的广泛普及，互联网使用显著缩小了性别工资差异。第 2 节基于 2014 年和 2016 年中国劳动力动态调查数据，考察了数字经济背景下，工作时间如何影响流动人口健康状况，对不同工时群体健康差异进行费尔利（Fairlie）非线性分解，并采用中介效应模型分析工作时间影响健康的作用机理。研究发现，与正常工时者不同，工作时间显著降低了超时加班者的健康状况。工作时间明显扩大了正常工时者与超时加班者自评健康差异、心理健康差异和身体质量指数（BMI）差异。第 3 节利用 2020 年中国家庭追踪调查数据，从城乡差异角度实证分析了互联网使用对青年群体收入提升和技能溢价的影响，以及不同群体异质性分析。研究发现，互联网使用存在显著的工资溢价效应，与低技能青年群体相比，互联网使用对高技能青年群体收入水平产生了额外提升效应，促成高低技能之间的收入溢价。

第 7 章数字经济发展促进就业扩容提质的机制研究。第 1 节从数实融合发展角度，分析促进就业扩容提质的内在机制，研究发现，数实融合贯穿整个社会再生产过程，推动着生产、分配、流通、消费环节发生了深刻变革。数实深度融合需要加速生产融合、分配融合、流通融合、消费融合。第 2 节从企业数字化转型角度分析促进就业扩容提质的内在机制，研究在聚焦市场、企业、人性特征基础上，对企业组织变革的底层逻辑与变革方向，从全景式视角探讨劳动关系发展新趋势。研究发现，数字革命推动了市场在要素、边界、连接、组织、产业、垄断、疆域层面呈现新特征，数字化企业在驱动因素、关键要素、成本习性、成长路径、组织结构、竞争属性层面与传统企业存在显著差异，数字经济下的人性复杂性、独特性与价值性加速融合统一。第 3 节从劳动者技能提升角度出发，分析了新技术革命带来的新变化与新要求、工作新环境、工作新趋势，以及劳动者数字技能提升的具体路径选择。

第 8 章研究结论与政策建议。本章概括全书的主要研究结论，从加强数字基础设施建设、核心数字技术攻关，推进数据要素市场体系建设；推动数字产业化和产业数字化协同发展，构筑创新创业发展高地；构建数字经济生态体系，持续推动就业结构优化升级；加快企业组织结构变革，鼓励个体适应新环境、强化新技能；试点完善中国情境下的弹性工作制，加强农民工职业技能培训，强化用工管理，努力提升重点群体就业质量；优化数字经济平台治理，保护流动人口的合法工时权益；弥合性别、城乡数字鸿沟，加强数实融合复合型人才培养，努力缩小就业质量区域差异；完善新就业形态公共就业服务和保障体系，构建和谐劳动关系，等等，为政府制定数字经济驱动更加充分、更高质量就业的综合政策提出合理化建议。

1.3 研究方法

本书采用宏观省级面板数据和微观调查数据，从理论和实证层面系统分析了数字经济发展对就业总量、结构及质量的影响与提升机制，采用的研究方法具体如下。

1.3.1 文献分析法

本书第 2 章首先梳理了社会分工理论、马克思就业理论、技术变革与劳动力需求理论、森的可行能力理论，以及工作家庭边界理论、工作需求-资源理论、人力资本理论、劳动力市场分割理论、信息搜寻理论、二元经济理论等理论文献，同时围绕数字经济对就业总量、结构及质量的影响展开相关文献述评，对当前文献研究现状有较清晰的认识，并从中发现值得借鉴和后续深入研究的领域。此外，第 7 章从数实融合、企业数字化转型、劳动者技能提升层面分析促进就业扩容提质的内在机制，也运用了文献分析法进行补充研究。

1.3.2 统计研究方法

统计研究方法是指有关数据的收集、整理、分析，并对其所反映的经济问题做出一定程度解释的方法。第 3 章分析数字经济与就业发展现状时，采用多种统计分析方法进行分析。第 4 章、第 5 章研究中国各省份就业质量现状以及重点群体就业质量时，采用熵权法、CRITIC 法、等权重赋权法、组合赋权法、等权重法等，测算比较中国各省份就业质量得分差异，以及重点群体就业质量差异，即统计研究方法是本书的重要研究方法之一。

1.3.3 计量研究方法

计量研究方法是运用数理统计和计算机技术，以一定的经济理论和统计资料为基础，建立经济计量模型为主要手段的方法。第 3 章、第 4 章运用固定效应模型分析数字经济发展对就业数量、就业结构和就业质量的影响，采用 PSM-DID 方法分析数字生活的就业效应，并采用替换变量法和解释变量滞后一期回归进行内生性处理。第 5 章采用 OLS 回归、分位数回归、Probit 回归、PSM 检验等计量方法，分析了弹性工作对青年就业质量的影响，职业技能培训对农民工就业质量的影响，比较不同就业类型对流动人口就业质量的影响差异。第 6 章采用奥克萨卡—布林德分解、分位数分解、Fairlie 非线性分解方法，对性别工资差异、不同工时群体健康差异进行分解，采用中介效应模型、分位数回归、工具变量法分析工作时间对健康的影响，互联网使用对青年群体收入的影响。

1.3.4 比较研究法

采用了横向比较与纵向比较、宏观比较与微观比较等方法，第 3 章、第 4 章比较分析了不同年份、不同区域的数字经济和就业量质发展现况，比较分析了数字经济发展对不同区域就业质量的影响差异。第 5 章比较分析了弹性工时、弹性空间、弹性雇佣、弹性指数对青年就业质量的影响差异，并对不同城乡、性别、收入、行业进行划分；按照性别、区域分样本，比较分析了政府培训和单位培训对农民工就业质量指数及分项指标的影响差异；从城乡差异角度比较分析了互联网使用对青年群体收入提升和技能溢价的影响，对不同性别、年龄群体进行异质性分析。第6章比较分析了工资条件分布不同位置上性别工资差异、影响因素贡献度及年份变化趋势，比较不同年龄段群体性别工资差异及分解差异；比较分析了工作时间对正常工时者和超时加班者健康状况的影响差异；比较分析了互联网使用对不同城乡、年龄、技能等级的劳动者收入溢价和技能溢价差异。本书通过以上比较研究，从而更好地总结经验、把握事物规律。

1.4　创新点与待拓展之处

1.4.1　创新点

本书的创新点和边际贡献主要体现在四个方面。

一是从宏观层面，基于中国省级面板数据，创建了包含就业环境、就业能力、劳动报酬和劳动保护4个一级指标、20个二级指标的中国省级就业质量指标评价体系，并利用熵权法、CRITIC法、等权重法和组合赋权法测算，及比较不同年份各省份就业质量得分及差异，进一步丰富了国内关于宏观层面测评就业质量的相关研究。同时，选取互联网和电信业、软件业、电商零售业、科学技术业作为反映数字经济发展的四个典型数字产业，深入分析了数字经济发展对产业就业结构、就业质量的影响及区域异质性，并探究了其内在影响机理。

二是从数字产业化和产业数字化两个层面构建中国省级数字经济发展指数，同时将数字经济发展、产业结构升级与创业增长放在同一理论框架下进行分析，从科学技术创新和社会分工深化视角出发，实证检验数字经济对创业增长的影响效应及内在机理，并比较分析数字产业化和产业数字化对创业增长影响的差异化。

三是从微观层面，基于微观调查数据，分别构建了青年、农民工、流动人口等重点群体就业质量指标评价体系，依据不同的赋权方法进行赋权，测算评价以上重点群体就业质量，并从弹性工作、职业技能培训、异质性非正规就业视角，依次分析上述重点群体的就业质量、异质性及机制，以期拓展丰富就业质量测评、影响因素及异质性等相关文献研究，并有针对性地对提高各群体就业质量提出了合理化政策建议。

四是利用微观调查数据，立足数字经济时代，从性别工资差异、工时健康差异、城乡技能溢价差异等典型视角出发，分析了不同维度就业质量的群体差异并进行分解研究，进一步丰富了关于就业质量差异分解的研究文献。具体而言，本书实证分析了互联网使用对性别工资差异的影响及内在机理，采用奥克萨卡—布林德分解和分位数分解方法对性别工资差异进行分解，以期深入考察在工资均值和工资条件分布不同位置上，性别工资差异、影响因素贡献度及年份变化趋势，为努力弥合数字鸿沟、缩小性别工资差异提出针对性建议。同时，本书利用 Fairlie 非线性分解方法，得到工作时间对流动人口正常工时者和超时加班者健康差异的贡献度，并考察健康差异的性别、区域及年份变化趋势。这对健康差异的文献进行了丰富和拓展，并以改善整体健康资本水平为宗旨提出了合理化建议。本书从城乡差异角度实证分析了互联网使用对青年群体收入提升和技能溢价的影响，以及不同性别、年龄群体的异质性分析，进一步丰富了相关文献研究。

此外，本书通过以上研究，从数实融合、企业数字化转型、劳动者数字技能提升三个层面，为数字经济发展促进就业扩容提质做了路径设计，从而为实现更加充分、更高质量就业提供了数理依据。

1.4.2 待拓展之处

本书围绕数字经济发展对就业总量、结构及质量的影响与提升机制的主题开展了系统研究，但是现有研究仍有不充分的地方。因此，未来还可以围绕这个主题继续深入，概括讲，本书的待拓展之处有两点：第一，本书利用宏观省级层面的数据，分析了数字经济发展对就业总量、结构及质量的影响，未来聚焦城市层面数字经济发展对就业的影响可以继续做相关实证研究，比如，可以比较分析京津冀、长三角、珠三角、成渝、长江中游等城市群的数字经济发展对就业总量、结构及质量的影响差异，并据此提出缩小城市区域间数字经济发展不平衡与促进就业质量提升的相关建议。第二，目前本书利用一些公开可得数据，已经从宏观和微观层面，实证分析了数字经济发展背景下，就业质量的测评、影响因素及异质性相关研究，但是由于过去3年疫情影响阻碍出行，课题组并没有对一些典型企业做数据调研和案例分析，囿于一些数据及信息获取存在一定难度，从中观层面出发的相关研究较少，未来期望能顺利开展一些实地调研或案例访谈，继续深入分析不同行业、典型企业就业质量的测评、影响因素及相关案例，以不断深化拓展相关文献。此外，关于数字经济发展的衡量，本书通过选取反映数字经济发展的典型数字产业，或者从数字产业化和产业数字化层面构建数字经济发展指数进行衡量，在未来研究中，关于数字经济发展的体现还可以从企业数字化转型视角出发，实证分析对就业总量、结构及质量的影响，以期进一步丰富该领域相关的研究文献。

2 理论基础与文献综述

2.1 理论基础

2.1.1 数字经济发展对就业总量影响的理论分析

数字经济的蓬勃发展改变了传统的就业模式，催生了众多新就业形态，在提升就业吸纳能力，促进就业总量增长的同时，在推动科学技术创新和社会分工深化以不断促进创业增长。

2.1.1.1 数字经济发展促使就业吸纳能力不断提升

数字经济时代，云计算、大数据、区块链等数字技术加速普及应用，不仅促进了社会生产率的极大提高，同时对市场交易效率的提升具有明显推动作用（Acemoglu and Restrepo，2018）。基于社会分工理论，数字经济发展通过极大降低交易成本和极大压缩时空距离，推动了全球社会分工进一步深化，超级细化的分工正逐渐成为现实。超级细化的分工模式不仅提高了社会经济效益，而且彰显了劳动者的自主性，使人的天赋得到进一步发挥，人的自由度得到进一步释放（Forman et al.，2012）。数字经济催生的许多新行业和新业态，创造了新增就业机会，大量数字化新职业广泛出现对劳动力市场产生了重要影响。数字技术进步主要取代的是简单重复的规则性体力劳动，而非规则性智力劳动很难被取代（Greenan and Guellec，2000；Lin，2011）。马克思在《资本论》中指出："虽然机器在应用它的劳动部门必然排挤工人，但是它能引起其他劳动部门就业的增加。"技术进步会提高资本的有机构成和劳动生产率，"由于劳动生产率的提高，使生活资料价格便宜，同一可变资本可以推动更多的劳动力"[1]。虽然从短期看，数字技术进步会摧毁一些传统就业岗位，导致一些行业和岗位出现技术性失业，但从长期发展和就业全局看，数字技术进步引起的就业负向效应会被长期的正面创造效应抵消，因而有利于增加就业总量（Evangelista，2000；Borland and Coelli，2017）。这是因为数字技术进步带来的知识和技能型岗位，面临许多知识技能密集型任务从而创造大量新生就业岗位，如当前数据分析和研发设计岗需求激增（Bessen，2018）；同时，在数字技术驱动下，新经济催生了大量新业态、新产业和新商业模式，从而促进了平台就业、灵活用工等新就业形态。此外，新就业形态创造新就业岗位进一步吸纳了由于被技术替代而转岗的劳动者，从而驱动数字经济下就业吸纳能力和就业总量不断提升。

2.1.1.2 数字经济发展对创业增长影响的理论分析

人类社会发展史上每次大的技术革命均会催生与其相适应的技术-经济范式，其间会经历两个阶段：第一个阶段是新兴产业和新基础设施广泛兴起和安装阶段；第二个阶段是各行各业应用蓬勃发展和收获阶段（Pérez，2001）。随着数字技术迭代升级，数字基础设施加速布局，数字产业化取得跨越式发展，数字技术赋能传统产业进行数字化转型，数字经济推动产业结构升级和创业增长是数字经济推动科学技术创新和深化社会分工的价值体现。

（1）数字经济推动科学技术创新。数字经济推动科学技术创新，不仅催生新型生产要素，而且赋能生产力、生产关系以及组织模式发生重大变革。从生产要素角度，传统生产要素主要有劳动、机器设备、资本、科学技术等，数字经济时代，数据作为数字化知识与信息在生产活动中扮演重要角色，成为新型生产要素和资源。以数字化的知识和信息为新型生产要素，借助数字技术赋能形成和发展众多新兴数字产业。从生产力角度，推动社会发展的动力逐渐从蒸汽生产力、电气生产力、信息生产力转变为当下的算力生产力。算力成为数字经济时代新的生产力，对于推动消费互联网向产业互联网进化，助推产业数字化转型升级发挥着重要作用。从生产关系角度，以共享经济、众包、网络协同为代表的生产活动重构新型生产关系。新型生产关系促进组织平台化，新产

---

[1] 马克思：《资本论》（第1卷），人民出版社2004年版。

业、新商业模式赋能全新的商品交易方式，优化了资源配置效率，助力产业以更低的投入创造出更多、更优质的产品和服务。数字技术创新应用与传统产业深度融合，推动传统生产方式进行智能化转型，为产业间交叉融合发展提供契机，进而令劳动生产率高的产业产值比重上升，不断提升产业结构高度水平，助力产业结构优化升级。在数字技术创新助推下，先进制造业与现代服务业进行双向融合，两者在融合过程中充分发挥各自优势，最终实现产业间的转型升级。与此同时，产业结构的升级必然培育出新的经济增长点，通过调整存量、做优增量带动就业创业；产业升级过程中，企业兼并重组、生产相对集中不可避免，新兴产业、服务业、小微企业的作用更加凸显，生产小型化、智能化、专业化成为产业组织新特征。这些新组织模式变化落实到创造新的增长点上，同时更好发挥市场作用，营造出有利于大众创业、市场主体创新的政策环境和制度环境。在数字经济发展和科学技术创新，助推产业结构转型升级背景之下，有助于激发企业创新活力，增加企业创新研发投入和广泛开展创新活动，不断提升创新效率与核心竞争力，进而为个体创业活动提供了技术支撑，有助于创业增长。此外，共享创新是数字经济时代新的组织创新模式，是利用互联网信息技术全时空、全过程、低成本、高效率共享，和使用各类创新资源、提升创新效率的创新活动（张玉明，2021）。共享创新极大降低了创业的门槛和成本，使得过去必须依赖企业等组织才能完成的商业行为，可由中小微个体达成，给中小微企业带来了众多创业机会和高效的创新资源，不仅增加了服务供给的丰富性和多样性，也有效提升了中小微企业的劳动生产率，成为激发创业的驱动力量。

（2）数字经济加速社会分工深化。数字经济极大降低了交易成本，压缩了时空距离，提升了资源配置效率和劳动生产率，使超级细化的社会分工模式逐渐成为现实，超级细化的分工模式进一步从重构商业模式、打通流通环节、催生新就业形态层面，不断推动产业结构升级和创业增长。

首先，从重构商业模式层面，数字经济推动传统产业和企业面临数字化转型与再分工，并主要通过优化生产端和消费端助力实现产业结构升级。在生产端，数字技术对传统产业进行颠覆和破坏性创新，促使产业链上下游资源加速整合，企业产品生产方式从标准化、集中化、自动化生产，转向定制化、分布式、智能化生产，而且社会分工深化加速了产业分化，使许多从属于第一、第二产业内部的生产环节或部门，从相应的生产领域分离出来形成新的服务业部门，进一步丰富了服务业的内涵和外延（刘翠花，2022）。换言之，数字经济发展促使社会分工程度越高，生产性服务门类就越多，比较优势越明显，从而加速优化了产业整体结构。在消费端，数字消费成为主流消费模式，数字经济通过催生数字消费新场景，激发消费新潜力，满足消费新需求，推动社会消费结构和消费质量持续优化，促进产业结构的服务化趋势不断加速，产业结构愈发高级化。当下，数字经济具有很强的网络外部性和规模效应（Stallkamp et al.，2021），数字场景与数据潜在价值密切相关，数字化进程已从消费端全面渗透到生产端。

其次，从打通流通环节层面，数字经济打破了传统零售模式，催生数字化新零售，且借助数字平台，时空距离将极大程度压缩，基于面对面交互模式的传统流通系统转变为跨时空网络的交互模式。随着流通环节去中心化和去枢纽化程度加速，交易成本和供应链运输成本不断降低，同时产业链集成能力不断提高，社会生产过程加速畅通，社会分工体系持续深化。在较高的分工水平下，企业可以依据比较优势的动态变化选择具有新比较优势的产品，有助于建立自主发展型价值网络和产业链系统集成商，对于实现产业结构优化至关重要。此外，数字经济广泛渗透和畅通的流通环节，不仅加速了产品的匹配和交易（荆文君和孙宝文，2019），还提供了便捷的信息交流平台，丰富和满足了个体创业决策的信息资源获取。

最后，从催生新就业形态层面，依据斯密定理，分工与市场规模正相关。随着数字经济发展和市场规模不断扩大，社会分工愈加深化，生产迂回程度越高，产品的价值链越长，产业链由低端向高端进行转化，新的中间产品生产部门不断产生，各种中间产品种类越多，企业对劳动力的需求也越多。因此，社会分工深化与产业结构升级、劳动力就业均呈正相关关系。同时，随着社会分工水平的不断提高，新产业、新业态、新商业模式催生大量新就业形态，如网约配送员、互联网营销师、全媒体运营师等新职业，在数字经济时代应运而生。这些衍生出的新职业不仅促进了数字产业发展和释放传统产业活力，更有利于激发市场活力和创造力，营造出大众创业、万众创新的市场环境，从而加速了创业增长。此外，大量新就业形态具有数字化、智能化等特征，是实现虚拟经济与实体经济相互协作的新型模式，不仅有助于降低创业成本，还可帮助从业者实现灵活自由的价值追求，激活个体创业热情并释放其天赋，各种创业机会及创业活动不断涌现，进而促进了整体创业增长。

2.1.2 数字经济发展对就业结构与就业质量影响的理论分析

就业结构与就业质量是综合反映劳动者就业现实状况的两个层面，两者紧密相连、互促共进、息息相关，缺少其中之一都不能完整地体现劳动者就业状况，兼顾就业结构与就业质量的协调发展有利于劳动力市场健康有序运行。合理的就业结构是高质量就业的重要组成部分，不合理的就业结构会阻碍就业质量的提升，数字经济发展促进就业结构优化升级，是双循环新发展格局下实现更高质量就业的重要内容。数字经济发展与就业结构优化、更高质量就业三者协同推进、良性循环，成为当今经济社会促增长、稳就业、保民生的加速器和稳定器。

2.1.2.1 数字经济发展深刻影响就业结构升级转变

技术进步会对就业结构、产业结构产生重要影响，而产业结构变动又与就业结构改变息息相关，学者们将技术进步、就业结构与产业结构综合起来进行研究。根据技术变革与劳动力需求理论可知，当前我国数字技术不断发展，一方面逐渐对中高技能、高等学历劳动者提出了更高的数量需求；另一方面显著替代了劳动密集型企业中的众多普通就业岗位，减少了对低技能、初等学历劳动力的需求（吕荣杰和郝力晓，2018）。这些被挤出的低技能劳动力面临着失业和转型压力，有一部分人会处于待业或失业状态，但大部分人可能迫于生存压力，转向从事电商平台、外卖骑手、网约车司机等低技能的新型服务业，成为灵活就业者。有研究报告显示，当前灵活就业者约有两亿人，总体受教育程度偏低，其中大部分是从制造业和建筑业流出的农民工①。

---

① 金柚网研究院：《中国灵活用工及灵活就业研究报告》，金柚网站 https://www.joyowo.com/，2019 年 8 月 8 日。

同时，随着数字技术的进步、数字产业化以及传统产业向数字化融合渗透，第三产业份额持续提升，而第一、第二产业份额则缓慢下降，在 2018 年我国第一、第二、第三产业的占比分别为 7.2%，40.7%，52.2%[①]。产业结构的调整会引起就业结构的变化，对此相关学者已经进行了较为成熟的研究（夏杰长，2000；蔡昉，2007）。

克拉克（1940）提出了"配第—克拉克定理"，指出随着产业结构演变、人均收入水平提高，劳动力会逐渐由第一产业向第二产业，再向第三产业转移。钱纳里等（1989）提出了钱纳里–塞尔奎因理论，认为发展中国家的产业结构转换要快于就业结构转换，存在结构性偏离。我国就业结构演变符合钱纳里–塞尔奎因理论，我国农业剩余劳动力转移缓慢、第二产业充分应用先进技术使机器代替劳动，是造成产业结构与就业结构偏离的主要因素（张车伟和蔡昉，2002；陈钊和陆铭，2009），而大力发展第三产业是我国拉动就业增长、优化产业就业结构的主要渠道和必然趋势（周志春，2010；景跃军和张昀，2015）。基于此，随着数字经济不断发展，产业结构逐渐向第三产业转移，产业结构调整升级的同时会促使劳动力在产业间进行转移，第三产业的就业比重不断提高，劳动力就业服务业化趋势加速，推动产业就业结构持续升级改变。

2.1.2.2　数字经济发展有助于实现更高质量就业

就业质量是一个综合性概念，不少学者将森的可行能力理论作为反映就业质量概念的理论基础（Robeyns，2005；Martinetti and Roche，2009；张凯，2015）。森（Sen，1992）提出可行能力理论，将评价福利的关注点聚焦到功能性活动和可行能力两方面。功能性活动指值得去做的事情和达到的水平；可行能力是指一种实现各种功能性活动的能力及自由（Sen，1999）。森（Sen，2009）认为，可行能力理论不仅适用于微观个体，也可延伸至社会经济发展层面，指出整体社会福利水平的提高，可以通过优化劳动力配置实现。本书就业质量是指宏观层面的各省份就业质量状况，基于森的可行能力理论，就业能力是各省份能够实现更高质量就业的一种可行能力，诸如各省份人力

---

① 国家统计局：《中国统计年鉴》，中国统计出版社 2020 年版。

资本水平、培训和技能人才状况，而就业环境、劳动报酬和劳动保护都是反映各省份就业质量的重要功能性指标，数字经济发展通过优化以上可行能力和功能性活动，进而有助于提高整个社会福利水平和实现更高质量就业。

数字经济发展有助于实现更高质量就业的影响机理，具体表现在四个方面。

第一，数字经济发展促使各省份就业环境持续改善。随着新经济、新技术、新职业不断涌现，新增市场主体、新增企业等私营经济活力不断被激发，劳动生产效率不断提高，从而优化了就业环境，拉动了经济增长。据《中国数字经济发展报告（2020)》显示①，2016—2019年，我国数字经济对GDP增长贡献率始终保持在50%以上，数字经济已经成为双循环新发展格局下经济快速发展的新引擎，各省份整体就业环境不断改善。

第二，数字经济发展有助于提高各省份整体就业能力。随着数字技术的应用普及，各地区大力开展"互联网+职业技能培训计划"，高技能人才培养和人力资源建设持续推进，全国高技能人才队伍不断壮大，劳动者教育程度、技能水平等综合就业能力不断增强。2018年，我国全年共组织1 650万人次参加各类职业培训，其中，就业技能培训850万人次，全国累计有2 900多万人获得各类专业技术证书（张车伟，2019）。根据规划，"十四五"时期劳动年龄人口平均受教育程度预计达11年以上，人口素质水平全面提升，从而为就业质量提升奠定良好的人力资源基础。

第三，数字经济发展有助于提高整体劳动报酬。当前随着数字经济发展，电商直播、新媒体运营、即时物流等新业态蓬勃发展，降低了创业门槛，拓宽了劳动者职业选择，自主就业、多点就业等灵活就业新模式，有利于提高居民收入水平，缩小城乡收入差距，提高社会保险参与率（赵建国和周德水，2020；苏岚岚和孔荣，2020）。2018年，全国居民人均实际可支配收入达到2.8万元，实际增长6.5%；城镇社会保险覆盖率继续扩大，2018年末城镇职

---

① 中国信息通讯研究院：《中国数字经济发展报告（2020)》，http://www.caict.ac.cn/kxyj/qwfb/bps/202007/t20200702_285535.htm，2020年7月2日。

工参加基本养老保险、医疗保险人数分别增长至4.19亿人、3.17亿人①。

第四，数字经济发展有助于引发劳动保护新变化。数字经济催生了众多新就业形态，改变了传统的雇佣关系和就业模式，衍生出大量的新型社会分工方式，越来越多的灵活就业者选择自主创业或与第三方平台建立雇佣关系，引发劳动关系多元化发展，劳动权益保护有待提升（崔学东和曹樱凡，2019；张毓龙和刘超捷，2020）。当前强化劳动法律法规的包容性，兼顾就业灵活性和劳动者权益保护，增强公共就业服务，成为"十四五"时期应对劳动力市场变革亟待解决的重要议题。

2.1.3 弹性工作对青年就业质量影响的理论分析

工作与家庭边界理论能够阐释弹性工作影响青年就业质量的内在逻辑。该理论起源于人们追求工作与家庭的平衡点，后续克拉克（Clark，2000）对此进行了阐释，指出工作与家庭属于两个各自存在、边界清晰的独立领域，人们的身份和角色在两个空间中进行切换，当工作或家庭领域角色进行扩展时，两者边界出现位移，矛盾或角色冲突便会产生。概括讲，一是工作与家庭间存在物理、时间、心理三类边界，其中，物理边界、时间边界分别是界定行为或者思虑的地点、时间，两者是客观的、稳定的、具象和清晰的，但在现实生活中也会变得模糊，如工作时处理家庭事务抑或家庭中办公；而心理边界是由自主设定的，用来判断自己在何时何地做何事，此边界是主观的、易变的、情感的、内在和模糊的。二是不同角色边界间具有渗透性、灵活性、混合性，若三种特性都很高，容易相互渗透，为弱边界；反之三种特性都很低，不易互相受到角色渗透则为强边界（Eagle et al.，1997）。三是个体因同时兼备家人与员工双重角色，须在工作与家庭间频繁转换心理、时间及物理边界，则会产生边界跨越或角色转换（Ashforth et al.，2000）。当工作与家庭的角色均被满足且能与其他边界维护群体友好互动时，两者趋于平衡；反之，当角色无法满足时，则会引发摩擦或冲突。

---

① 国家统计局：《2018年国民经济和社会发展统计公报》，http://www.stats.gov.cn/tjsj/zxfb/201902/t20190228_1651265.html，2019年2月28日。

　　根据工作与家庭边界理论，由于弹性工作可包括时间、空间、雇佣形式方面的弹性，以上弹性工作各维度分别从不同层面调节生活满意度和心理健康进而影响青年就业质量。

　　其一，借助数字技术赋能，宽松而灵活的弹性工时打破了传统固定工作的时间模式，不仅有利于缓解工作压力，增强生活幸福感，而且提高了工作与家庭时间边界、心理边界的灵活性和渗透性，能够满足青年就业者兼顾工作与家庭的时间平衡性，工作与家庭的双重角色能够满足并友好互动，进一步增加了生活满意度和促进心理健康，两者共同提升有助于提高青年就业质量。

　　其二，远程办公、居家办公、混合办公打破了固定工作场所地点的边界，突破了地理距离对工作的限制，尤其是在疫情冲击出行受阻之下，众多互联网、数字化、单体化、知识型的行业成为远程居家办公招聘的主力，不仅成为非常时期维持工作运转的唯一选择，更深受广大青年群体择业时的青睐。弹性工作空间赋予青年群体，特别是年轻女性更多工作地点上的自由度，并可有效缓解通勤时间长、高住房成本、无暇照料老人、养育幼儿等家庭-事业难以兼顾的问题（Bloom et al.，2015），继而便于青年舒缓工作压力，增进家庭生活参与度，提高主观幸福感，有利于心理更加健康和增强生活满意度，真正实现体面的高质量就业。

　　其三，随着数字经济发展，共享员工、灵活用工等弹性雇佣形式给青年就业者提供了灵活就业、兼职就业的机会，众多青年同时兼备多重角色并不断产生边界跨越和角色转换，因其形式上的灵活性和多变性可能与其他边界维护者产生一定程度的摩擦或冲突。虽然规模庞大的灵活就业、弹性雇佣为增加就业机会做出了贡献，但由于很多群体未签订正式的劳动合同，弹性雇佣的工作稳定性、薪资报酬和社会保险等方面仍缺乏保障（莫怡青和李力行，2022），因此会降低就业质量。弹性雇佣的就业人员在劳动关系、参保、缴费和享受待遇等方面存在不完善空间，由于担心失业风险，可能会导致压力大、情绪低落、焦虑等不良心理状况以及对生活感到不满意。由于调控情绪、心理特征是影响就业质量的重要正向因素，两者呈现同向变动关系，即情绪调节越稳定、心理状况越好会显著提高就业质量，而情绪调节越不稳定、心理状况越差会显著降低就业质量（刘春雷和于研，2011）。换言之，弹性雇佣的青年群体会面临较低的生活满意度和不良的心理健康状况，从而会进一步降低青年就业质量。鉴于此，本书认为，弹性工时、弹性空间提高了青年就业质量，弹性雇佣降低了青年就业质量，弹性工作对青年就业质量的影响通过调节生活满意度和心理健康实现。

此外，根据工作需求-资源理论可知，不同类型工作对资源的要求不同，因此，相同的资源供给会对不同工作的工作绩效产生差异影响（Schieman and Young，2010）。如斯皮尔等（Spiele et al.，2017）指出，专业技术人员要比对商业及服务业人员、生产运输设备操作，及有关人员有更多的工作要求、更具创造性，需要更多的知识及资源条件。换言之，与其他工作类型相比，生产运输设备操作及有关人员需要投入更多的时间和体力，专业技术人员需要投入更多的注意力和精力，商业及服务业人员需要投入更多的心理情感，当发生工作与家庭的时间边界跨越、物理边界跨越或心理边界跨越时，弹性工作会对以上三类人员工作绩效或就业质量影响产生较大差异。同时，根据该理论可知，不同的资源供给对相同工作的工作绩效影响效果也会产生差异（Kossek et al.，2015），从而青年群体因不同性别、城乡、收入等级等因素差异，会在一定程度上造成弹性工作对青年就业质量的影响差异。

具体而言，从性别看，与男性青年相比，女性青年由于家庭分工差异，需要在日常生活和照料家人中投入更多的精力和时间，由于每个人时间资源的有限性，女性青年投入到工作中的时间、精力、体力等资源供给相对较少，为了更好地兼顾工作与生活，女性青年会更青睐时间、地点更为弹性化的工作方式，即从事弹性工作的男女性青年由于存在不同的资源供给，会对工作绩效和就业质量产生差异。从城乡看，与城镇青年相比，农村青年拥有的社会关系网络较弱，学历、技能等人力资源禀赋相对有限，从而城乡青年群体对于弹性工作的偏好及各种资源投入存在一定的差异，继而会对工作绩效产生差异。从收入等级看，与低收入青年相比，高收入青年有更高的财富和声望，更注重享受生活品质，心理上会更偏好工作的弹性化和灵活性，而低收入青年的社会地位较低，人脉资源有限，生存压力较大，两者在经济地位、心理需求、社会资本等资源投入不同从而会对工作绩效产生差异，即弹性工作会对不同收入等级的青年群体的就业质量产生不同的影响。综上，本书认为，弹性工作对不同性别、城乡、收入等级的职业类型青年群体就业质量的影响存在异质性。

2.1.4　职业技能培训对农民工就业质量影响的理论分析

职业培训对于农民工的就业能力、工作状况的改善引起了学术界的关注。国外关于工作培训的研究相对较早，如泰勒和利皮特（Taylor and Lippitt，1987）指出，培训是指向新员工或现有员工传授其完成本职工作所需的基本技能的过程。该观点虽然简单明了，但其定义过于局限。美国人力资本专家罗希特（Rossiter，1999）则认为，培训是指向员工传授工作所需知识和技能的任何活动，是与工作有关的任何形式的教育。此后，布朗和麦克丹尼尔（Brown and McDaniel，2001）将培训描述为组织为提高效率和绩效以应对来自竞争者或新技术革命的挑战，而对员工进行的训练和再训练或教育和再教育过程。同时，培训也是一个包括获取技能、观念、规则和态度以提高员工绩效的学习过程，将教育、培训和工作结合在一起，是一种帮助青年人在劳动力市场立足的有效途径（Dupeyrat and Marine，2005）。以上工作培训理论都涉及绩效改善，在某种程度上将培训在个人层面目的和组织层面目的结合起来，尤其是前者，还特别强调了培训的持续性，体现了培训作为终身教育形式之一的基本属性。

人力资本理论认为，劳动者的人力资本水平对其就业选择具有很大影响。职业技能培训、受教育年限、工作经验和技能水平可以显著提升人力资本，进而有助于提升劳动生产率（Mincer，1974）。基于人力资本理论，舒尔茨（Schultz，1961）将知识与技能统称为人力资本，即通过人力资本投资体现在劳动者身上的，由知识和技能构成的资本。贝克尔（Becker，1957）指出，如教育一样，职业培训也是一种人力资本投资方式。职业技能培训对劳动者的工资水平产生影响，主要来源于生产率效应和工作匹配程度两个方面。一方面，职业技能培训会通过生产率效应产生工资溢价。根据人力资本理论可知，对劳动者开展职业技能培训，特别是专业技能培训可以促使劳动力短期内实现技能积累，并快速满足在实际生产中日益复杂的技能需求，促使企业现代化生产效率得到保障。换言之，劳动者参加职业技能培训，使得熟练程度、专业技能及知识水平等人力资本存量显著增加，从而劳动绩效和劳动生产率得到提升，降低了企业的生产成本，企业的盈利能力不断增加。在这种趋势下，企业为追求更高利润会不断扩大生产规模，从而可创造出大量与之相关的新工作岗位及未被替代的那部分劳动力需求，而劳动力需求增加对工资水平有显著的提升作用（Acemoglu and Restrepo，2020）。

与此同时，劳动者参与培训后技能升级，企业生产率不断提高，不仅有助于企业研发创新，而且可有效提高劳动力人均产出，从而进一步推动工资增长。职业技能培训还会通过工作匹配度影响工资水平，并提升就业质量。数字技术普及应用催生了大量新职业，为了更好地适应和匹配新兴工作岗位，劳动者需要参加相应的职业培训以不断提高技能，而技能升级富含更多人力资本，往往对应着更高的岗位薪酬。参与培训后会使得劳动者选择职业的能力不断提高，劳动者也会要求更高的工资水平，即技能偏向性技术进步和参与职业培训有利于提升劳动力的平均工资水平（Graetz and Michaels，2018）。同时，参加职业技能培训有利于更好地进行工作匹配和搜寻，进而不断提高平均工资水平（Abel and Deitz，2015）。由于高技能与低技能劳动力之间存在较明显的待遇差异，会倒逼或激励低技能劳动力参加职业培训，不断提升技能水平以争取更好的薪酬福利（巫瑞等，2022）。

2.1.5 互联网使用影响工资差异的理论分析

2.1.5.1 互联网使用影响性别工资差异的相关理论

近年来，数字经济的蓬勃发展衍生出电子商务、新媒体、共享经济下的零工经济、电子竞技、网络直播等大量的新就业形态，同时大数据、人工智能等数字技术则推动了首席数字师、数字化管理师、大数据工程技术人员、人工智能工程技术人员、物联网工程技术人员等新职业不断涌现。因其就业形式的灵活性、便捷性，越来越多的劳动力加快流向数字产业。国家发展改革委员会等部门印发的《关于发展数字经济稳定并扩大就业的指导意见》[①]

---

① 国家发展改革委：《关于发展数字经济稳定并扩大就业的指导意见》，http://www.gov.cn/xinwen/2018-09/26/content_5325444.htm，2018年9月26日。

指出，大力发展数字经济，促进就业为主线，不断提升数字化、网络化、智能化就业创业服务能力，努力实现更高质量和更充分就业。

首先，随着互联网技术的发展，无论是从即时通信到电子商务，还是从搜索引擎到在线服务，互联网正创造着多元化的工作方式，不仅将众多用户的工作生活需求紧密结合起来，更是提高了劳动参与率和工作效率，对劳动力市场产生了重要的影响（Atasoy，2013）。由此，依据当前数字经济快速发展趋势以及就业理论，平台经济、共享经济、竞技产业、自媒体等业态，不断衍生灵活就业新模式进而创造众多就业新机会，这为进一步提高女性劳动参与率提供了巨大空间。另外，随着数字产业化和产业数字化进程的不断推进，将创造出大量新增就业岗位，将有助于就业结构的持续优化和整体就业水平的稳步提升（戚聿东等，2022）。

其次，在移动互联网日益普及和第五代移动通信（5G）商用不断扩大的背景下，使用互联网进行海量信息搜寻已成为潮流趋势，女性网络用户规模持续攀升。由信息搜寻理论可知，利用网络搜寻工作不仅能减少求职所需的交通、邮寄及中介费用等搜寻成本（Kuhn and Mansour，2014），而且日益完善的求职网站能提高其投递简历、联络亲友和浏览招聘信息的效率，进而能动态匹配供求信息和显著提高录用概率（Pedulla and Pager，2019）。换言之，与男性相比，网络信息逐渐普及的外部性能有效提高女性就业技能及其人力资本，得到较高的上网回报率，而且网络共享经济的发展更促使其工作搜寻实现了"零边际成本"和"人职匹配"（Dettlind，2017）。这意味着越来越多的女性使用互联网作为信息获取和教育培训渠道，将有助于提升女性就业能力、改善就业条件、提高薪资福利，进而有助于缩小性别工资差异。

最后，随着数字化和智能化水平不断进步带来的全要素生产率的提高及市场工资率的提升（Muysken，2006a，2006b），越来越多的女性在家中使用电脑、手机等互联网媒体进行日常购物和电子支付等，生产方式的改进会明显减少女性从事家务活动的时间和降低保留工资（Autor et al.，2015）。由家庭经济理论可知，女性通过权衡从事工作获得的市场工资与待在家里的保留工资，决定是否进行劳动力供给，而互联网普及使市场工资大于保留工资的概率增加，促使更多的女性选择去工作。而且家庭生产活动具有灵活性，并不需要女性全身心和全时间投入（代明等，2014）。互联网技术的广泛普及衍生出的"快手直播、微商自媒体"等线上工作模式，更加满足了女性对闲暇充裕、工作灵活性的需求，提供了平衡家庭与工作的可能。而且这些新兴职业对于女性具有天然优势，增加了女性选择网络自雇创业的可能性，将有助于女性薪资福利的提高，进而有利于性别工资差距的缩小（戚聿东和刘翠花，2020）。

2.1.5.2　互联网使用与城乡劳动力技能溢价的相关理论

人力资本理论认为，劳动者的人力资本水平对其就业选择具有很大影响。增加受教育年限、工作经验和技能水平可以显著提升人力资本，进而有助于提升劳动生产率（Mincer，1974）。在数字经济时代，互联网可以极大程度优化资源配置，提高资源利用效率。随着新就业形态的蓬勃发展，互联网使用已经成为重要的劳动工具，可以使劳动者创造更高的边际生产力。与受教育年限类似，互联网使用除了具有生产功能之外，同样具有筛选功能，即可以作为区分劳动者生产率高低的筛选工具。有学者（Dimaggio and Bonikowski，2008）研究发现，使用互联网的个体劳动者可以向雇主发出掌握新技术的信号，雇主以此可以甄别劳动生产率较高水平的劳动者。互联网作为一种数字技术，不同技能青年群体对互联网技术的掌握程度不同，高技能青年群体可以灵活使用互联网技能，比如，可以熟练掌握办公软件、新媒体运营、编程和研发。显然与低技能群体相比，高技能青年群体使用互联网对其劳动生产率的提升作用更强，因此会获得更高的收入，产生技能溢价。据此，本书推断，互联网使用可以显著提升青年群体收入水平，与低技能青年群体相比，高技能青年群体可以获得更高的技能溢价。

数字经济时代，中国特色的城乡二元经济结构导致城乡之间的劳动力市场分割明显（蔡昉和杨涛，2000），经济和文化发展状况、居民受教育水平、互联网基础设施建设、居民数字素养等存在明显差异，加深了城乡数字鸿沟。近年来，互联网向农村地区加速普及和渗透，互联网使用对农村地区个体劳动者的收入提升效应明显，对于缩小城乡收入差距发挥了重要作用。然而，当下中国各大城市出现了争抢青年人才的现象，均出台了青年人才引进政策，受过高等教育的青年人才受到越来越多城市的争抢。重视青年人才发展固然重要，但是"抢人"政策都是各大城市出台的，而急需振兴发展的农村鲜见出台青年人才引进政策。随着互联网、人工智能、大数据的蓬勃发展，农村地区也急需高技能青年人才助力发展，如果城乡之间高低技能青年人才差异逐渐扩大，会导致农村地区互联网技能溢价率明显低于城市地区，从而对缩小城乡收入差距产生阻碍作用。据此，本书推断，互联网普及有助于缩小城乡收入差距，但是城乡高低技能青年人才差异导致城乡技能溢价呈现明显差异，从而对于缩小城乡收入差距产生阻碍作用。

《第 50 次中国互联网络发展状况统计报告》显示，当前中国不同群体互联网接入和使用技能存在明显的数字鸿沟。平均看，男性、青年群体互联网使用率和技能水平高于女性和中老年群体，但是这种差异随着互联网向女性和中老年群体渗透在逐年缩小。此外，随着互联网用途越来越广泛，且互联网催生的新业态蓬勃发展，越来越多的新职业不断衍生，受到劳动者尤其是青年群体青睐。互联网除了传统的通信功能外，劳动者使用互联网社交、学习、娱乐、工作，以及商业活动的频率也日益增加，不同群体使用互联网的目的具有明显的群体偏好差异性。因此，不同群体使用互联网对城乡个体劳动者收入水平和技能溢价，会产生不同性别和年龄段异质性影响效应。据此，本书推断，不同性别和年龄段群体的互联网工资溢价率和技能溢价率存在显著差异。

2.1.6　关于流动人口的非正规就业及健康差异相关理论

2.1.6.1　贫困就业和二元经济理论

流动人口的非正规就业理论主要来源于贫困就业和二元经济理论。关于贫困就业理论，哈特（Hart，1973）认为，城市失业和贫困化引起的社会阶层分化，导致非正规就业的产生和发展，非正规就业活动成为流动人口等贫困群体不充分就业的原因。国际劳工组织（ILO，1981）把非正规就业视为就业不充分的一种具体表现，那些没有能力进入现代经济部门的劳动力（如农村流动人口）只好退而求其次，进入非正规部门寻求工作机会。该组织在为许多贫穷国家制订就业发展计划时，使贫困就业理论逐步由概念、实证发展为指导发展中国家的就业理论。贫困就业理论说明了流动人口非正规就业产生的内动力。由于我国非正规就业发展受经济体制转型和工业化、城市化进程的双重驱动，因而我国的非正规就业与国际上相比较，存在一定的差别。从部门看，不仅包括非正规部门的各种就业门类，还包括正规部门的短期临时就业、非全日制就业、劳务派遣就业、分包生产或服务项目的外部工人等。

刘易斯-托达罗提出的二元经济理论则从城乡劳动力市场分割出发，阐述了流动人口非正规就业产生与发展的外动力。刘易斯（Lewis，1954）将发展中国家的经济结构分为传统部门（农业经济体系）和现代部门（现代工业体系）两大类。在传统部门，有一部分人的边际生产率为零。由于部门间经济属性和从业者的收入水平存在较大差异，现代部门工资水平高于传统部门，农村大量剩余劳动力资源不断地流入城市。托达罗（Todaro，1988）认为，农村剩余劳动力并不是直接进入城市现代部门的，而是先进入城市传统部门即非正规部门，由此产生大量非正规就业。贫困就业理论说明了我国城市下岗、失业人员的再就业现象，二元经济理论说明了我国农村剩余劳动力进入城市时的就业问题。此外，托克曼（Tokman，1989）的劳动力市场分割理论可以在一定程度上解释中国非正规就业的形成，该理论认为，非正规部门的产生源于工业化不足与劳动力快速增长所形成的过度供给的城市劳动力市场，因而非正规就业是城市剩余劳动力人口由于无法进入正规部门而选择灵活就业的结果，反映了劳动力市场结构的分割。对于农村流动人口而言，由于没有城市户口，农民工不能够进入城市正式的就业体系中，即使是在正规部门工作，也与在非正规部门工作的农民工相类似。主要原因是，他们与单位正式职工相比处于二级劳动力市场中，面临两种不同的就业和工资体系，不能够享受城镇职工的各项福利待遇和政府相应的权益保护，工资水平、劳动时间、工作环境以及社会保障各方面均处于较低水平，由此其就业质量水平堪忧。

2.1.6.2 健康需求理论

随着数字经济的蓬勃发展，零工经济、电商平台、共享经济等新型灵活就业模式不断呈现，在互联网平台经济带动下出现的新就业形态不仅加速了人口流动，更是成为我国新增就业的重要组成部分。然而在此趋势下，超时加班、"996 工作制"、过度劳动愈发成为众多底层流动人口的工作常态。穆什金（Mushkin，1962）将健康作为人们的一种投资，决定着其用于市场或非市场生产活动时间以及单位时间效能。在给定的家庭、社会经济发展水平等外部条件下，一个人的健康水平显然取决于用于保健的投资，不仅包括物品和货币投入（如购买保健品，改善生活质量等），还包括时间和精力投入（如积极从事体育锻炼、健康养生运动等）。格罗斯曼（Grossman，1972）提出了健康需求理论，将健康视为能提高人们消费水平和内在满足的资本存量，即人们需求健康，因为健康是一种消费品，为购买健康需要付出货币和非货币的支出。也即消费者不同时期的效用水平取决于每个时期购买的商品数量，以及该时期消费者的健康资本存量（Wilkinson，1998；赵忠和侯振刚，2005）。根据以上理论，流动人口在 t 时期对应的健康投资函数 I_t 和健康资本增量可表示为：

$$I_t = I(M_t,\ TH_t;\ E) \tag{2.1}$$

$$H_{t+1} - H_t = I_t - \delta_t H_t \tag{2.2}$$

式（2.1）中，M_t 代表流动人口购买健康投资的货币和物品投入，如医疗保健、卫生服务；TH_t 代表进行健康投资的时间；E 代表除健康以外的其他人力资本。式（2.2）中，H_{t+1} 和 H_t 表示在第 $t+1$ 期和第 t 期累计的健康资本存量，I_t 表示流动人口在第 t 期对健康资本的投资，δ_t 表示健康折旧率。根据上述理论和已有文献可知，流动人口作为弱势群体，更多地聚集在收入水平较低、安全性较差的行业，不仅用来购买医疗保健服务的货币支出较为紧缺，而且明显缺乏健康行为和健康的生活方式，劳动保护较为不足，尤其是超长时间工作显著损害了他们的健康状况，增加了罹患疾病的风险（齐亚强和牛建林，2015）。而且，与正常工时者不同，随着工作时间不断增加，工作时间对超时加班流动人口的健康损害程度更大。据此，推断工作时间降低了流动人口的健康状况，且对不同工时群体存在较显著的影响差异（戚聿东和刘翠花，2021）。

与正常工时者相比，虽然流动人口超时加班会在一定程度上增加收入，但因其所处行业的边缘性和法律法规的不完善，有些加班未必能按规定给流动人口足够的加班费用，甚至一些监管不到位的小型企业会强制要求免费加班，存在付出-回报不平衡现象（Siegrist and Wahrendorf，2016），故超时加班者收入水平不能有效保障，而其有限的收入必然会导致对医疗服务等健康保健支出，及其他一般商品的消费支出有限，致使其健康收益率降低。与此同时，适度合理的工作可以促使流动人口更加规律的健康生活，而过度加班则会严重透支体力或脑力，健康投资不足，容易诱发身体疲劳、亚健康等不良后果（王弟海等，2019），由此拉大了与正常工时者间的健康差距。此外，考虑到不同性别、区域发展水平也是影响流动人口健康的重要因素，势必也会对工时健康差异造成一定的影响。综上分析，本书推断，工作时间扩大了流动人口正常工时者和超时加班者的健康差异，且工时健康差异存在性别及区域异质性。

在以上研究假设基础上，本书进一步对工作时间影响流动人口健康的传导路径进行探索。根据格罗斯曼健康需求理论，控制其他因素不变，工作时间和锻炼保健时间必然成反向变动关系，即与同一时期正常工时者相比，超时工作的流动人口用于健康投资的时间必然会明显更低，没有充分的时间进行体育锻炼和养生运动，从而健康投资较为不足。而且工作时间延长、经常熬夜加班更容易出现睡眠不良的情况（Virtanen et al.，2011），进而会影响流动人口情绪压力和面临亚健康风险，即超时加班流动人口的健康折旧率要大于正常工时者。据此，本书推断，锻炼时间和睡眠情况是工作时间影响流动人口健康状况的中介变量，并对正常工时者和超时加班者存在不同的中介效应。

2.2 文献综述

2.2.1 数字经济发展的就业效应文献综述

2.2.1.1 数字经济的内涵与测量

随着互联网、人工智能、大数据等数字技术进入加速创新、跨界融合、引领发展的快车道，发展数字经济成为全球各国创新发展的重要方向。泰普斯科特（Tapscott，1996）正式提出"数字经济"的概念，认为数字经济是一个广泛运用 ICT 技术的经济系统。此后，世界各国、组织及学者陆续开展了数字经济的内涵及测算研究，但由于各国数字经济发展程度不尽相同，目前国际上尚未对数字经济的内涵达成共识，概括讲有广义和狭义之分。狭义的数字经济被理解为一种产业经济，即数字产业化，从传统国民经济部门中剥离出来的数字化服务或货物的生产、消费与分配活动（Barefoot et al.，2018）。广义的数字经济被视为一种经济活动。这种经济活动的典型特征是数字化信息与知识被作为新生产要素，以信息化网络作为载体，促进效率提升和宏观经济结构优化的经济活动总和（Dean et al.，2016；OECD，2017；IMF，2018）。关于数字经济的测算研究，不同国家或组织并不完全一致。OECD（2014）将数字经济划分为四个维度：智能基础设施投资、社会推进、创新性释放、增长和就业，构建了 ICT 与数字经济测算指标；欧盟数字经济与社会指数指标体系，从宽带接入、人力资本、互联网应用、数字技术应用、公共服务数字化程度层面设计（European Commission，2015）；OECD（2018）指出，数字经济规模现阶段可用数字经济产业增加值体现。欧盟统计局（Eurostat，2017）构建数字经济和社会指数，侧重以数字技能、数字设备，以及数字化中间产品或服务等数字化投入带来的全部经济产出来衡量数字经济发展。联合国国际电信联盟 ICT 发展指数指标体系，从 ICT 接入、ICT 使用、ICT 技能维度设计（ITU，2016）构建数字经济发展指数；美国经济分析局（BEA，2019）指出，测量数字经济应包括电子商务和数字服务，并以供给使用表对美国数字经济增加值进行测算；澳大利亚统计局（ABS，2019）认为，数字经济是指通过互联网、移动电话等信息通信技术进行的包括互联网购物、电子交易、搜索服务等所有经济活动。

聚焦国内，习近平主席在 2016 年 G20 杭州峰会上首次提出数字经济，并指出数字经济发展成为中国创新增长的主要路径。2017 年，数字经济被正式写入政府工作报告，并明确促进数字经济加快成长的需求。关于数字经济定义和测算，中国信息通信研究院做了深入研究，2020 年 7 月公布的《2020 年中国数字经济发展报告》将数字经济定义为：数字经济是以数字化的知识和信息作为关键生产要素，以数字技术为核心推动力，以现代信息网络为重要载体，通过数字技术与实体经济深度融合，不断提高数字化、网络化、智能化水平，加速重构经济发展与治理模式的新型经济形态。报告指出，数字经济测算主要包括数字产业化、产业数字化、数字化治理、数据价值化四个部分。

此外，国内学者续继和唐琦（2019）指出，数字经济发展带来的福利提升是核算难点，并探讨了数字经济测算误差与生产率悖论相关性。向书坚和吴文君（2019）基于 OECD 数字经济研究框架，测算了中国电子商务产业和数字促成产业的增加值。许宪春和张美慧（2020）进一步筛选了数字经济产品，确定了数字经济相关产业对数字经济进行核算。中国信息通信研究院则从数字产业化、产业数字化、数字化治理、数据价值化进行测评（中国信息通信研究院，2020）。国内学者从不同维度进行测评，如互联网发展和数字金融普惠维度（赵涛等，2020）；信息化发展、互联网发展和数字交易发展维度（刘军等，2020）；互联网电信、软件、电商零售与科学技术发展维度（戚聿东等，2020）；计算机通信和其他电子设备制造业、电信广播电视和卫星传输服务、互联网和相关服务、软件和信息技术服务业维度（白雪洁等，2021）等。《中华人民共和国国民经济和社会发展第十四个五年规划和二〇三五年远景目标纲要》专辟一篇"加快数字化发展，建设数字中国"，并指出要加快推动数字产业化，推进产业数字化转型。这是新发展阶段中国政府把握数字经济发展趋势和规律做出的战略部署，为此，未来数字经济可以重点从数字产业化和产业数字化两个维度进行测评。总的说，关于数字经济测评，目前尚未有统一口径的核算体系，各国制定指标体系时均有不同的侧重和价值导向，有的更加关注数字经济发展的社会属性，有的则更加关注数字经济基础设施（孙毅，2021）。数字经济实质上是一个阶段性的概念，其内涵和外延会不断深化，而数字经济的核算体系未来仍将是各国亟待解决的重要议题。

2.2.1.2　数字经济发展对就业总量影响的相关文献

当前随着人工智能、大数据、云计算、第五代移动通信（5G）商用等数字技术不断创新和融合发展，数字经济不仅引领着社会生产力不断突破和飞越，更对就业领域产生了深刻影响。数字经济发展推动就业结构发生深刻变革，结构性失业风险较为严峻。数字经济发展的核心推动力为数字技术创新，已有研究关注数字技术创新的就业效应，出现三种不同观点。其一，替代效应。技术进步在一定程度上取代劳动力就业，其创造的新需求和新产业无法对冲失业，生产力发展只是创造出更多自由时间，而不是更多工作岗位（Frey and Osborne，2017；Acemoglu and Restrepo，2018）。其二，创造效应。技术进步对就业具有补偿效应，会导致就业率提升；在自动化经济发展愈加明显的趋势下，净岗位创造对经济中所有层次的就业均产生正向影响（Borland and Coelli，2017）。其三，综合说，存在多种影响结果。数字自动化对就业存在负向和正向效应，且对高技能、低技能劳动力产生不同影响，需要制定差异化的就业促进政策才能有效应对（邵文波和盛丹，2017）。

数字经济不断催生新产业、新业态、新商业模式（"三新"经济），促使劳动生产率较高的第三产业占比逐渐上升，数字技术创新产生了较高的创新成果转化率，推动了产业结构向合理化和高端化演变（李治国等，2021）。"三新"经济的蓬勃发展促使数字经济成为创新创业主战场。从个体层面看，数字经济促使个体以较低的成本与多样化主体建立连接，如众筹系统、社交媒体显著扩展了个体的社会网络，促使创业者个体社会资本不断提升，有利于资源和信息的获取（Smith et al.，2017）。数字技术有助于提高个体创业活力，数字平台不仅能够降低个体创业的进入障碍和市场扩张成本，而且还会增加个体在数字平台内的创业动机，推动创业企业的建立（Briel et al.，2018）。依托于信息、大数据和云计算等创新技术，数字经济赋能数字金融（如支付宝、微信支付）快速发展，数字金融通过缓解借贷约束，有效改善了农村居民的创业行为，促进了创业机会均等化（张勋等，2019）。从企业层面看，数字技术有利于企业数据收集和分析，可以在全球范围内实现低成本资源配置，显著提高了供需双方匹配的高效性和有效性（Autio，2017）。创业企业利用数字平台和数字基础设施，有利于其生存、竞争优势的获取和绩效提高（Nambisan et al.，2018）。数字经济可以加快信息交互和思想传播途径，极大程度丰富创业资源，并通过影响市场规模、知识溢出和要素组合等方式为市场培育出大量创业机会，大幅提升了企业创业活跃度（赵涛等，2020）。

此外，数字经济作为经济发展提质增效的新动能，对产业结构升级的影响主要在两方面：一是数字经济赋能传统产业数字化转型升级。借助数字技术赋能，传统生产要素加速改造、整合、提升，优化了生产要素配置效率，促使生产方式发生变革（Goldfarb and Tucker，2019）；传统企业可以提高管理效率和服务效率，不断提升服务可用性和服务效率（Laudien and Pesch，2019）；传统生产过程中部门协调程度不断优化，生产效率得到极大提升（刘洋和陈晓东，2021）。随着数字化进程的加速，各行各业均在寻求变革，积极把握数字化和智能化发展的新契机（Nambisan，2017），农业生产信息化，工业制造智能化，垄断行业竞争化，家务劳动社会化，在数字经济时代驶入发展快车道（戚聿东等，2021）。二是数字经济催生新兴数字产业化蓬勃发展。近年来，5G、人工智能、大数据、集成电路等数字技术创新活跃、渗透广泛，已经发展为国民经济战略性、基础性、先导性产业，是引领科技革命和产业变革的关键力量（肖亚庆，2021）。

2.2.1.3 数字经济发展对就业结构影响的相关文献

数字经济发展以数字技术进步为核心推动力，而技术进步又通过引导生产方式的变革和新工业产业的产生，进一步推动就业增长和就业结构发生深刻变革。国外学者关于技术进步影响就业增长研究的文献较为丰富。有学者指出，技术进步的"净岗位创造效应"对经济中所有层次的就业均产生正向影响（Katz，2015；Borland and Coelli，2017）；技术进步通过创造新产品、新机器、新产业部门等产品创新直接实现就业增长（Cortes et al.，2017）。聚焦国内，随着数字技术在各行业中广泛应用，促使劳动生产率提高，商品成本降低，而商品价格的下降不断刺激社会需求，进一步扩大产品市场的需求。由于劳动力市场与产品市场紧密相关，数字化产品市场的扩张会提高生产规模，增加对劳动力的需求，进一步扩大就业市场容量（张新春和董长瑞，2019；丛屹和俞伯阳，2020）。

数字经济发展在促进就业增长的同时，也在引发就业结构发生深刻变革。具体表现在三个方面。

其一，数字技术进步存在"技能偏好性就业效应"，引起就业结构极化现象。数字技术进步会对不同的技能工作者进行筛选，比如，低技能工作更容易被替代，减少对低技能工作者的需求，而同时企业不断加强技术创新，对高技能劳动力的需求会显著增加（Cortes，2016；Lordan and Neumark，2018）。国内学者指出，数字技术进步会减少对低技能劳动者的需求，增加对高技能、高学历劳动者的需求，促使就业结构呈现"两极化"趋势（方建国和尹丽波，2012；孙早和侯玉林，2019）。

其二，数字经济发展促使第三产业就业比重增加，产业就业结构持续优化。经济的快速发展会促使产业结构和就业结构不断调整优化，服务业的就业吸纳能力持续增强，特别是在2011年我国第三产业就业比重首次超越第一产业就业比重，成为最主要的就业部门（蔡昉，2017）。还有研究指出，服务业就业与制造业就业之间会相互影响，存在一定的交互乘数效应和空间溢出效应，进而会影响产业就业结构（Moretti，2010；李逸飞等，2017）。同时，大数据、云计算、区块链等新兴技术，以及平台经济、共享经济等新兴行业发展，产生了众多新类型的就业岗位，吸纳大量第三产业就业人员（杨伟国等，2018；邵文波等，2018）。

其三，数字经济发展促使就业性别结构发生改变。据国际经验可知，与男性相比，女性在社会资源、教育、就业机会等方面处于弱势，女性使用互联网的机会相对较少，但随着数字经济的发展和互联网日益普及会有助于缩小这种差异，增加女性的就业机会和薪资水平（Wasserman and Abbott，2005；Postar，2013）。聚焦国内，使用互联网会显著提高女性自主创业概率，增加了女性劳动供给率，显著提高了女性在就业结构中的占比（毛宇飞和曾湘泉，2017）。

2.2.1.4　数字经济发展对就业质量影响的相关文献

（1）就业质量的界定及测评。就业质量是一个综合性概念，反映劳动者从事社会工作所得到的工作条件的优劣程度。学术界对就业质量的内涵界定一直在不断推进，国外学者研究较早并相继提出了"工作生活质量""体面劳动""工作满意度""高质量的就业"等概念，不同概念从不同角度分别阐释了就业质量的内涵。"工作生活质量"重点强调劳动者工作和生活的平衡，两者间良好的平衡关系是提升就业质量的重要途径（Nadler and Lawler，1983）。美国职业培训和开发委员会委员提出"工作生活质量"的概念，认为工会和管理部门应综合考虑劳动者的工作与生活因素，以及两者之间的平衡程度（Nadler and Lawler，1983）。国际劳工组织提出"体面劳动"的概念，认为"体面劳动"是自由的、非强迫的、有尊严的，同时劳动者在工作过程中还应该有丰厚的工资水平、社会保障福利、相应权益受到保护（ILO，1999）。"体面劳动"重点强调就业的自由和有尊严，本质上是以人为本的劳动，劳动过程中应该充分考虑人的因素，应该是非强迫的、机会平等的、安全的工作，劳动者在工作过程中应有丰厚的工资水平、社会保障福利、劳动权益受到保护（Anker et al.，2003）。格林等（Green et al.，2013）认为，"体面劳动"是指就业者能够获得自由、平等、安全和较为有尊严的生产性劳动机会。"工作满意度"（job satisfaction）重点强调劳动者从工作过程中获得的效用，劳动者的"工作满意度"能够很好地评价劳动者的主观感受。工作条件基金会（Eurofound，2012）将就业质量定义为劳动者从工作中获得的效用水平，主要通过劳动者的情感、工作满意度等福祉测量。由于国情特殊性，判断标准相差悬殊，国外一些理论不能完全解释中国的现实问题。21世纪以来，国内学者在国外研究基础上，开始对就业质量问题进行研究。"高质量就业"是国内学者自党的十九大报告提出"实现更高质量和更充分就业"目标后，经常用到的一个概念。2022年10月召开的党的二十大进一步提出"高质量充分就业"，并着力推动实现高质量发展的战略目标。

关于就业质量测评，广泛认可的观点是就业质量为多维度概念（Leschke and Watt，2014），但维度选择多由数据驱动（周群芳和苏群，2018）。概括讲，已有研究测评就业质量有主客观和宏微观之分。从主观角度出发，就业质量定义为劳动者从工作中获得的效用水平，关注对工作的主观评价，通过劳动者的情感、工作满意度等福祉测量，如一些学者用就业满意度或工作满意度测度量个人就业质量的高低，并认为工作满意度与职工主观幸福感之间存在正相关关系（卿石松和郑加梅，2016）。从客观角度出发，就业质量强调劳动者的客观工作特征，如收入水平、工作时间、社会保障等（石丹淅和赖柳华，2014），还包括职业社会地位、发展空间、工作稳定性、工作环境等方面（明娟和曾湘泉，2015；明娟，2016；邓睿，2020）。

微观就业质量是劳动者的工作状况及固有特征满足其要求的程度，同时也是其就业能力、就业单位层次和就业竞争力的综合体现（赖德胜和石丹淅，2013）。从劳动者角度看，就业质量涉及劳动报酬、工作时间、工作环境、社会保障等与所有劳动者个人相关的要素（苏丽锋和陈建伟，2015）。基于微观视角，近年来已有文献多是聚焦农民工、大学生、女性、流动人口等群体进行就业质量研究（张原，2020；彭正霞等，2020；袁超和张东，2021；杨超和张征宇，2022）。从宏观角度出发，程蹊和尹宁波（2003）指出，就业质量应包括劳动生产环境、就业者的生产效率，及对经济生活的贡献程度三个方面。代锋和吴克明（2009）认为，劳动者通过合理均衡的行业与地域流动，获得适宜的、灵活的、可持续发展的就业机会，从而与生产资料结合并获得收入和发展的优化，实质上是衡量劳动者就业状况和社会整体发展状况的综合性指标。翁仁木（2016）认为，应当从国家、地区、行业角度整体性综合评价就业质量，积极关注经济社会因素对就业质量产生的影响，需要从更宏观的角度统筹思考。还有学者认为，宏观就业质量是指适应社会主义市场的运行情况和资源配置效率情况，包括劳动生产环境、就业者的生产效率及对经济生活的贡献程度（赖德胜等，2011；戚聿东等，2020）。

由于国情的特殊性，判断标准相差悬殊，国外的一些理论也不能完全解释中国的现实问题。21世纪以来，国内学者开始对就业质量问题进行研究，但主要还是基于国外学者对就业质量认识的基础上进行研究。由于对就业质量内涵理解的侧重点不同，不同学者对就业质量的测评也存在差异，因此设计就业质量评价指标体系时选择的指标也不完全一致。国外学者关于就业质量的测度，可以概括为两种主要形式：其一，构建就业质量指标评价体系；其二，创建就业质量指数方程。如欧洲委员会（European Commission，2002）构建了工作质量的十个相关指标，包括内在工作质量，灵活安全性，技能、终身学习和职业发展，性别平等，多样化非歧视性，健康和工作安全等方面。安克（Anker et al.，2003）主要侧重就业质量的权利、社会保障、社会对话等方面构建指标评价体系。关于就业质量指数，2008年，欧洲工会联合会研究所构建了欧洲就业质量指数（European Job Quality Index，EJQI），该指数由

6个一级指标构成，每个一级指标下设2~4个二级指标。加拿大帝国商业银行曾提出就业质量指数的概念，并将就业补偿指数、就业稳定性指数、全职就业比重共同作为就业质量指数的衡量指标。此外，还有一些学者从微观视角出发，认为就业质量应该包括的工作特征、就业人员的个体特征、工作匹配程度以及对工作的主观评估，非标准劳动关系、就业能力、性别比较，或者是工作效率、职位匹配、工作报酬等方面（Davoine et al.，2008；Aldrich，2010）。与此同时，国内学者对就业质量评价有宏微观之分，其中，微观上为劳动者个体就业质量的衡量与评价，主要关注劳动者的收入水平、工作时间、工作环境、社会保障、晋升机会、工作满意度等层面（卿石松和郑加梅，2016）。宏观上为地区就业质量的衡量与评价，可以反映地区劳动力市场运行情况和资源配置效率。如赖德胜等（2011）、苏丽锋（2013）从就业环境、就业能力、就业状况、劳动者报酬、社会保护和劳动关系六个方面，对中国各地区就业质量进行了测算与评价。韩晶和陈曦（2020）从劳动报酬、就业能力和就业环境三个层面对地区就业质量进行了评价。

由就业质量的内涵可知，就业质量是一个综合性概念。就业质量的综合性决定了其影响因素有很多，可分为内因、外因、内外因兼备三个方面，其中，内因是指劳动者自身的个体特征及就业能力因素；外因是指自身因素以外的其他影响就业质量的外在因素。关于内因方面，如受教育年限、专业水平、学习成绩、人际交往能力等，是决定劳动者就业质量的关键因素（Sullivan and Purushcthom，2012）。格沙尼和克勒克（Gershuny and Klerk，2012）指出，影响大学生就业质量水平的是良好的综合心理素质、团队精神、积极的就业观念。谢尔（Stier，2015）研究发现，劳动者的技能水平是影响就业质量的重要因素，高技能水平劳动者的就业质量要显著高于低技能水平劳动者。德特林（Dettling，2017）认为，使用互联网进行工作搜寻，可以显著降低搜寻成本并提高就业概率和质量。国内学者关于内因方面的研究相对较为丰硕，如择业动机、就业心理状况、技能证书、情绪智力、就业能力、专业兴趣是影响大学生就业决策，及就业质量的重要正向因素（孟大虎等，2012；罗莹，2014；冯沁雪等，2021）。随着互联网的日益普及，劳动者使用互联网能够提高收入和工作自主性，从而显著提高就业质量（毛宇飞等，

2019）。"城市人"的身份定位通过提升对自身就业地位的认知、就业机会和社会融入，进而显著促进农民工就业质量的提升（邓睿，2019）。此外，杨超和张征宇（2022）指出，人力资本是导致流动人口与本地人口就业质量差异的最主要原因，且就业质量组间差异呈现逐年上升趋势。

内因方面，塞克基奥斯等（Psychogios et al.，2010）研究发现，劳资关系、就业环境、职业发展空间和性别歧视等市场因素，是影响就业质量的外在因素。芬德利（Findlay，2013）从宏观角度出发，深入探讨了工作单位、制度体制对劳动者就业质量的影响。蔡海静和马汗京（2015）定量评估了扩招政策对大学生就业的异质性效应，发现因扩招而获得大学录取机会，其大学文凭为"敲门砖"角色，显著降低了缺乏工作经验的新毕业生失业概率，但未能明显改善其就业质量。

外因方面，有学者指出在户籍改革驱动下，居住证持有会显著提升农民工就业质量（林龙飞和祝仲坤，2022）；人情资源、信息资源有助于实现人职匹配和提高农民工就业质量（邓睿，2020）；随迁子女对流动青年就业质量的影响存在明显的就业身份差异和性别差异（诸萍，2021）；公共就业服务会对老一代、低收入、女性农民工的就业质量产生影响，并呈现显著的"底层保障型"特征（李礼连等，2022）；数字普惠金融发展通过提高工资水平和工作自主性，减少工作时间等影响劳动者的就业质量（郭晴等，2022）。

内外因兼备方面，彭国胜和陈成文（2009）认为，增加人力资本和发展社会资本是提升青年农民工就业质量的现实选择。黄敬宝（2012）指出，人力资本和社会资本对大学生就业地区、行业、月薪等方面产生了重要影响，两者是导致大学生就业质量差异的双轮驱动力。王子成和杨伟国（2014）从教育匹配、专业匹配、能力匹配三个维度，构建大学生就业匹配多维度测量模型，发现就业匹配对大学生工资和就业质量均产生了显著影响。陈婷婷（2018）研究发现，生育会降低流动女性的就业质量，但是这种负向影响会因社会资本的介入而愈发弱化。刘华兴（2020）指出，制度性场域因素、公共服务及个人特征会显著影响青年公务员工作满意度。方鸣等（2021）指出，家庭特征、政策认知及创业环境均提高了创业者的创业培训绩效。

已有文献通过从内因、外因、内外因兼备层面，分析了对大学生、农民工、女性、流动人口等群体就业质量的影响，但目前针对青年群体就业质量的文献研究相对较少，尤其从弹性工作的外因视角分析影响青年就业质量的文献较为缺乏。

已有关于就业质量评价研究，口径不一致，行业和企业层面的研究较少，微观个体就业质量仍需实证研究。新业态、新模式仍处于初期发展阶段，相对于传统劳动关系，产生工资给付困难、社会保障缺失、劳动保护缺乏等关乎新就业形态劳动者就业质量的问题（朱松岭，2018；关博，2019）。本书认为，已有关于宏观就业质量评价指标体系的设计仍需进行两点改进，其一，区分过程指标和结果指标。已有文献指标选取不仅包括结果指标，还包括过程指标，如地区教育、就业等财政支出，就业培训投入等指标，由于过程指标会存在投入使用效率问题，即并非投入越多，就业质量就越高，因此，评价地区就业质量的指标体系只需包含反映就业质量的结果指标即可。其二，指标尽量少而精。赖德胜等（2011）选取了50个指标，苏丽锋（2013）在赖德胜等的基础上进一步做了精简，但是依旧有39个指标。过多的指标不仅会弱化重要指标的权重，而且还增加了数据收集和处理难度，不利于可持续追踪和测评。本书在已有研究基础上对以上两点进行改进，设计出中国省级就业质量评价指标体系。同时，本书从微观视角出发，继续关注青年、农民工、流动人口群体的就业质量，并从主观和客观层次更全面测评其就业质量，包括工资水平和福利待遇高低、工作时间、劳动保护及强度、工作满意度等。聚焦当下，已有研究指出，青年、农民工、流动人口等群体就业仍存在非正规就业比例较高、加班现象较严重、起薪增长率较低、社会保障较缺乏等现象（张原，2020；彭正霞等，2020；孙妍，2022）。此外，青年、流动人口就业还存在工作稳定性较差、工时偏长、就业匹配度较低、培训及职业发展机会有限等问题（刘华和胡文馨，2021）。可见，未来青年、农民工、流动人口就业质量问题仍需关注及深入研究。

（2）数字经济对就业质量影响的相关文献。在数字经济蓬勃发展趋势下，衍生出灵活就业、非标准就业等新就业形态，关于新就业形态的就业质量问题日益成为新兴研究热点。国内学者提出新就业形态是随着数字经济发展，传统产业在互联网条件下延伸而产生出来的、尚未完全转化成独立新形态的就业样态；并将新就业形态划分为创客、威客、对客、圈客及间客五种模式（张成刚，2016；王娟，2019）。

实现更高质量就业需要有高质量经济发展环境，当下数字经济被视为经济增长的新引擎，大力发展数字经济是实现高质量就业的必然之举。由于就业质量是一个综合性概念，数字经济发展对其影响渠道也是多方面的，已有文献主要从三方面进行研究。

其一，数字技术进步有利于提高整体生产效率，优化就业环境。数字技术进步不仅推进了生产方式变革、拓展了就业总量，而且有利于促进经济增长、改善工作质量（曹静和周亚林，2018）。同时，工业智能化水平的提升显著增加了服务业，特别是知识和技术密集型现代服务业就业占比，促进了就业结构转型升级，有助于实现高速经济增长和更高质量就业（余永泽和潘妍，2019；王文，2020）。此外，数字经济时代的工作搜寻、工作方式、工作地点更加自主和灵活，与以往相比能够更好地平衡工作与家庭生活。这些新特征可以显著增加劳动者的主观工作满意度（Bloom et al.，2015；Dettling，2017；毛宇飞等，2019）。

其二，数字经济发展有利于提高劳动者的就业能力和工资水平。有学者认为，数字技术进步促使生产力水平提高，并不断增加对高技能劳动力的需求，进一步拉动整体收入水平（Autor et al.，2015；吕荣杰和郝力晓，2018）。阿西莫格鲁等（Acemoglu et al.，2018）指出，在长期内，低技能劳动者可通过不断学习提高自身技能水平，不仅增加就业机会，更提高其劳动报酬。互联网的普及不仅有利于产业结构合理化，而且会提高劳动者的技能水平和收入水平，显著减小各省份行业间工资差距（胡浩然等，2020）。进一步的，互联网技术进步会提高女性的认知回报率和工资水平，进而有助于提升女性薪酬满意度（毛宇飞等，2018）。

其三，数字经济发展对劳动关系产生重要影响。刘皓琰和李明（2017）指出，以平台为核心组织，以数字技术为支撑的新型经济模式改变了传统的就业、生产和消费活动运作方式，同时引发了劳动关系的新变化。随着我国经济由高速增长向高质量增长转变，产业结构不断转型升级、就业结构逐渐优化，劳动关系也出现了一些新特征、新问题和重点调整方向（师博，2020）。近年来，数字技术发展通过影响企业人力资源管理以及劳动者技能需求变化,有助于实现人职有效匹配,对改善劳动关系具有积极影响(丁守海等,2018)。但也有学者认为,由于人力资本投资需要一定时间,数字技术的快速发展与高技能人才的培养可能存在脱节,从而造成高技能人才出现短缺,不利于劳动关系改善(张新春和董长瑞,2019)。

综上所述,已有关于数字经济发展对就业影响的文献多数是从数字技术角度分析的,而基于数字经济各代表性行业发展视角进行定量分析的文献较少,且鲜有文献综合考察数字经济典型行业发展对产业就业结构的影响。已有文献主要从一些涉及就业质量的单方面影响因素进行研究,并没有基于数字经济发展视角构建综合的就业质量指标评价体系对其进行测评及影响程度分析,即鲜有文献综合深入考察数字经济发展对就业质量的影响。鉴于此,本书测评了宏观层面的各省份就业质量状况,深入分析数字经济发展对就业结构和就业质量的影响程度及原因阐释,并提出合理化政策建议,从而丰富拓展了相关研究。

2.2.1.5 数字生活的就业效应相关文献

数字经济的蓬勃发展对人类的生产、生活、生态产生了深刻影响,人们的生活逐渐线上化、网络化、数字化,数字生活已成为时代主流。关于数字生活的界定,最早是由尼葛洛庞帝(Negroponte,1996)在《数字化生存》中提出的,他认为,数字生活是人们利用数字技术进行信息传播、交流、学习、工作的一个生存活动空间,具有虚拟化、数字化特点,是对现实生活的一种模拟、延伸与超越。赫斯(Hess et al.,2014)认为,数字生活范围应进一步扩大,还包括受到数字技术影响的私人生活。数字生活融合了客观世界和数字世界,使得人们的生活方式及理念表现出数字化特点。数字生活以数字技术为基础,有别于单纯以娱乐互动为目标的电子生活,是对整个生活方式的重塑(焦勇,2020),数字生活目标是让所有人不论在任何时间、地点,使用任何设备都可与网络保持联系,进而享受更加方便、安全、快乐和富有幸福感的生活,满足自身发展的物质和精神资源的需求(戚聿东和褚席,2021)。

随着数字技术逐渐普及应用,微信、支付宝、快手等社交媒体逐渐成为人们数字生活的组成部分,也是适应数字化社会的重要渠道。数字技术普及与应用在不同群体间存在较明显的差异，与青年群体相比，中老年群体的互联网及各种智能软件使用较为贫乏，老年群体正逐步边缘于数字化社会（张未平和范君晖，2019）。中老年人作为一个特殊群体，影响其数字生活的因素有很多，包括年龄、家庭经济地位、受教育程度、社会支持等方面。其一，年龄是影响数字生活参与度的重要因素，不同年龄层群体存在显著的数字鸿沟差异（何铨和张湘笛，2017）。由于老年人身体机能逐渐衰老，较多的慢性病等健康隐患成为阻碍其互联网接入和使用的重要原因（杜鹏和韩文婷，2021）。老年人由于年龄增长，其注意力和认知能力逐渐下降，学习互联网新知识、新技能变得困难，从而个体的互联网接入频率逐渐缩小（赫国胜和柳如眉，2015）。杨璐（2020）认为，年龄、学历、健康和医疗服务等都是显著影响中老年人互联网使用状况的重要因素。其二，家庭经济地位和受教育程度也是影响互联网接入和使用的重要因素（程名望和张家平，2019）。一般而言，家庭经济状况越好、受教育程度越高的老年人使用互联网频率会越高；当家庭收入水平较低时，老年人考虑互联网使用成本，可能因无法支付网费而减少互联网使用（Ihm and Hsieh，2015）。程云飞等（2018）认为，受教育程度通过影响老年人认知能力及从事的职业类型而间接影响其网上生活参与度。其三，社会支持也是影响老年人参与网上生活的重要因素（张未平和范君晖，2019）。具有亲密关系的家庭支持和子女代际支持是带动老年人互联网使用及缩小数字鸿沟的重要途径（Chen，2013）。于潇和刘澍（2021）研究发现，子女对老年人的数字反哺包括习得效应和代理效应，如果亲子见面或频繁联系会增加数字反哺的习得效应，有助于缩小数字鸿沟；而照料或同住的亲子关系将增加代理方式的数字反哺，会扩大数字鸿沟。同时，熟人圈、线下关系网络对社交媒体功能的推荐和帮助，也是老年人克服数字技术焦虑，进而感知并接纳新技术的重要途径（Richter and Sullivan，2014）；使用互联网、积极参与社会活动可以有效改善老年人的精神状态（张文娟和赵德宇，2017）。汪斌（2020）指出，人力资本、居住地网络、子女数量等家庭禀赋，社会环境等宏观因素也是影响老年人互联网使用及数字融入的重要因素。

近年来，中国老年人使用互联网的占比不断提升，但互联网应用深入到老年人日常生活的速度，以及老年人适应数字生活的能力存在差距（杜鹏和汪斌，2020），数字生活融入的困难会显著影响该群体的生活质量。已有研究表明，老年人的生活质量与社会网络显著相关，老年人社会网络规模越大，其对生活质量评价越高（彭希哲等，2019）。究其原因，个体的社会网络是影响其社会资本的重要因素，社会网络强度越大，社会资本水平越高，信息、认知、人情桥梁也越丰富（Carpenter et al.，2012）。社会网络作为一种社会关系的网络，其定义和度量并没有统一的界定，学者常以亲属关系、朋友关系、邻里互动和社会参与作为社会网络的代理指标（孙鹃娟和蒋炜康，2020；丁述磊和刘翠花，2021）。以朋友数量、邻里互动频率和非正式社会参与表征的社会网络是影响生活满意度的重要因素，随着社会网络规模的扩大，个体生活满意度不断提升（马丹，2015）。老年人通过参加民间组织和文化休闲活动扩展社交网络，如合唱队、合作社、体育俱乐，可以显著提升该群体的社会参与度和生活幸福感（杨凡等，2021）。可见，数字经济发展助推下老年人社会网络日渐增强，不仅增加了老年人和家人、朋友间的联络频率，也为老年人展示自我、融入数字生活创造了条件和机会。

综上，已有文献多从年龄、健康、家庭经济地位、受教育程度等角度分析老年人网上生活，而社会网络作为影响生活质量的重要因素，鲜有文献基于社会网络视角深入分析其对中老年人数字生活的影响。鉴于此，本书利用 2017 年中国综合社会调查数据，实证分析社会网络对我国中老年群体数字生活的影响、中介机制及异质性分析，为更好地让中老年群体享受数字化红利提出政策建议。

2.2.2 弹性工作对青年就业质量影响的文献综述

数字经济时代，区块链、云计算、大数据等数字技术的应用，促使劳动者就业观念发生转变。借助互联网赋能，越来越多的青年更加青睐灵活自由的工作，不断追求工作与生活的平衡，重视自身价值与平等自由（丁述磊等，2022）。艾瑞咨询发布的《2021 年中国灵活用工市场发展研究报告》[①] 显示，弹性工作时间是求职者选择灵活就业最大的吸引力。在数字技术赋能下，企

---

① 艾瑞咨询：《2021 年中国灵活用工市场发展研究报告》，https://www.iresearch.com.cn/Detail/report？id=3755&isfree=0，2021 年 4 月 8 日。

业组织模式不断进行数字化变革，平台化、柔性化、远程办公、弹性工作、灵活雇佣等新就业形态盛行发展，劳动市场数字生态通过全面接入跨场景、跨时间、跨区域的数字化触点，逐步打破工作岗位对时空的限制，呈现出开放、灵活、共享的新态势（杨伟国等，2021）。同时，众多青年劳动者可依据爱好、能力、时间自由进行网络平台就业，借助远程办公软件实现居家办公、移动办公等弹性工作方式，不仅维持企业运转与工作岗位稳定，更对自身就业质量产生重要影响（刘翠花等，2022）。

目前，学术界关于弹性工作制内涵研究在不断推进，梳理已有文献可概括为时间、空间、雇佣形式、工作内容的弹性工作制等。

弹性工时。弹性工作时间是弹性工作制的起源，20世纪60年代由哈勒提出错峰上下班，以解决交通拥挤问题，因适应社会发展需要并在欧美国家迅速普及。克姆等（Kim et al.，1981）指出，20世纪70年代末期，美国已有50%的公共部门、13%的私营组织雇员分别实行了弹性工时制度。20世纪末期，进一步发展出核心工作时间，以工作日为单位的弹性压缩工作周、弹性信用工时制度等可选工时制度（Lambert et al.，2008）。总的看，尽管早期的弹性工作制度形式多样，但本质仍是核心工时制度，是基于时间的灵活化和多元化的弹性工作制度。

弹性空间。随着信息技术的进步及应用，远程办公、居家办公等工作形式愈发普遍，弹性工作范围由时间扩展至空间，即空间弹性也是弹性工作制的重要内涵（Thompson et al.，2015）。此后，有学者深化了弹性工作制时间–空间二维结构说，即时间弹性是指员工可调整工作时间总量和起点的制度安排；空间弹性可分为电子协同办公、远程办公，是员工可在办公室或工作地点外办公的制度安排（Allen et al.，2013）。弹性空间的工作制度研究，弥补了研究领域单一关注弹性时间的不足。

弹性雇佣。弹性雇佣形式的工作制度是对该研究领域的深入拓展，契约弹性是弹性雇佣最主要的形式，即与员工签订特定期限的临时性合约（吴清军和李贞，2018）。弹性雇佣可分为弹性化员工数量、弹性化非关键职能的部分人力资源需求、弹性化员工时间的非全日制工作、弹性化薪酬支付，以上四种类型在不同组织及国家中存在较大差异（Rubery et al.，2016）。弹性雇佣，是劳动力资源配置的一种方式，包括临时雇佣、非全日制工作、自我雇佣等形式（Chevalier et al.，2018）。

弹性工作内容。员工与企业可以签订关于在何时、何地、如何工作等互惠互利的个性化工作协议（Bal and Izak，2020），不仅体现出弹性化、个性化和契约性新特征，也成为人力资源管理领域的新方向（Lei，2021）。弹性时间、地点、个性化职业发展机会是弹性工作制的主要内容，尤其是工作内容及方式的再设计是对工作设计思路的超越（Anwar and Graham，2021）。王倩（2021）指出，我国特殊工时制度应同步调整严格且僵化的标准工时制，放宽工时制度适用的岗位范围，确保特殊工时制度下劳动者的休息权。张杉杉和杨滨伊（2022）指出，零工经济中外卖骑手的工作时间及状态取决于其自主选择，外卖行业特征及高度弹性化特点给予骑手改善生计的机会。总而言之，弹性工作制度发展至今，其内涵范围由时间逐渐扩展到空间、雇佣形式、工作内容等层面，未来随着数字技术迅速普及和应用将会对弹性工作产生大量需求，随之而来的其内涵范围也将继续深化和发展。

综上所述，学术界关于弹性工作制度的研究虽取得了较丰富的进展，但已有研究还存在两点局限：一方面，目前关于微观就业质量的已有文献多是研究大学生、农民工、女性、流动人口等群体的，而针对青年群体就业质量的测算及评价体系研究相对较少，亟待丰富和完善。另一方面，已有关于弹性工作研究多是文献层面的述评，而立足微观调查数据的实证研究仍然不足，尤其是鲜有文献聚焦弹性工作的视角分析对青年就业质量的影响，关于两者之间的定量研究值得深入探讨。数字经济时代，青年就业观念和价值追求发生了改变，弹性工时、远程办公、灵活就业等新工作形态，逐渐在越来越多的青年群体中盛行。青年群体是从事新职业、新岗位的主力军，在努力实现高质量充分就业国家战略目标下，推动青年群体实现高质量就业成为当下的核心工作之一，也是积极贯彻落实党的二十大精神的重要举措。鉴于此，本书立足数字经济时代，在理论分析基础上，实证检验弹性工作对青年就业质量的影响、内在机制及群体异质性，为进一步推动数字经济背景下的弹性工作制良性发展，促进青年更高质量就业提供合理化政策建议。

2.2.3　职业技能培训对农民工就业质量影响的文献综述

近年来，农民工作为现代产业工人的代表，已经成为工业化和新型城镇化建设的重要力量。国家统计局最新公布的《2021 年全国农民工监测调查报告》[①] 显示，2021 年，全国农民工总量 29 251 万人，比上年增加 691 万人，增长 2.4%。其中，中西部地区农民工人数增加最多。农民工数量庞大，且有不断增加的趋势，但其就业质量总体偏低，存在工资水平低、收入差距大、加班严重、社会保险覆盖率不足、职业发展空间有限等亟待解决的问题（李中建和袁璐璐，2017）。新时代背景下，农民工作为"以人为本"新型城镇化的目标群体，如何提高就业能力、推进就业转型，实现更高质量和更充分就业，是当前我国政府制定就业政策和就业战略必须要考虑的重点问题，无论是对农民工个人还是整个社会而言都具有重要的制度背景和现实意义。

国内一些学者对于农民工职业技能培训的研究，始于 20 世纪 80 年代的"民工潮"，而对此问题的深入分析则是近十几年的事情，特别是 2004 年出现"民工荒"现象引起了更多学者思考农民工问题，由此农民工职业技能培训进入社会学、教育学和人力资源管理的研究视野。国内学者从四个层面对农民工职业培训问题进行了研究。

第一，界定农民工职业培训的内涵及性质，并探讨农民工职业培训的必要性和意义。如有学者指出，加强农民工职业教育、技能培训是提高农民工人力资本水平和市民化比率的有效途径（明娟和曾湘泉，2015），且从社会需求、个人需求、企业需求角度出发，农民工接受教育培训具有一定的紧迫性，如经济增长方式的转变、提高农民工就业竞争能力、加快融入城市生活、员工整体生产力的增强等均是必要性的体现（明娟，2016）。

第二，描述农民工职业培训的现状和存在的问题。概括讲，农民工职业培训遇到的问题主要有四个方面：一是政府针对农民工的就业培训机制不健全，各部门职能未能明确划分，培训财政经费不足，从而成为限制农民工职

---

① 国家统计局：《2021 年全国农民工监测调查报告》，http://www.gov.cn/xinwen/2022-04/29/content_5688043.htm，2022 年 4 月 29 日。

业培训发展的瓶颈因素；二是企业单位针对农民工开展职业技能培训的意识薄弱，培训投入较少且局限于简单技能；三是培训机构开展培训的方式单一，缺乏一定的灵活性和实践性，且培训内容针对性不强，忽视了农民工和用工企业的真实需求；四是农民工自身对职业技能培训的认识不足，积极性不高，培训信息宣传力度不大（俞林等，2017）。

第三，农民工职业培训相关影响因素。有研究指出，产业结构升级的外在压力和职业转换的内在需求动力，促使农民工参加职业技能培训，受教育程度与农民工参加职业技能培训的积极性存在正向相关关系（丁煜等，2011），农民工参加职业培训越积极，其工作稳定性越高，职业培训与职业资格证书也是影响农民工职业发展的重要因素（李俊，2014）。

第四，总结国外农村剩余劳动力转移培训的经验，及其对我国农民工职业培训的启示及建议。刘艳珍（2010）借鉴欧美和日本等发达国家在城镇化进程中农村剩余劳动力转移培训的经验，指出这些发达国家均首先从法律层面对农民工职业培训进行规范，利用市场资源，并充分发挥政府的主导作用，出台相关优惠政策积极鼓励企业、培训机构组织农民工参加培训，以有效促进城镇化发展。王秀丽等（2015）借鉴德国"双元制"培训体系运行机制，指出职业教育培训成本可由企业、职业教育学校共同承担，同时，为了进一步形成长期稳定的雇佣关系，可运用严格的法律约束和较高解雇成本限制员工流动性。

通过梳理以上文献可知，针对农民工职业培训，鲜有从就业质量和区分培训类型视角比较分析不同类型职业培训对农民工就业质量的影响差异。为了对相关文献进行补充，本书利用 2016 年中国劳动力动态调查数据库，首先构建就业质量指数方程，测算了农民工就业质量指数；其次，基于普通最小二乘法回归和 Probit 回归方法，比较分析了农民工参加公共培训和私人培训对其就业质量总指数及分项指标影响的大小差异；最后，按性别、地区分样本，探寻两类工作培训对农民工就业质量影响程度是否存在群体差异，并通过倾向得分匹配法（PSM）进行稳健性检验，以期得到有意义的结论和更有针对性的政策建议。

2.2.4 互联网使用对工资差异影响的文献综述

2.2.4.1 互联网使用对性别工资差异影响的相关文献

在移动互联网日益普及和第五代移动通信（5G）商用不断扩大的背景下，随着人工智能、区块链、云计算、大数据等互联网底层技术不断创新和融合发展，数字经济的发展如火如荼，不仅促使就业加速增长，新就业形态不断涌现，而且对人们的收入水平、工资差异产生了重要影响。《中国数字经济发展与就业白皮书（2019）》显示，2018 年，我国数字经济领域新增就业岗位 1.91 亿个，占当年总就业人数的 24.6%，同比增长 11.5 个百分点，远高于同一时期全国总就业规模增速，数字经济吸纳就业能力显著提升。同时已有研究表明，互联网能够在很大程度上降低信息成本，改善就业搜寻匹配方式，提升信息交流效率和人力资本，对工资产生溢价效应（Krueger，1993；Autor et al.，1998）。但由于不同性别之间网络使用的巨大差异性，促使其对性别工资的影响有所区别。根据国际经验可知，与男性相比，女性在社会资源和教育水平方面处于弱势，女性使用互联网的机会相对较少，但网络日益普及会有助于缩小这种差异（Wasserman and Richmondt-Abbott，2005）。中国互联网络信息中心发布的《第 44 次中国互联网络发展状况统计报告》显示：截至 2019 年 6 月，我国网民、手机网民规模依次为 8.54 亿人和 8.47 亿人，互联网普及率、手机上网率分别高达 61.2% 和 99.1%，比 2018 年底分别提升 1.6% 和 0.5%。截至 2019 年 6 月，网民中女性比例由 2000 年的 30.4% 增长为 47.6%。随着女性网民比例不断攀升，互联网如何影响性别工资差异？年份变化趋势如何？不同年龄段群体性别工资差异的异质性及其内在影响机理是怎样的？将是本书探讨的主要问题。

关于性别工资差异国外学者做了较为丰富的研究，如布芳等（Blau, et al.，1988）研究发现，在劳动力市场中存在制度上的性别分割，从而造成女性主导职业的工资率低于男性，性别工资差异明显的现象。贝尔齐尔等（Belzil et al.，2002）指出，在市场经济发达的美国，工资不平等现象加剧与教育回报率上涨并驾齐驱，劳动力市场中性别工资差异依然存在。种族歧视和教育收益率性别差异性均是造成印度性别工资差异明显的重要原因（Khanna，2012）。而巴兰斯（Ballance，2012）指出，在美国 2005—2010 年性别工资差异中有高达 87.2% 的比例是由性别歧视造成的。梳理以上文献可知，制度分割、性别歧视、种族歧视均是造成性别工资差异的重要因素，而国外学者关于互联网影响性别工资差异的文献研究为数不多，且研究结论尚存在较大差异。有些研究文献认为，互联网能够有效提高工资回报率，然而由于女性往往面临家庭照料和养育幼儿等负担而被迫退出劳动力市场，且与男性相比，女性在网络技能方面较弱，由此互联网会加大性别工资差异（Black and Spitz-Oener，2010）。与之相反，另一些研究则指出，互联网在日常工作中的应用更倾向于脑力劳动，弱化了男性的体力优势，将会吸引更多女性应用互联网从事高薪酬的组织管理或者研究工作，由此将会缩小性别工资差异（Moreno-Galbis and Wolff，2008；Postar，2013）。

国内学者关于互联网影响性别工资差异的文献研究起步较晚且相对较少，国内仅有几篇研究文献。毛宇飞等（2018）基于 2010 年中国家庭追踪调查（CFPS）数据，研究发现使用互联网能缩小中低收入层的性别工资差距，却加大了高收入层的性别工资差距。随着数字经济和网络技术的快速发展，有研究关注了互联网的工资溢价效应问题，发现电商、自媒体等网络平台吸纳了更多的人参与，有效增加了就业机会和提高了薪资水平（毛宇飞和李烨，2016）。此外，还有研究文献发现，互联网使用对农民的工资回报率有促进作用，但也导致了农村居民内部收入差距过大的现象（刘晓倩和韩青，2018）；互联网使用显著提高了整体大学毕业生的就业工资水平，且与本科生和研究生的就业工资呈现互补关系，而与专科毕业生的就业工资呈现替代效应（赵建国和周德水，2019）；互联网拉大了城乡收入差距，且存在较明显的地区差异（贺娅萍和徐康宁，2019），但也有研究发现，互联网对农村居民的收入效应显著高于城镇居民进而能够缩小城乡收入差距（程名望和张家平，2019）。

综上，当前数字经济背景下互联网使用范围日趋扩大，衍生出许多新就业形态，必定会对性别工资差异造成影响，而国内已有研究并不充分，为了进一步丰富和拓展相关文献，本书在就业理论、信息搜寻理论及家庭经济理论基础之上，利用 2010 年、2013 年、2015 年中国综合社会调查数据

（CGSS），首先采用 OLS 回归分析互联网使用对各年份样本性别工资的均值影响，以及采用分位数回归方法考察互联网使用对各年份样本性别工资的分位数影响，并采用工具变量法进行稳健性检验。其次，在均值回归基础上，使用奥克萨卡—布林德分解方法对性别工资差异进行分解；同时，在分位数回归基础上，进一步采用分位数分解方法进行性别工资差异分解，以期深入考察在工资均值和工资条件分布不同位置上，性别工资差异、影响因素贡献度及年份变化趋势。最后，进一步探讨 60 后、70 后、80 后等不同年龄段群体性别工资差异及其分解的异质性，以期深入考察互联网使用影响性别工资差异的内在机理，并据此得出缩小性别工资差异的针对性建议。

2.2.4.2 互联网使用与城乡技能溢价的相关文献

新一轮科技革命和产业革命加速推进，数字技术不断创新且融合发展，发展数字经济成为各国的重大战略。2021 年 8 月，中国信息通信研究院发布的《全球数字经济白皮书》显示，中国数字经济规模为 5.4 万亿美元，位居全球第二，但从增速层面看，中国数字经济增速全球第一，大踏步迈入数字经济时代。数字经济时代，互联网迎来了更加强劲的发展动能，对人类生产生活产生了深远影响。2019 年以来，借助互联网赋能，我国连续颁布了 4 批共 56 个新职业，丰富拓展了青年群体就业渠道。然而，由于中国城乡二元经济结构导致的城乡经济发展水平、劳动力技能结构差异较大，同时城乡互联网基础设施建设不平衡、不充分，造成城乡之间数字人才和数字鸿沟较为明显。《第 50 次中国互联网络发展状况统计报告》显示，截至 2022 年 6 月，中国互联网普及率为 74.4%，其中，城镇互联网普及率为 82.9%，农村互联网普及率为 58.8%。互联网日益向农村地区渗透，但是依旧存在较大的数字鸿沟，非网民仍然以农村地区人群为主，数字技术使用技能缺乏、劳动力文化程度限制和年龄因素是当前非网民不上网的重要原因。

数字经济时代，互联网成为影响个体收入提升的重要因素。已有文献对互联网使用如何影响收入水平和城乡收入差距进行了研究，研究发现，互联网使用具有显著的工资溢价效应。近年来，互联网普及对于缩小城乡收入差距也表现出积极信号（蒋琪等，2018），然而鲜有文献从城乡差异角度考察互联网使用，对青年群体收入提升和技能溢价的影响。青年群体是国家的未来和民族的希望，2022 年 4 月，国务院新闻办公室发布的《新时代的中国青年》指出，随着互联网的快速普及，越来越多的青年便捷地获取信息、交流思想、交友互动、购物消费，青年的学习、生活和工作方式发生了深刻改变。2022 年 5 月，习近平总书记在庆祝中国共产主义青年团成立 100 周年大会上讲道，新时代的中国青年，生逢其时，重任在肩。随着数字经济蓬勃发展，互联网对青年职业发展和收入提升产生了显著影响，同时，当前各行各业更加亲和高技能青年人才和复合型人才，由于中国特殊的城乡二元结构导致城乡居民受教育水平差异较大，农村地区高学历和高技能青年人才比例较低，受教育水平较低的青年群体对新技术的掌握和应用熟练程度显然低于高学历青年人才（丁述磊和刘翠花，2022）。因此，这种城乡互联网普及率和高低技能青年人才差异，是否显著影响技能溢价进而不利于缩小城乡收入差距，需要进一步深入研究。因此，本书利用 2020 年中国家庭追踪调查数据，基于我国城乡数字人才、数字鸿沟差异角度，实证检验互联网使用对青年群体收入提升和技能溢价的影响，试图为进一步缩小城乡数字鸿沟和收入差距，以及借助互联网赋能乡村振兴提供数理依据。

影响劳动者收入的因素有很多，随着数字经济的发展，学者开始关注互联网使用的收入效应。已有国内外文献实证检验发现，互联网使用具有显著的工资溢价效应，可以提高劳动者收入水平。克鲁格（Krueger，1993）利用微观数据检验了互联网对工资结构的影响，发现劳动者可以获得 10% ~ 15% 的互联网工资溢价。李等（Lee et al.，2004）认为，互联网可以显著提升劳动生产率，进而可以获得 8% 左右的工资溢价。蒋琪等（2018）利用 CFPS 数据实证分析了中国居民的互联网工资溢价效应，发现互联网使用可以显著提升中国居民收入水平，互联网工资溢价率约为 23.99%。互联网使用影响收入的原因有很多，已有文献从提升劳动生产率和技能水平，降低信息不对称和职业搜寻成本，提高就业匹配度等角度分析。迪马吉奥等（Dimaggio et al.，2008）认为，互联网使用对劳动者就业具有多重影响，一方面可以显著提升个体劳动生产率；另一方面在劳动力市场中互联网使用具有发射信号的作用，通过向雇主发出掌握新技术的信号对个体职业搜寻产生积极作用。霍尔曼

（Holman，2013）发现，使用互联网显著降低了劳动力市场中信息不对称状况，求职者可以及时高效地获取人职匹配的工作，不仅可以增加获取高收入工作的机会，同时就业质量显著提升。王元超（2019）从阶层差异视角实证检验了互联网工资溢价，研究发现，互联网工资溢价受技术效应和资本效应影响，与低技术工作相比，高技术工作互联网工资溢价率更高。

随着互联网的普及和数字经济的发展，由技术进步偏向决定的劳动力需求和异质性技能劳动者决定的劳动力供给除了影响工资溢价之外，同时也会显著影响技能溢价的形成和变动（Galor and Moav，2004）。技能溢价反映了不同技能劳动者之间的收入差距。数字经济时代，借助数字技术赋能传统产业加速向智能化方向转型升级，对高技能人才需求日益增加。已有研究发现，技能偏向型技术进步会显著增加高技能劳动者需求，不仅增加了高技能劳动者的收入水平，而且会导致高低技能人才收入差距逐渐增大（Acemoglu，1998）。陈勇和柏喆（2018）同样发现，如果技能溢价偏高将会导致劳动力市场收入差距进一步拉大。唐礼智和李雨佳（2020）认为，受教育水平初步决定了个体劳动力属于高技能人才还是低技能人才参与劳动市场竞争，不同年限的教育投入会显著影响个体人力资本水平、结构以及相对技能供给，从而对技能溢价产生影响。当下，随着人工智能、大数据等互联网底层技术不断融合创新发展，劳动力市场对互联网技能人才需求也大幅增加，新技术催生的新就业形态收入水平也"水涨船高"，因此将会对技能溢价产生显著影响。

近年来，互联网+农村深度融合，电商平台加速下沉，互联网技术在精准扶贫和乡村振兴发展等方面发挥了重要作用。互联网不仅有助于优化城乡之间的资源配置，而且成为改善城乡收入差距的重要渠道（Gao et al.，2018）。互联网使用能够显著增加农村居民收入来源，增加非农就业率，从而促进农村发展水平（刘晓倩和韩青，2018）。程名望和张家平（2019）认为，互联网普及有助于缩小城乡收入差距，农村居民的互联网收入溢价大于城市地区，应加速中国农村信息化进程，努力缩小城乡数字鸿沟，从而让更多的农村居民享受互联网红利。然而，中国城乡无论是数字基础设施还是数字人才供给、居民数字素养均呈现明显的数字鸿沟，蒋琪等（2018）认为，应积极促进农村地区互联网等信息技术基础设施建设，提高个体尤其是青年群体数字技能水平，同时政府层面应该加大教育投入和职业技能培训，促进人力资本积累，进一步提升农村地区收入水平，谨防互联网使用率和技能水平差异导致城乡收入差距拉大。

2.2.5 非正规就业对流动人口就业质量影响的文献综述

改革开放 40 多年，中国社会经济发生了前所未有的巨大变化。经济体制从计划经济向市场经济逐步转型，劳动力市场也随之由传统的行政计划配置逐渐转变为市场调节。由此，在改善生活环境的强烈愿望和对城市生活的美好向往的推动下，由农村流向城市的人口越来越多，并成为社会备受关注的群体。由于存在城乡二元分割和体制分割限制，许多流动人口不得不从事非正规就业性质的工作，未能签订正规劳动合同，常以非正规受雇、个体私营从业者居多，其工作的稳定性、收入水平和社会保障程度都无法与正规就业相比，就业质量状况堪忧。然而，从事不同的就业类型到底会对流动人口就业质量产生怎样的影响，怎样有效提升其就业质量水平更值得我们深入思考。鉴于此，本书将非正规就业划分为非正规受雇和自我经营两种类型，比较分析了异质性非正规就业对流动人口就业质量的影响差异，以期为有效提升流动人口就业质量提出有针对性的政策建议。

国外对于非正规就业的研究最早始于美国经济学家刘易斯。刘易斯（Lewis，1954）的"二元经济理论"认为，传统农业部门的剩余劳动力逐渐向现代工业部门大量转移，而受劳动力个体技能限制和资本供给等因素制约，过剩的劳动力被迫通过非正规就业的方式进行转移，表现为临时就业或自我雇佣。哈特（Hart，1973）基于货币工资雇佣和自我雇佣的差异，提出了"正规"和"非正规"就业划分的设想，非正规就业属于自我雇佣，是不注册、不纳税的经济活动中的就业，即劳动者不依靠政府创造机会而自主就业。国际劳工组织（ILO，1972）首次提出了"非正规部门"的概念，将其定义为"发展中国家城市地区那些低收入、低报酬、无组织、无结构的很小生产规模的生产或服务单位"。更进一步的，国际劳工组织认为，非正规就业不仅要考虑劳动者的单位类型，同时还要考虑劳动者的就业状况（ILO，2003）。国内学界对非正规就业的概念存在多种定义。胡鞍钢和杨韵新（2001）指出，广泛存在于非正规部门和正规部门中的有别于传统的就业形式，构成了我国的非正规就业。其中，非正规就业部门主要包括为社会提供商品和服务的个体经营者或家庭手工业者，小型雇佣规模的私营企业（少于 10 人），独立的家庭帮工或个体从业者（杨宜勇，2002）。贾丽萍（2007）认为，灵活就业是非正规就业的主要特点，该种就业形式是一种可行的、能够缓解我国就业压力的主要形式。张新岭等（2008）认为，非正规就业是指至少在劳动关系、劳动时间、收入报酬、社会保险等方面中，某一方面不同于建立在工业化和现代工厂制度基础上的各种就业形式的总称。与正规就业相比，非正规就业者流动性较强、劳动合同签约率较低、失业率较高，且面临着工资水平低、工作时间长、受伤害几率高、劳动强度大、工作环境差等问题（王桂新和胡健，2015）。此外，非正规就业群体的养老保险、医疗保险参保率比较低，往往称为"有工作的穷人"（任海霞，2016）。

我国非正规就业与大量农村劳动力向城市迁移是紧密相关的。如罗斯基（1999）研究指出，1995 年以后，我国经济增长速度放缓，正规部门就业的人数开始下降，非正规就业人数逐渐上升，在"九五"期间，城镇非正规就业累计增加 0.685 亿人。胡鞍钢和赵黎（2006）研究指出，2000—2004 年，非正规就业人数增加了 0.397 亿人。与此同时，这个时期是我国流动人口数量快速上升的时期。原新（2005）研究指出，从 1993 年开始，我国农村居民中的外出流动就业劳动力逐渐增加，并开始超过乡镇企业就业的职工数量，1997 年以后，外出就业已经成为农村转移劳动力实现非农就业的主要形式。万向东（2008）认为，农村流动人口由于没有城市户口，不能进入城市正式就业体系中，各种工资福利、社会保障均不受保护，成为经济波动中最先被裁员的对象。燕晓飞（2013）分析指出，农村流动人口的收入水平低，且多从事的是"苦、脏、险、累、差、重"的低端工作，生存处境较为恶劣；而城市流动人口的非正规劳动，主要集中在建筑业、制造业、零售、餐饮、服务业等低技术水平行业。综上研究，收入水平、工作时间、行业类型等方面均在一定程度上影响流动人口的工作满意度和就业质量。如威克斯（Wicks-Lim，2012）对美国工作贫困群体的就业状况进行的实证研究，他发现收入水平、工作时间和职业阶层，是影响该群体就业质量的重要因素。尹海洁和王翌佳（2015）利用哈尔滨、长春和沈阳市的微观调研数据，研究发现，非正规就业群体的就业质量处于整体性低下的状态，收入水平低、劳动时间长、岗位发展空间有限且劳动保障缺失，是降低非正规就业群体就业质量的重要因素。巴尔甘等（Bargain et al.，2011）、拉德申科（Radchenko，2014）认为，在工资分位数水平的中低端正规就业的工资溢价更显著，其中，人力资本差异是造成工资差异的重要原因。王学军（2017）、张抗私等（2018）利用不同的微观调查数据，将非正规就业划分为自我经营者和非正规受雇者，考察了异质性的非正规就业与正规就业的工资差异，研究发现，自我经营者和非正规受雇者的平均工资水平显著低于正规就业。收入水平不仅影响非正规就业群体的就业质量，而且对流动人口非正规就业群体的城市居住意愿也会产生影响，非正规就业会降低流动人口城市居留意愿（杨凡和林鹏东，2018）。非正规就业群体超长的工作时间，也会降低他们的身心健康，进而降低他们的就业质量。

费恩等（Fein et al.，2015）研究发现，工作时间对劳动者健康的影响存在群体异质性，从事不同的职业或岗位，工作时间对健康的影响效应不同。张抗私等（2018）研究发现，工作时间延长会显著降低城镇职工的自评健康和心理健康，且工作时间对室外工作的城镇职工身心健康的影响更大。显然，如果从事非正规就业，工作时间对非正规就业群体健康状况的影响会更大。此外，工作满意度是衡量就业质量的一个重要维度。非正规就业群体的工作满意度低于正规就业，工作稳定性也不高，就业质量显著低于正规就业（Berger，2013）。多兰等（Dolan et al.，2008）认为，非正规就业的工资水平、晋升机会和工作稳定性显著低于正规就业，非正规就业群体面临的这些问题也是造成其工作满意度低于正规就业群体的重要原因。布德尔迈尔等（Buddelmeyer et al.，2015）利用澳大利亚住户追踪调查数据，同样发现从事零散工或劳务派遣等非正规就业显著降低其工作满意度。刘翠花和丁述磊（2018）实证研究发现，非正规就业会显著降低工作满意度，而且该影响存在异质性，较低的收入水平是降低其工作满意度的重要原因。

综上所述，已有文献分别对非正规就业、流动人口的概念、形成及影响因素做了较多研究，但是鲜有文献基于非正规就业异质性视角，比较分析异质性非正规就业对流动人口就业质量的影响。鉴于此，本书基于 2016 年中国劳动力动态调查数据（CLDS，2016），首先构建了流动人口就业质量指数方程；其次，基于 OLS 回归和分位数回归方法，比较了流动人口从事非正规受雇和自我经营对其就业质量总指数的影响；再次，按照性别分样本，引进城乡区域虚拟变量，分析异质性非正规就业对流动人口就业质量影响程度是否存在群体差异；最后，探讨了内在影响机制分析，并通过倾向得分匹配法（PSM）进行稳健性检验，以期为有针对性地提高流动人口就业质量提出合理化建议。

社会信任（又称为一般化的信任）通常是指对社会上大多数人的信任（Durlauf and Fafchamps，2005）。有学者将社会信任定义为"社会成员对他人行动合乎社会规则、规范的一种期待"（Fukuyama，1995）。社会信任属于社会资本的重要组成因素，在经济发展过程中起到了非常重要的作用。社会信任不仅能够在微观层面增强国民之间的认同感，而且在宏观层面与经济增长存在显著的正相关关系（Knack and Keefer，1997）。党的十八大报告首次将诚信列入社会主义核心价值观的组成部分，诚信不仅是对个人道德涵养的基本要求，更是社会主义市场经济健康发展的道德基石。因此，深入研究社会信任具有重要的制度背景和现实意义。

国外学者从居民个体特征因素（如年龄、性别、受教育年限和收入水平等）、社区因素（如邻里乡亲熟悉度）和社会因素（如经济增长等）对社会信任进行了大量研究。已有研究表明，年龄、受教育年限和收入水平对社会信任具有显著的正向影响。与女性相比，男性的社会信任水平更高（Glaeser et al.，2000）。德里等（Delhey et al.，2003）认为，社区因素也是影响居民社会信任的重要因素，其中，社区因素包括社区居民的语言、文化、种族和收入差距等方面。潘德科等（Pendakur et al.，2002）研究认为，方言有助于提升社会信任水平，因为方言能够增强居民之间的认同感和熟悉度，进而有助于增强居民之间的信任感。社区内种族异质性显著影响社会信任，种族异质性越低，信任程度越高（Alesina and La Ferrara，2000）。艾莱斯纳等（Alesina et al.，2002）进一步研究发现，社区内收入差距越大，社会信任水平越低。艾格拉斯等（Igarashi et al.，2008）认为，文化和制度差异会显著影响居民社会信任水平，文化和制度差异越小，居民之间的信任程度越高。那克等（Knack et al.，1997）利用世界价值观调查数据对经济增长和社会信任之间的关系进行了实证研究，发现两者之间存在正相关关系。扎克等（Zak et al.，2001）研究发现，社会信任对投资率具有重要的影响，社会信任水平越高的地区，投资率越高。吉索等（Guiso et al.，2004）利用意大利数据对社会信任进行研究，发现社会信任影响居民对金融工具的选择，社会信任水平低的地区，居民会增加现金的持有量，降低对其他金融工具的需求。

近年来，越来越多的国内学者开始研究中国的社会信任问题。已有国内文献主要从社会信任的影响因素和社会信任的社会经济效应角度，对社会信任问题进行研究。对于社会信任的影响因素，李涛等（2008）、杨明等（2011）以及黄健和邓燕华（2012）利用不同的微观调研数据，发现年龄、宗教信仰、受教育水平和收入水平是影响居民社会信任感的重要因素。年龄越大、有宗教信仰、受教育年限越长和收入水平越高的居民的社会信任水平越高。申广军和张川川（2016）认为，收入差距越大，城乡居民之间的信任感越低。周广肃和李沙浪（2016）从消费差距角度，利用中国家庭追踪调查（2012年）数据，实证分析了居民的社会信任危机，发现消费差距越大，居民的社会信任危机越大。史宇鹏和李新荣（2016）认为，如果地区公共资源供给不足，在一定程度上会加大居民之间的信任危机。此外，黄玖立和刘畅（2017）研究发现，方言可以增强居民之间的信任感。对于社会信任的社会经济效应，高虹和陆铭（2010）认为，社会信任会影响劳动力的流动。雷光勇等（2014）研究发现，社会信任会显著影响审计质量，如果一个地区的社会信任水平高，则该地区的企业更愿意聘请高质量审计师。

已有文献对社会信任进行了较为丰富的研究，但鲜有文献基于非正规就业角度研究非正规就业对社会信任水平的影响。当今世界各国和地区普遍存在非正规就业现象，由于许多非正规就业人群不仅面临远离家乡，长时间不能和家人团聚的问题，而且他们的工作时间较长、工作环境较差、工资收入较低并且缺乏社会保障，这些问题严重影响了他们的社会信任水平。基于此，本书利用2015年中国综合社会调查数据，对非正规就业如何影响居民社会信任水平进行分析，对社会信任相关文献进行补充和拓展，并试图得到更有意义的结论。

2.2.6　工作时间对健康影响的文献综述

国外学者关于工作时间如何影响劳动者健康问题进行了较为丰富的研究。已有研究指出，工作时间是影响自身健康状况的重要因素，长时间工作或不正常的工作时间会损害工人的健康状况，但其影响可能因工作类型而有很大差异（Warr，2007；Fein and Skinner，2015）。工作时间限制与睡眠时间延长显著降低了机动车撞车、皮肤损伤和注意力衰竭的风险，进而有利于改善健康状况（Kaori et al.，2020）。同时，还有一些实证研究表明，工作时间与工人的心理健康密切相关（Inah et al.，2013），比如，与正常工时工作的女性相比，超时工作女性的身心健康更差（Kato et al.，2014）。此外，工作时间还与工人的肥胖发生率、压力、慢性病等亚健康现象息息相关。随着工作时间的增加会显著加剧不完全恢复、缺乏锻炼、失眠、白天嗜睡和抑郁等亚健康症状（Fan et al.，2015）。长时间工作抑制了疲劳蓄积的恢复，会增加工人患心肌梗死、冠心病、高血压的概率，但当提供足够的休息时则会明显缓解这种情况（Caruso et al.，2006）。值得注意的是，除了工作时间外，还有夜间工作的频率和每天较短休息时间等与工作有关的压力源也会影响工人的健康（Vedaa et al.，2016）。

近年来，随着国民健康意识的增强，国内学者也开始陆续关注工作时间如何影响流动人口健康状况的问题。已有研究指出，超时劳动、较差工作环境是进城务工人员的普遍现象（牛建林，2013；李韵秋和张顺，2020），而且超时劳动有损于进城务工人员的健康状况（叶静怡和杨洋，2015；王琼和叶静怡，2016）。如果每天劳动时间超过8小时，睡眠时间不足7小时则会显著提高肥胖概率的水平，有损于健康状况（王欣和杨婧，2019）。还有文献研究对比了流动人口与城镇居民面临的健康风险问题，指出流动人口作为外来人员，因其教育程度较低、收入劣势、享受的医疗卫生服务资源较差，导致其健康状况会更差（邢春冰等，2013；庄家炽，2018）；而且与健康维持因素相比，健康损耗因素是造成两者健康差异的重要原因（李建民等，2018；梁童心等，2019）。与城镇居民相比，流动人口明显缺乏健康行为和健康的生活方式（齐亚强和牛建林，2015），而且其劳动保护不足，超长时间工作与较差的工作环境显著降低了他们的健康状况（王静和王欣，2013）。此外，国内学者关于不同群体间健康差异的研究相对较少，仅有解垩（2011）基于微观调研数据，对东中西不同地区的居民健康差异进行了因素分解，发现居民健康差异存在较明显的区域差别；还有学者研究指出，城乡居民在心理健康和生理健康层面都存在显著的差异（李建新和李春华，2014；刘波等，2020）。

综上，虽有一些研究工作时间对进城务工等流动人口健康状况影响的文献，但目前国内学者关于健康差异分解的研究较少，且主要局限于地域、城乡群体健康差异研究，而针对流动人口异质性工时群体健康差异的实证研究仍为空白。鉴于此，为了进一步丰富和拓展相关研究，本书利用中国劳动力动态调查数据，以异质性工作时间为切入点，基于数字经济发展背景和格罗斯曼（Grossman）健康需求理论，实证分析流动人口正常工时者与超时加班者健康差异分解、异质性分析及内在影响机制等问题。本书的研究对进一步提高整体流动人口健康状况，减少超时劳动对其健康造成的损害，缩小流动人口工时健康差异，实现健康中国战略提供了实证支持。

此外，肥胖作为一种复杂的多因素疾病，是基因易感性、不良健康行为、社会心理压力和外界环境等因素共同作用的结果（Doerrmann et al.，2020）。关于肥胖的前期研究，多数学者认为，遗传基因是影响肥胖的主要因素（David，2015）。但是，随着社会经济的发展，影响肥胖的因素也越来越复杂，除了遗传基因之外，人们的饮食习惯、锻炼保健、收入水平、教育程度、工作特征等因素也是影响肥胖的重要因素（Tomas et al.，2003）。不良的饮食习惯，食物热量摄入过多，缺乏锻炼，从而导致体重增加，会显著增加患肥胖症的概率（Brown et al.，2009；Hebden et al.，2012；Amin et al.，2018）。泰拉等（Tera et al.，2017）使用美国青少年和成年人健康调查数据研究发现，过量饮酒导致从正常体重过渡到超重的风险增加了41%。

关于收入水平与肥胖的研究，阿梅等（Ameye et al.，2019）研究发现，收入与肥胖存在一种非线性关系，且与国家的收入水平相关，在高收入国家，穷人是最肥胖的。关于教育水平与肥胖的研究，多数文献从购买健康保健和使用健康信息的角度分析认为，教育水平和肥胖显著相关，教育水平越高，肥胖的可能性越小（Böckerman et al.，2017；Amin et al.，2018）。但也有文献发现，教育水平与肥胖呈现非线性关系，当达到研究生及以上水平时，肥胖的概率会增加，认为学业压力和劳动力市场中的就业压力是导致肥胖概率增加的主要原因（Classen and Thompson，2016）。工作特征也会影响肥胖，包括工作时间、工作环境、工作要求等（Caruso et al.，2006；Doerrmann et al.，2020）。已有研究表明，长时间工作是肥胖的危险因素，但目前各国关于工作时间与肥胖关系的研究结论并不完全一致。多数学者研究发现，长时间劳动会显著增加身体质量指数，增加患肥胖症的概率。斯温伯恩（Swinburn et al.，2019）对1995—2012年的39篇工作时间与肥胖关系的论文进行分析，发现70%的研究结果表明长时间工作和短时间锻炼会显著增加肥胖。工作时间增加肥胖的原因主要从行为层面和心理层面分析，其一，工作时间越长，越容易产生不健康的行为，包括锻炼不足、睡眠不足、快餐和零食食用频率高、静坐时间长等（Trivedi et al.，2015）。其二，工作时间越长，越容易产生压力感和疲劳感，严重影响心理健康，不仅会导致吸烟、酗酒、饮食等不健康行为产生，还会直接影响肾上腺皮质激素释放激素，促进脂肪堆积（Rutters et al.，2010）。

还有学者研究发现，睡眠时间不足在工作时间影响肥胖的机制中起到了中介作用，如马吉等（Magee et al.，2011）通过对16 951名澳大利亚中年职工的调查发现，睡眠时间不足是长时间劳动与身体质量指数的中介变量，且该中介效应显著。也有学者发现，工作时间对身体质量指数不存在显著影响（Mandel and Semyonov，2014）。尽管前期文献研究了工作时间与肥胖的关系，但是鲜有文献同时考察锻炼时间和睡眠时间是否共同存在中介效应，以及哪个中介效应更强。同时关于中国城镇职工的工作时间与肥胖关系研究仍然凤毛麟角。因此，本书利用2018年中国家庭追踪调查数据，考察工作时间与中国城镇职工肥胖的关系，检验锻炼时间和睡眠时间是否共同存在中介效应？如果同时存在中介效应，哪个中介效应更强？该研究不仅对于深入认识长时间工作影响肥胖的传导机制具有积极的理论意义和实践价值，同时也为防治肥胖问题建立更加合理的公共健康政策提供科学依据。

2.3 本章小结

本章围绕核心主题梳理了相关文献，主要从数字经济发展的就业效应（包括数字经济的内涵与测量，数字经济对就业总量、结构及质量的影响）、弹性工作对青年就业质量的影响，职业技能培训对就业质量的影响，互联网使用对工资差异的影响，非正规就业对就业质量的影响，工作时间对健康的影响等进行文献述评，从而为后文的实证检验提供文献基础。通过梳理相关文献发现，数字经济实质上是一个阶段性的概念，其内涵和外延将会不断深化，而数字经济的核算体系未来仍将是各国亟待解决的重要议题。已有关于数字经济发展对就业影响的文献多数是从数字技术角度分析的，而基于数字经济各代表性行业发展视角进行定量分析的研究文献较少，且鲜有文献综合考察数字经济典型行业发展对产业就业结构的影响。已有文献主要是从一些涉及就业质量的单方面影响因素进行研究，并没有基于数字经济发展视角构建综合的就业质量指标评价体系，对其进行测评及影响程度分析，即鲜有文献综合深入考察数字经济发展对就业质量的影响。鉴于此，本书测评了宏观层面的各省份就业质量状况，深入分析数字经济发展对就业总量、就业结构和就业质量的影响程度及原因，并提出合理化政策建议，从而丰富、拓展了相关研究。

本书在分析数字经济对创业增长的影响时，重点从数字产业化和产业数字化两个维度测评数字经济，并从推动科学技术创新和深化社会分工层面阐释其内在机理。就业质量是一个综合性概念，除了各地区、省级宏观层面的就业质量外，还有聚焦劳动者个体微观层面的就业质量。鉴于此，本书立足数字经济时代，利用微观调查数据，实证分析了弹性工作对青年就业质量的影响、异质性及机理分析，职业技能培训对农民工就业质量的影响，异质性非正规就业对劳动者就业质量的影响及机理，以期进一步丰富就业质量的影响因素及异质性相关领域的研究。此外，本书从性别工资差异、流动人口工时健康差异、城乡技能溢价差异，分析不同群体间就业质量的差异，以期缩小不同群体间工资差异、健康差异,为弥合各群体差异及实现更高质量就业提供实证依据。最后,本书从数实融合发展、企业数字化转型、劳动者数字技能提升三个维度,分析了促进就业扩容提质的机制,试图在数字经济蓬勃发展趋势下,为实现更加充分、更高质量就业提供更多有益思考和合理化政策建议。

3 数字经济发展对就业总量的影响研究

就业是最大的民生工程、民心工程、根基工程，是社会稳定的重要保障，必须抓紧抓实抓好。近年来，数字经济蓬勃发展，促进新增市场主体快速增长，创造了大量就业岗位，助力大众创业、万众创新带动就业，对我国保就业、保民生、保市场主体发挥了重要的作用。本章分析数字经济发展对就业总量的影响，主要从数字经济发展现状分析、数字经济的就业数量效应分析、数字经济的创业增长效应分析、数字生活的就业效应分析四个方面开展研究。

3.1 数字经济发展现状分析

3.1.1 数字经济发展成为国家发展和国际竞争战略的核心

首先，推进数字经济成为共识，众多国家出台了推进政策。数字经济日益成为国家竞争战略的核心制高点，很多国家/地区将其作为国家经济增长、战略转型、可持续发展的关键驱动。2010 年后，各国关于促进数字经济发展的政策频繁推出，争先恐后布局数字经济发展，抢占经济发展的制高点。

其次，发达国家普遍布局数字经济发展，整体领先。美国、德国等国家数字化建设起步早，目前正深入人工智能、智能制造等腹地，深入布局数字经济。美国在 20 世纪 90 年代开始研究数字经济，提出《国家信息基础设施（NII）计划》《新一代互联网计划》等支撑数字化建设，2012 年公布《大数据研究和发展计划》，2016 年发布《智能制造振兴计划》，2019 年出台《国家网络战略》，2021 年发布《2021 美国创新与竞争法案》等，持续推进数字经济发展。2019 年，德国发布《德国工业战略 2030》，2020 年欧盟发布《欧洲数据战略》，英国也发布了《数据战略》等，不断加速产业升级与数据价值释放。

最后，数字经济上升加速推进我国的国家战略。党的十八大以来，党中央高度重视发展数字经济，将其上升为国家战略，加紧布局并实现弯道超车，通过数字产业化和产业数字化基本路径，抢占数字经济国际竞争高地。2019年出台《国家数字经济创新发展实验区实施方案》；2021年6月10日，第十三届全国人民代表大会常务委员会第二十九次会议通过《中华人民共和国数据安全法》；2021年底印发《"十四五"数字经济发展规划》；等等。通过数字产业化和产业数字化，加速推动数字经济发展。党的二十大报告，进一步提出"加快发展数字经济，促进数字经济和实体经济深度融合，打造具有国际竞争力的数字产业集群"的任务。数字经济的崛起与繁荣，赋予经济社会发展的"新领域、新赛道"和"新动能、新优势"，正在成为引领中国经济增长和社会发展的重要力量。

3.1.2 中国数字经济发展规模分析

据中国信息通信研究院发布的《中国数字经济发展报告（2022）》数据显示[①]，中国数字经济发展再上新台阶，实现"十四五"良好开局，成为稳增长的强大力量。2021年，中国数字经济规模达到45.5万亿元（见表3.1），同比名义增长16.2%，显著高于GDP增速，且占GDP比重达到39.8%。与"十三五"初期相比，数字经济规模扩张了1倍多，数字经济作为宏观经济"加速器"和"稳定器"的作用愈发凸显，数字经济成为中国经济稳定发展的重要基石。

表3.1　2016—2021年中国数字经济总体规模、增速及GDP占比

年份	数字经济规模 （万亿元）	数字经济占GDP比重 （%）	数字经济增速 （%）	GDP增速 （%）
2016	22.6	30.1	18.9	8.4
2017	27.2	32.7	20.3	11.5

---

① 中国信息通信研究院：《中国数字经济发展报告（2022）》，http://www.caict.ac.cn/kxyj/qwfb/bps/202207/t20220708_405627.htm，2022年7月8日。

年份	数字经济规模（万亿元）	数字经济占 GDP 比重（%）	数字经济增速（%）	GDP 增速（%）
2018	31.3	31.3	20.9	10.5
2019	35.8	35.8	15.6	7.3
2020	39.2	39.2	9.7	3.0
2021	45.5	39.8	16.2	8.1

资料来源：根据中国信息通信研究院发布的历年《中国数字经济发展白皮书》及公开数据整理。

在中国数字经济发展内部，产业数字化成为数字经济发展的主引擎。伴随着人工智能、区块链、云计算、大数据、物联网等数字技术的创新演进，数字技术与实体经济深度融合，产业数字化对数字经济增长的主引擎作用更加凸显。2021 年，中国数字产业化规模为 8.3 万亿元（见表 3.2），同比名义增长 10.7%，占数字经济比重为 18.3%，占 GDP 比重为 7.3%。中国产业数字化规模为 37.2 万亿元，同比名义增长 17.4%，占数字经济比重为 81.7%，占 GDP 比重为 32.5%。总体看，中国数字产业化发展正经历由量的扩张阶段到提质阶段的转变，中国产业数字化转型持续向纵深方向加速发展。

表 3.2　2016—2021 年中国数字产业化和产业数字化规模及增速

年份	数字产业化（万亿元）	产业数字化（万亿元）	数字产业化增速（%）	产业数字化增速（%）
2016	5.2	17.4	8.3	25.2
2017	6.2	21.0	19.2	20.7
2018	6.4	24.9	3.2	18.6
2019	7.1	28.8	10.9	15.7
2020	7.5	31.7	5.6	10.1
2021	8.3	37.2	10.7	17.4

资料来源：根据中国信息通信研究院发布的历年《中国数字经济发展白皮书》及公开数据整理。

2021 年底，国务院印发《数字经济发展"十四五"规划》，提出到 2025 年，数字经济核心产业增加值占 GDP 比重达到 10%；2035 年，数字经济发展基础、产业体系发展水平位居世界前列。《数字经济发展"十四五"规划》中提出，数字经济核心产业"十四五"期间从 7.4% 增长到 10%，相比"十三五"要求进一步提高，要实现此目标，数字产业化增长率要达到 GDP 增长速度的 2 倍以上。此外，产业数字化在经济中占比较大，过去 10 多年增长率一直高于数字产业化增长率，保守地把产业数字化增长率和数字产业化增长率统一计算，到 2025 年产业数字化比重将会超过 40%，加上数字产业化比例，数字经济比重超过 50%，占经济发展的半壁江山，将成为经济增长的第一位因素。

当下，我国数字经济进入区域加强统筹、加速落地推进的新阶段。地方政府纷纷出台数字经济专项规划大力推进数字经济发展。截至 2022 年 3 月 31 日，全国内地 31 个省级行政区划单位中，有 25 个发布了数字经济相关规划，占比约 80%；15 个计划单列市和副省级城市中，有 11 个发布了相关规划，占比 73%；333 个地级行政区中，有 108 个发布了相关规划，占比 32%。数字经济已经成为城市推进转型升级，实现高质量发展的重要抓手，在多级政府的统筹推进下，进入加速落地发展的新阶段。

3.2　数字经济的就业数量效应分析

3.2.1　数据来源与模型选择

3.2.1.1　数据来源

本节数据来自 2010—2020 年的《中国统计年鉴》《中国劳动统计年鉴》《第三产业统计年鉴》《中国人口与就业统计年鉴》及各省份统计年鉴，由于西藏的数据缺失较多，删除西藏，共涉及 30 个省份，对于个别年份缺失数据，采用差值法补齐，考虑不同年份数据可比性，本章以 2010 年为基期，利用 GDP 平减指数和 CPI 进行数据调整。此外，数字经济发展指数中的工业机器人安装密度数据来自国际机器人联盟，由于国际机器人联盟公布的是中国各行业工业机器人安装量，本节参考康茜和林光华（2021）的做法，利用分行业各省份就业人数与全国总就业人数占比×全国各行业机器人安装数量，计算得到省级工业机器人安装密度数据。

3.2.1.2　模型选择及变量描述

为实证分析数字经济对就业数量的影响，本节构建的计量回归模型如下：

$$Employment_{it} = \alpha_0 + \alpha_1 DE_{it} + \sum_{k=1}^{n} \lambda_k X_{it} + \mu_i + \gamma_t + \varepsilon_{it} \tag{3.1}$$

式（3.1）中，i 表示省份，t 表示年份，$Employment_{it}$ 表示就业数量，DE_{it} 表示数字经济（$Digital\_Economy$）。X_{it} 为影响就业数量的控制变量，μ_i 为省份固定效应，γ_t 为年份固定效应，ε_{it} 为聚类标准误。

本节被解释变量为就业数量，主要从就业供需状况、就业结构占比衡量，具体构建就业数量指标评价体系如表 3.3 所示。

表 3.3　就业数量指标体系构建

目标层	一级指标	二级指标	指标类型
就业数量	就业供需状况	劳动参与率	正向（+）
		城镇新增就业增长率	正向（+）
		城镇登记失业率	负向（−）
	就业结构占比	城镇就业比重	正向（+）
		第三产业就业比重	正向（+）

本节核心解释变量为数字经济发展，该变量主要从两个维度衡量，一是数字产业化，包括电子信息制造能力［集成电路产量（亿块）］、电信业务通信能力［移动电话普及率（部/百人）］、互联网普及率水平［互联网普及率（%）］、软件技术服务水平［软件业务收入（万元）］；二是产业数字化，包括工业互联网［长途光缆线路密度（公里/万平方公里）］、智能制造［工业机器人安装密度（台/百万人）］、数字物流［快递业务收入（万元）］、数字零售［网上零售额（亿元）］。考虑到以上反映数字经济发展的 8 个代理指标的量纲、数量级存在差异，需要对原始数据进行标准化处理，具体公式为：

$$X'_{ij} = \frac{X_{ij} - \min\{X_{1j}, \cdots, X_{nj}\}}{\max\{X_{1j}, \cdots, X_{nj}\} - \min\{X_{1j}, \cdots, X_{nj}\}} \tag{3.2}$$

式（3.2）中，X_{ij} 为第 i 个省份的第 j 个指标数据，$i = 1$，…，30，$j = 1$，…，8。

本节对以上代理指标进行标准化处理后，采用等权重法构建数字经济发展指数，鉴于等权重赋值对数据依赖性较小，该方法在无法进行权重差别处理的情况下可以接受（李晓西等，2014），目前关于测评数字经济发展的赋权方法尚未有统一标准，且也有研究采用等权重赋值法构建数字经济发展评价体系（刘军等，2020；白雪洁等，2021）。鉴于此，本章采用等权重赋值法构建数字经济发展指数的公式为：

$$DE_{it} = \sum_{j=1}^{8} w_j X'_{ij}(j = 1, 2, \cdots, 8) \tag{3.3}$$

控制变量包括经济发展水平、城镇化水平、地区人力资本、基础设施建设、外商直接投资、对外开放程度。以上变量的描述性统计如表 3.4 所示。

表 3.4　变量的描述性统计分析

变量名称	变量说明	均值	标准差	最小值	最大值
就业质量协调发展指数	就业数量和就业质量耦合协调度	0.475	0.197	0.010	0.855
数字经济指数	数字产业化和产业数字化	0.327	0.181	0.163	0.546
经济发展水平	人均实际 GDP/元，取对数	10.743	0.472	9.464	12.013
城镇化水平	城镇人口所占比重	0.578	0.126	0.338	0.866
地区人力资本	平均受教育年限	9.991	1.085	7.471	13.861
基础设施建设	人均邮电业务量（元），取对数	7.758	0.849	6.427	9.861
外商直接投资	外商直接投资额占 GDP 比重	0.021	0.017	0.001	0.126
对外开放程度	进出口总额占 GDP 比重	0.218	0.174	0.012	1.856

3.2.2　数字经济对就业数量的影响分析

3.2.2.1　基本回归分析

为分析数字经济对就业数量的影响，本节首先对固定效应模型和随机效应模型进行 Hausman 检验，显示 P 值小于 0.000 1，即应使用固定效应模型进行估计。具体固定效应模型回归结果如表 3.5 所示。

表 3.5　数字经济对就业数量影响的回归结果

解释变量	就业数量	就业数量	就业数量
数字经济指数	0.307 ***	0.268 ***	0.215 ***
	（0.084）	（0.064）	（0.060）
经济发展水平	—	0.150 **	0.108 **
		（0.057）	（0.041）
城镇化水平	—	0.216 **	0.175 *
		（0.085）	（0.087）
地区人力资本	—	0.149 ***	0.103 **
		（0.012）	（0.038）
基础设施建设	—	—	0.018 5 **
			（0.007）
外商直接投资	—	—	0.040 6
			（0.310）
对外开放程度	—	—	0.067 7 *
			（0.034）
常数项	0.215 ***	−0.106 **	−0.193
	（0.084）	（0.042）	（0.380）
省份固定效应	是	是	是
年份固定效应	是	是	是
R^2	0.217	0.268	0.329
观测值	330	330	330

注：括号内数值为聚类标准误，***，**，*表示在1%，5%，10%统计意义上显著，下同。

由表3.5可知，以上各列回归显示数字经济对就业数量的影响均在1%水平上显著为正，表明数字经济有利于促进就业数量稳健增长。究其原因，随着数字经济快速发展，5G、物联网、工业互联网、人工智能等技术愈发成熟和被广泛应用，区块链、元宇宙、量子科技等新兴技术蓄势待发，各种商业模式和产业业态不断衍生，并激发出众多数字化、智能化、灵活性就业岗位，为大学生、女性、青年、农民工等各类重点就业群体提供了大量就业机会，有助于提升总体劳动参与率和第三产业就业比重，进一步扩大了就业数量。

与此同时，随着数字经济发展，我国各地区的城镇化水平日益提升，同时也给城乡各群体带来了广泛就业机会，不断拉动城镇人口就业比重，促进就业数量提升。此外，数字经济作为经济增长的新动能，促进劳动生产率和人均GDP不断增长（张勋等，2019），宏观层面的就业环境持续改善；数字技术具有跨场景、跨时间、跨区域的新特点，促使工作方式和地点更加自主灵活，有助于更好地平衡工作与家庭，劳动者的就业满意度可以显著提升；数字技术进步促使生产力水平提高，劳动力市场发生深刻变革并不断增加对高技能劳动力的需求，从而劳动者的就业能力和薪资水平得以进一步提升。可见，数字经济发展为就业各方面均带来了积极影响，以上提升有利于实现更充分的高质量就业。据《中国数字经济就业发展研究报告（2021年）》显示，数字产业化平均月薪达9 211.9元，高于产业数字化平均月薪1 097.1元，平均看，数字产业化和产业数字化的薪资均处于较高水平；数字经济就业者较之以往拥有更多的自主择业权，更弹性化、更灵活化的就业模式。综上，数字经济规模扩张推动创造更多的新增就业岗位，城镇人口就业比重和第三产业就业比重不断提升，有助于拉动就业数量的提升。

3.2.2.2 稳健性检验——广义系统矩估计（SYS-GMM）

为解决可能存在的反向因果而产生的内生性问题，本节采用广义系统矩估计（SYS-GMM）进一步检验模型的稳健性，回归结果见表3.6。从估计结果看，数字经济对就业数量的影响仍显著为正，再次证实数字经济发展不仅拉动了劳动参与率，还增加了第三产业就业占比和城镇就业占比，两者共同改善有助于提高就业数量。估计显示，Hansen检验的P值均大于0.05，表明模型通过了过度识别检验，AR（2）的P值均大于0.05，表明模型通过了序列相关检验，即SYS—GMM方法估计结果是有效的，验证了前文结果的稳健性。换言之，数字经济发展有助于提高就业数量，与前文结论一致。

表3.6 广义系统矩估计（SYS-GMM）回归结果（$N=300$）

解释变量	就业数量	解释变量	就业数量
数字经济指数	0.178 *** (0.035)	外商直接投资	0.110 (0.355)

解释变量	就业数量	解释变量	就业数量
经济发展水平	0.115**	对外开放程度	0.052*
	(0.044)		(0.027)
城镇化水平	0.104*	常数项	-0.486
	(0.055)		(0.319)
地区人力资本	0.094*	AR（2）	0.172
	(0.048)		
基础设施建设	0.029**	Hansen	0.305
	(0.011)		

注：括号内数值为稳健标准差。AR（2）、Hansen 显示的是 P 值。*，**，*** 表示在 10%，5% 和 1% 的水平上显著。

3.3 数字经济的创业增长效应分析

3.3.1 模型设定、变量描述与数据来源

3.3.1.1 模型设定

为实证分析数字经济发展对产业结构升级和创业增长的影响，本章构建的计量回归模型如下：

$$Y_{it} = \alpha_0 + \alpha_1 DE_{it} + \sum_{k=1}^{n} \lambda_k X_{it} + \mu_i + \gamma_t + \varepsilon_{it} \qquad (3.4)$$

式（3.4）中，i 表示省份，t 表示年份，Y_{it} 表示产业结构升级或创业增长，DE_{it} 表示数字经济发展，X_{it} 为影响产业结构升级或创业增长的控制变量，μ_i 为省份固定效应，γ_t 为年份固定效应，ε_{it} 为随机扰动项。

3.3.1.2 变量描述

本节的被解释变量是产业结构升级和创业增长。产业结构升级意味着产业整体素质和效率的提升，不仅包括三次产业在国民经济中比重的变化，而

且还包括产业之间协调程度的优化。为了全面反映产业结构升级的内涵，参照干春晖等（2011）、汪伟等（2015）、蔡海亚和徐盈之（2017）的做法，使用三个指标测度产业结构升级：一是构建产业结构升级指数，用来反映三次产业之间的整体升级状况，该指标用第一产业产值占总产值的比重×1+第二产业产值占总产值的比重×2+第三产业产值占总产值的比重×3 衡量。二是构建产业结构高级化指数，用来反映经济结构的服务化倾向，该指标用第三产业产值与第二产业产值之比衡量。三是构建产业结构合理化指数，用来反映产业间的聚合质量，该指标采用泰尔指数（TL）测算，具体表达公式如下：

$$TL = \sum_{i=1}^{n} \left(\frac{Y_i}{Y}\right) \ln\left(\frac{Y_i}{L_i} \middle/ \frac{Y}{L}\right) \tag{3.5}$$

式（3.5）中，Y_i 表示产业 i 的产值，L_i 表示产业 i 的就业人数，n 表示产业部门数。TL 是一个逆向指标，其值越趋近 0，说明当前产业结构越合理，反之表明当前产业结构越不合理。创业增长意味着市场主体活跃度持续提升，私营企业和个体工商户迅猛发展。根据全球创业观察（Global Entrepreneurship Monitor，GEM）对创业的划分，创业分为生存型创业和机会型创业，其中，生存型创业是创业者因生活需要从事的活动，更多受创业者技能水平的影响；机会型创业是创业者的主动行为，更多受市场机会驱动。已有文献通常从个体工商户和私营企业角度定义生存型创业和机会型创业（田毕飞和陈紫若，2016；赵涛等，2020），参照已有文献思路，本章利用地区个体工商户就业人数与地区 15~64 岁劳动人口数占比衡量生存型创业，利用地区私营企业就业人数与地区 15~64 岁劳动人口数占比衡量机会型创业。

本节核心解释变量为数字经济发展，目前关于数字经济的衡量指标尚不统一，学者是从不同维度定义数字经济发展的（戚聿东等 2020；赵涛等 2020）。数字经济发展的核心是数字产业化和产业数字化，根据 2021 年 4 月中国信息通信研究院发布的《中国数字经济发展白皮书（2020）》显示，数字产业化主要包括电子信息制造业、电信业、互联网行业、软件和信息技术服务业，产业数字化包括但不限于工业互联网、智能制造、平台经济等融合性新产业、新模式、新业态。为此，本节按照上述指标范围并结合省级数据可得性，试图设计省级数字经济发展指标测评体系（见表 3.7），根据该体系对以上代理指标进行标准化和归一化处理后等权重赋值构建省级数字经济发展指数。

表 3.7　数字经济发展指标测评体系

一级指标	权重	二级指标	三级指标	权重
数字产业化	0.5	电子信息制造能力	集成电路产量（亿块）	0.125
		电信业务通信能力	移动电话普及率（部/百人）	0.125
		互联网普及率水平	互联网普及率（%）	0.125
		软件技术服务水平	软件业务收入（万元）	0.125
产业数字化	0.5	工业互联网	长途光缆线路密度（公里/万平方公里）	0.125
		智能制造	工业机器人安装密度（台/万人）	0.125
		数字物流	快递业务收入（万元）	0.125
		数字零售	网上零售额（亿元）	0.125

控制变量包括经济发展水平、城镇化率、人力资本、基础设施建设、外商直接投资、对外开放程度。其中，经济发展水平以人均国内生产总值（元）衡量（取对数化处理）；城镇化率以城镇人口占比衡量；人力资本以平均受教育年限（年）衡量；基础设施建设以人均邮电业务量（元）衡量（取对数化处理）；外商直接投资以外商直接投资额占 GDP 比重衡量；对外开放程度以进出口总额占 GDP 比重衡量。以上变量的描述性统计结果如表 3.8 所示。

表 3.8　变量的描述性统计结果

变量	均值	标准差	最小值	最大值
数字经济发展指数	0.327	0.181	0.163	0.546
产业结构整体升级	2.044	0.106	2.310	2.803
产业结构高级化	1.273	0.726	0.526	5.31
产业结构合理化	0.968	0.346	0.236	1.933
生存型创业	0.118	0.055	0.022	0.323
机会型创业	0.162	0.137	0.017	0.850
经济发展水平	10.743	0.472	9.464	12.013

续表

变量	均值	标准差	最小值	最大值
城镇化率	0.578	0.126	0.338	0.866
人力资本	9.991	1.085	7.471	13.861
基础设施建设	7.758	0.849	6.427	9.861
外商直接投资	0.021	0.017	0.001	0.126
对外开放程度	0.218	0.174	0.012	1.856

3.3.1.3　数据来源

数据来自除西藏以外的 30 个省份 2010—2020 年的省级面板数据。数字经济发展指数中的工业机器人安装密度数据来自国际机器人联盟,由于国际机器人联盟公布的是中国各行业工业机器人安装量,本节借鉴康茜和林光华(2021)的做法,利用分行业各省份就业人数与全国总就业人数占比×全国各行业机器人安装数量计算得到省级工业机器人安装密度数据。本章使用的其他数据均来自 2010—2020 年《中国统计年鉴》《中国劳动统计年鉴》《中国人口与就业统计年鉴》及各省份统计年鉴,对于个别年份缺失数据,依照其呈现出的变化趋势进行平滑处理。考虑到不同年份的数据可比性,本节以2010 年为基期利用 CPI 和 GDP 平减指数进行数据调整。

3.3.2　实证分析

3.3.2.1　数字经济发展对产业结构升级的影响

为了考察数字经济发展对产业结构升级的影响效应,首先对固定效应模型和随机效应模型进行 Hausman 检验,结果显示 P 值小于 0.000 1,即强烈拒绝原假设,表明应使用固定效应模型进行估计。固定效应模型具体结果如表 3.9 所示。

表 3.9　数字经济发展对产业结构升级影响的回归结果

解释变量	产业结构整体升级	产业结构高级化	产业结构合理化
数字经济发展	0.683 ***	0.947 ***	−0.769 *
	(0.162)	(0.241)	(0.410)

续表

解释变量	产业结构整体升级	产业结构高级化	产业结构合理化
经济发展水平	0.123 ***	0.386 ***	-0.244 **
	(0.041)	(0.120)	(0.096)
城镇化率	0.123 ***	0.204 **	-0.794 *
	(0.041)	(0.099)	(0.391)
人力资本	0.020 **	0.160 *	-0.014 **
	(0.009)	(0.091)	(0.007)
基础设施建设	0.029 ***	0.116 ***	0.016
	(0.004)	(0.025)	(0.013)
外商直接投资	0.108	0.068	-0.106
	(0.300)	(0.136)	(0.826)
对外开放程度	0.201 ***	0.417 **	-0.382 ***
	(0.044)	(0.203)	(0.093)
常数项	-1.797 ***	-2.138 *	4.174 ***
	(0.258)	(1.112)	(0.705)
省份固定效应	是	是	是
年份固定效应	是	是	是
R^2	0.360	0.400	0.397
观测值	330	330	330

注：括号内数值为聚类标准误，***，**，*表示在1%，5%，10%统计意义上显著，下同。

由表3.9可知，数字经济发展对产业结构整体升级的估计系数为0.683，且在1%水平上显著，表明数字经济发展促进了中国三次产业间的结构优化升级，加快了第一产业向第二、第三产业整体转型的速度。数字经济发展对产业结构高级化的估计系数为0.947，且在1%水平上显著，表明数字经济发展扩大了第三产业规模，促进了中国经济结构的服务化倾向。数字经济发展对产业结构合理化（逆向指标）的估计系数为-0.769，且在10%水平上显著，表明数字经济发展增加了产业间的聚合质量，对推动产业结构合理化起到积极作用。可见，以产业结构整体升级、产业结构高级化、产业结构合理化表征的产业结构整体素质和效率提升，数字经济发展均有助于推动中国产业结构升级，不仅有效优化了三次产业在国民经济中的占比，而且还优化了产业间的协调程度。产业结构升级的本质是高技术化和高集约化产业逐渐成为产业体系的主导产业，数字经济推动产业结构升级的原因包括三个层面：一是新型发展动能，数字时代数据成为新型生产要素，数据的低成本、可复制、高效清洁等特点不断赋能传统生产要素，已成为引领产业结构升级的新动能。二是数字产业化孕育新产业，物联网、大数据、云计算、人工智能等数字技术催生新产业、新业态、新商业模式，正成为引领数字经济发展的新潮流，促使产业结构内涵日益丰富。三是产业数字化促进传统产业数字化转型升级，催生了智能生产模式，塑造了可视化的产业组织模式，借助工业互联网赋能实现了生产者、供应商、消费者、设备和产品的互联互通，推动传统产业向高技术化和高集约化方向发展。

就控制变量而言，与已有文献观点基本一致，经济发展水平、城镇化率、人力资本、基础设施建设、外商直接投资、对外开放程度，均有助于推动产业结构升级，除外商直接投资变量不显著外，其他变量均显著。因此，立足新发展阶段，为进一步促进中国产业结构优化升级，应在稳定经济基本盘的基础之上，努力促进经济高质量发展，进一步提高城镇化率和居民人力资本水平，加快数字基础设施建设，保持外商直接投资和对外开放稳中求质，在新发展理念指引下，构建中国产业结构优化升级新格局。

3.3.2.2　数字经济发展对创业增长的影响

为进一步检验数字经济发展对创业增长的影响，本节从生存型创业和机会型创业两个层面进行实证分析。考虑到产业结构作为影响创业增长的重要因素，产业结构的整体升级状况、高级化和合理化程度，对创业增长存在不同的影响效应，为此，在纳入产业结构控制变量时，本节分别以产业结构整体升级，产业结构高级化，产业结构合理化作为产业结构的代理指标。数字经济发展对创业增长的具体回归结果如表3.10所示。

表 3.10　数字经济发展对创业增长影响的回归结果

解释变量	生存型创业			机会型创业		
数字经济发展	0.044 ***	0.038 ***	0.049 ***	0.576 ***	0.495 ***	0.592 ***
	(0.014)	(0.012)	(0.015)	(0.173)	(0.136)	(0.186)
产业结构整体升级	0.010 ***	—	—	0.021 ***	—	—
	(0.003)	—	—	(0.006)	—	—
产业结构高级化	—	0.012 ***	—	—	0.035 ***	—
	—	(0.003)	—	—	(0.008)	—
产业结构合理化	—	—	−0.006 ***	—	—	−0.010 ***
	—	—	(0.002)	—	—	(0.003)
经济发展水平	0.040 **	0.039 *	0.038 **	0.209 ***	0.179 ***	0.181 ***
	(0.020)	(0.022)	(0.018)	(0.050)	(0.040)	(0.041)
城镇化率	0.361 ***	0.375 **	0.355 **	0.631 **	0.738 **	0.688 **
	(0.125)	(0.137)	(0.130)	(0.258)	(0.272)	(0.279)
人力资本	0.008	0.011	0.009	0.017 ***	0.015 ***	0.021 ***
	(0.009)	(0.007)	(0.009)	(0.005)	(0.002)	(0.007)
基础设施建设	0.016 ***	0.017 ***	0.016 ***	0.026 ***	0.023 ***	0.027 ***
	(0.004)	(0.003)	(0.003)	(0.008)	(0.007)	(0.007)
外商直接投资	−0.251	−0.196	−0.238	1.253 *	1.299 **	1.439 **
	(0.352)	(0.283)	(0.350)	(0.681)	(0.599)	(0.642)
对外开放程度	−0.007	−0.018	−0.007	0.386 ***	0.333 **	0.369 **
	(0.046)	(0.052)	(0.046)	(0.120)	(0.134)	(0.139)
常数项	−0.723 ***	−0.728 ***	−0.686 ***	−2.083 ***	−2.593 ***	−1.663 ***
	(0.209)	(0.152)	(0.218)	(0.601)	(0.398)	(0.371)
省份固定效应	是	是	是	是	是	是
年份固定效应	是	是	是	是	是	是
R^2	0.460	0.468	0.464	0.405	0.399	0.394
观测值	330	330	330	330	330	330

由表 3.10 可知，数字经济发展显著增加了生存型创业和机会型创业，其中，数字经济发展对机会型创业的影响更大。生存型创业一般是个体因生活

需要且别无其他更好的选择而从事的活动，往往受创业者技能水平影响。数字经济发展会显著增加生存型创业。数字经济发展对就业规模和就业结构产生了影响，如汽车制造、化工行业、冶金制造业等制造业受到数字化冲击，在人工智能和机器人叠加影响下，导致流水线就业人员被大幅度挤出。被挤出的人员在职业换挡期可能因为受技能影响，增加了从事生存型创业的概率。机会型创业是创业者的主动行为，是创业者受市场机会驱动为实现价值而开展的创业行为。数字经济发展会显著增加机会型创业，原因是数字经济发展改变了人类社会的生产生活方式、沟通方式、组织模式，极大程度提升了人类的生产和交易效率。数字经济作为新型经济形态，已经成为传统经济转型升级的核心驱动力，占领了全球新一轮产业竞争制高点，为人类创造了大量的创业机会，丰富了创业环境，因而显著增加了机会型创业。

无论生存型创业还是机会型创业，数字经济的蓬勃发展激发了个体更大的创业热情，借助数字技术赋能和政府政策扶持，大众创业的潜能被极大程度释放出来。以网络直播为例，网络直播作为数字经济时代创业新兴阵地，成为年轻人从事创业活动的重要选择。根据《第 48 次中国互联网络发展状况统计报告》[①] 数据，截至 2021 年 6 月，中国网络直播用户规模达 6.38 亿户，占网民整体的 63.1%，可见，网络直播发展势头迅猛，随着数字经济新业态的快速涌现，未来将会全面开启大众创业、万众创新的新局面。

控制变量回归结果显示，产业结构升级、经济发展水平、城镇化率、人力资本、基础设施建设、外商直接投资、对外开放程度，也是影响生存型创业和机会型创业的重要因素。除人力资本、外商直接投资和对外开放程度变量对生存型创业影响不显著之外，其他变量均在统计意义上显著为正。其中，就产业结构升级变量而言，以产业结构整体升级、产业结构高级化、产业结构合理化表征的产业结构整体素质和效率提升，对机会型创业的影响大于生存型创业。可见，为进一步增强数字经济时代创业质量，应努力推动数字经济时代产业结构升级，丰富市场机会型创业环境，增加个体机会型创业动机。

---

① 中国互联网络信息中心：《第 48 次中国互联网络发展状况统计报告》，http://www.cnnic.net.cn/hlwfzyj/hlwxzbg/，2021 年 9 月 15 日。

3.3.2.3 稳健性检验

替换变量回归。为了检验前文回归结果的稳健性，本节利用各地区每年个体工商户和私营企业增量（取对数），作为生存型创业和机会型创业的代理指标，进一步检验数字经济发展对创业增长的影响。替换变量具体回归结果如表 3.11 所示。

表 3.11 替换变量回归结果

解释变量	生存型创业			机会型创业		
数字经济发展	17.908***	16.910***	20.347***	29.260***	31.301***	35.614***
	(5.080)	(4.274)	(6.072)	(8.170)	(10.121)	(9.673)
产业结构整体升级	16.820*	—	—	28.130**	—	—
	(9.010)	—	—	(14.060)	—	—
产业结构高级化	—	20.640***	—	—	36.395***	—
	—	(4.550)	—	—	(11.206)	—
产业结构合理化	—	—	−6.626***	—	—	−10.910***
	—	—	(1.985)	—	—	(2.700)
控制变量	已控制	已控制	已控制	已控制	已控制	已控制
省份固定效应	是	是	是	是	是	是
年份固定效应	是	是	是	是	是	是
R^2	0.324	0.327	0.352	0.436	0.426	0.417
观测值	330	330	330	330	330	330

由表 3.11 可知，通过替换被解释变量，数字经济发展对生存型创业和机会型创业的影响依然显著为正，且数字经济发展对机会型创业的影响大于生存型创业。产业结构整体升级和产业结构高级化对生存型创业和机会型创业的影响显著为正，产业结构合理化回归系数显著为负，再次证明了前文回归结果的稳健性。上述结果进一步证实，数字经济蓬勃发展可以激活劳动力市场中个体的创业热情，无论是受数字技术替代影响被迫挤出而从事的生存型创业，还是受市场机会驱动而主动参与的机会型创业均呈现显著的增长效应，同时数字经济发展促使产业结构转型升级，高端化及合理化的产业结构进一步促进了创业增长。此外，控制变量的回归结果与前文分析基本一致，此处

不再赘述。

为了解决由于可能存在的反向因果关系而产生的内生性问题，将解释变量滞后一期重新估计数字经济发展对创业增长的影响效应，以检验前文回归结果的稳健性。解释变量滞后一期具体回归结果如表3.12所示。

表 3.12　解释变量滞后一期回归结果

解释变量	生存型创业			机会型创业		
数字经济发展	0.040 ***	0.037 ***	0.044 ***	0.505 ***	0.471 ***	0.563 ***
	(0.013)	(0.012)	(0.014)	(0.160)	(0.122)	(0.154)
产业结构整体升级	0.009 ***	—	—	0.018 ***	—	—
	(0.003)	—	—	(0.005)	—	—
产业结构高级化	—	0.011 **	—	—	0.029 ***	—
	—	(0.005)	—	—	(0.006)	—
产业结构合理化	—	—	-0.004 **	—	—	-0.012 ***
	—	—	(0.002)	—	—	(0.004)
控制变量	已控制	已控制	已控制	已控制	已控制	已控制
省份固定效应	是	是	是	是	是	是
年份固定效应	是	是	是	是	是	是
R^2	0.400	0.389	0.404	0.377	0.382	0.390
观测值	300	300	300	300	300	300

由表3.12可知，数字经济发展滞后一期对生存型创业和机会型创业的影响依然显著为正，且数字经济发展对机会型创业的影响大于生存型创业，进一步证实了数字经济是影响创业增长的重要因素。可见，数字经济作为一种新型经济形态，是新型资源配置方式和创新的集中体现，是贯彻落实创新驱动发展战略，扎实推进"大众创业、万众创新"的最佳试验场。数字经济时代，借助数字技术赋能，中国经济向分工更优化、结构更合理、形态更高级的阶段快速演进，产业结构加速向高端化和服务化方向转型。数字产业化和产业数字化的"双轮驱动"，促使数字经济发展和产业结构升级对创业增长的影响存在倍增效应，在两者共同推动下数字技术和商业模式不断迭代升级，众包、众创、众筹、众扶等新型经济模式已经成为数字经济时代激发创新创

业的重要驱动力。

3.3.2.4 分区域异质性检验

从区域分布看，中国各省份数字经济发展自东向西梯次分布，与中西部相比，东部地区数字基础设施和数字生态发展均优于中西部地区。为深入考察数字经济发展对创业增长影响的区域异质性，本节将全样本划分为东部地区和中西部地区进行固定效应回归。分区域异质性检验回归结果如表 3.13 所示。

表 3.13　分区域异质性回归结果

区域	解释变量	生存型创业			机会型创业		
东部地区	数字经济发展	0.049 ***	0.040 ***	0.055 ***	0.699 ***	0.595 ***	0.713 ***
		(0.010)	(0.009)	(0.012)	(0.164)	(0.130)	(0.157)
	产业结构整体升级	0.012 ***	—	—	0.029 ***	—	—
		(0.001)	—	—	(0.008)	—	—
	产业结构高级化	—	0.017 ***	—	—	0.040 ***	—
		—	(0.005)	—	—	(0.010)	—
	产业结构合理化	—	—	−0.011 ***	—	—	−0.020 ***
		—	—	(0.003)	—	—	(0.005)
	控制变量	已控制	已控制	已控制	已控制	已控制	已控制
	省份固定效应	是	是	是	是	是	是
	年份固定效应	是	是	是	是	是	是
	R^2	0.462	0.470	0.466	0.411	0.402	0.399
	观测值	121	121	121	121	121	121
中西部地区	数字经济发展	0.033 ***	0.029 ***	0.036 ***	0.451 ***	0.360 ***	0.492 ***
		(0.007)	(0.003)	(0.010)	(0.105)	(0.090)	(0.114)
	产业结构整体升级	0.006 ***	—	—	0.012 ***	—	—
		(0.001)	—	—	(0.003)	—	—
	产业结构高级化	—	0.010 ***	—	—	0.021 ***	—
		—	(0.003)	—	—	(0.007)	—
	产业结构合理化	—	—	−0.003 ***	—	—	−0.009 ***
		—	—	(0.001)	—	—	(0.002)

区域	解释变量	生存型创业			机会型创业		
	控制变量	已控制	已控制	已控制	已控制	已控制	已控制
中西部地区	省份固定效应	是	是	是	是	是	是
	年份固定效应	是	是	是	是	是	是
	R^2	0.397	0.386	0.400	0.372	0.379	0.388
	观测值	209	209	209	209	209	209

由表 3.13 可知,无论是东部地区还是中西部地区,数字经济发展均显著增加了生存型创业和机会型创业,且数字经济发展对机会型创业的影响大于生存型创业。与中西部地区相比,数字经济发展对东部地区生存型创业和机会型创业的影响更大,其内在原因与区域数字经济发展不平衡密切相关。当前,中国数字经济发展呈现"东强西弱"的态势,东部沿海地区尤其是以北京、上海、广东为代表的京津冀、长三角、珠三角城市群,是中国数字经济发展的主要推动力,中西部地区数字经济发展的规模、质量远低于东部地区,并且中西部地区的经济发展、结构优化、人才供给等因素的短板,会限制其数字经济的发展速度。中国信息通信研究院发布的《中国数字经济就业发展研究报告(2021)》[①]指出,数字经济创造了大量新增岗位,从区域分布角度看,新增岗位呈现东中西梯次减少趋势,与中西部地区相比,东部地区数字经济岗位规模最大,广东、北京、上海、浙江等地区的数字经济岗位规模,已经占据了全国总岗位的"半壁河山",达到 64.24%。从产业结构升级角度看,东部地区在电子设备制造业、工程机械、轨道交通、信息传输、软件和信息技术服务业领域规模优势更为明显,促使东部地区相比中西部地区加速向科技含量高、附加值高的高端生产性服务业和先进制造业集群方向发展,推动了产业结构高级化。同时,东部地区相比中西部地区在人才、技术、资金等资源层面优势更为明显,通过有效发挥创新要素聚集优势,在创新引领上加速实现突破,不断提升产业间的聚合质量,推动了产业结构合理化。可见,与中西部地区相比,

---

① 中国信息通信研究院:《中国数字经济就业发展研究报告(2021年)》,http://www.caict.ac.cn/kxyj/qwfb/ztbg/202103/t20210323_372157.htm,2021年3月23日。

东部地区在数字经济发展和产业结构升级层面的优势可以为东部地区营造有利的创新创业生态环境，赋能创新创业活动呈现高质量发展态势，为大众创业提供更多的便利和商机，从而促进创业增长。

3.3.3 进一步讨论

3.3.3.1 影响机制分析

前文分析表明，数字经济发展会显著促进创业增长。下面从科学技术创新和劳动分工深化角度，分析数字经济发展对创业增长的影响机制。数字经济是创新驱动引领经济高质量发展的新经济形态，此时，数据作为新型生产要素赋能技术创新日趋活跃。科学技术创新推动生产方式发生深刻变革，在生产力层面推动了劳动资料数字化，在生产关系层面促进了组织平台化，大量新产业、新业态、新商业模式赋能全新的商品交易方式，优化了资源配置效率。与此同时，数字经济的蓬勃发展推动了劳动分工不断深化，产业结构不断转型升级，新就业形态不断涌现，对促进创业增长产生了显著影响。为此，进一步实证检验数字经济发展对科学技术创新和劳动分工深化的影响，其中，科学技术创新以国内 3 种专利申请数和授权数（取对数）作为代理指标，劳动分工深化借鉴易鸣等（2019）的做法，以社会消费品零售总额占GDP 的比重作为代理指标。控制变量分别引入了产业结构、经济发展水平、城镇化率、人力资本、基础设施建设、外商直接投资和对外开放程度，其中，产业结构以前文产业结构整体升级变量作为代理指标。数字经济发展对创业增长的影响机制回归结果如表 3.14 所示。

表 3.14 数字经济发展对创业增长的影响机制回归结果

解释变量	科学技术创新		劳动分工深化
	专利申请数	专利申请授权数	社会消费品零售总额
数字经济发展	1.244 ***	0.862 ***	0.031 ***
	(0.292)	(0.110)	(0.010)
产业结构整体升级	0.158 ***	0.326 ***	0.014 ***
	(0.008)	(0.061)	(0.004)

续表

解释变量	科学技术创新		劳动分工深化
	专利申请数	专利申请授权数	社会消费品零售总额
经济发展水平	1.440***	1.071***	0.139***
	(0.204)	(0.216)	(0.036)
城镇化率	4.425***	4.215***	0.081***
	(0.915)	(0.787)	(0.009)
人力资本	0.073***	0.108***	0.050***
	(0.020)	(0.010)	(0.015)
基础设施建设	0.072*	0.105***	0.019***
	(0.039)	(0.036)	(0.003)
外商直接投资	3.407	1.821	0.298
	(2.312)	(2.125)	(0.640)
对外开放程度	1.277**	0.741	0.044
	(0.537)	(0.502)	(0.059)
常数项	−7.324***	−6.127***	−0.488*
	(1.839)	(1.620)	(0.259)
省份固定效应	是	是	是
年份固定效应	是	是	是
R^2	0.472	0.480	0.313
观测值	330	330	330

由表 3.14 可知，无论是以专利申请数还是专利申请授权数作为科学技术创新的代理指标，数字经济发展在 1% 水平上显著促进了科学技术创新，表明中国数字经济拥有较强的创新能力。在第四次工业革命背景下，中国为抢占数字经济发展制高点，不断加强数字基础设施建设。据《第 48 次中国互联网络发展状况统计报告》[①] 数据，中国拥有全球最大的信息通信网络，截至 2021 年 6 月，中国已经累计开通 96.1 万个 5G 基站，全国所有地级市均已覆盖 5G 网络，5G 标准必要专利声明数量位列全球首位，占比超过 38%，中国

---

① 中国互联网络信息中心：《第 48 次中国互联网络发展状况统计报告》，http://www.cnnic.net. cn/hlwfzyj/hlwxzbg/，2021 年 9 月 15 日。

5G 商用发展已经实现规模、标准数量和应用创新三大领先。在人工智能专利申请方面，中国人工智能申请量总体呈现逐年上升趋势，截至 2020 年底，中国人工智能专利申请量为 389 571 项，位列全球第一，遥遥领先其他国家。此外，中国在 6G 通信技术、芯片技术、量子技术、卫星互联网等领域也均取得积极进展。可见，数字经济的蓬勃发展促使中国加速了科学技术创新，从而牢牢抓住新一轮工业革命发展机遇。以社会消费品零售总额作为劳动分工深化的代理指标，数字经济发展在 1% 水平上显著促进了劳动分工深化，表明中国数字经济作为创新经济增长方式的强大动能，推动了全社会分工进一步深化，超级细化的分工正逐渐成为现实。数字经济发展促进消费需求不断升级，人们的消费观念趋于更加个性化、品质化、多元化，消费质量和消费能力持续提升。由消费需求升级催生的线上购物、线上教育、线上医疗等无接触场景越来越成熟，极大程度地释放了内需潜力，通过高效畅通生产、分配、流通、消费生产环节，加速了中国内循环速度。

3.3.3.2　数字产业化和产业数字化对创业增长影响差异性分析

数字产业化和产业数字化作为数字经济的核心，已经成为数字时代推动高质量发展、打造数字经济新优势的重要抓手。数字产业化是数据要素的产业化、商业化和市场化，产业数字化是数字技术与实体经济各行各业进行全方位、全角度、全链条深度融合发展，两者对创业增长的影响存在差异。为此，本节进一步检验数字产业化和产业数字化对创业增长的影响差异。具体回归结果如表 3.15 所示。

表 3.15　数字产业化和产业数字化对创业增长影响差异回归结果

解释变量	生存型创业			机会型创业		
数字产业化	0.039 ***	0.024 ***	0.045 ***	0.432 ***	0.369 ***	0.479 ***
	(0.011)	(0.007)	(0.014)	(0.120)	(0.109)	(0.115)
产业结构整体升级	0.009 ***	—	—	0.017 ***	—	—
	(0.002)	—	—	(0.005)	—	—
产业结构高级化	—	0.012 ***	—	—	0.034 ***	—
	—	(0.004)	—	—	(0.010)	—

解释变量	生存型创业			机会型创业		
产业结构合理化	—	—	-0.008**	—	—	-0.011***
	—	—	(0.004)	—	—	(0.003)
控制变量	已控制	已控制	已控制	已控制	已控制	已控制
省份固定效应	是	是	是	是	是	是
年份固定效应	是	是	是	是	是	是
R^2	0.341	0.358	0.370	0.490	0.489	0.478
观测值	330	330	330	330	330	330
产业数字化	0.050***	0.032***	0.053***	0.504***	0.428***	0.684***
	(0.013)	(0.010)	(0.016)	(0.106)	(0.134)	(0.127)
产业结构整体升级	0.008***	—	—	0.020***	—	—
	(0.002)	—	—	(0.006)	—	—
产业结构高级化	—	0.016***	—	—	0.023***	—
	—	(0.004)	—	—	(0.005)	—
产业结构合理化	—	—	-0.014***	—	—	-0.018***
	—	—	(0.002)	—	—	(0.003)
控制变量	已控制	已控制	已控制	已控制	已控制	已控制
省份固定效应	是	是	是	是	是	是
年份固定效应	是	是	是	是	是	是
R^2	0.367	0.369	0.374	0.435	0.431	0.429
观测值	330	330	330	330	330	330

由表 3.15 可知，无论是生存型创业还是机会型创业，产业数字化对其影响均大于数字产业化，与中国数字产业化和产业数字化发展差异密不可分。数字产业化旨在培育壮大人工智能、区块链、云计算、大数据、网络安全等新兴数字产业，重点提升核心电子元器件、关键软件和通信设备等产业水平。产业数字化旨在推动数据赋能全产业链协同转型，借助数字技术赋能，电子商务、平台经济、共享经济等新模式、新业态蓬勃发展，工业互联网、智能制造、服务业数字化等全面加速，大力培育众包设计、智慧物流、新零售等

成为新增长点。与数字产业化相比，产业数字化在医疗、教育、出行、商圈、社区、酒店等数字化应用场景更为丰富，对人类生产、生活、生态的渗透性更强，从而会催生更多的创新创业机遇。中国数字产业化和产业数字化发展规模存在显著差异，中国信息通信研究院发布的《中国数字经济发展白皮书（2021）》[①]显示，2020 年中国数字产业化规模为 7.5 万亿元，占 GDP 比重为 7.3%，产业数字化规模为 31.7 万亿元，占 GDP 比重为 31.2%，数字产业化和产业数字化占数字经济的比重分别为 19.1% 和 80.9%。可见，中国数字经济内部结构呈现"二八"比例分布，产业数字化是驱动中国数字经济发展的强大引擎。产业数字化的蓬勃发展促使数字技术与产业发展有机融合，不断提升信息消费比重与层级，创造全新的应用场景、商业模式和智慧经济，催生出智慧社会、智慧产业、智慧城市、智慧生活等新业态。新业态的日益涌现是激活市场创新创业的重要途径，不仅可以极大程度释放内需潜力，而且为新发展阶段实现更高质量发展注入更强动力。

3.4 数字生活的就业效应分析

随着互联网、人工智能、大数据等数字技术快速创新与应用，我国数字经济蓬勃发展对人们生产、生活、生态产生了重大影响。数字经济时代，数字技术应用加速从消费端向生产端拓展，数字化服务在社会中广泛应用，移动支付广泛普及，网络购物、远程办公、在线学习等成为新型工作生活方式，推动人们迈进数字生活快车道。由于"数字鸿沟"的存在，导致不同年龄段群体的数字生活发展存在不均衡现象。中国互联网络信息中心发布的《第 48 次中国互联网络发展状况统计报告》显示，截至 2021 年 6 月，我国互联网普及率达到 71.6%，其中，50 岁及以上网民占比为 28.1%，60 岁及以上网民占比仅为 12.2%。随着老龄人口数量快速增长，到"十四五"

---

① 中国信息通信研究院：《中国数字经济发展白皮书（2021 年）》，http://www.caict.ac.cn/kxyj/qwfb/bps/202104/t20210423_374626.htm，2021 年 4 月 23 日。

期末，我国将从轻度老龄化迈入中度老龄化阶段，预计到 2035 年和 2050 年，60 岁及以上老年人口将分别达到 30% 和 38%。老年人口快速增长导致该群体面临的数字鸿沟问题日益凸显。现阶段，大量老年人面临着不会使用智能手机，不会上网，在出行、消费、就医等日常生活中面临诸多不便，很难融入数字生活。

为让老年人更好地适应并融入数字生活，2020 年 11 月 24 日，国务院办公厅印发《关于切实解决老年人运用智能技术困难的实施方案》①，提出要在政策引导和全社会共同努力下，做实做细为老年人服务的各项工作，有效解决老年人在运用智能技术方面遇到的困难。2021 年 4 月，工业和信息化部发布《互联网网站适老化通用设计规范》和《关于进一步抓好互联网应用适老化及无障碍改造专项行动实施工作的通知》②，为中老年人共享数字经济红利，更加深入地融入数字生活创造了便利条件。现如今，帮助中老年人更好地融入数字生活成为新发展阶段亟待解决的重要议题。《中老年互联网生活研究报告》③ 显示，与青年群体相比，中老年群体数字生活发展更不充分，除了互联网等数字技术接入差异外，中老年群体的社会网络也会显著影响该群体的数字生活水平。社会网络是中老年人再社会化的重要途径，已有研究表明社会网络对中老年人的身心健康、生活满意度具有显著正向影响（唐丹等，2020）。可见，构建符合数字经济发展特点和中老年群体需求的社会网络支撑体系，是帮助该群体实现老有所学、老有所乐并真正融入数字生活的重要路径。2021 年 12 月，中共中央网络安全和信息化委员会办公室发布的《"十四五"国家信息化规划》④ 指出，要坚持以人民为中心，不断提升弱势群体数字素养与技能水平，推动信息服务适老化改造优化，加强适老化数字服务供给，打造全民

① 国务院办公厅：《关于切实解决老年人运用智能技术困难的实施方案》，http://www.gov.cn/xinwen/2020-11/24/content_5563861.htm，2020 年 11 月 24 日。
② 工业和信息化部：《关于进一步抓好互联网应用适老化及无障碍改造专项行动实施工作的通知》，https://www.miit.gov.cn/jgsj/xgj/wjfb/art/2021/art _ 81e8b738d6b24ad6a04f7ecb3f4e0702.html，2021 年 4 月 12 日。
③ 中国社会科学院社会学研究所和腾讯社会研究中心：《中老年互联网生活研究报告》，http://www.199it.com/archives/701688.html，2018 年 3 月 21 日。
④ 中共中央网络安全和信息化委员会办公室：《"十四五"国家信息化规划》，www.cac.gov.cn/2021-12/27/c_1642205314518676.htm，2021 年 12 月 27 日。

高品质数字生活。

目前，关于社会网络如何影响中老年群体的数字生活亟待深入研究，对努力提升中老年群体数字生活水平，让中老年人更好地适应并融入数字生活具有重要现实意义。鉴于此，本节利用 2017 年中国综合社会调查数据，实证分析社会网络对中老年人数字生活的影响效应，采用遗漏变量法和替换变量法进行稳健性检验，选取非认知能力作为中介变量进行机制检验，并对不同城乡、有无工作状况的中老年群体进行异质性分析，研究结论对于数字经济时代促进中老年人积极融入数字生活，共享数字经济红利具有重要现实意义。

3.4.1 数据来源、模型选择及变量描述

3.4.1.1 数据来源

本节利用 2017 年中国综合社会调查（CGSS）数据进行实证研究。中国综合社会调查数据系统全面地收集我国不同地区、家庭、个体多个层面的数据，能较好地反映我国社会变迁趋势，与以往数据不同，中国综合社会调查 2017 年数据是于 2020 年 10 月 1 日最新公布的，问卷除核心模块、家庭问卷模块外，还包括社会网络和网络社会模块，包含详细的居民使用互联网情况，是目前国内罕见的、具有全国代表性的个体互联网使用数据。2017 年，数字经济被正式写入我国政府工作报告。在数字经济时代，互联网迎来更广阔的发展空间和更强劲的发展动能，因此利用中国综合社会调查 2017 年数据，研究我国中老年人数字生活具有较好的代表性。世界卫生组织将年龄为 45～59 岁的人口定义为中年人，60 岁以上的定义为老年人。鉴于此，本节研究对象为 45 岁及以上的中老年群体，删除无效样本后，最终得到 2 612 个样本，其中，男性 1 268 个样本，女性 1 344 个样本。

3.4.1.2 模型选择

为考察社会网络对我国中老年人数字生活的影响，构建的基准回归模型为：

$$Digital\_life_i = \alpha_0 + \alpha_1 SN_i + \alpha_2 CV_i + \mu_i \qquad (3.6)$$

式（3.6）中，$Digital\_life_i$ 为我国中老年人数字生活，包括互联网使用情况、移动支付、网上生活；SN_i 为社会网络变量；CV_i 为影响我国中老年人数字生活的控制变量，包括性别、受教育年限、户籍状况、婚姻状况等；μ_i 为随机扰动项。由于移动支付变量为 0~1 二分类变量，互联网使用和网上生活情况变量为 1~5 有序分类变量，因此在估计社会网络对我国中老年人移动支付影响时采用 Probit 回归模型，在估计社会网络对我国中老年人互联网使用和网上生活情况影响时采用有序 Probit 回归模型。

3.4.1.3 变量描述

被解释变量是中老年人数字生活，该变量是个综合性概念。据已有研究可知，数字生活反映人们利用数字技术从事信息传播、工作、交流、学习的一种跨越时间、地域及社会制度限制的新型社会空间关系，可将人与自然、人与社会、人与人之间无缝连接的一种便捷、高效的全新生活方式（焦勇，2020）。本章更侧重选取互联网使用情况（包括手机上网）、移动支付（微信支付或支付宝支付）、网上生活三个层面体现中老年人数字生活。其中，对于互联网使用，本节根据问卷设置将从不、很少、有时、经常、非常频繁分别赋值为 1 至 5 整数；对于移动支付，本节将使用移动支付赋值为 1，不使用赋值为 0；网上生活是一个综合性变量，本节根据问卷设置选择 App 使用情况、网上社交活动、网上自我展示、网络行动、网上休闲娱乐、网上获取信息、网上商务交易 7 个变量，综合概括体现中老年人网上生活状况，7 个变量问卷选项分别是从不、很少、有时、经常、总是分别赋值为 1~5 整数，然后对 7 个变量进行等权重加权平均计算得出网上生活综合变量，该变量数值越大代表中老年人网上生活越丰富。

核心解释变量为我国中老年人社会网络情况。选择中老年人的团体活动参与、朋友关系、子女联系 3 个变量作为社会网络代理变量，对于团体活动参与，根据问卷设置将从未参加、去年参加了一次、去年参加了几次、一个月 1 到 3 次、一周 1 次或更多分别赋值为 1~5 整数；对于朋友关系和子女联系，根据问卷设置将从不、一年几次、一个月几次、一周几次、每天分别赋值为 1~5 整数。控制变量包括个人特征因素、家庭因素和区域因素。其中，个人特征因素包括性别、年龄、受教育年限、政治面貌、户籍状况和婚姻状况；家庭因素为家庭经济地位变量，其为虚拟变量，将以低于平均水平设置为基准组，分别纳入平均水平和高于平均水平两个虚拟变量；区域因素为地区虚拟变量，将西部设置为基准组，分别纳入中部和东部两个虚拟变量。对于性别，将男性赋值为1，女性赋值为0。对于受教育年限，将文盲、小学、初中、高中/中专/职高、大专、大学、研究生及以上分别赋值0，6，9，12，15，16，19。对于政治面貌，将中共党员赋值为1，其他赋值为0。对于户籍状况，将城镇户籍赋值为1，农村户籍赋值为0。对于婚姻状况，将已婚赋值为1，未婚赋值为0。主要变量的描述性统计如表3.16。

表 3.16　主要变量的描述性统计分析

变量		均值	标准差	最小值	最大值
互联网使用		2.050	1.499	1	5
移动支付		0.171	0.376	0	1
网上生活		1.619	0.946	1	5
团体活动参与		1.528	1.143	1	5
朋友关系		2.198	1.436	1	5
子女联系		4.014	1.129	1	5
性别		0.485	0.499	0	1
年龄		60.859	10.377	45	85
受教育年限		7.552	4.518	0	19
政治面貌		0.126	0.331	0	1
户籍状况		0.366	0.482	0	1
婚姻状况		0.802	0.398	0	1
家庭经济地位	低于平均水平	0.479	0.499	0	1
	平均水平	0.451	0.498	0	1
	高于平均水平	0.070	0.257	0	1
区域因素	西部地区	0.219	0.414	0	1
	中部地区	0.340	0.474	0	1
	东部地区	0.441	0.497	0	1

注：根据中国综合社会调查2017年数据整理计算而得。下同。

3.4.2 实证分析

3.4.2.1 社会网络对中老年人互联网使用的影响

为考察社会网络对中老年人互联网使用的影响程度，选取团体活动参与、朋友关系、子女联系作为中老年人社会网络的代理指标，分别研究以上 3 个代理指标对中老年人互联网使用的影响程度。具体回归结果见表 3.17。

表 3.17 社会网络对中老年人互联网使用影响的回归结果

变量	互联网使用	互联网使用	互联网使用
团体活动参与	0.129 0 ***	—	—
	(0.020 7)		
朋友关系	—	0.214 0 ***	—
		(0.016 2)	
子女联系	—	—	0.185 0 ***
			(0.023 1)
性别	0.047 1	0.023 6	0.043 7
	(0.053 5)	(0.051 0)	(0.053 6)
年龄	-0.053 5 ***	-0.052 4 ***	-0.054 5 ***
	(0.003 1)	(0.003 1)	(0.003 3)
受教育年限	0.118 0 ***	0.123 0 ***	0.120 0 ***
	(0.008 4)	(0.008 2)	(0.008 3)
政治面貌	0.228 0 ***	0.240 0 ***	0.252 0 ***
	(0.076 5)	(0.071 4)	(0.079 2)
户籍状况	0.588 0 ***	0.610 0 ***	0.617 0 ***
	(0.062 3)	(0.060 1)	(0.061 1)
婚姻状况	0.095 8	0.083 5	0.055 3
	(0.075 9)	(0.076 7)	(0.076 4)
平均水平	0.111 0 **	0.109 0 *	0.120 0 **
	(0.043 7)	(0.055 2)	(0.046 1)
高于平均水平	0.169 0 *	0.220 0 **	0.230 0 **
	(0.101 0)	(0.100 0)	(0.089 7)

变量	互联网使用	互联网使用	互联网使用
东部地区	0.338 0 ***	0.341 0 ***	0.307 0 ***
	(0.0751)	(0.0702)	(0.0745)
中部地区	−0.067 4	−0.081 0	−0.077 8
	(0.073 2)	(0.078 1)	(0.076 1)
观测值	2 612	2 612	2 612

注：括号内数值为标准误，***，**，*表示在1%，5%，10%统计意义上显著，下同。

由表 3.17 可知，团体活动参与、朋友关系、子女联系均在 1% 水平上显著提高中老年人互联网使用的频率，且朋友关系的提升效果最明显。究其原因，中老年人朋友之间的人际交往越密切，越能相对更快、更丰富地掌握各种知识和信息，诸如身边好友推荐和互相学习，有助于中老年人更好地使用智能手机，在互联网客户端进行搜索信息、浏览新闻及视频、即时通信等数字消费，从而更显著地提高了互联网使用频率。同时，中老年人积极参加社会团体活动，拓宽社交范围有益于身心健康的同时，还可有效提高其学习能力，便于更好的熟练使用智能手机，如一些社区活动专门教中老年人如何玩转微信、微博、快手，下载并使用各种智能端平台，从而更好地拥抱互联网科技和数字生活。换言之，社会活动参与能够提高老年人的互联网使用和生活满意度，网络信息化程度越高越有利于实现智慧养老和数字融入（靳永爱和赵梦晗，2019）。此外，子女作为年轻的网络达人若积极帮助父母购置智能手机、笔记本/平板电脑等电子设备，指导并下载各种常用智能软件，利用最新的信息技术知识反哺日渐边缘的父母，有助于解决中老年人在智能技术面前遇到的问题，推动互联网应用的适老化水平和无障碍普及，真正实现科技创新成果惠及全民。

3.4.2.2　社会网络对中老年人移动支付的影响

为进一步考察社会网络对中老年人移动支付的影响，将移动支付区分为微信支付和支付宝支付，采用 Probit 模型分别回归团体活动参与、朋友关系、子女联系对中老年人移动支付的影响程度。具体回归结果见表 3.18。

表3.18　社会网络对中老年人移动支付影响的回归结果

变量	移动支付			微信支付			支付宝支付		
	边际效果	边际效果	边际效果	边际效果	边际效果	边际效果	边际效果	边际效果	边际效果
团体活动参与	0.043 2*** (0.011 8)	—	—	0.047 4*** (0.010 1)	—	—	0.040 1*** (0.013 9)	—	—
朋友关系	—	0.066 3*** (0.015 6)	—	—	0.073 1*** (0.018 1)	—	—	0.059 2*** (0.011 6)	—
子女联系	—	—	0.054 1** (0.021 1)	—	—	0.065 2** (0.024 3)	—	—	0.041 7** (0.016 0)
性别	0.040 3 (0.083 4)	0.064 4 (0.082 5)	0.012 8 (0.083 7)	0.050 7 (0.078 2)	0.035 2 (0.078 8)	0.030 6 (0.071 2)	0.060 7 (0.059 4)	0.032 4 (0.057 8)	0.029 3 (0.060 2)
年龄	-0.090 6*** (0.006 8)	-0.090 1*** (0.007 0)	-0.091 2*** (0.007 0)	-0.086 3*** (0.006 9)	-0.085 8*** (0.006 2)	-0.087 2*** (0.006 9)	-0.051 2*** (0.005 2)	-0.050 8*** (0.005 1)	-0.052 0*** (0.005 2)
受教育年限	0.014 4*** (0.001 5)	0.015 3*** (0.001 6)	0.015 1*** (0.001 4)	0.012 6*** (0.001 5)	0.013 7*** (0.001 5)	0.013 6*** (0.001 3)	0.017 5*** (0.001 1)	0.018 4*** (0.001 1)	0.016 1*** (0.001 1)
政治面貌	0.010 7 (0.013 7)	0.012 9 (0.014 0)	0.015 1 (0.014 3)	0.009 2 (0.012 8)	0.011 5 (0.013 2)	0.013 6 (0.013 4)	0.014 9 (0.010 8)	0.016 4 (0.011 1)	0.018 9 (0.011 5)
户籍状况	0.071 1*** (0.013 1)	0.075 2*** (0.013 4)	0.076 6*** (0.013 0)	0.065 3*** (0.012 4)	0.069 7*** (0.012 7)	0.071 4*** (0.012 8)	0.045 7*** (0.010 6)	0.048 9*** (0.010 2)	0.050 5*** (0.010 3)
婚姻状况	-0.036 3 (0.025 4)	-0.023 1 (0.012 8)	-0.043 8 (0.032 7)	-0.035 6 (0.028 1)	-0.056 1 (0.042 7)	-0.047 8 (0.032 5)	0.071 2 (0.079 6)	0.059 1 (0.083 4)	0.078 1 (0.082 5)

变量	移动支付			微信支付			支付宝支付		
	边际效果	边际效果	边际效果	边际效果	边际效果	边际效果	边际效果	边际效果	边际效果
平均水平	0.012 8**	0.014 5	0.016 3*	0.013 2	0.014 8*	0.016 6*	0.031 7	0.020 6	0.011 4
	(0.008 9)	(0.009 0)	(0.009 0)	(0.008 5)	(0.008 6)	(0.008 6)	(0.062 3)	(0.062 7)	(0.061 8)
高于平均水平	0.066 7***	0.080 1***	0.081 0***	0.064 2**	0.077 8***	0.078 6***	0.043 4**	0.054 2**	0.055 6***
	(0.027 1)	(0.028 8)	(0.029 0)	(0.026 1)	(0.028 0)	(0.028 0)	(0.019 4)	(0.021 2)	(0.021 5)
东部地区	0.062 9***	0.062 2***	0.061 5***	0.058 7***	0.057 9***	0.056 8***	0.030 7***	0.030 1***	0.029 9***
	(0.015 1)	(0.014 9)	(0.014 0)	(0.014 2)	(0.013 9)	(0.013 2)	(0.010 3)	(0.010 4)	(0.010 2)
中部地区	0.025 0*	0.023 4	0.023 9	0.026 1*	0.024 4*	0.024 8*	-0.020 8	-0.036 9	-0.029 5
	(0.014 8)	(0.012 7)	(0.016 2)	(0.014 1)	(0.014 0)	(0.014 2)	(0.093 3)	(0.092 1)	(0.093 4)
观测值	2 612	2 612	2 612	2 612	2 612	2 612	2 612	2 612	2 612

由表 3.18 可知，其一，从边际效果看，团体活动参与、朋友关系、子女联系均显著提高了中老年人移动支付的概率，且朋友联系的提升效果最为明显。这缘于中老年人加强朋友关系和子女联系，并积极参加社会团体活动有利于拓宽社交范围，强化各种社会关系网络，广泛获取信息知识，有助于中老年人紧跟数字经济发展和数字化消费潮流。时下中老年群体的生活缴费、网上订餐、网络购物、网约车出行等生活服务数字化消费进入了快速增长阶段，移动支付作为数字化消费的通道和载体，已经渗透到衣食住行等生活场景。《2021 生活服务业数字化发展报告》[①] 显示，截至 2021年 6 月，我国网络购物、网络支付用户规模分别达到 8.12 亿户和 8.72 亿户，分别占网民整体的 80.3% 和 86.3%，移动支付在生物识别技术及各种智能小程序的加持下，其快速连接能力呈现多维度、轻量化、私域化的发展趋势。其二，社会网络的各代理指标对微信支付的提升程度均显著高于支付宝支付。究其原因，微信作为一种即时通信服务的社交软件，不仅可以语音或视频聊天、发送图片及文件等，还附有发红包、支付转账功能，已成为人们日常生活离不开的一个软件。中老年人在参加团体活动或与朋友、子女联络过程中，人与人之间投入较多的时间、有较强的情感强度支持进而缔结的是强关系网络。与之不同的是，支付宝用于网上购物、水电缴费等便利的第三方支付平台，其收款方和付款方多为具有弱关系、临时交易的陌生人，微信和支付宝的主功能、衍生功能存在差异，中老年人在支付时处于社会网络之中且受到强关系和弱关系的制约。随着移动互联网的普及，老年人的微信使用动机从最初娱乐动机逐渐转为通信和社交动机，也容易对微信支付产生依赖（石晋阳和陈刚，2019），中老年人出于情感、支付习惯、审慎原则和个人特征等因素考虑更倾向于微信支付。

3.4.2.3　社会网络对中老年人网上生活的影响

网上生活也是反映中老年人数字生活的一个重要层面，且该变量为综合性指标，本节选取平台使用情况、网上社交活动、网上自我展示、网络

---

① 中国连锁经营协会：《2021 生活服务业数字化发展报告》，http://www.ccfa.org.cn/portal/cn，2021 年 10 月 27 日。

行动、网上休闲娱乐、网上获取信息、网上商务交易 7 个维度，然后对其进行等权重加权赋值得出中老年人网上生活综合变量，该变量数值越大代表中老年人网上生活越丰富。同时，为进一步考察社会网络对中老年人网上生活的影响，本节采用有序 Probit 回归模型依次分析团体活动参与、朋友关系、子女联系，对中老年人网上生活的影响程度。具体回归结果见表 3.19。

表 3.19 社会网络对中老年人网上生活影响的回归结果

变量	回归结果	边际效果				
		1	2	3	4	5
团体活动参与	0.160 0 ***	-0.040 2 ***	0.022 7 ***	0.043 7 ***	0.019 9 ***	0.016 4 *
	(0.022 0)	(0.006 7)	(0.008 0)	(0.010 5)	(0.004 2)	(0.008 3)
控制变量	YES	YES	YES	YES	YES	YES
观测值	2 612	2 612	2 612	2 612	2 612	2 612
朋友关系	0.231 0 ***	-0.047 7 ***	0.042 9 ***	0.055 2 ***	0.012 0 ***	0.010 1 *
	(0.019 3)	(0.005 8)	(0.011 5)	(0.013 1)	(0.002 2)	(0.005 2)
控制变量	YES	YES	YES	YES	YES	YES
观测值	2 612	2 612	2 612	2 612	2 612	2 612
子女联系	0.275 0 ***	-0.053 8 ***	0.063 0 **	0.086 1 ***	0.053 9 **	0.012 3 *
	(0.029 6)	(0.007 2)	(0.024 7)	(0.014 8)	(0.021 0)	(0.006 3)
控制变量	YES	YES	YES	YES	YES	YES
观测值	2 612	2 612	2 612	2 612	2 612	2 612

注：限于篇幅，其他控制变量的回归结果未列出。

由表 3.19 可知，社会网络的三个代理指标均显著提高了中老年人网上生活的丰富程度，从边际效果看，参加社会团体活动、加强朋友关系、子女联系，使中老年人网上生活参与度为"有时"的概率分别提升 4.37%，5.52%，8.61%；参加社会团体活动、加强朋友关系、子女联系，使得中老年人网上生活参与度为"从不"的概率分别下降 4.02%，4.77%，5.38%。可见，中老年人积极参与各类社会团体活动，加强与亲朋好友、子女间的社会关系存在同伴效应，有助于中老年人更好地互相交流学习，及时掌握、浏览并获取新闻信息知识，下载并使用微信聊天、淘宝购物、滴滴出行等平台 APP 智能软件，学会在抖音、快手上发布照片或小视频，进行自我展示及休闲娱乐，从而极大丰富了中老年人的网上生活。

《2020 中老年人互联网生活报告》[①]显示，有 75.8% 的中老年人会上网看新闻资讯，98.5% 的中老年人会微信聊天，60% 左右的中老年人会手机看视频，30% 左右的中老年人会网上购物及手机导航。随着互联网、大数据、区块链等数字技术广泛普及，中老年人的网上生活体验逐渐全面立体，在此趋势下积极培育兴趣团体组织，强化朋友间联络，广泛开展数字化活动，加强老人与子女间的家庭支持和数字文化反哺，努力拓宽数字参与渠道有利于提高中老年人的数字技能和数字素养，让中老年人在数字平台上更好地展现自我价值，促进其主动拥抱数字技术并融入数字社会发展。

3.4.2.4　稳健性检验

（1）稳健性检验——遗漏变量法。前文回归结果显示，社会网络对中老年人数字生活存在正向影响，但可能存在内生性问题，一种可能的原因是遗漏变量导致的。为得到更稳健的回归结果，本节进一步控制工作特征、健康状况因素进行稳健性检验，将是否工作（是＝1，否＝0）作为工作特征的代理指标，将自评健康（很不健康＝1，比较不健康＝2，一般＝3，比较健康＝4，很健康＝5）作为健康状况的代理指标，加入控制变量后的稳健性检验结果见表 3.20。

---

① 趣头条 & 澎湃新闻：《2020 老年人互联网生活报告》，http://www.199it.com/archives/1169181.html，2020 年 11 月 12 日。

表 3.20　稳健性检验——遗漏变量法

变量	数字生活						网上生活（回归结果）		
	互联网使用（回归结果）	移动支付（回归结果）	移动支付（边际效果）	（回归结果）	（回归结果）	（回归结果）	（回归结果）	（回归结果）	（回归结果）
团体活动参与	0.116 0*** (0.021 5)	0.171 0*** (0.021 0)	0.041 9*** (0.010 0)	—	—	—	0.157 0*** (0.020 1)	—	—
朋友关系	0.195 0* (0.018 3)	—	—	0.062 3*** (0.011 2)	—	—	—	0.189 0*** (0.015 0)	—
子女联系	—	—	—	—	0.050 2*** (0.013 8)	—	—	—	0.266 0*** (0.030 9)
工作特征	0.162 0** (0.061 9)	0.150 0** (0.057 6)	0.058 3** (0.022 4)	0.043 0 (0.043 3)	0.057 6* (0.030 3)	0.177 0* (0.093 0)	0.136 0** (0.052 3)	0.147 0* (0.077 1)	0.151 0* (0.079 5)
健康状况	0.035 8 (0.026 7)	0.045 3* (0.026 3)	0.020 8* (0.010 9)	0.027 7* (0.014 2)	0.041 4* (0.021 3)	0.037 2* (0.019 5)	0.060 8* (0.032 7)	0.069 2 (0.060 1)	0.055 3** (0.021 4)
控制变量	YES	YES	YES	YES	YES	YES	YES	YES	YES
观测值	2 612	2 612	2 612	2 612	2 612	2 612	2 612	2 612	2 612

由表 3.20 可知，通过控制工作特征、健康状况后，社会网络的三个代理指标——团体活动参与、朋友关系、子女联系，对中老年人互联网使用、移动支付、网上生活的影响均显著为正，即社会网络显著提高了中老年人数字生活参与度，证实了前文结果的稳健性。此外，工作特征对中老年人数字生活的影响显著为正，可能是部分中老年人由于工作需要会利用互联网进行信息搜寻、文件传输等，同时下载并使用各种智能终端产品进行网上社交、网上商务交易、网络购物，及移动支付的频率也相对更高。

健康状况对中老年人数字生活的影响也显著为正，即自评健康状况好的中老年人会有更多的精力拥抱数字科技、参与数字生活，追求美好生活的心理需求更强烈。这与实际预期相符合。

（2）稳健性检验——替换变量法。为进一步检验前文回归结果的稳健性，采用日联络人次替换团体活动参与，亲密朋友联络频率替换朋友关系，兄弟姐妹联络人次替换子女联系，依次对中老年人互联网使用、移动支付、网上生活回归进行稳健性检验，具体替换变量回归结果见表 3.21。

由表 3.21 回归结果可知，社会网络的三个替换代理变量日联络人次、亲密朋友联络频率、兄弟姐妹联络人次，均显著提高了中老年人的互联网使用频率、移动支付及网上生活，证实了前文回归结果的稳健性。

以上检验结果再次表明，强化中老年人与亲朋好友之间的社会支持网络，能够显著提高该群体利用互联网进行聊天、看新闻、网购、听歌追剧等参与数字生活的频率，增加了中老年人利用支付宝或微信进行移动支付的概率，中老年人之间互相学习交流的同伴效应，也有利于提高其数字素养从而助力中老年人与数字技术间的再连接、再社会化，极大拓展其数字生活的丰富程度。

表 3.21 稳健性检验——替换变量法

变量	数字生活						网上生活（回归结果）		
	互联网使用（回归结果）		移动支付（边际效果）		数字生活				
日联络人次	0.135 0***			0.045 0***			0.136 0***		0.181 0***
	(0.023 7)			(0.010 9)			(0.015 7)		(0.023 7)
亲密朋友联络频率		0.172 0***			0.053 1***			0.215 0***	
		(0.019 7)			(0.012 4)			(0.020 6)	
兄弟姐妹联络人次			0.077 8***			0.060 4**			
			(0.021 4)			(0.013 1)			
控制变量	YES	YES	YES	YES	YES	YES	YES	YES	YES
观测值	2 612	2 612	2 612	2 612	2 612	2 612	2 612	2 612	2 612

3.4.3 进一步讨论

3.4.3.1 影响机制分析

为分析社会网络对中老年人数字生活（互联网使用、移动支付、网上生活）的影响机制，引入非认知能力中介变量，并采用中介效应模型进行依次检验。由于社会网络包括团体活动参与、朋友关系、子女联系三个代理指标，且取值均是1~5整数，除考察以上各代理指标外，为进一步分析社会网络的综合影响，将三个代理变量加总平均构建社会网络指数，以期更全面地进行中介机制检验。已有研究表明，认知能力体现智力的各方面，包括推理、计划、解决问题、抽象思维以及经验学习等能力（Duckworth et al.，2019）；非认知能力是一种"设身处地"的能力，也是一种体现个人态度、信念、价值观和行为的重要人力资本，主要包括合作意识、沟通能力、适应能力、社交能力等不同维度的人格特征，能显著影响个体的经济社会表现（盛卫燕和胡秋阳，2019）。非认知能力包含与认知能力相关但又不同的社会态度、行动和行为习惯，是在控制了认知能力的个体差异后，也显著影响个体经济社会表现的人格特质（黄超，2018）。国内外文献研究非认知能力最普遍的是大五人格分类法（Costa and McCrae，1992；王孟成等，2010），指出非认知能力包括情绪稳定性、开放性、外向性、严谨性、顺同性五个方面。

本节根据李涛和张文韬（2015）、王春超和张承莎（2019）的做法，以大五人格特征修订问卷和中国综合社会调查的相关问题设置，构建五大维度的非认知能力，并将五个子维度分别赋值为1~5，加总平均得到非认知能力的取值。具体看，情绪稳定性反映个体情绪稳定性及对压力的耐受程度，对应的问题是"在过去的四周中，你感到心情抑郁或沮丧的频繁程度"（总是=1，经常=2，有时=3，很少=4，从不=5）；开放性反映个体创新性和接受新观念的容易程度，对应的问题是"为了传宗接代至少要生一个儿子"（非常同意=1，有些同意=2，无所谓同意不同意=3，有些不同意=4，非常不同意=5）；外向性反映个体领导力、进取心和热情活跃程度，对应的问题是"我对我的未来持乐观态度"（非常不同意＝1，不同意＝2，无所谓同意不同意＝3，同意＝4，非常同意＝5）；严谨性反映个体追求目标的努力程度和成就感，对应的问题是"目前我正竭尽全力追求我的目标"（完全不符合＝1，比较不符合＝2，有点符合\有点不符合＝3，比较符合＝4，完全符合＝5）；顺同性反映个体与他人交往的信任和宽容程度，对应的问题是"总的来说，你同不同意在这个社会上绝大多数人是可以信任的"（非常不同意＝1，比较不同意＝2，说不上同意不同意＝3，比较同意＝4，非常同意＝5）。为进一步考察社会网络对中老年人数字生活的直接影响，以及社会网络通过影响中老年人的非认知能力进而对其数字生活产生的间接影响，采用中介效应模型进行分析。中介效应模型为：

$$M_i = \beta_0 + \beta_1 SN_i + \beta_2 CV_i + \mu_i \tag{3.7}$$

$$Digital\_life_i = \gamma_0 + \gamma_1 SN_i + \gamma_2 M_i + \gamma_3 CV_i + \mu_i \tag{3.8}$$

$$Digital\_life_i = (\gamma_0 + \gamma_2\beta_0) + (\gamma_1 + \gamma_2\beta_1)SN_i + (\gamma_3 + \gamma_2\beta_2)CV_i + \mu_i \tag{3.9}$$

式（3.9）为式（3.7）带入式（3.8）得到。其中，式（3.7）中的 β_1 衡量的是社会网络对中介变量 M_i 非认知能力的影响效应。式（3.8）中的 γ_1 衡量的是社会网络对中老年人数字生活（互联网使用、移动支付、网上生活）的直接影响效应，式（3.9）中的 $\gamma_2\beta_1$ 衡量的是社会网络通过中介变量 M_i 对中老年人数字生活的间接影响效应，（$\gamma_1 + \gamma_2\beta_1$）是衡量社会网络对中老年人数字生活的总效应。具体引入非认知能力的中介机制检验结果见表3.22。

表3.22　非认知能力的中介机制检验

分类	变量	回归系数			
		非认知能力	互联网使用	移动支付	网上生活
代理指标	团体活动参与	0.063 4 ***	0.105 0 ***	0.086 2 ***	0.127 0 ***
		(0.009 0)	(0.031 2)	(0.009 7)	(0.015 3)
	非认知能力	—	0.091 1 **	0.073 1 **	0.095 1 ***
			(0.035 0)	(0.028 1)	(0.022 4)
	控制变量	YES	YES	YES	YES
	观测值	2 612	2 612	2 612	2 612

续表

分类	变量	回归系数			
		非认知能力	互联网使用	移动支付	网上生活
代理指标	朋友关系	0.092 5 ***	0.141 0 ***	0.108 0 ***	0.165 0 ***
		(0.023 6)	(0.017 3)	(0.014 3)	(0.014 0)
	非认知能力	—	0.093 6 ***	0.085 4 **	0.096 8 ***
			(0.021 0)	(0.032 8)	(0.031 1)
	控制变量	YES	YES	YES	YES
	观测值	2 612	2 612	2 612	2 612
	子女联系	0.071 2 ***	0.135 0 ***	0.097 3 ***	0.191 0 ***
		(0.010 5)	(0.012 0)	(0.010 7)	(0.017 8)
	非认知能力	—	0.082 7 **	0.078 4 **	0.090 6 ***
			(0.031 6)	(0.031 0)	(0.032 7)
	控制变量	YES	YES	YES	YES
	观测值	2 612	2 612	2 612	2 612
综合指标	社会网络指数	0.081 6 ***	0.136 0 ***	0.094 1 ***	0.171 0 ***
		(0.020 4)	(0.024 1)	(0.013 2)	(0.021 8)
	非认知能力	—	0.087 5 **	0.080 3 **	0.095 1 ***
			(0.034 9)	(0.030 7)	(0.025 3)
	控制变量	YES	YES	YES	YES
	观测值	2 612	2 612	2 612	2 612

注：限于篇幅，本表仅汇报了回归系数，并未汇报边际效果。

由表 3.22 可知，在控制其他变量不变的情况下，非认知能力中介变量通过了显著性检验，即社会网络各代理指标通过非认知能力间接影响中老年人的数字生活。具体看，对互联网使用、移动支付的直接效应和总效应而言，朋友关系对其影响最大，子女联系次之，团体活动参与最小。但对网上生活的直接效应和总效应而言，子女联系对其影响最大，朋友关系次之，团体活动参与最小。对间接效应而言，无论是互联网使用、移动支付还是网上生活，朋友关系通过非认知能力进而影响数字生活的间接影响最大，子女联系次之，团体活动参与最小。以中老年人网上生活为例，就直接效应和总效应而言，子女联系最大，分别为 0.191 0、0.197 0；朋友关系次之分别为 0.165 0、0.174 0。团体活动参与最小，分别为 0.127 0、0.133 0，即与朋友关系、团体活动参与相比，强化子女联系更有助于显著提高中老年人的网上生活。就间接效应而言，朋友关系最大，分别为 0.009 0，子女联系次之为 0.006 5，团体活动参与最小为 0.006 0，可见中老年人强化与亲朋好友之间联系，子女积极进行数字文化反哺，能提高其非认知能力进而显著增加网上生活参与度。

从综合指标看，社会网络指数对中老年人互联网使用、移动支付、网上生活的直接效应分别为 0.136 0、0.094 1、0.171 0，间接效应分别为 0.007 1、0.006 6、0.007 8，总效应分别为 0.143 0、0.101 0、0.179 0。可见，社会网络不仅能直接提高中老年人数字生活的参与度，还会通过提高非认知能力间接影响中老年人的数字生活。中老年人通过积极参与社会团体活动，加强与朋友间关系网络能显著提高开放性、外向性、人际互动能力和反应能力，同时亲子间的紧密联系也会提高中老年人的顺同性、情绪稳定性、严谨性等积极的人格特征。这种非认知能力的提升及亲子间的数字文化反哺，有助于中老年人积极主动学习互联网知识，学会使用智能手机进行移动支付，通过网络进行社交、自我展示、休闲娱乐、获取信息等，促进网上生活参与度显著提升。当下，为努力提高中老年人数字生活参与度，弥合不同年龄段群体间的数字鸿沟，应努力增强其社会关系网络，通过朋友间的习得效果和亲子间的反哺效果，提高其非认知能力和数字素养，助力中老年人更好地融入和适应数字智能生活方式。

3.4.3.2 异质性分析

考虑到不同城乡地区、有无工作状况的中老年人社会网络有所差异，也会对其数字生活状况产生不同影响。本节根据问卷设置，将全样本按地区划分为城镇群体、农村群体，按照工作状况划分为有工作群体、无工作群体，采用 Probit 回归分析社会网络对各群体移动支付的影响，采用有序 Probit 回归分析社会网络对各群体互联网使用和网上生活的影响，具体结果见表 3.23。

表 3.23 社会网络对中老年人数字生活影响的异质性分析

分类	变量	数字生活（回归结果）								
		互联网使用			移动支付			网上生活		
城镇群体	团体活动参与	0.085 0*** (0.028 4)	—	—	0.092 3** (0.036 4)	—	—	0.147 0*** (0.023 4)	—	—
	朋友关系	—	0.131 0*** (0.027 8)	—	—	0.078 6* (0.040 1)	—	—	0.195 0*** (0.016 2)	—
	子女联系	—	—	0.176 0** (0.069 4)	—	—	0.090 7** (0.035 8)	—	—	0.289 0*** (0.021 6)
	控制变量	YES	YES	YES	YES	YES	YES	YES	YES	YES
	观测值	955	955	955	955	955	955	955	955	955
农村群体	团体活动参与	0.148 0*** (0.031 6)	—	—	0.109 0*** (0.012 5)	—	—	0.168 0*** (0.015 0)	—	—
	朋友关系	—	0.257 0*** (0.024 7)	—	—	0.142 0** (0.056 1)	—	—	0.277 0*** (0.018 5)	—
	子女联系	—	—	0.213 0*** (0.034 1)	—	—	0.117 0*** (0.019 0)	—	—	0.254 0** (0.101 0)
	控制变量	YES	YES	YES	YES	YES	YES	YES	YES	YES
	观测值	1 657	1 657	1 657	1 657	1 657	1 657	1 657	1 657	1 657
有工作群体	团体活动参与	0.079 3** (0.033 8)	—	—	0.071 5** (0.028 2)	—	—	0.110 0*** (0.034 9)	—	—
	朋友关系	—	0.150 0** (0.058 6)	—	—	0.065 2* (0.032 7)	—	—	0.196 0*** (0.015 2)	—
	子女联系	—	—	0.156 0*** (0.015 1)	—	—	0.080 3* (0.041 2)	—	—	0.238 0*** (0.027 4)
	控制变量	YES	YES	YES	YES	YES	YES	YES	YES	YES
	观测值	1 176	1 176	1 176	1 176	1 176	1 176	1 176	1 176	1 176

续表

分类	变量	数字生活（回归结果）					
		互联网使用		移动支付		网上生活	
无工作群体	团体活动参与	0.1570^{***} (0.0281)	—	0.1720^{***} (0.0306)	—	0.1940^{***} (0.0285)	—
	朋友关系	—	0.2320^{***} (0.0267)	—	0.1560^{**} (0.0604)	—	0.2790^{***} (0.0261)
	子女联系	—	0.2110^{***} (0.0328)	—	0.1680^{***} (0.0231)	—	0.3410^{***} (0.0256)
	控制变量	YES	YES	YES	YES	YES	YES
	观测值	1 436	1 436	1 436	1 436	1 436	1 436

由表 3.23 可知，其一，社会网络各代理指标对农村中老年人的互联网使用频率、移动支付和网上生活更为显著。这缘于与城镇群体相比，农村地区中老年人的社交活动相对有限，特别是农村留守老人更容易陷入社会隔离，积极参与团体活动、加强与子女、朋友间的联系，有助于增强农村中老年人社会支持网络和情感支持网络，有效提高学习兴趣和精神健康水平，进而更有利于拓宽知识信息渠道和互联网使用频率，增加网络购物和移动支付的可能性，进一步丰富农村中老年人的数字媒介素养和网上生活。可见，为了弥合城乡地区数字鸿沟，创造更多数字连接点，全面推动中老年群体生活服务数字化，不断强化社会网络支持并积极助力农村中老年人再社会化是当务之急。其二，与有工作群体相比，团体活动参与、朋友关系、子女联系对无工作群体的互联网使用、移动支付和网上生活影响更为显著。究其原因，与有工作群体相比，无工作中老年人社交范围相对较小、闲暇时间较多、生活环境更加单调，如果无工作群体积极参与社会团体活动将会强化与外部社会的网络联系，同时增加亲子及朋友间联系，不仅更有利于提高其认知能力和心理健康水平，中老年人之间互相学习存在的同伴效应还扩大了其信息渠道来源。社会网络为无工作中老年人提供了与社会再次接轨的机会、丰富了其日常生活，有利于缩小与有工作群体间的信息鸿沟，以及更加熟练地使用互联

网及各种数字设备，积极融入数字生活。

3.4.4 数字生活的就业效应分析

3.4.4.1 数字生活对就业概率的影响分析

（1）数据来源。本节的微观数据来源于中国综合社会调查，由于2014年数据缺失，我们选取2015年、2013年、2012年、2011年、2010年5年的调查数据。截至目前，中国综合社会调查数据已历时12年，覆盖31个省（区、市），较为全面地收集社会、社区、家庭、个人多个层次的数据。根据本节研究需求，对相关数据变量进行筛选和整理，剔除无效问卷、空白选项和缺失值过多，60岁以上和16岁以下以及学生个体样本，最终得到有效样本45 256个。我们将2015年、2013年、2012年、2011年、2010年的数据整合为混合面板数据，增大样本容量的同时，也能保证参数估计结果的有效性和稳健性。

（2）变量描述。

被解释变量：就业概率。中国综合社会调查数据中关于就业状况的问题设计为："您目前的工作状况是？"将问卷中选择"从未工作过，目前没有工作，曾经有过非农工作，目前没有工作，而且只务过农，目前务农，曾经有过非农工作"选项的赋值为0，代表失业。将回答"目前从事非农工作"赋值为1，代表就业。这种称为自陈量表法的测量方法具有简单、方便、易操作等优点，经权威论证成为国际标准的就业调查方法（Kahneman and Krueger，2006）。

核心自变量：数字生活。本节将"宽带中国"试点政策视为一项准自然实验，作为数字生活水平的衡量指标，使用互联网（包括手机上网）的个体设置为1，即实验组，不使用互联网（包括手机上网）的个体设置为0，即对照组；政策实施之后设置为1，实施之前设置为0。互联网普及率、数字有线电视普及率、手机普及率、宽带普及率、家用电脑普及率等指标，可以从不同侧面反映生活方式数字化发展水平（张新红等，2012）。

控制变量：由于本节的数据为个体样本，需要控制影响就业的个体因素。首先，妇女劳动力在寻找就业岗位和获取劳动报酬方面都会处于不利的地位，即经济学家所认定的"职业歧视"（occupational discrimination）（李实，2001），因此，本节首先控制个体的性别（0 = 男、1 = 女）；其次，教育和培训能够给个体带来良好的工作和职业机会，是缩小个体间差距的最优办法（Eck，1993）。于是，对教育水平进行了控制；再次，相较于未婚人士，企业更愿意招聘已婚人士，因为他们更加稳定（Burdett and Coles，1999），因此，控制婚姻状况；最后，基于中国国情考虑，本节还对户口状况、家庭收入、政治面貌进行了控制。

表 3.24 报告了数字生活对就业概率影响的检验结果。模型（1）为不加入控制变量，回归结果显示，交乘项（组别×年份）的估计系数为正且在 1% 的水平下显著，使用互联网个体（实验组）的就业概率相较于不使用互联网的个体（对照组）有较大幅度的上升，意味着数字生活促使个人就业概率提升了 17.8%。在此基础上，模型（2）加入了个人层面的控制变量，结果显示，核心解释变量交乘项的回归系数仍然在 1% 的水平下显著为正，表明在控制了个体层面的影响因素之后，数字生活仍然有利于就业概率的提升，数字生活促使个人就业概率提升了 19.9%。由于我国就业存在显著的城乡差异，模型（3）和（4）进一步区分了户口性质，交乘项的系数均显著为正，数字生活使非农户口个体就业概率提升了 20.0%，使农业户口个体就业概率提升了 25.8%。农业户口的系数显著大于非农业户口，意味着数字生活对农业户口个体的就业效应更大，因为农村信息网络基础设施建设相对落后，居民数字生活发展水平基数较低，数字生活水平提升对于就业概率提升的边际效用更大、敏感度更高。

表 3.24　数字生活对就业概率的影响

变量	双重差分检验			
	模型（1）	模型（2）	模型（3）	模型（4）
	全样本	全样本	非农业户口	农业户口
交乘项	0.178 0***	0.199 0***	0.200 0***	0.258 0***
（组别×年份）	（6.790）	（7.370）	（5.050）	（6.550）
组别	1.170 0***	0.899 0***	0.851 0***	0.901 0***
	（67.050）	（45.100）	（28.140）	（33.040）

续表

变量	双重差分检验			
	模型（1）	模型（2）	模型（3）	模型（4）
	全样本	全样本	非农业户口	农业户口
年份	−0.159 0 ***	−0.087 1 ***	−0.051 8 *	−0.174 0 ***
	（−9.140）	（−4.630）	（−2.110）	（−5.740）
性别	—	−0.423 0 ***	−0.418 0 ***	−0.425 0 ***
		（−31.940）	（−22.850）	（−22.030）
受教育年限	—	0.101 0 ***	0.131 0 ***	0.090 6 ***
		（33.800）	（24.220）	（24.810）
户口状况	—	0.077 0 ***	—	—
		（5.210）		
政治面貌	—	0.058 1 ***	0.037 4 ***	0.078 3 ***
		（10.570）	（4.560）	（10.490）
家庭收入	—	0.003 0 ***	0.004 0 ***	0.001 0 *
		（6.490）	（6.950）	（2.190）
婚姻状况	—	−0.365 0 ***	−0.344 0 ***	−0.404 0 ***
		（−15.150）	（−9.580）	（−12.410）
常数项	—	−1.118 0 ***	−1.175 0 ***	−1.000 0 ***
		（−41.580）	（−29.190）	（−26.260）
N	45 256	45 256	24 589	20 667
R^2	0.16	0.20	0.16	0.196

注：***，**，*分别表示1%，5%，10%的显著性水平，括号内数值为 t 值。

3.4.4.2 基于倾向得分匹配和双重差分法模型的稳健性检验

为解决使用互联网个体（实验组）与不使用互联网个体（对照组）变动趋势存在的系统性偏误，以及双重差分中样本偏差的问题，本节运用基于倾向得分匹配和双重差分法（PSM-DID）模型的稳健性检验，使用一对一最近邻匹配法对实验组与对照组样本进行倾向得分匹配。为保证匹配质量，在获得倾向得分之后还需进一步讨论匹配的共同支撑域条件。如果干预组和对照组样本的解释变量的重叠区间（共同支撑域）太窄，则处于共同支撑域之外的干预组样本将无法实现有效匹配，导致过多的干预组样本损失。表 3.25 表明，在利用最近邻倾向得分匹配法之后，回归结果显示，数字生活依然在 1% 的显著性水平下提升个体的就业概率，说明开启数字生活能够使就业概率提升 20.5%。倾向得分匹配和双重差分法的稳健性检验与前文双重差分估计结果无显著差异，从而进一步说明，数字生活存在明显的就业效应。

表 3.25　数字生活对就业概率的影响：PSM-DID 的稳健性检验

变量	PSM-DID 检验			
	全样本	全样本	非农业户口	农业户口
交乘项	0.205 ***	0.225 ***	0.235 ***	0.282 ***
（组别×年份）	（7.316）	（7.845）	（5.660）	（6.616）
组别	1.064 ***	0.856 ***	0.811 ***	0.852 ***
	（57.245）	（41.021）	（25.990）	（29.430）
年份	−0.186 ***	−0.116 ***	−0.077 ***	−0.204 ***
	（−9.316）	（−5.420）	（−2.750）	（−5.898）
控制变量	是	是	是	是
N	37 424	37 424	19 368	18 055
R^2	0.141	0.188	0.153	0.169

注：***，**，*分别表示 1%，5%，10%的显著性水平，括号内数值为 t 值。

3.5　本章小结

随着互联网、人工智能、大数据等数字技术进入加速创新、跨界融合、引领发展的快车道，发展数字经济成为全球各国创新发展的重要方向。在数字经济快速发展背景下，各种新就业形态不断涌现，并对就业总量产生了深刻的影响。本章关于数字经济对就业总量的影响研究，主要从数字经济发展现状分析，数字经济对就业数量的效应分析，数字经济对创业增长效应分析，数字生活的就业效应分析 4 个层面进行实证检验，具体研究结论如下：

关于数字经济发展现状分析，研究发现，首先，推进数字经济成为共识，众多国家出台推进政策，发达国家普遍布局数字经济发展，整体领先；其次，数字经济上升为我国的国家战略和国际竞争的核心，在中国数字经济发展内部，产业数字化成为数字经济发展的主引擎；最后，"十四五"期间数字经济有望占据经济发展的半壁江山，为我国经济发展注入新动能，未来我国数字经济将进入区域加强统筹，加速落地推进的新阶段。

关于数字经济对就业数量的影响，研究发现，数字经济对就业数量的影响均在1%水平上显著为正，表明数字经济有利于促进就业数量稳健增长。究其原因，随着数字经济快速发展，5G、物联网、工业互联网、人工智能等技术愈发成熟和广泛应用，区块链、元宇宙、量子科技等新兴技术蓄势待发，各种商业模式和产业业态不断衍生并激发出众多数字化、智能化、灵活性就业岗位，为各类重点就业群体提供了大量就业机会，有助于提升总体劳动参与率、城镇人口就业比重和第三产业就业比重，进一步扩大了就业数量。

关于数字经济对创业增长的影响及内在机理，研究发现，数字经济发展可以激活劳动力市场中个体的创业热情，无论是生存型创业还是机会型创业均呈现显著的增长效应，且数字经济发展对机会型创业的影响大于生存型创业。区域异质性回归结果显示，与中西部地区相比，数字经济发展对东部地区创业增长的促进作用更强。影响机制分析发现，中国数字经济发展具有较强的创新能力，以专利申请数、专利申请授权数作为科学技术创新的代理指标，数字经济发展显著促进了科学技术创新。同时，以社会消费品零售总额作为劳动分工深化的代理指标，数字经济发展显著促进了劳动分工深化，超级细化的分工模式正逐渐成为现实。通过分解数字经济发展，数字产业化和产业数字化对创业增长影响差异的回归结果显示，无论是生存型创业还是机会型创业，与数字产业化相比，产业数字化对创业增长的影响大于数字产业化，表明产业数字化拥有更强的创业增长效应。

关于数字生活的就业效应分析，研究发现，团体活动参与、朋友关系、子女联系显著提高了中老年人互联网使用和移动支付的概率，且与支付宝支付相比，社会网络的各代理指标对微信支付的提升程度显著更高。参加社会团体活动，加强朋友关系、子女联系，使得中老年人网上生活参与度为"有时"的概率分别提升4.37%，5.52%，8.61%。通过纳入遗漏变量和替换变量法得到的结论与其一致，再次证实回归结果的稳健性。中介机制表明，朋友关系通过非认知能力进而影响中老年人数字生活各指标的间接效应最大。子女联系对中老年人互联网使用和移动支付影响的直接效应和总效应最大。在引入非认知能力中介变量时，社会网络指数对中老年人互联网使用、移动支付、网上生活的直接效应分别为 0.136，0.094，0.171，间接效应分别为 0.007，0.007，0.008，总效应分别为 0.143，0.101，0.179。可见，社会网络不仅能直接提高中老年人数字生活的参与度，还会通过提高非认知能力间接影响中老年人的数字生活。异质性分析发现，与城镇、有工作群体相比，社会网络各代理指标分别对农村、无工作中老年人的互联网使用、移动支付和网上生活的影响更显著。可见，社会网络为农村、无工作中老年人提供了与社会再次接轨的机会，不仅有利于缩小与城镇、有工作群体间的信息鸿沟，还有利于提高互联网及各种数字设备使用、适应数字智能生活。

此外，本章采用双重差分法评估了数字生活对就业概率的作用和影响，实证结果表明，数字生活显著提高了个人的就业概率，倾向得分匹配和双重差分法的回归结果与基准回归结果无明显差异；与非农业户口个体相比，数字生活对农业户口个体的就业概率影响更大。

4 数字经济发展对就业结构及就业质量的影响研究

4.1 数字经济对就业结构影响的实证分析

4.1.1 概念界定

4.1.1.1 就业结构界定

就业结构又称为社会劳动力分配结构,是指社会劳动力在国民经济各部门所占用的劳动数量、比例及其相互关系。就业结构按照不同的区分类别,可以分为就业的产业结构、城乡结构、区域结构、技能结构及性别结构等(孙早和侯玉林,2019)。本章的就业结构是指按照产业进行划分的产业就业结构,并以第三产业就业比重衡量,劳动力在第三产业就业占比不断提高,表明劳动力市场中整体就业结构不断优化升级。

4.1.1.2 数字经济发展的界定

本章核心解释变量为数字经济发展,关于数字经济发展的核算,《2020年中国数字经济发展报告》指出,限于数据可得性和核算方法有限性,对数字经济发展的核算主要包含数字产业化和产业数字化,数字产业化也即信息通信产业,包含互联网行业、电子信息制造业、电信业、软件和信息技术服务业,而产业数字化主要是数字技术与其他产业融合应用带来的产出增加和效率提升。报告指出,由于数字经济是一种融合性经济,往往难以准确衡量。囿于此,本章选取互联网和电信业、软件业、电商零售业和科学技术业作为反映数字经济发展的典型部分,以体现数字经济发展状况。本章选取互联网普及率、电话普及率、长途光缆线路长度、邮电业务总量作为互联网和电信业的代理指标，选取软件业务收入作为软件业的代理指标，选取快递业务收入、网上零售额、快递业务量作为电商零售业发展的代理指标，选取专利申请授权数、规模以上工业企业专利数作为科学技术业的代理指标，用以上 10个代理指标共同衡量数字经济发展。

4.1.2 数据来源、模型选择与变量描述

4.1.2.1 数据来源

本章采用的数据来自除西藏以外的 30 个省（自治区、直辖市）2008—2018 年的省级面板数据。选择 2008 年作为样本起始年份的主要原因是从 2008年以来，数字经济随着消费互联网向产业互联网转型升级迎来了裂变式发展阶段。近年来，数字经济迅速发展已经成为拉动我国经济增长的重要引擎和新动能，因此用近 10 年的省级面板数据分析数字经济发展具有较强的代表性。本章衡量数字经济发展、就业结构、就业质量，以及其他控制变量的数据均来自 2008—2018 年《中国统计年鉴》《中国劳动统计年鉴》《第三产业统计年鉴》以及各省份统计年鉴，对于个别年份缺失数据，本章采用差值法进行补齐。

4.1.2.2 模型选择

为实证分析数字经济发展对就业结构的影响，本章构建的计量回归模型为：

$$Structure_{it} = \alpha_0 + \alpha_1 DE_{it} + \sum_{k=1}^{n} \lambda_k X_{it} + \mu_i + \gamma_t + \varepsilon_{it} \qquad (4.1)$$

式 4.1 中，i 表示省份，t 表示年份，$Structure_{it}$ 表示就业结构，DE_{it} 表示数字经济（$Digital\_Economy$）发展。为了更好地衡量数字经济发展，本章选取了典型的四个数字产业（以互联网普及率、电话普及率、长途光缆线路长度、邮电业务总量为代表）作为代理指标，分别为互联网和电信业发展、软件业发展（以软件业务收入为代表）、电商零售业（以快递业务收入、网上零售额、快递业务量为代表）、科学技术业发展（以专利申请授权数、规模以上工业企业有效发明专利数为代表），X_{it} 为影响就业结构的控制变量，μ_i 为省份固

定效应，γ_t 为年份固定效应，ε_{it} 为聚类标准误。

4.1.2.3 变量描述

本章被解释变量为就业结构。就业结构是指产业就业结构，以第三产业就业比重衡量。本章核心解释变量为数字经济发展，该变量是一个综合性概念，具体代理指标前面已经介绍。本章选取互联网和电信业发展、软件业发展、电商零售业发展和科学技术业发展，作为反映数字经济发展的具体部分，以体现数字经济发展状况。对于影响就业结构的控制变量，本章选取经济发展水平、地区人力资本、产业结构、外商直接投资、贸易开放程度、交通通达度、人口老龄化、社保和就业财政支出。其中，对于交通通达度，本章采用韩晶和陈曦（2020）的做法，利用人均邮电业务量作为代理变量。各变量的描述性统计分析结果见表4.1。

表4.1 变量的描述性统计分析

变量	均值	标准差	变量	均值	标准差
第三产业就业比重（%）	38.329	10.572	专利申请授权数 （件/对数）	9.613	1.524
熵权法就业质量（分）	36.806	11.237	规模以上工业企业专利数 （件/对数）	8.361	1.686
CRITIC就业质量（分）	46.900	10.369	经济发展水平 （人均实际GDP/万元）	4.195	2.310
等权重就业质量（分）	42.456	10.818	地区人力资本 （平均受教育年限/年）	9.676	1.151
组合赋权就业质量（分）	42.054	10.430	产业结构 （第三产业增加值占GDP/%）	43.913	9.541
互联网普及率（%）	45.588	14.814	外商直接投资 （外商直接投资占GDP比重/%）	3.369	4.022
电话普及率（部/百人）	105.465	32.246	贸易开放程度 （进出口总额占GDP比重/%）	15.856	24.989

变量	均值	标准差	变量	均值	标准差
长途光缆长度（公里/对数）	10.036	0.856	交通通达度 （人均邮电业务量/万元）	0.217	0.164
邮电业务总量（亿元/对数）	6.462	0.907	人口老龄化 （老年抚养比/%）	13.302	2.932
软件业务收入（万元/对数）	14.574	2.258	社会和就业财政支出 （占 GDP 比重/%）	0.031	0.016
快递业务收入（万元/对数）	12.224	1.593	城镇登记失业率（%）	3.396	0.649
网上零售额（亿元/对数）	6.502	1.670	城镇职工养老保险覆盖率（%）	0.650	0.203
快递业务量（万件/对数）	9.346	1.804	部门工资差距（%）	0.197	0.176

为更清晰地展示数字经济发展与就业结构和就业质量的关系，以互联网普及率和快递业务收入为例，绘制了互联网普及率、快递业务收入分别与就业结构的散点图及拟合曲线（见图4.1、图4.2），不难发现，互联网普及率和快递业务收入可以显著增加第三产业就业比重。

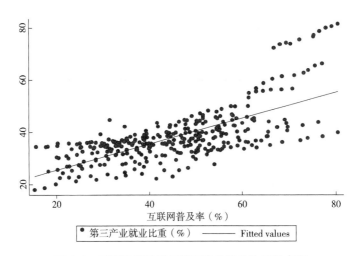

图 4.1 互联网普及率与第三产业就业比重散点图

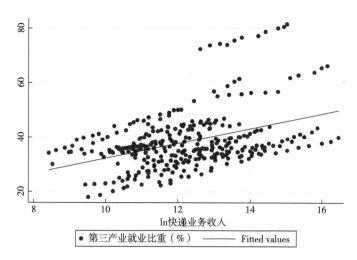

图 4.2 快递业务收入与第三产业就业比重散点图

4.1.3 实证分析

4.1.3.1 互联网和电信业发展对就业结构的影响

为了考察互联网和电信业发展对就业结构的影响程度，本节选取互联网普及率、电话普及率、长途光缆长度、邮电业务总量，作为反映互联网和电信业发展的核心代理变量，依次考察以上 4 个核心变量对就业结构的影响程度。具体回归结果见表 4.2。

表 4.2 互联网和电信业发展对就业结构影响的回归结果

解释变量	（1）	（2）	（3）	（4）
互联网普及率	0.082 1*	—	—	—
	(0.040 7)			
电话普及率	—	0.031 4*	—	—
		(0.018 1)		
长途光缆长度	—	—	1.756 0*	—
			(0.928 0)	
邮电业务总量	—	—	—	1.126 0***
				(0.331 0)

解释变量	（1）	（2）	（3）	（4）
经济发展水平	1.520 0***	1.764 0***	1.665 0***	1.797 0***
	（0.372 0）	（0.318 0）	（0.304 0）	（0.285 0）
地区人力资本	0.014 5	−0.040 5	0.576 0	0.795 0
	（0.724 0）	（0.721 0）	（0.685 0）	（0.723 0）
产业结构	0.136 0**	0.163 0***	0.157 0**	0.146 0**
	（0.054 4）	（0.055 4）	（0.062 1）	（0.059 0）
外商直接投资	−0.033 9	−0.047 1	−0.020 2	−0.048 7
	（0.097 3）	（0.085 0）	（0.097 7）	（0.089 7）
贸易开放程度	0.013 1	0.020 1	0.019 1	0.022 7
	（0.016 4）	（0.014 8）	（0.015 1）	（0.015 3）
交通通达度	3.210 0***	2.965 0***	3.780 0***	—
	（1.028 0）	（1.033 0）	（1.170 0）	
人口老龄化	−0.186 0	−0.164 0	−0.162 0	−0.178 0
	（0.128 0）	（0.116 0）	（0.116 0）	（0.112 0）
社保和就业财政支出	2.385 0	5.124 0	8.850 0	5.321 0
	（17.840 0）	（21.860 0）	（20.700 0）	（20.270 0）
常数项	23.720 0***	22.070 0***	2.091 0	11.440 0*
	（5.819 0）	（5.555 0）	（8.609 0）	（6.439 0）
省份固定效应	是	是	是	是
年份固定效应	是	是	是	是
R^2	0.768 0	0.765 0	0.764 0	0.762 0
观测值	330	330	330	330

注：括号内数值为聚类标准误，***，**，*表示在1%，5%，10%统计意义上显著，下同。在回归（4）中，邮电业务总量为核心解释变量，由于交通通达程度以人均邮电业务量为代理变量，为避免多重共线性，此时将交通通达程度从控制变量中剔除。

由表4.2可知，互联网普及率、电话普及率对就业结构的影响系数均在10%水平上显著为正，且互联网普及率、电话普及率每增加1%，会使得第三产业就业人员占比分别增加0.082 1个百分点，0.031 4个百分点，即互联网普及率越高，移动电话或固定电话应用越多，越能够有效增加就业结构中的第三产业就业人员占比，就业结构趋于服务业化。当前，互联网、移动电话、5G网络在各地区、各行业的广泛普及渗透，给人们日常社交联系、信息实时传输等带来了巨大方便，促使社会劳动分工悄然改变，尤其是以信息通信技术（ICT）服务业、电子商务、互联网金融服务业为主的第三产业蓬勃发展起来，同时也引发了互联网营销师、在线学习服务师、信息安全测试员等新型服务业人员的需求缺口，催生了众多新型灵活就业形态，显著提高了劳动力市场中第三产业就业份额。

截至2020年3月，我国网民规模达9.04亿人，互联网普及率达到64.5%，手机网民规模达8.97亿人，手机网络购物用户规模达7.07亿人，占手机网民的78.9%。可见，时下人们的生产生活愈发离不开使用互联网和手机，网络零售、娱乐、在线教育及政务服务等迅速发展，进一步激发了服务业就业岗位需求。长途光缆长度对就业结构的影响系数在10%水平上显著为正，表明长途光缆作为专用型数字化的基础设施，促使数据的存储、分析、传输和交互成为可能，长途光缆线路越长反映该地区网络信息通达程度越好，数字经济基础设施越完备，越能够便捷地使用海量信息资源，进而有助于提升当地现代服务业的就业吸纳能力和劳动力资源配置效率，显著增加第三产业就业占比。邮电业务总量对第三产业就业占比影响在1%水平上显著为正，表明邮电业发展也是促进劳动力就业服务化的重要驱动力。

4.1.3.2 软件、电商零售与科学技术业发展对就业结构的影响

除互联网和电信业外，软件业、电商零售业、科学技术业也是反映数字经济发展的典型数字产业。本节进一步分析三个数字产业发展对就业结构的影响程度，具体固定效应回归结果见表4.3。

表4.3 软件业、电商零售业与科学技术业对就业结构影响的回归结果

解释变量	(5)	(6)	(7)	(8)	(9)	(10)
软件业务收入	1.216 ***	—	—	—	—	—
	(0.400)					
快递业务收入	—	1.297 **	—	—	—	—
		(0.506)				

续表

解释变量	（5）	（6）	（7）	（8）	（9）	（10）
网上零售额	—	—	1.145 **	—	—	—
			（0.437）			
快递业务量	—	—	—	0.650 *	—	—
				（0.387）		
专利申请授权数	—	—	—	—	1.104 **	—
					（0.497）	
规模以上工业企业专利数	—	—	—	—	—	1.090 **
						（0.453）
控制变量	已控制	已控制	已控制	已控制	已控制	已控制
省份固定效应	是	是	是	是	是	是
年份固定效应	是	是	是	是	是	是
R^2	0.777	0.772	0.703	0.764	0.769	0.771
观测值	330	330	330	330	330	330

注：根据《中国统计年鉴》中数据的可得性，网上零售额是 2015—2018 年 4 年的统计数据。

由表 4.3 可知，其一，软件业务收入显著增加了第三产业就业占比，表明软件和信息技术服务业作为基础型数字经济的典型行业，其就业形式主要以签订劳动合同和劳务外包等正规雇佣模式为主，对劳动力的知识技能水平要求较高，且呈现高就业增长率的发展趋势，已经成为吸纳就业的主力军。《2020 年中国数字经济发展报告》显示，2019 年，全国软件业务累计完成收入为 7.2 万亿元，同比增长 15.4%，软件业从业人数继续稳步增加，该行业整体呈现平稳较快增长趋势。其二，以快递业务收入、网上零售额、快递业务量衡量电商零售业发展情况，三个指标均显著增加了就业结构中第三产业就业占比。这因为随着电商零售业等数字经济蓬勃发展，在创造网络营销师、点评师等大量新兴服务工作岗位的同时，也进一步增加了对快递员、网约配送员的市场需求，有助于吸纳大量劳动力从事服务业，有效推动了就业结构服务业化，显著增加了第三产业就业占比。其三，科学技术发展情况以专利申请授权数和规模以上工业企业专利数为代理指标，两者均显著增加了第三产业就业比重。数字经济发展以数字技术为核心驱动力，专利申请授权数和规模以上工业企业专利数越多代表科技创新能力越强，而技术创新等科学技术发展会对产品研发、深度分析、先进制造等数字人才提供大量岗位需求和就业机会，有助于推动第三产业就业比重稳步增长。

4.2 就业质量指标体系构建及评价

4.2.1 就业质量指标体系设计与赋权

4.2.1.1 就业质量评价指标体系设计

本节选取就业环境、就业能力、劳动报酬和劳动保护四个一级指标，设计中国省级就业质量评价指标体系，均为结果指标。其中，就业环境的二级指标主要关注各省份经济发展、就业结构、失业率和交通通达度；就业能力的二级指标主要关注各省份人力资本水平、培训和技能人才状况；劳动报酬的二级指标主要关注各省份的收入水平、收入差距和社会保障；劳动保护的二级指标主要关注各省份的工会参与率、劳动争议和工伤发生率状况。本节构建的中国省级就业质量评价指标体系具体如表 4.4 所示。本节测算省级就业质量的数据来自 2008—2018 年的《中国统计年鉴》《中国劳动统计年鉴》《第三产业统计年鉴》以及各省（自治区、直辖市）统计年鉴，除去缺失值较多的西藏外，共涉及 30 个省份，对于个别年份缺失数据，本节采用差值法进行补齐。为了便于不同年份数据可比性，本节以 2008 年为基期，利用 GDP 平减指数和 CPI 分别对人均 GDP 和城镇职工单位就业人员平均工资进行平减。

表 4.4　中国省级就业质量评价指标体系

目标层	一级指标	二级指标	指标类型
就业质量	就业环境	人均实际 GDP 水平	正向（+）
		人均实际 GDP 增速	正向（+）
		第三产业就业比重	正向（+）
		城镇就业比重	正向（+）
		城镇登记失业率	负向（−）
		交通通达度	正向（+）

目标层	一级指标	二级指标	指标类型
就业质量	就业能力	劳动力平均受教育年限	正向（+）
		大专及以上就业人员占比	正向（+）
		劳动力接受培训占比	正向（+）
		职业技能人才占比	正向（+）
	劳动报酬	城镇单位就业人员平均工资	正向（+）
		城镇单位就业人员平均工资增速	正向（+）
		城镇职工医疗保险覆盖率	正向（+）
		城镇职工养老保险覆盖率	正向（+）
		城乡收入差距	负向（−）
		部门工资差距	负向（−）
	劳动保护	工会参与率	正向（+）
		劳动争议严重程度	负向（−）
		工伤事故发生率	负向（−）
		职业病发生率	负向（−）

数据来源：2008—2018 年《中国统计年鉴》《中国劳动统计年鉴》《第三产业统计年鉴》及各省（自治区、直辖市）统计年鉴，下同。

4.2.1.2 赋权方法

根据设计的指标体系，为了得到稳健的各省就业质量得分，本节采用了包括主观和客观在内的四种赋权方法进行计算，分别是熵权法、权重法（CRITIC 法）、等权重赋权法、组合赋权法。具体如下：

（1）熵权法。熵属于信息论中对不确定性的一种度量，不确定性程度越大，包含的信息量越多，熵值就越大，反之越小。根据熵的特性，可以用熵值判断指标的离散度，指标离散度越大，对综合评价的影响（权重）越大。这种依赖数据离散性对指标进行赋权的方法属于客观赋权法，具体计算步骤如下：

①指标数据的标准化。

正向指标的标准化：

$$X'_{ij} = \frac{X_{ij} - \min\{X_{1j}, \cdots, X_{nj}\}}{\max\{X_{1j}, \cdots, X_{nj}\} - \min\{X_{1j}, \cdots, X_{nj}\}} \tag{4.2}$$

负向指标的标准化：

$$X'_{ij} = \frac{\max\{X_{1j}, \cdots, X_{nj}\} - X_{ij}}{\max\{X_{1j}, \cdots, X_{nj}\} - \min\{X_{1j}, \cdots, X_{nj}\}} \quad (4.3)$$

其中，X_{ij} 为第 i 个省份的第 j 个指标数据，$i = 1, \cdots, 30, j = 1, \cdots, 20$。

②计算第 j 项指标下第 i 个省份值占该指标的比重 $P_{ij} = X'_{ij} / \sum_{i=1}^{n} X'_{ij}$。

③计算第 j 项指标的熵值 $e_j = -k \sum_{i=1}^{n} (P_{ij} \cdot \ln(P_{ij}))$ 和信息熵冗余度 $d_j = 1 - e_j$。

④计算各项指标权重 $w_j = d_j / \sum_{j=1}^{m} d_j$ 和各省份就业质量综合得分 $Score_i = \sum_{j=1}^{m} w_j X'_{ij}$。

（2）权重法。权重法的核心思想是利用指标的变异性和冲突性进行赋权，变异性用标准差表示，若变异性越大则说明数据波动越大，权重会越高；冲突性使用相关系数表示，若指标间的相关系数越大则说明数据冲突性越小，权重会越低。该方法对数据的依赖性较大，本质上也是一种客观赋权方法，具体计算步骤如下：

①指标数据的标准化（同熵权法）；

②计算各指标的标准差 σ_j 及指标间的相关系数 r_{jh}；

③计算第 j 项指标的权重

$$w_j = (\sigma_j \sum_{h=1}^{m} (1 - r_{jh})) / (\sum_{j=1}^{m} (\sigma_j \sum_{h=1}^{m} (1 - r_{jh}))) \quad (4.4)$$

④计算各省份就业质量综合得分

$$Score_i = \sum_{j=1}^{m} w_j X'_{ij} \quad (4.5)$$

（3）等权重法。等权重赋值是对指标体系中的 20 个二级指标分别赋予相同的权重，即认为 20 个指标分别衡量了就业质量的不同层面，其重要性难分轻重。等权重赋值属于主观赋权法，对数据的依赖性较小，虽然有一定的不足之处，但是该方法简单易操作，在无法进行权重差别处理的情况下，暂可接受（李晓西等，2014）。

（4）组合赋权法。为了稳健测评各省份就业质量，本节综合考虑主观赋权法（等权重法）和客观赋权法（熵权法和权重法），提出了组合赋权方法，即利用这三种方法测算的均值作为以上各指标的权重，从而使该方法不仅可以考虑数据变异性、冲突性和信息量，同时对数据的依赖性较为适中，以上四种赋权方法具体特点如表4.5所示。

表4.5 就业质量四种赋权方法的特点

分类	数据变异性	数据冲突性	数据信息量	数据依赖性
等权重法	×	×	×	较小
熵权法	√	×	√	较大
权重法	√	√	×	较大
组合赋权法	√	√	√	适中

4.2.2 中国各地区就业质量综合评价

基于前文设计的中国省级就业质量评价指标体系，运用组合赋权法对2008—2018年中国各省份就业质量进行测算，具体就业质量得分详见表4.6。整体看，2008—2018年中国各省份就业质量平均得分不高，但从变动趋势看，2008年以来，各省份总体呈现稳步上升趋势，表明就业质量呈逐年改善向好趋势。从地区层面看，各省份就业质量呈现由东向西逐渐降低的空间布局，东部沿海省份如上海、北京、广东、天津、浙江、江苏等地区就业质量处于全国领先地位，而中西部地区就业质量与东部地区仍然存在较大差距。就西部地区而言，青海、广西、贵州、云南四个省份近几年来多数处于排名末尾，就业质量不高，新疆与其他西部地区相比排名相对靠前，与近年来国家对口援疆以及"一带一路"政策稳步推进密切相关。目前，中国经济社会发展正从高速增长向高质量发展转换，国家也在提倡努力实现更高质量就业，当下各省份就业质量仍有较大提升空间。因此，在"十四五"规划期间，各省份应该努力改善当地就业环境和加强劳动保护，提高就业能力和劳动报酬，推动实现更高质量就业。

表 4.6 2000—2018 年中国各地区就业质量得分（组合赋权法）

地区	2008 年	2009 年	2010 年	2011 年	2012 年	2013 年	2014 年	2015 年	2016 年	2017 年	2018 年
北京	71.189	70.978	70.665	71.534	72.269	73.157	72.968	73.163	72.649	73.592	74.143
天津	53.585	55.020	55.964	55.674	56.452	55.667	55.965	56.210	55.631	56.330	56.717
河北	32.705	33.409	34.763	35.685	36.452	36.181	37.750	38.471	38.869	39.931	40.916
山西	40.620	41.172	40.858	39.779	39.367	38.679	38.878	39.478	38.980	40.372	41.231
内蒙古	33.118	34.683	36.538	35.376	37.271	38.160	39.150	41.547	43.743	45.000	45.939
辽宁	46.637	46.293	44.413	44.603	43.693	43.507	44.548	45.132	45.533	46.338	46.905
吉林	41.867	42.036	42.459	42.679	43.204	43.078	42.951	43.090	43.658	44.405	44.954
黑龙江	33.615	35.041	35.411	36.853	38.448	39.084	41.132	40.686	42.845	41.765	42.618
上海	69.681	69.353	68.721	69.658	70.992	71.411	70.644	71.363	73.152	74.686	75.720
江苏	49.254	48.044	48.529	47.810	48.088	48.711	49.454	49.297	52.091	52.546	52.855
浙江	47.161	47.583	46.558	47.369	45.195	46.900	47.106	47.725	50.035	52.628	52.971
安徽	35.473	35.917	35.712	36.240	37.186	35.794	34.997	34.716	35.402	38.977	39.782
福建	46.068	44.555	45.888	45.025	45.544	43.911	45.628	45.924	46.181	46.480	46.691
江西	30.924	31.921	32.541	33.299	34.234	33.529	34.478	35.212	36.059	36.548	38.805
山东	49.058	49.421	49.813	50.139	48.817	47.283	48.231	48.973	49.104	49.793	49.951
河南	29.382	28.783	30.803	33.756	33.795	33.748	34.854	36.433	36.870	38.738	41.335
湖北	36.168	41.309	41.463	42.856	42.372	43.623	45.440	45.787	46.979	48.844	49.457
湖南	34.501	37.228	39.967	40.883	41.224	40.292	42.418	43.218	44.084	44.849	45.768
广东	45.263	48.758	49.391	50.453	49.983	50.641	52.024	52.549	52.836	53.153	53.233
广西	30.015	29.933	29.758	28.852	29.456	29.599	29.672	28.989	30.047	30.584	32.368
海南	34.357	35.244	35.800	36.236	36.654	36.733	37.082	37.396	38.949	39.622	40.784
重庆	38.840	40.151	40.799	41.663	41.004	41.766	42.845	43.150	42.264	43.848	44.760
四川	33.408	33.715	34.063	34.700	35.049	35.659	35.855	37.034	37.064	38.435	41.797
贵州	27.830	28.376	29.450	29.894	30.842	31.581	32.676	33.091	34.076	34.584	35.925
云南	27.346	30.162	30.904	32.377	31.968	32.537	33.911	34.341	35.197	36.211	36.823
陕西	31.788	33.305	33.479	34.695	35.452	36.443	36.800	36.552	38.245	38.621	40.757
甘肃	32.390	34.267	35.631	37.162	37.485	38.249	38.600	39.170	39.711	40.299	40.841
青海	25.971	28.532	29.209	29.802	30.384	31.511	33.362	34.173	34.897	35.750	37.383
宁夏	29.839	30.223	30.817	31.409	32.990	31.831	33.391	33.982	34.661	35.762	37.065
新疆	32.162	34.898	33.530	34.841	36.422	36.966	37.557	38.248	38.664	40.258	42.112

4.3 数字经济对就业质量影响的实证分析

4.3.1 数据来源、模型选择与变量描述

4.3.1.1 数据来源

本节采用的数据来自除西藏以外的 30 个省（自治区、直辖市）的 2008—2018 年的省级面板数据。选择 2008 年作为样本起始年份的主要原因是：2008 年以来，数字经济随着消费互联网向产业互联网转型升级迎来了裂变式发展阶段。近年来，数字经济迅速发展已经成为拉动我国经济增长的重要引擎和新动能，因此用近 10 年的省级面板数据分析数字经济发展具有较强的代表性。本节衡量数字经济发展、就业质量以及其他控制变量的数据，均来自 2008—2018 年《中国统计年鉴》《中国劳动统计年鉴》《第三产业统计年鉴》以及各省份统计年鉴，对于个别年份缺失数据，采用差值法进行补齐。在测算就业质量时，考虑到不同年份数据的可比性，本节以 2008 年为基期，利用 CPI 和 GDP 平减指数分别对城镇单位就业人员工资和人均 GDP 进行了平减。

4.3.1.2 模型选择

为了实证分析数字经济发展对就业质量的影响，本节构建的计量回归模型为：

$$Employment_{it} = \alpha_0 + \alpha_1 DE_{it} + \sum_{k=1}^{n} \lambda_k X_{it} + \mu_i + \gamma_t + \varepsilon_{it} \qquad (4.6)$$

式 4.6 中，i 表示省份；t 表示年份；$Employment_{it}$ 表示就业质量；DE_{it} 表示数字经济（$Digital\_Economy$）发展具体代理指标前面 4.2 节已经介绍，此处不再赘述；X_{it} 为影响就业质量的控制变量；μ_i 为省份固定效应；γ_t 为年份固定效应；ε_{it} 为聚类标准误。

4.3.1.3 变量描述

本节核心解释变量为数字经济发展，该变量是一个综合性概念，具体代理指标前面已经介绍，此处不再赘述。对于影响就业质量的控制变量，本节选取

经济发展水平、城镇登记失业率、地区人力资本、城镇职工养老保险覆盖率、部门工资差距、外商直接投资、贸易开放程度、交通通达度。对于部门工资差距，本节采用国有单位就业人员平均工资和其他单位就业人员平均工资的比值减1的绝对值作为代理变量，该变量数值越大，代表部分工资差距越大。对于其他变量的数据处理具体如表4.1所示。为更清晰地展示数字经济发展与就业质量的关系，本节以互联网普及率和快递业务收入为例，绘制了互联网普及率、快递业务收入分别与就业质量的散点图及拟合曲线（见图4.3、图4.4），不难发现，互联网普及率和快递业务收入可以显著增加就业质量。

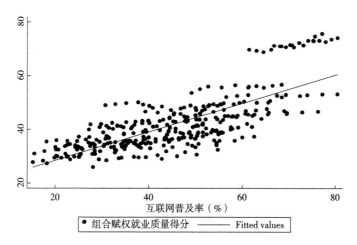

图 4.3 互联网普及率与组合赋权就业质量散点图

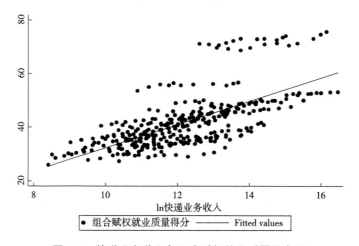

图 4.4 快递业务收入与组合赋权就业质量散点图

4.3.2 数字经济发展对就业质量的基准回归影响

4.3.2.1 互联网和电信业发展对就业质量的影响

在前文基础上，为更稳健地分析互联网和电信业发展对就业质量的影响，本节采用熵权法、权重法、等权重法分别测算得到 3 种就业质量得分，并依次考察互联网和电信业发展各指标对 3 种就业质量得分的影响，具体固定效应回归结果见表 4.7。

表 4.7　互联网和电信业发展对就业质量影响的回归结果

解释变量	熵权法就业质量	熵权法就业质量	熵权法就业质量	熵权法就业质量
互联网普及率	0.094 (0.059)	—	—	—
电话普及率	—	0.042 * (0.021 2)	—	—
长途光缆长度	—	—	1.490 (1.669)	—
邮电业务总量	—	—	—	2.002 *** (0.320)
控制变量	已控制	已控制	已控制	已控制
R^2	0.534	0.532	0.525	0.530
观测值	330	330	330	330
解释变量	权重法就业质量	权重法就业质量	权重法就业质量	权重法就业质量
互联网普及率	0.172 *** (0.0347)	—	—	—
电话普及率	—	0.0516 *** (0.0170)	—	—
长途光缆长度	—	—	0.933 (1.140)	—
邮电业务总量	—	—	—	1.107 *** (0.355)
控制变量	已控制	已控制	已控制	已控制
R^2	0.543	0.501	0.477	0.483
观测值	330	330	330	330

续表

解释变量	等权重就业质量	等权重就业质量	等权重就业质量	等权重就业质量
互联网普及率	0.136 ***	—	—	—
	(0.0300)			
电话普及率	—	0.0374 **	—	—
		(0.0141)		
长途光缆长度	—	—	0.754 (1.379)	—
邮电业务总量	—	—	—	0.826 ***
				(0.252)
控制变量	已控制	已控制	已控制	已控制
R^2	0.660	0.627	0.613	0.621
观测值	330	330	330	330

注：以上回归中省份固定效应和年份固定效应均已控制，F 统计量也已得出，但限于表格篇幅并未列出，下表相同。

由表 4.7 可知，互联网普及率在 1% 水平上显著提升了权重法、等权重法就业质量得分，而对熵权法就业质量的影响为正但不显著；电话普及率对以上 3 种就业质量得分均显著为正，表明互联网普及率、电话普及率均显著提升了各地区就业质量水平，有助于实现更高质量就业。互联网普及率和电话普及率越高，表明当地的信息通信程度越便捷、经济发展水平越高，不仅给人们带来了众多就业机会，网络办公的灵活性、低成本优势也进一步改善了就业环境，有助于提升就业质量。除长途光缆长度对就业质量影响不显著外，邮电业务总量对 3 种就业质量得分的影响均在 1% 水平显著为正，邮电业务总量以价值量的形式体现某地区邮电通信企业的服务能力，可反映当地的数字化水平及交通通达度，其总量越高，越能有效提升信息搜索和即时通信效率，减少雇主与雇员之间的信息不对称，从而增加就业机会、激发多元化就业模式。此外，反映互联网和电信业发展的 4 个指标回归系数均为正向，不因就业质量测度方法不同而有所变化，回归结果较为稳健，表明互联网和电信业作为典型数字产业，其发展程度越高，越有助于提高各地区就业质量水平。

4.3.2.2 软件、电商零售与科学技术业务发展对就业质量的影响

除互联网和电信业之外，为更全面地研究数字经济发展对就业质量的影响程度，下面，本节采用固定效应模型依次分析软件业、电商零售业（快递业务收入、网上零售额、快递业务量）、科学技术业（专利申请授权数、规模以上工业企业专利）发展对就业质量（包含熵权法就业质量、权重法就业质量、等权重法就业质量）的影响，具体固定效应回归结果见表 4.8。

表 4.8 软件业、电商零售业与科学技术业对就业质量影响的回归结果

类别	解释变量	熵权法就业质量	权重法就业质量	等权重法就业质量
软件业	软件业务收入	0.146	0.402	0.282*
		(0.617)	(0.659)	(0.161)
	控制变量	已控制	已控制	已控制
	R^2	0.522	0.478	0.613
	观测值	330	330	330
电商零售业	快递业务收入	2.187***	1.453***	1.511***
		(0.605)	(0.505)	(0.420)
	控制变量	已控制	已控制	已控制
	R^2	0.567	0.506	0.650
	观测值	330	330	330
	网上零售额	1.891***	0.283	0.647*
		(0.367)	(0.488)	(0.316)
	控制变量	已控制	已控制	已控制
	R^2	0.746	0.529	0.681
	观测值	120	120	120
	快递业务量	1.217*	0.603	0.678
		(0.597)	(0.584)	(0.451)
	控制变量	已控制	已控制	已控制
	R^2	0.542	0.483	0.623
	观测值	330	330	330

类别	解释变量	熵权法就业质量	权重法就业质量	等权重法就业质量
科学技术业	专利申请授权数	0.116 (0.752)	2.207*** (0.483)	1.562*** (0.399)
	控制变量	已控制	已控制	已控制
	R^2	0.521	0.535	0.646
	观测值	330	330	330
	规模以上工业 企业专利数	0.793 (0.618)	2.172*** (0.574)	1.519*** (0.393)
	控制变量	已控制	已控制	已控制
	R^2	0.528	0.551	0.654
	观测值	330	330	330

由表4.8可知，其一，软件业务收入显著提高了等权重法就业质量，但对熵权法就业质量和权重法就业质量的影响虽为正但并不显著。软件业务收入作为反映软件业发展的代理指标，其收入水平越高，表明软件和信息技术服务业发展越迅速，从而加快推进数字化和信息化进程，也有助于改善传统就业模式和优化劳动生产效率。目前，国内软件业具有巨大的发展空间，对技术研发类人员、高级软件工程师等人才需求量剧增，供不应求局面促使其具有丰厚的薪资待遇和明朗的就业前景。其二，快递业务收入对三种就业质量得分的影响均在1%水平显著为正，网上零售额则显著提升了熵权法就业质量和等权重法就业质量，而快递业务量仅对熵权法就业质量的影响显著为正，以上均表明电商零售业发展有助于提升各地区就业质量，因为随着线上线下融合发展的持续推进，网络零售的日趋渗透成为扩大就业的强劲动力，尤其是多元化、灵活性的新就业模式能有效增加就业机会、改善就业环境，既为传统劳动力市场注入新活力，又为增加劳动者收入提供可能，以上均有助于实现更高质量就业。其三，科学技术发展中的专利申请授权数、规模以上工业企业专利数对权重法就业质量，等权重法就业质量的影响均显著为正，但对熵权法就业质量的影响为正但不显著。当地专利技术申请数越多表明其科学技术越发达，科技进步本质上是一个非线性、动态性演变的资源密集型投

入过程，从长期看技术进步是一种生产力创新，不仅能提升劳动力人力资本和生产效率，还能改善就业环境和提高薪资水平，有利于实现更高质量就业。

4.3.3 稳健性检验

4.3.3.1 替换变量法

为得到更稳健的回归结果，采用组合赋权法就业质量作为就业质量得分的替换变量进行稳健性检验，互联网和电信业、软件业、电商零售业、科学技术业发展对组合赋权法就业质量影响的回归结果见表4.9。

表4.9 稳健性检验：以组合赋权法就业质量为替换变量

类别	解释变量	回归系数	控制变量	省份固定效应	年份固定效应	R^2	观测值
互联网和电信业	互联网普及率	0.134 *** (0.033)	已控制	是	是	0.690	330
	电话普及率	0.044 ** (0.016)	已控制	是	是	0.665	330
	长途光缆长度	1.059 (1.334)	已控制	是	是	0.648	330
	邮电业务总量	1.312 *** (0.235)	已控制	是	是	0.657	330
软件业	软件业务收入	0.277 (0.591)	已控制	是	是	0.646	330
电商零售业	快递业务收入	1.717 *** (0.464)	已控制	是	是	0.693	330
	网上零售额	0.940 *** (0.303)	已控制	是	是	0.751	120
	快递业务量	0.832 * (0.468)	已控制	是	是	0.661	330
科学技术	专利申请授权数	1.295 *** (0.431)	已控制	是	是	0.667	330
	规模以上工业企业专利数	1.495 *** (0.386)	已控制	是	是	0.684	330

由表4.9可知，其一，互联网和电信业发展的各指标中，除长途光缆长度的回归系数虽为正但并不显著外，互联网普及率、电话普及率、邮电业务总量对组合赋权法就业质量的影响显著为正，从而证实了表4.7回归结果的稳健性。其二，软件业务收入对组合赋权法就业质量的影响为正但并不显著，是由于软件业从业者虽然有较高的薪酬待遇，但其加班严重、工作压力较大等，会在一定程度上有碍就业质量的提升，需加以解决。其三，电商零售业发展是以快递业务收入、网上零售额、快递业务量为代理指标，三者均显著提高了组合赋权法就业质量；同时，以专利申请授权数和规模以上专利数为代表的科学技术发展对组合赋权法就业质量的影响均在1%水平上显著为正，以上均进一步证实了表4.8的回归结论。换言之，电商零售业和科学技术发展作为反映数字经济发展的典型产业，衍生了电商平台、共享经济等新业态蓬勃发展，在增加就业岗位的同时也降低了创业门槛，显著提升了劳动者收入水平；而科学技术进步的正外部性，能够推进生产方式变革和更高质量就业。

4.3.3.2　稳健性检验——解释变量滞后一期回归

为了解决可能存在反向因果而产生的内生性问题，将解释变量均滞后一期对就业结构和组合赋权就业质量重新进行固定效应估计，以检验模型的稳健性，具体见表4.10。从检验结果看，互联网和电信业的各代理指标滞后一期均有助于增加第三产业就业占比，与表4.5回归结论相一致。软件业务收入、电商零售业和科学技术业各代理指标的滞后一期也均对就业结构的影响显著为正，其影响大小与表4.6结果相近，以上再次证实了数字经济发展显著增加了第三产业就业占比，优化了产业就业结构。同时，除长途光缆长度影响不显著外，互联网普及率、电话普及率、邮电业务总量的滞后一期，均对组合赋权就业质量的影响显著为正；软件业务收入滞后一期对组合赋权就业质量的影响为正但并不显著；电商零售业和科学技术业各代理指标滞后一期也均显著提高了组合赋权就业质量。总之，以上反映数字经济发展的各代理指标对组合赋权就业质量的影响大小、方向和显著性与表4.9结果基本一致，表明数字经济发展有助于实现更高质量就业，进一步证实了前文结论的稳健性。

表 4.10　稳健性检验——解释变量滞后一期回归

类别	解释变量	就业结构				组合赋权就业质量			
		回归系数	控制变量	R^2	观测值	回归系数	控制变量	R^2	观测值
互联网和电信业	互联网普及率	0.082* (0.041)	是	0.764	300	0.133*** (0.032)	是	0.676	300
	电话普及率	0.032* (0.017)	是	0.761	300	0.042** (0.016)	是	0.654	300
	长途光缆长度	1.754* (0.898)	是	0.759	300	1.062 (1.350)	是	0.649	300
	邮电业务总量	1.128*** (0.325)	是	0.760	300	1.301*** (0.228)	是	0.651	300
软件业	软件业务收入	1.213*** (0.395)	是	0.772	300	0.285 (0.603)	是	0.642	300
电商零售业	快递业务收入	1.304** (0.508)	是	0.769	300	1.846*** (0.451)	是	0.682	300
	网上零售额	1.148** (0.440)	是	0.725	90	0.955*** (0.317)	是	0.758	90
	快递业务量	0.662* (0.337)	是	0.766	300	0.840* (0.435)	是	0.664	300
科学技术	专利申请授权数	1.107** (0.441)	是	0.763	300	1.287*** (0.428)	是	0.659	300
	规模以上工业企业专利数	1.083** (0.423)	是	0.775	300	1.491*** (0.393)	是	0.681	300

注：以上回归中省份固定效应和年份固定效应都已控制，F 统计量已得出，但限于表格篇幅并未列出。表 4.11、表 4.12 相同。

4.3.4　分维度检验

由前文可知，就业质量是一个综合性概念，包含就业环境、就业能力、劳动报酬、劳动保护四个维度，本节采用固定效应模型，深入分析互联网和电信业、软件业、电商零售业、科学技术业发展对组合赋权就业质量四个分维度的影响，分维度回归结果见表 4.11。

表 4.11 数字经济发展对就业质量影响的分维度检验结果

类别	解释变量	就业环境				就业能力			
		回归系数	控制变量	R^2	观测值	回归系数	控制变量	R^2	观测值
互联网和电信业	互联网普及率	0.138 *** (0.021)	是	0.761	330	0.176 * (0.090)	是	0.634	330
	电话普及率	0.004 (0.016)	是	0.618	330	0.038 (0.035)	是	0.471	330
	长途光缆长度	0.584 *** (0.170)	是	0.677	330	1.082 * (0.549)	是	0.410	330
	邮电业务总量	4.371 *** (1.047)	是	0.669	330	0.376 (0.495)	是	0.375	330
软件业	软件业务收入	0.417 (0.364)	是	0.337	330	1.051 ** (0.404)	是	0.645	330
电商零售业	快递业务收入	1.612 *** (0.230)	是	0.664	330	1.765 ** (0.701)	是	0.635	330
	网上零售额	0.648 ** (0.249)	是	0.678	120	0.830 *** (0.118)	是	0.683	120
	快递业务量	0.918 * (0.471)	是	0.551	330	0.740 * (0.378)	是	0.610	330
科学技术	专利申请授权数	1.553 *** (0.216)	是	0.621	330	0.983 * (0.501)	是	0.402	330
	规模以上工业企业专利数	1.610 *** (0.228)	是	0.601	330	1.517 * (0.773)	是	0.506	330

续表

类别	解释变量	劳动报酬				劳动保护			
		回归系数	控制变量	R^2	观测值	回归系数	控制变量	R^2	观测值
互联网和电信业	互联网普及率	0.149** (0.062)	是	0.672	330	0.139 (0.136)	是	0.121	330
	电话普及率	0.019** (0.007)	是	0.511	330	0.120** (0.047)	是	0.435	330
	长途光缆长度	1.844*** (0.305)	是	0.705	330	0.708 (0.759)	是	0.139	330
	邮电业务总量	3.373*** (0.530)	是	0.732	330	1.302 (0.790)	是	0.227	330
软件业	软件业务收入	1.566** (0.614)	是	0.672	330	0.295 (0.257)	是	0.269	330
电商零售业	快递业务收入	3.100*** (0.604)	是	0.613	330	1.029** (0.407)	是	0.332	330
	网上零售额	0.661*** (0.104)	是	0.749	120	0.435 (0.859)	是	0.325	120
	快递业务量	0.937* (0.475)	是	0.697	330	0.510 (0.685)	是	0.162	330
科学技术	专利申请授权数	0.763*** (0.219)	是	0.692	330	1.209*** (0.372)	是	0.648	330
	规模以上工业企业专利数	1.936*** (0.426)	是	0.616	330	1.665*** (0.475)	是	0.655	330

由表 4.11 可知，其一，互联网普及率和长途光缆长度显著提升了就业环境，提高了就业能力以及改善了劳动报酬，对劳动保护的影响为正但并不显著；邮电业务总量则对就业环境和劳动报酬有显著的提升作用。这因为互联

网越普及、长途光缆越长、邮电业务总量越高,反映当地的信息化水平和交通通达程度越高,更便捷地实现信息及物流传输;信息通信技术的应用不仅提高了人们的就业技能,而且创造了许多新兴就业机会,有助于改善工资待遇和整体就业环境。电话普及率显著增强了劳动保护和劳动报酬,由于当下移动电话不仅是一种方便人际社交、有效维权的通信设备,更可通过下载各种智能客户端实现平台灵活就业,有助于增加收入来源。其二,与其他分维度相比,软件业务收入更显著提升了就业能力和劳动报酬,对劳动保护和就业环境影响为正但并不显著。这因为 IT 软件行业属于典型的知识经济产业,从业者需具备较强的专业技能,整体行业薪酬处于较高水平,但软件研发技术人员往往面临竞争压力大、高强度工作、亚健康等问题,其劳动保护和就业环境仍有待改善。这进一步佐证了表 4.9 中软件业务收入对组合赋权就业质量影响为正但并不显著的结果。其三,快递业务收入对就业质量的四个分维度均有显著的提升作用,而网上零售额和快递业务量均显著提高了就业环境、就业能力和劳动报酬。近年来,以信息网络技术为依托的电子商务蓬勃发展,凭借其开放性、低成本、高效率的优势成为推动社会发展新动力,衍生了大量新产业和新就业模式,在提高人们就业能力和劳动报酬的同时,也改善了整体就业环境和强化了劳动保护。其四,专利申请授权数和规模以上工业企业专利数不仅增强了劳动保护和就业环境,而且提高了就业能力和劳动报酬。综上,就业环境、就业能力、劳动报酬、劳动保护是反映就业质量的重要维度,数字经济发展中的互联网和电信业、软件业、电商零售业、科学技术业发展,通过提高或改善以上各维度,进一步提升了就业质量。

4.3.5 分区域异质性检验

由前文可知,随着区域由东向西变化,我国的就业质量得分呈现逐渐缩小趋势。为深入考察数字经济发展对就业质量影响的区域差异,本节以组合赋权就业质量得分为例,将总体划分为东部地区、中部地区、西部地区分别进行固定效应分析,具体分区域回归结果见表 4.12。

表 4.12 数字经济发展对组合赋权就业质量影响的分区域回归结果

类别	解释变量	东部地区				中部地区				西部地区			
		回归系数	控制变量	R²	观测值	回归系数	控制变量	R²	观测值	回归系数	控制变量	R²	观测值
互联网和电信业	互联网普及率	0.114** (0.045)	是	0.480	121	0.152** (0.061)	是	0.501	88	0.167*** (0.041)	是	0.629	121
	电话普及率	0.035* (0.018)	是	0.463	121	0.092** (0.034)	是	0.617	88	0.129** (0.052)	是	0.676	121
	长途光缆长度	0.520 (0.997)	是	0.429	121	1.081 (1.614)	是	0.430	88	1.442*** (0.361)	是	0.650	121
	邮电业务总量	1.895*** (0.407)	是	0.624	121	1.410*** (0.351)	是	0.660	88	0.512*** (0.115)	是	0.558	121
软件业	软件业务收入	1.053** (0.411)	是	0.622	121	0.494* (0.261)	是	0.548	88	0.218 (0.590)	是	0.335	121
	快递业务收入	2.715*** (0.602)	是	0.757	121	1.579*** (0.301)	是	0.658	88	0.443** (0.173)	是	0.523	121
电商零售业	网上零售额	1.761*** (0.367)	是	0.779	44	0.621** (0.242)	是	0.701	32	0.313* (0.163)	是	0.651	44
	快递业务量	1.174** (0.458)	是	0.720	121	0.892* (0.457)	是	0.669	88	0.270 (0.611)	是	0.445	121

续表

类别	解释变量	东部地区				中部地区				西部地区			
		回归系数	控制变量	R^2	观测值	回归系数	控制变量	R^2	观测值	回归系数	控制变量	R^2	观测值
科学技术	专利申请授权数	0.504* (0.263)	是	0.483	121	0.962* (0.501)	是	0.652	88	2.528*** (1.052)	是	0.629	121
—	规模以上工业企业专利数	1.404* (0.715)	是	0.601	121	1.584** (0.619)	是	0.665	88	2.872*** (0.507)	是	0.714	121

由表 4.12 可知，其一，随着区域由东向西变化，互联网普及率、电话普及率对组合赋权就业质量的正向影响逐渐增加，而长途光缆长度仅显著提高了西部地区的就业质量。互联网普及率、电话普及率和长途光缆长度均是反映数字化基础设施建设的重要指标，尤其对就业质量较低的中西部地区而言，如果能加大对中西部农村及偏远地区的网络扶贫力度，充分释放该地区的数字红利，积极实施互联网宽带"村村通""电信普遍服务试点""扩大贫困地区特色农产品电商销售"等计划，可方便人们即时通信和获取工作、社保、教育等信息，有效增加中西部地区的新兴就业岗位，提高收入水平和加强劳动权益保护，助力实现更高质量就业。其二，随着区域由东向西变化，软件业务收入、邮电业务总量、快递业务收入、网上零售额、快递业务量对组合赋权就业质量的正向影响逐渐减弱。与中西部地区相比，当前东部地区经济发展水平较高、电商零售以及快递业务发展速度较快。国家邮政局公布的官方数据显示，2019 年，我国东部、中部、西部地区快递业务收入比重分别为80.2%，11.3%，8.5%，不同区域间快递业务发展情况存在较大差异，东部地区发展最快，快递业务收入达八成以上，邮电快递业迅速发展也带动了东部地区的劳动参与率和工资水平提高，进而对其就业质量的促进作用更明显。其三，与东部地区相比，专利申请授权数和规模以上工业企业专利数对中西部地区就业质量的正向影响更大。相比于高质量就业的东部地区，中西部低就业质量地区的生产效率和收入水平较低、劳动密集型产业居多，若引进科技创新有利于引导该地区产业向技能型和创新型转变，增加对高技能和高薪就业岗位的需求，有助于提高生产效率和就业层次，不断提升就业质量。

4.4　本章小结

为深入分析数字经济发展对就业结构、就业质量的影响，本章首先从逻辑层面梳理了数字经济发展与就业结构优化、就业质量提升三者间的内在影响机理。其次，构建中国省级就业质量指标评价体系，并测算及比较了2008—2018 年各省份就业质量得分及差异，丰富了关于宏观层面测评就业质量的相关研究。最后，实证分析互联网和电信业、软件业、电商零售业、科学技术业四个典型数字产业对就业结构、就业质量的影响，以期提出合理化政策建议。本章发现以下结论：

第一，互联网普及率、电话普及率、长途光缆长度对就业结构的影响均显著为正。以软件业务收入、快递业务收入、网上零售额、快递业务量、专利申请授权数、规模以上工业企业专利数为数字经济发展代理指标，以上均显著增加了第三产业就业占比，从定量角度证实数字经济发展推动了就业服务业化，优化了就业结构。

第二，以熵权法、权重法、等权重法测算得到就业质量得分，除长途光缆长度不显著外，代表互联网和电信业、软件业、电商零售业、科学技术业发展的各代理指标，对就业质量的影响均显著为正，表明各数字产业发展提高了薪酬水平，增加了就业机会，改善了就业环境，有助于实现更高质量就业。以组合赋权法就业质量进行变量替换发现以上结论均成立，表明研究结论的稳健性。同时，以解释变量滞后一期进行内生性检验发现，数字经济发展各代理指标对就业结构和就业质量的影响大小、方向和显著性水平基本不变，再次证实了本章结论的稳健性。分维度检验发现，数字经济发展通过提高就业环境、就业能力、劳动报酬、劳动保护四个分维度，助力实现更高质量就业。

第三，2008—2018年，中国各省份就业质量平均得分不高，但呈稳步上升趋势，中西部地区就业质量与东部地区仍存在一定差距，区域差异较明显。随着区域由东向西变化，软件业务收入、邮电业务总量、快递业务收入、网上零售额、快递业务量均对组合赋权就业质量的正向影响逐渐减弱；而与东部地区相比，互联网普及率、电话普及率、专利申请授权数和规模以上工业企业专利数，对中西部地区就业质量的正向影响更大。可见，就业质量较低的中西部地区应努力提高互联网普及率和电话普及率等数字基础设施，大力发展软件业、邮电业和电商零售业以缩小与高就业质量东部地区的差距，最终实现各区域更高质量就业。

针对以上结论，本章提出以下建议：其一，以数字经济发展为契机，持续推动就业结构优化升级。当前数字经济发展加速了数字产业化和产业数字化转型，同时也带动了就业结构优化升级。数字经济发展催生的新产业、新业态和新商业模式更多集中在第三产业领域，进一步加大就业优先政策的实施力度，制定一系列减税降费、创业补贴、担保贷款等惠企纾困政策，切实扩大服务业就业吸纳能力。在推动就业结构优化过程中应降低传统产业就业者的退出和转换壁垒，提高劳动者再就业能力，最大程度防范结构性失业风险，使其适应技能转型和环境变化。其二，完善新就业形态的公共就业服务和保障体系，以实现更高质量就业。数字经济发展衍生了众多灵活多样的新就业形态，当前其公共就业服务和社会保障体系还不完善，政策性补贴覆盖不足，需要积极探索与其相对应的就业服务保障体系，研究平台企业参保责任，鼓励新就业形态从业者积极参保，强化劳动保护，以提升就业质量。其三，注重各区域数字经济平衡发展，努力缩小各区域就业质量差异。当下各区域数字经济发展不平衡，尤其对中西部地区要加强数字经济基础设施建设，推进数字技术在多领域深度应用，不断壮大中西部数字经济规模，努力缩小与东部地区发展差距。同时，在中西部地区积极制定数字人才战略，大力推进"互联网+职业技能培训计划"，并对就业质量定期评估、动态监测，对于就业质量较低的省份找到短板并及时补齐，进一步缩小各区域就业质量差异。

5　数字经济时代就业质量的
影响因素及异质性研究

5.1　弹性工作与青年就业质量

　　数字经济时代，弹性工作制已成为很多用人单位加强经营和灵活用工的一种手段，尤其是随着平台经济、共享经济的盛行发展，数字化技术逐步解决劳动力供需即时性、合理性和人岗匹配精准性问题，众多企业的生产组织方式发生改变，各种短期工作任务增多，人机协作日益常态化，使得工作状态的多重流动性逐渐增强，工作的宽度进一步拓展。为了实现更好的工作与生活平衡，避免出现交通拥挤、资源消耗的情况，许多雇主在20世纪70年代就提出利用信息技术在家里、户外等办公场所外的远程办公方式，但囿于该种工作方式存在知识分享、员工工作监管、技术阻碍等方面的局限性并未被广泛采纳。聚焦数字经济时代，各种先进数字技术的应用为弹性工时、远程办公提供了很多可能性。诸如元宇宙、虚拟现实技术、数字助手、云共享等数字技术可以实现远程监控及管理员工的工作情况，有效留存了员工办公的数字足迹；而学习通、钉钉、飞书、微信、腾讯会议等智能办公软件的广泛应用，可以进行远程的音视频及文本交流，实现在家里或者任意地方能随时分享知识及编辑数据，从而能有效克服远程办公的社会孤立和知识隐藏的缺点，打破了时间及地理距离对工作的限制。弹性工时、远程居家办公不仅提高了办公管理的灵活性，节省租金及办公设备的运营成本，还可有效提高员工工作效率，增强灵活弹性安排（Bloom et al.，2015），从而创造更多价值并实现公司与员工的双赢。《2022年中国远程居家办公发展报告》① 显示，远程居家办公职位招聘的主力行业有互联网、数字化、单体化、知识型行业，主力城市有北上广深，疫情后中西部城市占比不断增加，云办公成为新型工作趋势，显示出应对危机的强大韧性。

5.1.1 研究设计

5.1.1.1 概念界定与数据来源

（1）概念界定。弹性工作制是一个综合性概念，弹性工作制也是标准工作制的一种重要补充，在经济发展和生产组织模式不断变化之下，弹性工作制的内涵一直处于动态演进中。概括讲，弹性工作制的实施范围最初是指工作时间的灵活化（Lambert et al.，2008），后来逐渐扩展至弹性化的空间、雇佣形式以及工作内容等层面（Lei，2021）。数字经济时代，随着数字技术迅速普及和应用将会对弹性工作产生大量需求，与之而来的实施范围也将继续深化和发展。结合调查问卷及囿于数据可得性，本章研究的弹性工作制侧重分析工作时间、工作地点、雇佣形式方面的弹性，即主要包括弹性工时、弹性空间、弹性雇佣三个维度，并由三个维度构建了弹性工作指数，用以反映总体弹性工作制的情况。

（2）数据来源。本章数据来自 2020 年中国家庭追踪调查数据（CFPS），该数据库是由北京大学中国社会科学调查中心负责开展的大规模微观家庭入户调查，该年份问卷首次增设弹性工时相关问题，对于本研究提供了较好的数据资料。根据国家统计局对青年群体的年龄限定，本章研究对象是 18～35 岁的青年劳动者，删除掉无效样本后，共得到 3 982 个有效样本。其中，按性别划分，男性 2 161 个、女性 1 821 个；按户籍划分，城镇 2 340 个、农村 1 642 个；按职业类型划分，专业技术人员 946 个、商业服务业人员 981 个、生产运输设备操作及有关人员 2 055 个。

5.1.1.2 模型设定及变量描述

为了考察弹性工作对青年就业质量的影响，本节构建的基准回归模型为：

---

① 智联招聘、北京大学国家发展研究院：《2022 年中国远程居家办公发展报告》，https://www.100ec.cn/detail--6613405.html，2022 年 6 月 20 日。

$$Y_i = \alpha_0 + \alpha_1 F_i + \sum_{k=1}^{n} \lambda_k X_i + \mu_i \tag{5.1}$$

式（5.1）中，Y_i 为青年就业质量得分，F_i 为弹性工作变量，包括弹性工时（$Flextime$）、弹性空间（$Flexplace$）、弹性雇佣（$Flex\text{-}employment$）三个代理变量，X_i 为影响青年就业质量的控制变量，包括性别（Sex）、年龄（Age）、受教育程度（$Education$）、政治面貌（$Politics$）、健康状况（$Health$）、婚姻状况（$Marriage$）、户籍状况（$Huji$）、区域虚拟变量（$Region$），μ_i 为随机扰动项。

（1）被解释变量。本节被解释变量为青年就业质量（$Quality$），通过构建青年就业质量指标评价体系，并采用熵权法测算而得。熵权法为一种客观赋值法，是利用熵值表示指标的离散度的方法，离散度越大，则影响权重越大。具体公式如下：

1）指标数据的标准化。正向指标的标准化：

$$X'_{ij} = \frac{X_{ij} - \min\{X_{1j}, \cdots, X_{nj}\}}{\max\{X_{1j}, \cdots, X_{nj}\} - \min\{X_{1j}, \cdots, X_{nj}\}} \tag{5.2}$$

负向指标的标准化：

$$X'_{ij} = \frac{\max\{X_{1j}, \cdots, X_{nj}\} - X_{ij}}{\max\{X_{1j}, \cdots, X_{nj}\} - \min\{X_{1j}, \cdots, X_{nj}\}} \tag{5.3}$$

其中，X_{ij} 为第 i 个青年个体的第 j 个指标数据，$i = 1, \cdots, 3\,982$，$j = 1, \cdots, 17$。

2）计算第 j 项指标下第 i 个青年个体值占该指标的比重 $P_{ij} = X'_{ij} / \sum_{i=1}^{n} X'_{ij}$。

3）计算第 j 项指标的熵值 $e_j = -k \sum_{i=1}^{n} (P_{ij} \cdot \ln(P_{ij}))$ 和信息熵冗余度 $d_j = 1 - e_j$。

4）计算各指标权重 $w_j = d_j / \sum_{j=1}^{m} d_j$ 和各青年就业质量综合得分 $Score_i = \sum_{j=1}^{m} w_j X'_{ij}$。

（2）核心解释变量。本节核心解释变量为弹性工作，选取弹性工时（$Flextime$）、弹性空间（$Flexplace$）、弹性雇佣（$Flex\text{-}employment$）三个维度，及构建弹性工作指数（*Flex-index*）来较全面反映弹性工作。弹性工时对应的问题是"上下班弹性，过去 12 个月，在这份工作中，您多大程度上能安排自己的上下班时间"，将没有固定的上下班时间、完全看工作需要、由本人安排，有基本固定的上下班时间、但自己有一定的灵活空间、可以自由安排均赋值为 1；将完全按固定的或上级安排的上下班时间工作赋值为 0。弹性空间对应的问题是"这份工作的主要场所是哪里"，将户外、运输工具内、家里赋值为 1，办公室、其他室内工作场所赋值为 0。弹性雇佣对应问题是"在这份工作中是否签订合同"，否赋值为 1，是赋值为 0。

同时，为了更全面地考察弹性工作制对青年就业质量的总影响效应，本节参照莱什克等（Leschke et al.，2014）的做法构建弹性工作指数（*Flex-index*）。首先，由于弹性工时、弹性空间、弹性雇佣 3 个维度的取值为 0～1，处于标准化状态。其次，由于弹性工时、弹性空间为正向指标，而弹性雇佣用签订劳动合同与否进行衡量，该指标为负向指标，为保证该指标数值大小变化和弹性工作指数高低在经济含义上保持同向相关性，需要用 1 减去该指标进行反向处理。最后，考虑到弹性工时、弹性空间、弹性雇佣 3 个指标对弹性工作制具有同等权重的重要性，且等权重赋值对数据的依赖性较小（邓睿，2020），本节将处理后的各维度指标进行等权重加权平均得到弹性工作指数，反映总体弹性工作制情况。

（3）控制变量。控制变量中性别（男 = 1，女 = 0）、婚姻状况（在婚＼同居 = 1，离婚＼丧偶＼未婚 = 0）、受教育程度（没有上过学＼文盲 = 0，小学 = 6，初中 = 9，高中＼中专＼技校＼职高 = 12，大专 = 15，大学本科 = 16，硕士 = 19，博士 = 22）、户籍状况（农业户口 = 0，非农业户口＼居民户口 = 1）、政治面貌（党员 = 1，非党员 = 0）、健康状况（非常健康 = 5，很健康 = 4，比较健康 = 3，一般 = 2，不健康 = 1），区域虚拟变量以西部地区为基准组，引入中部地区、东部地区两个虚拟变量。具体变量的描述性统计结果见表 5.1。

表 5.1 变量的描述性统计结果

变量	符号	均值	标准差	最小值	最大值
青年就业质量	Quality	0.377	0.285	0.005	0.972
弹性工时	Flextime	0.489	0.500	0.000	1.000
弹性空间	Flexplace	0.194	0.396	0.000	1.000
弹性雇佣	Flex-employment	0.637	0.481	0.000	1.000
弹性工作指数	Flex-index	0.349	0.572	0.000	1.000
性别	Sex	0.543	0.498	0.000	1.000
年龄	Age	28.588	4.278	18.000	35.000
受教育程度	Education	12.475	3.569	0.000	22.000
政治面貌	Politics	0.029	0.169	0.000	1.000
健康状况	Health	3.484	0.976	0.000	1.000
婚姻状况	Marriage	0.612	0.487	0.000	1.000
户籍状况	Huji	0.587	0.456	0.000	1.000
东部地区	East	0.475	0.499	0.000	1.000
中部地区	Middle	0.264	0.441	0.000	1.000
西部地区	West	0.261	0.439	0.000	1.000

5.1.1.3 青年就业质量指标体系构建及评价

本节构建青年就业质量指标体系时，依据主客观相结合、宏微观相结合的原则选取评价指标。一方面，主客观指标相结合原则。在设计指标时要注重相互分工、各有侧重，考虑到我国劳动力市场实际问题，先以一些客观指标反映青年就业质量，同时在评价青年就业质量时，自身主观感觉也起到重要作用，因此用一些主观指标作为辅助，做到主客观指标相互补充及配合，以期全面反映和跟踪青年就业质量。随着数字经济和零工经济的发展，灵活就业日益盛行，工作与生活的界限变得逐渐模糊，工作收入、劳动合同、过度劳动、上夜班频率、周末上班频率等指标都是客观原则的体现；而工作收入满意度、工作环境满意度、工作安全满意度、工作时间满意度等，均是反映青年自身主观满意度强弱的主观性指标。另一方面，宏微观指标相结合原则。由于每个青年所追求的生活目标和心理承受能力程度不同，当面对同样的就业机会，个人认同感存在着差异。同时，政府和经济发展状况对青年就业质量起到很强的制约作用。政府通过刺激经济增长，提供更多的就业机会；通过完善相关的劳动立法，规范企业行为和保护劳动者合法权益；通过发展社会事业、公益事业、提供良好的医疗保健服务，提高了人力资本的质量，都为青年就业质量提升搭建了良好的平台。比如，养老保险、医疗保险、失业保险、住房公积金等社会保障性指标，工会会员、劳动合同等就业保护性指标均是宏观原则的体现，而其他工作收入、过度劳动、晋升机会满意度、工作环境满意度等指标均是微观原则的体现。

鉴于此，本节构建青年就业质量评价指标体系的一级指标包括工资福利待遇、劳动保护及强度、工作满意度，其中，工资福利待遇包含的二级指标为工作收入、医疗保险、养老保险、失业保险、生育保险、工伤保险、住房公积金；劳动保护及强度包含的二级指标为劳动合同、工会会员、过度劳动、上夜班频率、周末上班频率；工作满意度包含的二级指标为工作收入满意度、工作环境满意度、工作安全满意度、工作时间满意度、工作晋升满意度。其中，工作收入为年总收入（元）取对数，周末上班频率对应问题是"过去12个月，这份工作平均多久需要您在周六周日上班？从不需要=1，每月不到一次=2，每月一次=3，每月几次=4，每周都需要=5。"上夜班频率对应的问题是"过去12个月，平均多久需要您上夜班？从不需要=1，每月不到一次=2，每月一次=3，每月几次=4，每周一次=5，每周几次=6，每天都需要=7。"具体指标体系构建及赋值见表5.2。

表5.2　青年就业质量评价指标体系

目标	一级指标	二级指标	指标说明及赋值情况	指标类型
青年就业质量评价指标体系	工资福利待遇	工作收入	工作年总收入（元），取对数	正向（+）
		医疗保险	是否参加医疗保险，是=1，否=0	正向（+）
		养老保险	是否参加养老保险，是=1，否=0	正向（+）
		失业保险	是否参加失业保险，是=1，否=0	正向（+）
		生育保险	是否参加生育保险，是=1，否=0	正向（+）
		工伤保险	是否参加工伤保险，是=1，否=0	正向（+）
		住房公积金	是否参加住房公积金，是=1，否=0	正向（+）

续表

目标	一级指标	二级指标	指标说明及赋值情况	指标类型
青年就业质量评价指标体系	劳动保护及强度	劳动合同	是否签订劳动合同，是＝1，否＝0	正向（＋）
		工会会员	是否参加工会组织，是＝1，否＝0	正向（＋）
		过度劳动	每周工作是否大于48小时，是＝1，否＝0	负向（－）
		上夜班频率	过去12个月，平均多久需要上夜班？1~7依次赋值	负向（－）
		周末上班频率	过去12个月，平均多久需要周六周日上班？1~5依次赋值	负向（－）
	工作满意度	工作收入满意度	非常满意＝5，比较满意＝4，一般＝3，不太满意＝2，非常不满意＝1	正向（＋）
		工作环境满意度	非常满意＝5，比较满意＝4，一般＝3，不太满意＝2，非常不满意＝1	正向（＋）
		工作安全满意度	非常满意＝5，比较满意＝4，一般＝3，不太满意＝2，非常不满意＝1	正向（＋）
		工作时间满意度	非常满意＝5，比较满意＝4，一般＝3，不太满意＝2，非常不满意＝1	正向（＋）
		工作晋升满意度	非常满意＝5，比较满意＝4，一般＝3，不太满意＝2，非常不满意＝1	正向（＋）

　　根据构建的青年就业质量评价指标体系，采用熵权法测算青年就业质量，从而得到总体就业质量得分。同时，为比较不同性别、户籍、弹性工作与否之间的就业质量差异，本节进一步测算男性与女性、城镇与农村、弹性工时与非弹性工时、弹性空间与非弹性空间、弹性雇佣与非弹性雇佣群体之间的就业质量差异；依据不同职业类型，本节重点关注专业技术人员、商业及服务业人员、生产运输设备操作，及有关人员的就业质量差异，具体就业质量得分及占比见表5.3。

表5.3　青年就业质量综合得分及群体差异

分组	就业质量得分	观测值（％）	分组	就业质量得分	观测值（％）
总体	0.377	3 982（100）	生产运输设备操作及有关人员	0.345	1 312（32.95）

分组	就业质量得分	观测值（%）	分组	就业质量得分	观测值（%）
男性	0.395	2 162（54.29）	弹性工时	0.392	1 946（48.87）
女性	0.356	1 280（45.71）	非弹性工时	0.363	2 036（51.13）
城镇	0.446	2 340（58.76）	弹性空间	0.409	773（19.41）
农村	0.279	1 642（41.24）	非弹性空间	0.369	3 209（80.59）
专业技术人员	0.467	964（24.21）	弹性雇佣	0.281	2 535（63.66）
商业及服务业人员	0.380	981（24.64）	非弹性雇佣	0.545	1 447（36.34）

由表 5.3 可知，总体就业质量得分为 0.377；男性青年就业质量得分为 0.395 分，女性青年就业质量得分 0.356；农村青年就业质量得分为 0.279 分，城镇青年就业质量得分 0.446，而专业技术人员、商业及服务业人员、生产运输设备操作，及有关人员的就业质量依次为 0.467，0.380，0.345，可见性别、户籍、职业类型都是影响青年就业质量的重要因素。弹性工时、弹性空间的青年就业质量为 0.392，0.409，分别明显高于非弹性工时、非弹性空间的青年就业质量 0.363、0.369，而弹性雇佣的青年就业质量为 0.281，明显低于非弹性雇佣的青年就业质量 0.545。可见，弹性工时、弹性空间、弹性雇佣为代表的不同弹性工作方式，对青年就业质量产生较明显的影响差异，但具体影响程度多少还需进一步实证检验。

5.1.2 实证分析

5.1.2.1 基准回归分析

为实证考察弹性工作对青年就业质量的影响，本节采用 OLS 回归方法依次分析弹性工时、弹性空间、弹性雇佣，以及弹性工作指数对青年就业质量的影响效应，具体回归结果见表 5.4。

表 5.4　弹性工作对青年就业质量影响的基准回归结果

变量	（1）	（2）	（3）	（4）
弹性工时	0.031 ***	—	—	—
	（0.007）			
弹性空间	—	0.073 ***	—	—
		（0.010）		
弹性雇佣	—	—	−0.255 ***	—
			（0.065）	
弹性工作指数	—	—	—	0.019 **
				（0.008）
性别	0.028 **	0.019 **	0.033 **	0.025 **
	（0.011）	（0.007）	（0.013）	（0.009）
年龄	0.065 ***	0.067 ***	0.060 ***	0.061 ***
	（0.010）	（0.010）	（0.009）	（0.007）
受教育程度	0.044 ***	0.042 ***	0.030 ***	0.037 ***
	（0.001）	（0.001）	（0.001）	（0.001）
政治面貌	0.051 **	0.051 **	0.049 ***	0.046 **
	（0.021）	（0.021）	（0.018）	（0.017）
健康状况	0.047 ***	0.014 ***	0.024 ***	0.018 ***
	（0.004）	（0.004）	（0.003）	（0.005）
婚姻状况	0.007	0.012	0.010	0.013
	（0.009）	（0.009）	（0.008）	（0.010）
户籍状况	0.086 ***	0.085 ***	0.081 ***	0.079 ***
	（0.008）	（0.008）	（0.007）	（0.011）
东部地区	0.042 ***	0.037 ***	0.027 ***	0.030 ***
	（0.009）	（0.009）	（0.007）	（0.008）
中部地区	0.025 ***	0.027 ***	0.020 **	0.024 ***
	（0.010）	（0.010）	（0.008）	（0.009）
常数	−0.389 ***	−0.384 ***	−0.380 ***	−0.375 ***
	（0.034）	（0.034）	（0.029）	（0.030）
R^2	0.398	0.404	0.481	0.350
观测值	3 982	3 982	3 982	3 982

注：括号内数值为聚类标准误，***，**，*表示在1%，5%，10%统计意义上显著，下同。

由表5.4可知，弹性工时、弹性空间对青年就业质量的影响均显著为正向，表明数字经济时代，工作时间灵活化能够有效提升青年对于工作的自由支配程度，上下班时间自由化能够在一定程度上减弱劳动强度，有效提升工作时间满意度和就业质量；同时，5G、大数据、云计算等数字技术广泛应用使得工作不再局限于固定的办公场所，而使居家办公、远程办公成为可能，自由化的工作环境舒适度明显提升，从而不断提升工作环境满意度和就业质量。远程居家办公不仅提高了办公管理的灵活性、节省租金及办公设备的运营成本，还可有效提高员工工作效率、增强灵活弹性安排，从而创造更多价值并实现公司与员工的双赢。

弹性雇佣在1%水平上显著降低了青年就业质量，表明与签订劳动合同的正规就业相比，没有签订合同的弹性雇佣方式虽然更灵活化，但由于受职业分割的限制，往往局限于薪资福利较低、工作稳定性较差、劳动保护及强度较弱等外在因素，从而在一定程度上降低了青年就业质量。随着数字经济发展，各种新产业、新业态、新商业模式催生了大量灵活就业，虽能在一定程度上解决结构性失业问题，但为全面提高青年就业质量，弹性雇佣的工资福利待遇、劳动保护及强度、社会保障仍是未来改进优化的方向。此外，弹性工作指数对青年就业质量的影响在5%水平显著为正，表明综合考虑了弹性工时、弹性空间、弹性雇佣维度后的弹性工作制，对青年就业质量的总影响效应为正。可见，数字经济时代，各种形式的弹性工作制在青年群体中愈发盛行，虽然弹性工作的各分维度对青年就业质量的影响有正向有负向，但总体而言，弹性工作制仍在一定程度上改善了青年群体的就业质量，弹性工作制终将成为未来盛行的一种工作趋势。

5.1.2.2 稳健性检验

（1）替换变量回归。前文回归是采用熵权法测算的青年就业质量，为进一步检验前文回归结果的稳健性，本节采用权重法和等权重法重新计算得到青年就业质量得分。其中，权重法为一种客观赋权法，其思想是利用各指标的变异性和冲突性进行赋权。变异性用标准差衡量，变异性越大表明数据波动越大，权重则越大；冲突性用相关系数衡量，各指标间的相关系数越大表明数据冲突性越小,权重则越小。等权重法为一种主观赋权法,是对青年就业质量指标体系的 17 个二级指标赋予相同的权重,即 17 个指标为衡量就业质量的不同层面,其重要性难分轻重,该方法较简单且对数据依赖性较小,在无法进行权重差别处理时,可以接受(戚聿东等,2020)。本节利用以上两种赋权方法,重新计算得到青年就业质量得分,分别考察弹性工时、弹性空间、弹性雇佣、弹性工作指数对青年就业质量的影响,具体结果见表 5.5。

表 5.5　替换变量回归结果:CRITIC 法和等权重法就业质量

变量	质量		质量		质量		质量	
	CRITIC 法	等权重法	CRITIC 法	等权重法	CRITIC 法	等权重法	CRITIC 法	等权重法
弹性工时	0.036 ***	0.033 ***	—	—	—	—	—	—
	(0.006)	(0.006)						
弹性空间	—	—	0.067 ***	0.060 ***	—	—	—	—
			(0.008)	(0.007)				
弹性雇佣	—	—	—	—	−0.179 ***	−0.165 ***	—	—
					(0.052)	(0.049)		
弹性工作指数	—	—	—	—	—	—	0.021 **	0.017 **
							(0.008)	(0.007)
控制变量	YES	YES	YES	YES	YES	YES	YES	YES
R^2	0.373	0.390	0.411	0.426	0.475	0.438	0.317	0.305
观测值	3 982	3 982	3 982	3 982	3 982	3 982	3 982	3 982

由表 5.5 可知,弹性工时、弹性空间对权重法和等权重法青年就业质量的影响仍在 1% 水平上显著为正,表明弹性工作制能为青年提供更灵活的时空选择,有利于兼顾工作与生活平衡继而可以显著提高青年就业质量,与前文结论相一致。同时,弹性雇佣在 1% 水平上显著降低了权重法和等权重法青年就业质量,也与前文结论一致,再次证实了弹性雇佣的青年群体由于未签订劳动合同,虽然就业方式相对灵活,但与签订劳动合同的青年比,弹性雇佣的薪资福利相对较低、社会保障及劳动保护较差,会在一定程度上降低青年就业质量。弹性工作指数在 5% 水平上显著增加了权重法和等权重法青年就业质量,表明总体而言,弹性工作制在一定程度上改善了青年就业质量,从而

证实了前文回归结果的稳健性。

（2）倾向得分匹配法检验。考虑到样本由于自选择偏差而引起内生性问题，为得到更稳健的回归结果，本节采用倾向得分匹配法（PSM）进行稳健性检验，重新估计弹性工作对青年就业质量的影响。倾向得分匹配法假定：如果参加弹性工作和未参加弹性工作两种群体的差异，能被一组共同影响的协变量因素解释，则可用协变量因素进行分层匹配，促使每层中的弹性工作青年群体和非弹性工作青年群体的唯一区别在于其是否从事弹性工作，然后考察两者的就业质量差异。在可观测特征条件下，用倾向得分把是否参加弹性工作看作一种概率，将此概率作为分层匹配的基础，并得到平均处理效应。弹性工作青年群体和非弹性工作青年群体间其他控制变量的平衡性检验结果显示，匹配前弹性工作青年群体和非弹性工作青年群体在个人特征方面存在较明显差异，匹配后大部分变量的偏误比例降至 7% 以下，受教育年限和地区变量的偏误比例在 7.1%~9.0%。t 检验显示，以上匹配变量均不能在 10% 显著性水平下，拒绝匹配后处理组（弹性工作群体）与控制组（非弹性工作群体）无显著差异的原假设，即该匹配结果通过了平衡性检验。本节为保证检验结果更加可靠，分别采取核匹配法、卡尺内最近邻匹配法、局部线性回归匹配法进行稳健性检验。全样本倾向得分匹配的实验组平均处理效应（ATT）见表 5.6。

表 5.6　全样本倾向得分匹配的实验组平均处理效应

匹配方法	弹性工时	弹性空间	弹性雇佣	弹性工作指数
卡尺内最近邻匹配[①]	0.042 **	0.080 ***	− 0.275 ***	0.026 **
	(0.007)	(0.009)	(0.060)	(0.011)
核匹配[②]	0.039 ***	0.072 ***	− 0.241 ***	0.018 **
	(0.007)	(0.008)	(0.052)	(0.007)
局部线性回归匹配[③]	0.041 ***	0.075 ***	− 0.260 ***	0.023 **
	(0.006)	(0.008)	(0.054)	(0.010)

注：①此处以 0.25 个对数发生比 log（（1-p）/p）的标准差为半径进行 1∶1 的最近邻匹配；②此处以内核为基础的 kernel 匹配中使用默认的核函数与带宽，不加其他参数；③使用默认的核函数与带宽，并用自助法（bootstrap）得到自助标准误。

由表5.6可知，通过倾向得分匹配法控制一系列可观测变量的差异后，得到全样本的弹性工时、弹性空间的实验组平均处理效应在1%水平上显著为正，表明弹性工时、弹性空间会显著提高青年群体就业质量，且3种匹配方法得到的结果较为接近，证实结果的稳健性。全样本弹性雇佣的实验组平均处理效应在1%水平上显著为负，证实弹性雇佣会显著降低青年群体就业质量，与前文回归结果相一致。全样本弹性工作指数的实验组平均处理效应在5%水平上显著为正，表明弹性工作制对青年就业质量的总影响效应为正，再次证实了前文的回归结果。值得注意的是，在修正选择性偏差和内生性问题后，得到的实验组平均处理效应不因匹配方法不同而改变，从而验证了处理结果的稳健性。

5.1.2.3　影响机制分析

结合前文理论分析，本节进一步从生活满意度（life-satisfaction）和心理健康（mental-health）视角检验弹性工作影响青年就业质量的内在机制。根据问卷设置，生活满意度对应问题是"您对自己的生活满意程度打几分？"该变量赋值情况为"非常满意＝5，比较满意＝4，一般＝3，不太满意＝2，非常不满意＝1"。心理健康对应问题是"过去一周内，我感到情绪低落的发生频率？"该变量赋值情况为"将大多数时候有（5~7天）"视为非常不健康＝1，将"经常有（3~4天）"视为不太健康＝2，将"有些时候有（1~2天）"视为比较健康＝3，将"几乎没有（不到1天）"视为非常健康＝4。生活满意度和心理健康是就业质量的重要体现，青年的生活满意度越高、心理状况越健康，意味着工作与家庭之间越能够更加平衡和友好互动，则青年的就业质量越高。弹性工时、弹性空间、弹性雇佣通过影响青年生活满意度和心理健康，进一步影响青年就业质量。本节采用有序Probit回归弹性工作各维度及指数对青年生活满意度和心理健康的影响，具体回归结果及边际效果见表5.7。

表 5.7 弹性工作对青年就业质量的影响机制检验结果

变量	生活满意度 (回归系数)	生活满意度 (边际效果)				
		非常不满意	比较不满意	一般	比较满意	非常满意
弹性工时	0.048***	-0.015**	-0.030**	0.014***	0.039***	0.024***
	(0.014)	(0.006)	(0.012)	(0.004)	(0.011)	(0.007)
控制变量	YES	YES	YES	YES	YES	YES
观测值	3 982	3 982	3 982	3 982	3 982	3 982
弹性空间	0.064***	-0.019**	-0.039**	0.018***	0.047***	0.029***
	(0.018)	(0.007)	(0.015)	(0.005)	(0.013)	(0.008)
控制变量	YES	YES	YES	YES	YES	YES
观测值	3 982	3 982	3 982	3 982	3 982	3 982
弹性雇佣	-0.055***	0.017*	0.035**	-0.016**	-0.046***	-0.016***
	(0.016)	(0.009)	(0.014)	(0.006)	(0.013)	(0.005)
控制变量	YES	YES	YES	YES	YES	YES
观测值	3 982	3 982	3 982	3 982	3 982	3 982
弹性工作指数	0.041**	-0.019*	-0.028*	0.013**	0.037**	0.032**
	(0.012)	(0.010)	(0.015)	(0.005)	(0.016)	(0.013)
控制变量	YES	YES	YES	YES	YES	YES
观测值	3 982	3 982	3 982	3 982	3 982	3 982

变量	心理健康 (回归系数)	心理健康 (边际效果)			
		非常不健康	不太健康	比较健康	非常健康
弹性工时	0.067***	-0.015**	-0.024**	0.049***	0.027***
	(0.013)	(0.006)	(0.009)	(0.011)	(0.008)
控制变量	YES	YES	YES	YES	YES
观测值	3 982	3 982	3 982	3 982	3 982
弹性空间	0.040***	-0.010**	-0.029***	0.033***	0.021**
	(0.011)	(0.004)	(0.005)	(0.009)	(0.008)
控制变量	YES	YES	YES	YES	YES
观测值	3 982	3 982	3 982	3 982	3 982
弹性雇佣	-0.045***	0.029**	0.036***	-0.040***	-0.031***
	(0.012)	(0.011)	(0.010)	(0.009)	(0.007)

续表

变量	心理健康	心理健康（边际效果）			
	（回归系数）	非常不健康	不太健康	比较健康	非常健康
控制变量	YES	YES	YES	YES	YES
观测值	3 982	3 982	3 982	3 982	3 982
弹性工作指数	0.032**	−0.016*	−0.025*	0.033**	0.026**
	(0.014)	(0.009)	(0.013)	(0.014)	(0.010)
控制变量	YES	YES	YES	YES	YES
观测值	3 982	3 982	3 982	3 982	3 982

由表5.7可知，其一，弹性工时、弹性空间均在1%水平上显著提高了青年生活满意度。从边际效果看，相比非弹性工时、非弹性空间，弹性工时、弹性空间会提高青年生活满意度为比较满意的概率分别为3.9%，4.7%，而提高非常满意的概率分别为2.4%，2.9%，表明日益灵活化的工作时间和办公地点使其更好地完成工作任务和兼顾个人生活，增加了青年对生活的满意度和幸福感，而就业质量本质上是工作与生活的平衡，较高的生活满意度有助于实现青年更高质量就业。弹性雇佣在1%水平上显著降低了青年生活满意度，表明青年从事灵活就业、兼职就业等弹性就业，虽能够增加就业机会，但与标准就业相比，因弹性雇佣的薪酬较低、稳定性较差且形式多变，弹性雇佣的青年面临角色转换与其他边界维护者产生摩擦或冲突，容易对生活感到不满意，且由于非合约性、临时性、分散化，相应的劳动保护较弱从而降低了青年就业质量。弹性工作指数在5%水平上显著增加了青年生活满意度，表明弹性工作制对青年生活满意度的总影响为正，从而有利于提高青年就业质量。立足数字经济时代，尤其是在各种新经济形态推动之下，工作方式的弹性化、劳动形态的多元化终将深入演化发展，并逐渐成为一种趋势。

其二，弹性工时、弹性空间对青年心理健康的影响均在1%水平上显著为正。从边际效果看，相比非弹性工时、非弹性空间，弹性工时、弹性空间增加青年心理健康状况为比较健康的概率分别为4.9%，3.3%，增加心理健康状况为非常健康的概率分别为2.7%，2.1%，表明灵活化的工时制度、弹性化居家办公有利于缓解青年的工作压力，提高心理边界的灵活性和渗透性，能够更好地实现工作家庭双重角色的友好互动，从而促进了青年群体的心理健康，助力实现更高质量就业。弹性雇佣对青年心理健康的影响在1%水平上显著为负，表明与正规就业相比，弹性雇佣虽有一定灵活性，但处于二级劳动力市场及非正规性，弹性雇佣的薪资福利、环境条件、安全性及晋升等方面要劣于正规就业，而且弹性雇佣的青年群体会担心及面临失业风险，导致焦虑、情绪低落等不良心理状况，从而在一定程度上降低了就业质量。总的看，弹性工作指数对青年心理健康的影响在5%水平上显著为正，表明弹性工作制整体而言提高了青年心理健康水平，而心理健康的改善有助于实现青年更高质量就业。综上所述，通过影响机制检验，证实了弹性工作通过调节青年生活满意度和心理健康进一步影响了就业质量。

5.1.3 进一步讨论

5.1.3.1 性别、城乡和职业差异分析

根据前文理论分析中提到的工作需求-资源理论可知，不同的资源供给对相同工作的工作绩效影响效果会产生差异（Kossek et al., 2015），而青年群体因不同性别、城乡等因素差异会存在不同的资源供给，会在一定程度上造成弹性工作对各群体青年就业质量的影响差异。同时，根据前文理论分析，相同的资源供给会对不同工作类型的工作绩效影响产生差异（Schieman and Young, 2010），即弹性工作会对不同职业类型的青年工作绩效或就业质量影响产生一定差异。换言之，不同性别、城乡、职业类型的青年从事弹性工作，会对其工作绩效和就业质量产生不同影响。本节根据问卷设置，将青年全样本按性别分为男性、女性群体，按地区分为城镇、农村群体，依据不同职业类型重点关注专业技术人员、商业及服务业人员、生产运输设备操作及有关人员三类群体，采用 OLS 回归依次分析弹性工作各维度及指数，对不同性别、城乡、职业类型青年就业质量的影响，具体回归结果见表 5.8。

表 5.8　弹性工作与青年就业质量：分性别、城乡、职业群体的结果

变量	男性	女性	城镇	农村
弹性工时	0.029 ***	0.035 ***	0.043 ***	0.010 ***
	(0.010)	(0.010)	(0.009)	(0.011)
控制变量	YES	YES	YES	YES
R^2	0.406	0.390	0.399	0.292
观测值	2 162	1 820	2 340	1 642
弹性空间	0.064 ***	0.074 ***	0.070 ***	0.067 ***
	(0.011)	(0.021)	(0.014)	(0.013)
控制变量	YES	YES	YES	YES
R^2	0.417	0.390	0.400	0.302
观测值	2 162	1 820	2 340	1 642
弹性雇佣	−0.270 ***	−0.235 ***	−0.215 ***	−0.264 ***
	(0.054)	(0.050)	(0.047)	(0.057)
控制变量	YES	YES	YES	YES
R^2	0.570	0.521	0.541	0.476
观测值	2 162	1 820	2 340	1 642
弹性工作指数	0.015 **	0.027 **	0.030 **	0.014 **
	(0.006)	(0.010)	(0.012)	(0.006)
控制变量	YES	YES	YES	YES
R^2	0.348	0.375	0.391	0.330
观测值	2 162	1 820	2 340	1 642

变量	专业技术人员	商业及服务业人员	生产运输设备操作及有关人员
弹性工时	0.037 ***	0.023 ***	0.058 ***
	(0.011)	(0.006)	(0.011)
控制变量	YES	YES	YES
R^2	0.296	0.302	0.345
观测值	964	981	1 312
弹性空间	0.095 ***	0.069 ***	0.054 ***
	(0.025)	(0.019)	(0.016)
控制变量	YES	YES	YES

续表

变量	专业技术人员	商业及服务业人员	生产运输设备操作及有关人员
R^2	0.368	0.323	0.341
观测值	964	981	1 312
弹性雇佣	-0.162***	-0.275***	-0.381***
	(0.033)	(0.050)	(0.063)
控制变量	YES	YES	YES
R^2	0.531	0.517	0.498
观测值	964	981	1 312
弹性工作指数	0.025**	0.014**	0.037***
	(0.010)	(0.005)	(0.008)
控制变量	YES	YES	YES
R^2	0.342	0.315	0.386
观测值	964	981	1 312

由表 5.8 可知，其一，分性别看，弹性工时、弹性空间、弹性工作指数对女性青年就业质量的提升作用显著高于男性，相比男性，女性青年由于性别角色和家庭分工差异，需要付出较多时间养育子女和照料老人，往往会更青睐从事弹性时间及灵活性空间更强的工作，以便能更好地兼顾工作与家庭，即整体而言，弹性工时、空间以及弹性工作制显著提高了女性青年的生活满意度和心理健康，进而促进了更高质量就业。与女性青年比，弹性雇佣显著降低了男性青年就业质量，可能缘于各种零工经济、平台经济创造了大量就业机会，男性青年从事网约车司机、网约配送员、自媒体等灵活就业的概率要大于女性，由于众多灵活就业者未签订劳动合同，模糊了传统雇佣及劳动关系。以外卖小哥为例，由于限时配送，骑车速度较快，该群体工伤事故发生率较高、劳动保护较弱，缺乏一定的职业福利津贴、休息休假等权益，从而对平台从业者就业质量造成冲击。

其二，分城乡看，弹性工时、弹性空间、弹性工作指数对城镇青年就业质量的影响显著高于农村青年，相比农村青年，城镇青年从事工作岗位的福利待遇较高且稳定性较强，灵活时空、弹性工作制对城镇青年就业选择时的吸引力更强；与之相反，农村青年拥有的社会网络和资源禀赋条件往往低于城镇青年，农村青年的整体工作条件较差，迫于生存压力更倾向于关注薪资高低而非工作的灵活性，换言之，整体而言，城镇青年从事弹性化的工作时间、灵活性办公空间，以及弹性工作制会对其就业质量提升效果更加显著。弹性雇佣对农村青年就业质量的负向影响显著大于城镇青年，与城镇青年比，农村青年由于学历、技能、人脉等资源条件有限、竞争能力较弱，更可能从事一些收入较低、环境较差的临时工、小时工等弹性工作，不利于农村青年就业质量的提升。

其三，分职业类型看，弹性工时、弹性工作指数对生产运输设备操作的青年就业质量正向影响最大，专业技术的次之，商业及服务业的最小，即弹性工时、弹性工作制对不同职业类型青年就业质量产生影响差异，相比于商业及服务业，专业技术、生产运输设备操作及有关人员更多从事固定工作，若办公时间能灵活化一些以及弹性工作制，整体而言会更显著提高其就业质量。弹性空间对专业技术青年就业质量的正向影响最大，商业及服务业的次之，生产运输设备操作的最小，表明随着5G、大数据、人工智能、区块链等数字技术迅速发展，未来教育、经济等专业及技术、商业及服务业青年可实行远程工作、居家工作等灵活性办公，可以明显改善就业质量。弹性雇佣对专业及技术、商业及服务业、生产运输设备操作的青年就业质量负向影响逐渐增强，表明与专业及技术相比，商业及服务业、生产运输设备操作青年，从事弹性雇佣概率较大、工作稳定性较弱，为实现青年更高质量就业，未来应努力强化两类职业的社会保障和劳动保护程度。综上所述，弹性工作各维度及指数对不同性别、城乡、职业类型青年群体就业质量的影响存在异质性。

5.1.3.2 不同收入群体对比分析

为了进一步检验前文理论分析中弹性工作对不同收入等级青年就业质量的影响差异，本节采用无条件分位数回归方法，在收入条件分布的不同位置上，实证检验弹性工作各维度及指数对青年就业质量的影响差异。具体分位数回归模型如下：

$$Q_{i\theta}(Y_i|X_i) = X_i\beta_{i\theta} + u_{i\theta} \qquad (5.4)$$

式（5.4）中，$Q_{i\theta}(Y_i|X_i)$ 表示给定解释变量 X_i 的情况下与分位数 θ 相对应的条件分位数，分位数回归可以选取任意特定分位数进行参数估计，其中代表性的分位数是 0.10，0.50，0.90，并通过最小化方程（5.5）得到系数估计值。

$$\min\left\{\sum_{i:\ Y_i \geqslant X_i\beta(\theta)} \theta|Y_i - X_i\beta(\theta)| + \sum_{i:\ Y_i < X_i\beta(\theta)} (1 - \theta)|Y_i - X_i\beta(\theta)|\right\} \qquad (5.5)$$

采用分位数回归的优点是不受极端值的影响，从而得到更稳健的回归结果。本节选取 0.10，0.50，0.90 分位数衡量低收入青年群体、中等收入青年群体、高收入青年群体，以分析在不同收入阶层中弹性工作对青年就业质量的影响差异，具体结果见表 5.9。

表 5.9　弹性工作与青年就业质量：不同收入群体分位数回归结果

变量	低收入青年群体 (0.10)	中等收入青年群体 (0.50)	高收入青年群体 (0.90)
弹性工时	0.029** (0.014)	0.034*** (0.009)	0.048*** (0.015)
控制变量	YES	YES	YES
R^2	0.193	0.370	0.401
观测值	3 982	3 982	3 982
弹性空间	0.016* (0.008)	0.062*** (0.012)	0.132*** (0.022)
控制变量	YES	YES	YES
R^2	0.190	0.373	0.421
观测值	3 982	3 982	3 982
弹性雇佣	−0.273*** (0.013)	−0.260*** (0.009)	−0.179*** (0.019)
控制变量	YES	YES	YES
R^2	0.331	0.539	0.525

变量	低收入青年群体 （0.10）	中等收入青年群体 （0.50）	高收入青年群体 （0.90）
观测值	3 982	3 982	3 982
弹性工作指数	0.015* （0.008）	0.021** （0.010）	0.032** （0.014）
控制变量	YES	YES	YES
R^2	0.175	0.341	0.378
观测值	3 982	3 982	3 982

由表5.9可知，无论是弹性工时、弹性空间，还是弹性工作指数均显著提升了各收入阶层的青年就业质量，且随收入分位点提升，弹性工时、弹性空间、弹性工作指数对青年就业质量的提升作用逐渐增强，表明青年群体的收入阶层越高，青年对弹性工作时间、灵活化办公空间以及弹性工作制整体而言会愈加看重，使得工作时间弹性化、办公空间灵活化、弹性工作制，对于高收入阶层青年就业质量的提升作用更强；而收入较低的青年群体，由于面临较大的生存压力，对薪资福利待遇的重视程度要高于弹性工时及空间，且低收入青年从事弹性工作制会降低其生活满意度和心理健康，从而阻碍了就业质量提升。在0.10，0.50，0.90收入分位点上，弹性雇佣对青年就业质量的影响系数分别为-0.273，-0.260，-0.179，即与高收入群体比，弹性雇佣更显著降低了低收入青年就业质量，表明目前我国弹性雇佣发展还不规范，一些个体经营、自雇就业面临不利的政策环境，现行社会保障制度与弹性就业不适应，劳动权益无法保障等问题，特别是对低收入的贫困青年，其就业环境和生存条件相对更差，如果再从事临时性、零散性、非正规的弹性雇佣就业则会进一步减弱该群体的就业服务和劳动保障，并逐渐拉大与正规就业青年之间的就业质量差距。综上所述，弹性工时、弹性空间、弹性雇佣以及弹性工作指数，会对各收入阶层的青年就业质量产生较明显的影响差异。因此，应针对不同收入阶层青年群体分别实施差异化弹性工作制，以有效提高各青年群体就业质量。

5.2 职业技能培训与农民工就业质量

5.2.1 农民工就业质量指数构建

5.2.1.1 指标选取

本节对农民工就业质量的测度，参考国内外学者的指标选取方法，又结合 2016 年中国劳动力动态调查数据的特点，选取了 4 个指标，涵盖工资水平、工作稳定性、劳动合同、工作时间 4 个方面。具体看，借鉴莱什克等（Leschke et al.，2014）提出的多维就业质量指数法，从四个方面进行测度：一是工资水平，用农民工年收入水平的对数衡量；二是工作稳定性，用过去两年农民工从事的工作是否发生变化，比如，单位变化、职位变化、生意内容变化表示；三是劳动合同，用农民工是否签订书面劳动合同测量；四是工作时间，用一周工作小时数表示。

5.2.1.2 就业质量指数构建

由于不同变量不具有可比性，因此需要对各变量进行标准化处理，具体处理方法为：变量与其均值的差除以变量的样本均值[①]。本节构建的农民工就业质量指数方程（Index of Employment Quality，EQI），4 个指标变量分别用 I 代表工资水平（income）、E 代表工作稳定性（employment stability）、L 代表劳动合同（labor contract）、W 代表工作时间（working time）。

为了使各项估值的标准化值转换为 60～100 分值，需要采用的转化公式为：

$$X_{转化值} = \frac{100 - 60}{X_{\max} - X_{\min}} \cdot (X - X_{\min}) + 60 \tag{5.6}$$

式（5.6）中，X 为每个变量的标准化值，例如，工资水平变量 I 的标准

[①] 达摩达尔·N. 古扎拉蒂、唐·C. 波特：《计量经济学基础》（第五版上册），中国人民大学出版社 2011 年版，第 161 页。

化值为:

$$I = \frac{I_i - \bar{I}}{S_I} \tag{5.7}$$

式（5.7）中，S_I代表工资水平变量的样本标准差。由于工作时间是负向指标，为了保证指标数值大小的变化和最终的农民工就业质量指数高低，在经济含义上保持同向相关性，需要对工作时间 W 进行二次转化，转化公式为:

$$W_{转化值2} = 160 - W_{转化值} \tag{5.8}$$

本节借鉴欧盟委员会和欧洲基金会的做法，采用等权重赋值的方法构建农民工就业质量指数，即对不同变量赋予相同的权重，等权重赋值具有一定的简明性。虽然等权重赋值方法也存在不足之处，但是在没有更好的方法进行权重差别处理的情况下，暂且可以接受（李晓西等，2014）。

本节最终构建的农民工就业质量指数（可称为 EQI 指数）为:

$$EQI\,指数_i = \frac{1}{4}\big[I_{转化值} + E_{转化值} + L_{转化值} + W_{转化值2}\big] \tag{5.9}$$

式（5.9）中，农民工就业质量 EQI 指数的取值范围［60-100］，数值越大，代表农民工就业质量越高；数值越小，代表农民工就业质量越低。

5.2.2 数据来源、模型选择及变量描述

5.2.2.1 数据来源

本节利用 2016 年中国劳动力动态调查数据，该数据是中山大学社会科学特色数据库建设专项内容，是通过对劳动力、家庭和社区三个对象每两年进行一次动态追踪调查而得到的最新数据。本节的研究对象为 16~65 岁，目前正以雇员身份从事工资性工作的农业户籍人口，经过筛选最终得到 2 448 份有效样本，该有效样本包含了 23 个省（自治区、直辖市），涉及范围较为广泛，因此样本代表性相对而言比较理想。按培训类型划分，有 1 513 份接受公共培训的样本，有 935 份接受私人培训的样本；按性别划分，男性样本 1 297 个，女性样本 1 151 个；按区域划分，东部地区样本 930 个，中部地区样本 894 个，西部地区样本 624 个。

5.2.2.2 模型选择

为了考察不同的培训类型对农民工就业质量影响的大小差异，本节分别

采用普通最小二乘法 OLS 回归和多元概率比 Probit 回归，构建政府培训和单位培训对农民工就业质量总指数，及分项指标影响的多元回归模型。具体看，农民工就业质量指数、工资水平及工作时间是定距变量，采用普通最小二乘法 OLS 回归模型，如下所示：

$$Y_i = \beta_0 + \alpha_1 Train_1 + \sum \beta_i X_i + \varepsilon_i \tag{5.10}$$

$$Y_i = \beta_0 + \alpha_2 Train_2 + \sum \beta_i X_i + \varepsilon_i \tag{5.11}$$

工作稳定性和劳动合同为定类变量，采用 Probit 回归模型，具体为：

$$p(y = 1/x) = \beta_0 + \alpha_1 Train_1 + \sum \boldsymbol{\beta}_i \boldsymbol{X}_i + \varepsilon_i \tag{5.12}$$

$$p(y = 1/x) = \beta_0 + \alpha_2 Train_2 + \sum \boldsymbol{\beta}_i \boldsymbol{X}_i + \varepsilon_i \tag{5.13}$$

在模型（5.10）、模型（5.11）中，Y_i 均代表被解释变量农民工就业质量总指数、工资水平、工作时间等定距变量；模型（5.12）、模型（5.13）中，$p(y = 1/x)$ 表明第 i 名样本农民工在过去两年中工作未发生变化的概率，或者签订书面劳动合同的概率；$\boldsymbol{X}_i$ 均代表除培训变量以外的其他解释变量的向量组合；$\boldsymbol{\beta}_i$ 为相应系数向量；β_0 表示常数项；ε_i 为随机扰动项。在模型（5.10）、模型（5.12）中，$Train_1$ 表示公共培训，α_1 为对应回归系数；在模型（5.11）、模型（5.13）中，$Train_2$ 表示私人培训，α_2 为对应回归系数。接下来，本节使用 OLS 回归和 Probit 回归方法分别对模型（5.10）~模型（5.13）进行估计。

5.2.2.3 变量描述

本节被解释变量为农民工就业质量指数，可由工资水平、工作稳定性、劳动合同、工作时间 4 个指标衡量，并依据前面构建的指数方程进行测算得出。核心解释变量为工作培训，根据培训类型划分为政府培训和单位培训，对应的 2016 年中国劳动力动态调查问卷中的问题是："过去两年中您是否参加过政府提供的职业技能培训"，将农民工参加过政府培训赋值为 1，没有参加过赋值为 0；"过去两年中您是否参加过单位提供的专业技术培训"，将农民工参加过单位培训赋值为 1，没有参加过赋值为 0。考虑到农民工就业质量一系列综合因素影响的结果，在两模型中均引入性别、受教育年限、工作经验、健康状况、医疗保险、住房公积金、养老保险相关控制变量。具体样本的描述性统计结果如表 5.10 所示。

表 5.10 相关变量的描述性统计

变量名称	变量描述及赋值	总体均值	男性样本	女性样本	东部样本	中部样本	西部样本
农民工就业质量	根据就业质量指数方程计算得到	82.26 (14.51)	86.19 (15.78)	75.12 (13.16)	88.74 (16.25)	80.01 (14.77)	73.45 (11.89)
工资水平	个人年工资收入的对数	10.24 (0.75)	10.42 (0.87)	9.99 (0.65)	10.44 (0.89)	10.21 (0.71)	9.91 (0.62)
工作稳定性	过去两年来您从事的工作是否发生变化，比如，单位变化、职位变化、生意内容变化：否=1，是=0	0.48 (0.33)	0.53 (0.37)	0.42 (0.30)	0.61 (0.45)	0.44 (0.32)	0.34 (0.28)
劳动合同	您目前是否签订书面劳动合同：是=1，否=0	0.32 (0.28)	0.38 (0.34)	0.25 (0.17)	0.40 (0.30)	0.33 (0.19)	0.19 (0.11)
工作时间	一周工作小时数	49.71 (5.85)	55.69 (7.70)	42.97 (3.86)	45.52 (5.42)	47.86 (6.03)	58.60 (8.79)
政府培训	在过去两年中是否接受过政府提供的职业技能培训：有=1，没有=0	0.58 (0.53)	0.64 (0.58)	0.51 (0.45)	0.65 (0.62)	0.57 (0.57)	0.49 (0.48)
单位培训	在过去两年中是否接受过单位提供的至少5天的专业技能培训：有=1，没有=0	0.42 (0.37)	0.51 (0.40)	0.32 (0.26)	0.54 (0.43)	0.40 (0.32)	0.27 (0.19)
性别	被访者性别：男=1，女=0	0.53 (0.40)	—	—	0.51 (0.38)	0.52 (0.40)	0.57 (0.44)
受教育年限	接受过的最高教育经历是：未上过学=0，小学/私塾=5，初中=9，普通高中、职业高中、技校、中专=12，大专、本科=16	9.24 (3.97)	9.59 (4.12)	8.84 (3.51)	10.62 (4.55)	9.18 (4.06)	7.27 (3.02)
工作经验	目前的工作经验年数	15.31 (10.24)	18.54 (12.66)	11.67 (8.30)	12.38 (8.91)	16.96 (11.59)	17.31 (12.40)
健康状况	认为自己现在的健康状况如何：非常健康=5，健康=4，一般=3，比较不健康=2，非常不健康=1	3.62 (0.82)	3.14 (0.70)	4.16 (0.95)	4.02 (0.91)	3.15 (0.72)	3.70 (0.89)

变量名称	变量描述及赋值	总体均值	男性样本	女性样本	东部样本	中部样本	西部样本
医疗保险	目前是否有城乡居民医疗保险或者新型农村合作医疗保险：有＝1，没有＝0	0.59 (0.41)	0.57 (0.38)	0.61 (0.43)	0.72 (0.52)	0.56 (0.39)	0.44 (0.30)
住房公积金	目前是否有住房公积金：有＝1，没＝0	0.32 (0.18)	0.41 (0.25)	0.22 (0.13)	0.36 (0.21)	0.32 (0.19)	0.26 (0.14)
养老保险	目前是否有城乡居民养老保险或者新型农村社会养老保险：有＝1，没有＝0	0.41 (0.29)	0.43 (0.31)	0.39 (0.27)	0.45 (0.34)	0.40 (0.28)	0.36 (0.21)
样本量	—	2 448	1 297	1 151	930	894	624

注：括号内为标准误差，以上根据中国劳动力动态调查（CLDS，2016）整理计算而得。

由表 5.10 可知，农民工总体就业质量指数的均值为 82.26，男性农民工就业质量指数高出女性农民工就业质量指数 11.07，且与中部、西部地区农民工就业质量指数相比较，东部地区农民工就业质量指数分别高出 8.73 和 15.29，表明农民工就业质量存在较明显的性别差异和区域差异。就工资水平而言，总体农民工年均收入对数值为 10.24，约为 28 001.13 元（$e^{10.24}$），男性农民工的年均收入水平要高出女性 11 716.14 元（$e^{10.42}-e^{9.99}$），东部地区农民工年均收入为 34 200.65 元（$e^{10.44}$），中部地区为 27 173.56 元（$e^{10.21}$），西部地区为 20 130.67 元（$e^{9.91}$），可见农民工性别工资差异和区域工资差异均非常明显。就工作稳定性而言，总体中有 48% 的农民工在过去两年中发生单位、职位或生意内容的变化，男性中有 53% 的农民工发生过职位变化，高于女性（42%），且随着区域由东向西变化，工作转换发生比率逐渐减小，区域差异较为明显。就劳动合同而言，总体中签订劳动合同的比率仅为 32%，男性农民工签订劳动合同的比率为 38%，高出女性 13 个百分点；随着区域由东向西变化，农民工劳动合同签订率逐渐降低，西部地区最低仅为 19%，与西部地区劳动力市场不完善有关。就工作时间而言，总体平均每周工作时间为 49.71 小时，男性农民工为 55.69 小时，高出女性 12.72 小时；东部地区和中部地区农民工周工作小时数相差不大，均在 46~48 小时，而西部地区农民工工作时间高达 58.60 小时。

总体接受政府培训的占比为 58%，即仅有不到六成的农民工接受过政府提供的职业技能培训，男性农民工中接受过政府职业技能培训的占 64%，比女性的高出 13 个百分点；东部地区农民工接受政府培训的占比最高为 65%，比中部地区高出 8 个百分点，西部的占比最小仅为 49%。农民工接受单位培训的占比相对较少仅为 42%，男性农民工接受单位培训的占比高出女性 19%，西部地区农民工接受单位培训的占比最低仅为 27%，中部地区次之为 40%，东部地区占比最高为 54%。综上可见，可能是由于性别歧视，男性农民工中接受政府培训和单位培训的比例明显高于女性农民工，而东部地区由于劳动力市场相对完善，无论是政府提供的职业技能培训还是单位提供的工作培训占比都明显高于中部和西部地区，培训资源区域分布不平衡。

就性别变量而言，总体群体中男性占比 53%，女性占比 47%；分区域看，东部和中部地区农民工男性占比差别不大，分别为 51% 和 52%，西部地区农民工男性占比较高为 57%。就受教育年限而言，总体受教育年限均值为 9.24 年，男性农民工平均受教育年限为 9.59 年，高于女性（8.84 年），东部地区农民工平均受教育年限最高为 10.62 年，比中部、西部地区分别高出 1.44 年、3.35 年，可见各区域之间农民工受教育年限差异较大，西部地区农民工平均受教育程度最低仅为初中水平。从工作经验看，总体工作经验为 15.31 年，男性农民工平均工作经验较长为 18.54 年，高出女性农民工 6.87 年，与男性农民工不存在职业生涯中断，而女性农民工还肩负着生育、照顾幼儿的责任，通常会有几年的时间退出劳动力市场有关。随着区域由东向西变化，农民工的平均工作经验逐渐增加，可能是与西部地区农民工平均受教育年限较低，较早地进入劳动力市场有关。就健康状况而言，总体均值为 3.62，接近于 4 健康的状态，女性农民工身体状况要好于男性农民工，东部地区和西部地区农民工的身体状况要好于中部地区。此外，就医疗保险、养老保险、住房公积金而言，总体农民工参保比例分别为 59%，41%，32%，且除了医疗保险女性农民工参保比例高于男性以外，养老保险和住房公积金均为男性农民工参保比例更高，随着区域由东向西变化，农民工对于以上三者的参保比例均呈逐渐减少趋势。

5.2.3 实证分析

5.2.3.1 培训类型与就业质量：指数估计比较

本节基于模型（5.5）、模型（5.6），采用 OLS 回归方法，分别考察农民工接受政府培训和单位培训对其就业质量总指数的影响效应，得到的回归结果见表 5.11。

表 5.11 培训类型对农民工就业质量指数影响的回归结果比较

解释变量	回归（1）	回归（2）
	回归系数（标准误）	回归系数（标准误）
政府培训	0.089***	—
	(0.007)	
单位培训	—	0.037**
		(0.013)
性别（男性＝1）	0.082***	0.077***
	(0.006)	(0.009)
受教育年限	0.078***	0.060***
	(0.001)	(0.003)
工作经验	0.030**	0.048**
	(0.012)	(0.018)
健康状况	0.045*	0.046*
	(0.022)	(0.024)
医疗保险	0.082***	0.093***
	(0.010)	(0.009)
住房公积金	0.094***	0.097***
	(0.008)	(0.010)
养老保险	0.076***	0.078***
	(0.009)	(0.010)
常数项	1.157***	1.326***
	(0.055)	(0.068)
R^2	0.613	0.592
观测值	1 513	935

注：括号内数值为标准误差，***，**，*表示在1%，5%，10%统计意义上显著，下同。

由表 5.11 回归结果可知，第一，在其他控制变量不变的情况下，政府培训对农民工就业质量指数的影响为 8.9%，明显大于单位培训对农民工就业质量指数的影响（3.7%），表明与单位培训相比，农民工接受政府培训对就业质量的提升作用明显更高。一种可能的解释是与用人单位提供的专业技术培训相比，政府提供的公共就业培训针对大众化、较低端、临时性工作岗位，主要面向一些较低学历者或者失业农民工群体，目的偏向于增加就业机会，解决失业问题，对于农民工培训针对性较强，农民工通过接受政府培训，不仅能够获得更高技术等级或一专多能，而且提升了自身人力资本素质和工作技能，进而能够明显提高其工作岗位适应能力和办事效率，有益于其职业进一步提升发展和获得更高薪酬，进而能够显著提升自身就业质量水平。

第二，在两个模型的控制变量中，受教育年限和工作经验对农民工就业质量影响存在较大差异，在接受政府培训的模型中，受教育年限对于农民工就业质量指数的影响为 7.8%，在 1% 水平上显著高于接受单位培训模型中相应的回归系数（6.0%），与接受单位培训的农民工相比较，接受政府培训的农民工平均受教育年限相对较低有关。与政府培训相比较，工作经验对于接受单位培训的农民工就业质量的提升作用更明显，且在 5% 水平上高出 1.8 个百分点。此外，性别、医疗保险、养老保险、住房公积金变量对于两模型中，农民工就业质量的影响程度相差不大，均在 1% 统计水平上显著。这表明与女性相比较，无论是接受政府培训还是单位培训，男性农民工的就业质量相对更高，可能与女性农民工在就业市场中面临一定程度的性别歧视，从而用人单位更偏好招聘男性农民工有关；农民工参加职工医疗保险、养老保险、住房公积金等社会保障显著提升了他们的就业质量，即社会保障也是影响农民工就业质量的重要因素。

5.2.3.2 培训类型与就业质量：分指标比较

基于模型（5.5）至模型（5.8），本节将就业质量 4 个标准化后的分项指标工资水平、工作稳定性、劳动合同、工作时间分别作为被解释变量，比较分析政府培训和单位培训等解释变量对其之间的影响作用，具体如表 5.12 所示。

表 5.12　培训类型对农民工就业质量分指标影响的回归结果比较

解释变量	回归（3） 工资 水平	回归（4） 工作 稳定性	回归（5） 劳动 合同	回归（6） 工作 时间	回归（7） 工资 水平	回归（8） 工作 稳定性	回归（9） 劳动 合同	回归（10） 工作 时间
政府培训	13.721 *** (2.014)	0.035 ** (0.013)	0.067 *** (0.018)	−2.148 ** (0.810)	—	—	—	—
单位培训	—	—	—	—	8.531 *** (1.910)	0.074 *** (0.015)	0.103 ** (0.022)	−0.524 ** (0.201)
性别 （男性＝1）	7.591 *** (1.492)	0.033 *** (0.010)	0.070 *** (0.008)	0.129 *** (0.112)	6.470 *** (0.027)	0.099 *** (0.015)	0.108 *** (0.036)	0.042 *** (0.010)
受教育 年限	6.241 *** (1.201)	0.049 *** (0.017)	0.061 *** (0.005)	−0.104 *** (0.095)	5.851 *** (1.130)	0.078 *** (0.014)	0.090 *** (0.013)	−0.082 *** (0.047)
工作经验	2.110 ** (0.841)	0.082 ** (0.030)	0.038 ** (0.014)	−0.076 ** (0.029)	1.746 ** (0.628)	0.068 ** (0.027)	0.078 ** (0.030)	−0.058 ** (0.022)
健康状况	2.921 * (1.540)	0.025 * (0.014)	0.053 * (0.025)	0.079 * (0.042)	2.364 * (0.940)	0.069 * (0.035)	0.097 * (0.051)	0.053 * (0.026)
医疗保险	6.480 *** (0.612)	0.076 ** (0.030)	0.066 *** (0.014)	0.071 ** (0.027)	5.173 *** (0.682)	0.101 *** (0.015)	0.125 *** (0.029)	0.062 *** (0.013)
住房 公积金	7.162 *** (0.703)	0.081 ** (0.034)	0.080 *** (0.017)	0.069 *** (0.015)	6.273 *** (0.710)	0.088 *** (0.034)	0.108 *** (0.030)	0.098 *** (0.022)
养老保险	8.631 *** (0.791)	0.079 ** (0.028)	0.063 *** (0.014)	0.080 *** (0.024)	7.209 *** (0.910)	0.085 ** (0.034)	0.114 *** (0.042)	0.069 ** (0.018)
常数项	45.070 *** (8.523)	2.855 *** (0.591)	1.517 *** (0.095)	3.904 *** (0.703)	21.023 *** (7.408)	4.106 *** (0.098)	1.820 *** (0.078)	1.456 *** (0.072)
R^2	0.310	—	—	0.381	0.392	—	—	0.295
Pseudo R^2	—	0.105	0.179	—	—	0.136	0.201	—
Wald 卡方值	—	77.882 ***	89.567 ***	—	—	83.654 ***	91.401 ***	—
观测值	1 533	1 519	1 516	1 526	952	941	939	950

通过表 5.12 可知，回归（3）至回归（10）分别报告了政府培训、单位培训对农民工的工资水平、工作稳定性、劳动合同、工作时间的影响作用。

具体看，与单位培训相比较，政府培训每增加 1 个标准差会引起农民工的工资水平增加 13.721 个标准差，要高出单位培训的工资效应 5.19 个标准差；同时，政府培训每增加 1 个标准差会使得农民工的工作时间减少 2.148 个标准差，而参加单位培训减少的工作时间效应仅为 0.524 个标准差。这可能是由于与单位培训相比较，农民工通过参加政府培训，会更明显地提升其工作技能和就业能力，增加就业机会和涨薪机会，而且也会在一定程度上改善就业条件，使得工作时间正规化，减少不合理加班、超长时间工作等现象。同时，无论是参加政府培训还是单位培训，农民工的工作稳定性概率和劳动合同的签订概率均会发生一定程度的增加，也即意味着农民工参加培训，增加了职业技能，会使得工作稳定性增强，避免频繁地更换工作，同时也促使农民工签订正规劳动合同的概率增加。这也进一步证实了王建国和李实（2015）、李中建和袁璐璐（2017）等人的结论。此外，由于篇幅限制，受教育年限、工作经验等其他控制变量对农民工就业质量分指标的影响不再赘述。

5.2.3.3 分样本回归差异比较

前面是对总体进行的回归，得到的结论是政府培训和单位培训对农民工就业质量指数和分指标影响的平均效应。下面，本节按性别将总体分为男性农民工、女性农民工，按区域划分为东部地区、中部地区、西部地区，利用普通最小二乘法回归和多元概率比回归方法，进一步分析不同培训类型对各群体农民工就业质量指数及分指标影响是否存在差异，具体如表 5.13 所示。

表 5.13　培训类型对农民工就业质量影响的分样本差异比较

类别	被解释变量	男性农民工	女性农民工	东部地区	中部地区	西部地区
政府培训	就业质量指数	0.096 ***	0.084 ***	0.090 ***	0.082 ***	0.065 **
		(0.008)	(0.006)	(0.006)	(0.011)	(0.023)
	工资水平	14.523 ***	11.420 ***	15.806 ***	12.770 ***	10.685 ***
		(3.181)	(2.431)	(3.424)	(2.193)	(2.561)
	工作稳定性	0.030 **	0.039 ***	0.032 *	0.036 **	0.043 ***
		(0.011)	(0.008)	(0.176)	(0.013)	(0.009)
	劳动合同	0.072 ***	0.059 **	0.076 ***	0.065 **	0.060 ***
		(0.017)	(0.022)	(0.020)	(0.024)	(0.019)

类别	被解释变量	男性农民工	女性农民工	东部地区	中部地区	西部地区
政府培训	工作时间	-2.578^{**}	-1.964^{**}	-2.049^{**}	-2.276^{**}	-3.154^{***}
		(0.960)	(0.756)	(0.781)	(0.875)	(0.992)
	控制变量	已控制	已控制	已控制	已控制	已控制
	观测值	802	711	541	519	453
单位培训	就业质量指数	0.045^{**}	0.032^{**}	0.069^{***}	0.037^{**}	0.026^{**}
		(0.017)	(0.012)	(0.006)	(0.013)	(0.010)
	工资水平	8.957^{***}	7.941^{***}	9.108^{***}	8.623^{***}	7.740^{***}
		(2.310)	(2.168)	(2.520)	(2.413)	(2.001)
	工作稳定性	0.065^{***}	0.081^{***}	0.064^{**}	0.075^{**}	0.082^{***}
		(0.011)	(0.017)	(0.024)	(0.028)	(0.017)
	劳动合同	0.108^{***}	0.094^{**}	0.116^{**}	0.092^{*}	0.102^{**}
		(0.023)	(0.036)	(0.043)	(0.047)	(0.039)
	工作时间	-0.558^{**}	-0.476^{**}	-0.582^{***}	-0.496^{**}	-0.425^{**}
		(0.214)	(0.182)	(0.180)	(0.191)	(0.163)
	控制变量	已控制	已控制	已控制	已控制	已控制
	观测值	495	440	389	375	171

注：括号内为标准误差，由于篇幅限制，本表只列出了核心解释变量政府培训和单位培训对各群体农民工就业质量指数及分指标的影响效应，其他控制变量的回归系数并未列出。

由表 5.13 回归结果可知，第一，就业质量总指数回归结果显示，与女性相比较，男性农民工接受政府培训和单位培训后对其就业质量的总提升作用更明显；随着区域由东向西变化，农民工接受政府培训和单位培训后对其就业质量的正向影响程度由强变弱，各区域培训资源不平衡，各区域差异较大。从区别培训类型看，政府培训均对各性别、各区域的农民工就业质量提升效应显著高于单位培训。这是由于农民工群体就业的工作岗位一般较低端，单位组织开展技能培训的频率和培训效果可能不高，进而对农民工就业质量改善并不明显。

第二，就工资水平和工作时间分项指标看，与女性相比较，两类培训均对男性农民工的工资水平增加和工作时间缩短效果更明显。从区域比较看，与中西部地区相比，接受政府培训和单位培训均会更显著增加东部地区农民工的工资水平；接受政府培训会明显缩短西部地区农民工的工作时间，而单位培训会更明显缩短东部地区农民工的工作时间。一个可能的原因是，与中西部地区相比，东部地区劳动力市场更完善，政府和单位对农民工提供职业技能培训的频率更高，进而对提升工资水平效果更好；同时，由于西部地区农民工的工作强度较大，政府如果能够提供就业技能培训则会有效改善其就业条件，缩短工作时间。

第三，就工作稳定性分指标看，与男性相比较，接受政府培训和单位培训均对女性农民工的工作稳定性概率有更显著的增加。这与女性农民工自身更厌恶频繁地转换工作，偏好较稳定的工作有关；且与东部和中部地区相比，接受政府培训和单位培训均会更显著增加西部地区农民工的工作稳定性概率。就劳动合同分指标看，接受政府培训和单位培训均更有利于增加男性农民工签订正规劳动合同的概率，是由于男性农民工接受工作培训后，其人力资本禀赋、专业技术能力得到显著提升，男性农民工凭借性别优势会签订正规的就业合同；此外，与中部地区相比，接受两类培训会显著增加东部、西部地区农民工签订正规劳动合同的概率。

5.2.4 扩展讨论及稳健性检验

前面的回归结果显示，农民工参加政府培训和单位培训会显著提高其就业质量，但需要进一步思考的是，政府培训和单位培训与农民工就业质量之间存在一定程度的内生性问题，即就业质量越低的农民工接受政府培训或者单位培训的可能性越大，而农民工接受培训又会提升其就业质量水平，两者之间相互影响会使得估计结果在一定程度上是有偏的。出现这种内生性问题的一个可能原因是样本个人特征差异而造成自选择偏差，对此我们考虑使用倾向得分匹配法（PSM）（Rosembaum and Rubin，1985）解决这个问题，并分别重新估计政府培训和单位培训对全样本、分性别、分区域的农民工就业质量的影响效应。

具体说，如果参加政府培训（单位培训）和没有参加政府培训（单位培训）两种农民工群体的差异能够被一组共同的影响因素（协变量 X，如受教育年限、工作经验、工作收入等）较为完美的解释，那么就可以基于这些共同的影响因素进行分层匹配，使得每一层内均有参加政府培训（单位培训）的农民工和没有参加政府培训（单位培训）的农民工两种群体，两者的区别体现在是否参加政府培训（单位培训），以此考察两种农民工群体的就业质量差异。将参加政府培训（单位培训）的农民工视为处理组，将没有参加政府培训（单位培训）的农民工视为控制组，在可观测特征的条件下，用倾向得分匹配把农民工是否参加政府培训（单位培训）当作一种概率，并将此概率作为分层匹配的基础条件，从而可以得到较好的实验组平均处理效应（ATT）。

利用 Stata 软件进行倾向得分匹配时，需要首先检验参加政府培训（单位培训）和没有参加政府培训（单位培训）的两种农民工群体之间其他控制变量间的平衡性，平衡性检验结果显示，匹配前参加政府培训（单位培训）和没有参加政府培训（单位培训）的两种农民工，在工作经验、劳动合同、养老保险等变量间存在较为明显的差异，但是匹配之后大部分变量的偏误比例都下降到 6% 之下，只有工作时间和工作收入的偏误比例处于 6%~8%，但这些变量的偏误比例均在 75% 以上。同时 T 检验的概率值显示，以上所有变量均不能够在 10% 的显著性水平下，拒绝处理组参加政府培训（单位培训）的农民工群体与控制组没有参加政府培训（单位培训）的农民工群体无显著差异的原假设，即匹配结果均通过平衡性检验。为了检验结果的可靠性，本节分别采用核匹配、卡尺内最近邻匹配、局部线性回归匹配三种方法进行检验，这三种方法在本质上是相同的，如果最终得到实验组平均处理效应在方向与显著性上均相同则表明结果是稳健可靠的。具体两种培训类型对各群体农民工就业质量总指数影响的倾向得分匹配的实验组平均处理效应见表 5.14。

由表 5.14 可知，第一，通过三种匹配方法控制其他可观测变量的差异之后，在政府培训模型中得到全样本的实验组平均处理效应相差不大且在 1% 水平上均显著为正，表明农民工参加政府培训会显著提升其就业质量水平，且明显大于单位培训对就业质量的提升效应，与表 5.11 的回归结论相一致。分性别样本的实验组平均处理效应显示，男性农民工接受政府培训或单位培训对就业质量的正向提升作用均显著高于女性农民工，与表 5.13 的结论相一致。

表 5.14 两类工作培训的各群体倾向得分匹配的实验组平均处理效应

	匹配方法	总体	男性	女性	东部地区	中部地区	西部地区
政府培训	卡尺内最近邻匹配①	0.091 ***	0.098 ***	0.085 ***	0.092 ***	0.084 ***	0.066 **
		(0.007)	(0.009)	(0.008)	(0.007)	(0.013)	(0.024)
	核匹配②	0.089 ***	0.093 ***	0.081 ***	0.087 **	0.080 ***	0.062 **
		(0.006)	(0.008)	(0.006)	(0.031)	(0.010)	(0.021)
	局部线性回归匹配③	0.090 ***	0.096 ***	0.083 ***	0.091 ***	0.082 ***	0.067 **
		(0.007)	(0.008)	(0.007)	(0.005)	(0.012)	(0.025)
单位培训	卡尺内最近邻匹配[a]	0.039 **	0.048 **	0.033 **	0.072 ***	0.039 **	0.027 **
		(0.015)	(0.019)	(0.012)	(0.008)	(0.015)	(0.011)
	核匹配[b]	0.035 **	0.042 **	0.030 *	0.068 ***	0.037 **	0.024 **
		(0.013)	(0.015)	(0.015)	(0.005)	(0.013)	(0.009)
	局部线性回归匹配[c]	0.038 **	0.046 **	0.031 **	0.070 ***	0.035 **	0.026 **
		(0.014)	(0.018)	(0.012)	(0.006)	(0.012)	(0.010)

注：①此处以 0.25 个对数发生比 $\log((1-p)/p)$ 的标准差为半径进行 1：1 的最近邻匹配；②此处以内核为基础的 kernel 匹配中使用默认的核函数与带宽，不加其他参数；③使用默认的核函数与带宽，并用自助法（bootstrap）以得到自助标准误。同时，由于篇幅限制，只给出了各群体农民工就业质量总指数的实验组平均处理效应，四个分项指标并未作汇报。

第二，分区域样本实验组平均处理效应显示，与中部、西部地区农民工相比较，无论是政府培训还是单位培训对于东部地区农民工就业质量的提升作用更加明显，即可能是由于东部地区劳动力市场更完善，无论是政府还是用人单位对农民工提供职业技能培训的力度比较大，培训体系相对较完善，因此培训效果会明显较好，该地区农民工通过接受职业技能培训，增加了自身人力资本水平，进而会在一定程度上增加就业机会、改善就业条件，从而提升其就业质量水平，该结果与表 5.4 的结论相一致。另外，值得注意的是，以上在修正样本自选择偏差以有效解决内生性问题之后，得到的实验组平均处理效应结果在方向与显著性上均相同，并没有因匹配方法的不同而有所改变，表明处理结果是可靠稳健的。

5.3 异质性非正规就业与流动人口就业质量

5.3.1 就业质量指数构建

本节对流动人口就业质量指数（EQI 指数）的测度，既参考了国内外学者的指标选取方法，又结合了 2016 年中国劳动力动态调查数据的特点，最终选取了薪酬福利、主观工作满意度、劳动强度及保护 3 个一级指标，9 个二级指标。其中，薪酬福利包含的二级指标为工资水平、养老保险、医疗保险；主观工作满意度包含的二级指标为收入满意度、晋升机会满意度、工作环境满意度；劳动强度及保护包含的二级指标为工作时间、工作稳定性、工会组织。根据问卷设置，工资水平（I）用流动人口年收入水平的对数表示；养老保险（E）用流动人口是否参加养老保险表示（是 = 1，否 = 0，养老保险类型可以为城镇职工基本养老保险、城镇居民社会养老保险、新型农村社会养老保险、城乡居民养老保险，任意参加其中一种即可）；医疗保险（M）用流动人口是否参加医疗保险来表示（是 = 1，否 = 0，医疗保险类型可以为城镇职工基本医疗保险、城镇居民基本医疗保险、新型农村合作医疗、城乡居民医疗保险，任意参加其中一种即可）；收入满意度（IS）、晋升机会满意度（CS）、工作环境满意度（WS）分别为流动人口对收入水平、晋升机会、工作环境的主观评价，非常满意 = 5、比较满意 = 4、一般 = 3、不太满意 = 2、非常不满意 = 1；工作时间（working time，T）用流动人口目前或最近一份工作周工作小时数表示；工作稳定性（S）用过去两年来流动人口从事的工作是否发生变化，（比如，单位变化、职位变化、生意内容变化，没有变化 = 1，有变化 = 0）；工会组织（U）用流动人口目前的单位或企业现在有没有工会表示（有 = 1，没有 = 0）。具体流动人口就业质量指数构建路径如

图 5.1 所示。

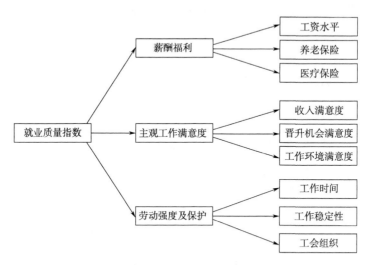

图 5.1 流动人口就业质量指数构建路径

由于不同变量不具有可比性，因此需要对各变量进行标准化处理，具体处理方法为：变量与其均值的差除以变量的样本均值。为了使各项估值的标准化值转换为 60~100 分值，需要采用的转化公式为：

$$X_{转化值} = \frac{100 - 60}{X_{max} - X_{min}} \cdot (X - X_{min}) + 60 \tag{5.14}$$

其中，X 为每个变量的标准化值，例如，工资水平变量 I 的标准化值为：

$$I = \frac{I_i - \bar{I}}{S_I} \tag{5.15}$$

其中，S_I 代表工资水平变量的样本标准差。由于工作时间是负向指标，为了保证指标数值大小的变化和最终的流动人口就业质量指数高低在经济含义上保持同向相关性，需要对工作时间（T）进行二次转化，转化公式为：

$$T_{转化值2} = 160 - T_{转化值} \tag{5.16}$$

本节借鉴欧盟委员会和欧洲基金会的做法，采用等权重赋值的方法构建流动人口就业质量指数。即对薪酬福利、主观工作满意度、劳动强度及保护 3 个一级指标分别赋予相同的权重，各占 1/3，且每个一级指标下设的 3 个二级指标也均占 1/3。则本章最终构建的流动人口就业质量指数为：

$$EQI \text{指数}_i = \frac{1}{3}\left[\frac{1}{3}(I_{\text{转化值}} + E_{\text{转化值}} + M_{\text{转化值}}) + \frac{1}{3}(IS_{\text{转化值}} + CS_{\text{转化值}} + WS_{\text{转化值}})\right.$$

$$\left. + \frac{1}{3}(T_{\text{转化值}2} + S_{\text{转化值}} + U_{\text{转化值}})\right] \tag{5.17}$$

其中，流动人口就业质量指数的取值范围 [60~100]，数值越大时，代表流动人口就业质量越高；数值越小，代表流动人口就业质量越低。

5.3.2 数据来源、模型选择及变量描述

5.3.2.1 数据来源

本节利用 2016 年中国劳动力动态调查数据，研究对象为 16~65 岁的农业户籍、具有外出务工经历（跨县、乡镇、市区流动半年以上）且从事非正规就业的流动人口，经过筛选最终得到 2 315 份有效样本。鉴于常进雄和王丹枫（2010）、薛进军和高文书（2012）等学者对非正规就业的定义，本节基于异质性角度，将非正规就业者定义为非正规受雇者和自我经营者。其中，非正规受雇者主要指在非正规部门中领取工资的家庭帮工、临时工和正规部门中的短期临时工、非全日制就业和劳务派遣工；自我经营者是指从事个体经营的工商户或家庭劳动经营者且未办理营业执照。按照非正规就业种类划分，非正规受雇者 1 348 个（占比 58.23%），自我经营者 967 个（占比 41.77%）；按照性别划分，男性样本 1 297 个（占比 56.02%），女性样本 1 018 个（占比 43.98%）。

5.3.2.2 模型选择

为了考察异质性非正规就业对流动人口就业质量影响大小的差异，本节分别采用普通最小二乘法回归和分位数回归，构建非正规受雇和自我经营对流动人口就业质量总指数影响的多元回归模型。由于流动人口就业质量指数是定距变量，首先采用普通最小二乘法回归模型进行估计，模型如下：

$$Y_i = \beta_0 + \alpha_1 Informal_1 + \sum \beta_i X_i + \varepsilon_i \tag{5.18}$$

$$Y_i = \beta_0 + \alpha_2 Informal_2 + \sum \beta_i X_i + \varepsilon_i \tag{5.19}$$

其中，在模型（5.18）和模型（5.19）中，Y_i 为流动人口就业质量指数，X_i 均代表除非正规就业变量以外的其他解释变量的向量组合；β_i 为相应系数向量；β_0 表示常数项；ε_i 为随机扰动项。模型（6.18）中，$Informal_1$ 代表非正规受雇，α_1 为对应回归系数；在模型（5.19）中，$Informal_2$ 代表自我经营，α_2 为对应回归系数。

考虑到普通最小二乘法回归只能估计异质性非正规就业对流动人口就业质量指数均值的影响，无法分析在不同就业质量指数分位点上，异质性非正规就业对其的影响程度。鉴于此，本节进一步采用分位数回归的方法，考察在条件分布的不同位置上，非正规受雇和自我经营对流动人口就业质量指数的影响差异。采用分位数回归的优点是不受极端值的影响，从而得到更稳健的回归结果。分位数回归模型为：

$$Q_{i\theta}(Y_i|X_i) = X_i\beta_{i\theta} + u_{i\theta} \tag{5.20}$$

其中，$Q_{i\theta}(Y_i|X_i)$ 表示给定解释变量 X_i 的情况下与分位数 θ 相对应的条件分位数，分位数回归可以选取任意特定分位数进行参数估计，代表性的分位数是 0.10，0.25，0.50，0.75，0.90，并通过最小化方程（5.21）得到系数估计值。

$$\min\left\{\sum_{i:\ Y_i \geqslant X_i\beta(\theta)} \theta|Y_i - X_i\beta(\theta)| + \sum_{i:\ Y_i < X_i\beta(\theta)} (1-\theta)|Y_i - X_i\beta(\theta)|\right\} \tag{5.21}$$

5.3.2.3　变量描述

本节被解释变量为流动人口就业质量指数，可由薪酬福利、主观工作满意度、劳动强度及保护 3 个一级指标下设的 9 个二级指标衡量，依据前面构建的指数方程进行测算得出。核心解释变量为异质性非正规就业，可分为非正规受雇和自我经营两种类型，考虑到流动人口就业质量是一系列综合因素影响的结果，因此在上述模型中均引入了相关控制变量，包括人口特征因素：性别、年龄、婚姻状况；人力资本因素：受教育年限、工作培训、工作经验、健康状况；行业因素：建筑业、制造业、服务业。具体样本的描述性统计结果如表 5.15 所示。

表 5.15　相关变量的描述性统计

变量名称		变量描述及赋值	总体样本	男性样本	女性样本
被解释变量	流动人口就业质量	根据就业质量指数方程计算得到	80.17 (12.38)	84.30 (13.46)	75.12 (10.52)
核心解释变量	非正规受雇	是否为非正规部门中领取工资的家庭帮工、临时工和正规部门中的短期临时工、非全日制就业和劳务派遣工，是=1，否=0	0.58 (0.36)	0.54 (0.40)	0.63 (0.32)
	自我经营	是否为从事个体经营的工商户或家庭劳动经营者且未办理营业执照，是=1，否=0	0.42 (0.25)	0.46 (0.29)	0.37 (0.20)
人口学特征因素	性别	被访者性别：男=1，女=0	0.56 (0.71)	—	—
	年龄	被访者年龄	44.81 (6.32)	47.26 (7.45)	41.69 (4.31)
	婚姻状况	有配偶=1，没有配偶=0	0.65 (0.50)	0.62 (0.49)	0.69 (0.53)
人力资本因素	受教育年限	接受过最高教育的经历是：未上过学=0，小学/私塾=5，初中=9，普通高中、职业高中、技校、中专=12，大专、本科=16	10.24 (3.86)	10.79 (4.05)	9.54 (3.72)
	工作培训	在过去两年中是否接受过政府或单位提供的至少5天的职业技能培训，有=1，没有=0	0.48 (0.40)	0.51 (0.42)	0.44 (0.37)
	工作经验	目前的工作经验年数	16.35 (10.18)	17.96 (11.23)	14.30 (8.51)
	健康状况	认为自己现在的健康状况如何，非常健康=5，健康=4，一般=3，比较不健康=2，非常不健康=1	3.61 (0.79)	3.09 (0.62)	4.27 (0.85)

变量名称		变量描述及赋值	总体样本	男性样本	女性样本
行业因素	建筑业	目前从事的行业类型为建筑业，是＝1，否＝0	0.18 (0.15)	0.25 (0.24)	0.09 (0.07)
	制造业	目前从事的行业类型为制造业，是＝1，否＝0	0.26 (0.31)	0.32 (0.25)	0.18 (0.21)
	服务业	目前从事的行业类型为服务业，是＝1，否＝0	0.47 (0.37)	0.31 (0.20)	0.67 (0.53)
样本量		—	2 315	1 297	1 018

注：括号内为标准误差。以上根据2016年中国劳动力动态调查数据整理计算而得。

由表5.15可知，第一，流动人口总体就业质量指数为80.17，男性流动人口就业质量指数为84.30，而女性流动人口就业质量指数为75.12，两者之间差距高达9.18，表明男性流动人口的就业质量状况要好于女性，存在较明显的性别差异。总体流动人口中非正规受雇占比为0.58，高于自我经营的占比（0.42），男性流动人口从事非正规受雇的比例为0.54，低于女性从事非正规受雇的比例（0.63），而男性中从事自我经营的比例为0.46，高于女性中从事自我经营的比例（0.37），可见异质性非正规就业存在较明显的性别群体差异。

第二，人口特征因素，总体中男性占比56%，女性占比44%，可见从事非正规就业的流动人口中以男性居多。年龄因素，总体被访者年龄平均为44.81岁，男性中平均年龄为47.26岁，高于女性的平均年龄（41.69岁），即男性平均年龄偏大。婚姻状况，总体流动人口中65%的人为已婚状态，女性中已婚占比为69%，高出男性7个百分点，这可能与女性在家庭中扮演着重要角色，更倾向于早结婚有关。

第三，人力资本因素，总体平均受教育年限、工作经验分别为10.24年和16.35年，男性流动人口的平均受教育年限、工作经验分别为10.79年和17.96年，对应要高出女性1.25年和3.66年，可见男性流动人口的平均受教育程度和工作经验等人力资本水平更高。关于工作培训，总体流动人口中有48%的比例曾参加过政府或单位提供的工作培训，男性中参加过工作培训占

51%，高出女性7个百分点。总体健康状况为3.61约为4"健康"，女性的健康水平约为4"健康"，好于男性的健康水平（接近于3"一般"），表明平均而言女性的健康状况相对更好。这与女性平常具有更好的健康保健意识有关。此外，关于行业因素，总体中从事建筑业、制造业、服务业的占比分别为18%，26%，47%，男性中从事三类行业的比例相差不大，分别为25%，32%，31%；而女性中从事三类行业的占比差距较明显，女性从事服务业比例最高为67%，制造业次之为18%，建筑业最低仅为9%，之所以有较大差别，与不同行业间要求的体力差异、性别角色优势差异有关。

5.3.3 实证分析

5.3.3.1 异质性非正规就业对总体就业质量的回归分析

（1）普通最小二乘法回归分析。为了考察异质性非正规就业对总体就业质量的影响差异，本节依次控制人口学特征因素、人力资本因素、行业因素控制变量，对总体样本进行逐步普通最小二乘法回归，具体回归结果如表5.16所示。

表5.16 异质性非正规就业对总体就业质量的逐步回归结果

解释变量		回归（1）系数（标准误）	回归（2）系数（标准误）	回归（3）系数（标准误）	回归（4）系数（标准误）	回归（5）系数（标准误）	回归（6）系数（标准误）
非正规受雇		-0.194*** (0.027)	-0.105*** (0.013)	-0.085*** (0.012)	—	—	—
自我经营		—	—	—	0.013*** (0.002)	-0.021*** (0.003)	-0.043*** (0.004)
人口学特征	性别	0.076*** (0.010)	0.054*** (0.009)	0.042** (0.016)	0.081*** (0.009)	0.049** (0.018)	0.041** (0.015)
	年龄	-0.112** (0.041)	-0.085** (0.030)	-0.050** (0.018)	-0.123** (0.045)	-0.089** (0.032)	-0.068** (0.025)
	婚姻状况	0.087** (0.032)	0.064* (0.032)	0.043* (0.021)	0.079** (0.028)	0.058* (0.029)	0.042* (0.021)

续表

解释变量		回归（1）	回归（2）	回归（3）	回归（4）	回归（5）	回归（6）
		系数 （标准误）	系数 （标准误）	系数 （标准误）	系数 （标准误）	系数 （标准误）	系数 （标准误）
人力资本因素	受教育 年限	—	0.113 *** （0.010）	0.071 *** （0.082）	—	0.106 *** （0.012）	0.082 ** （0.030）
	工作培训	—	0.075 ** （0.026）	0.050 ** （0.018）	—	0.059 ** （0.021）	0.041 ** （0.015）
	工作经验	—	0.104 *** （0.009）	0.083 *** （0.006）	—	0.092 ** （0.034）	0.071 *** （0.020）
	健康状况	—	0.071 ** （0.026）	0.052 ** （0.019）	—	0.084 ** （0.031）	0.060 ** （0.022）
行业因素	建筑业	—	—	0.021 * （0.010）	—	—	0.028 * （0.014）
	制造业	—	—	0.035 ** （0.012）	—	—	0.042 ** （0.015）
	服务业	—	—	0.064 ** （0.023）	—	—	0.073 ** （0.027）
R^2		0.131	0.205	0.314	0.145	0.198	0.326
观测值		1 348	1 348	1 348	967	967	967

由表 5.16 回归结果可知，第一，非正规受雇对流动人口就业质量产生负向影响，即从事非正规受雇不利于流动人口就业质量的改善，回归（3）中当控制了相关控制变量因素之后，流动人口从事非正规受雇会在1%水平上显著降低其就业质量8.5%。与非正规受雇相比较，自我经营对流动人口就业质量产生的负向影响相对较小，如回归（6）中显示，流动人口从事自我经营会使其就业质量仅降低4.3%。可见，流动人口从事非正规受雇非常不利于该群体就业质量的提升，而自我经营的非正规就业模式相对灵活，无论是薪酬水平、工作环境，还是工作时间上要比非正规受雇享有更优越的条件，因此流动人口从事自我经营对就业质量的负向影响相对更小。

第二，人口学特征因素中，性别对流动人口就业质量有正向影响，表明男性流动人口的就业质量要高于女性，这与劳动力市场上存在一定程度的性别歧视有关。年龄对流动人口的就业质量有负向影响，表明随着年龄的增加，流动人口的就业质量逐渐降低，与中老年劳动力相比，青年劳动力在体力、精力上更有优势，会获得相对更好的工作单位有关，因此青年劳动力的整体就业质量要好。就婚姻状况而言，有配偶对流动人口就业质量产生正向影响，可能是受先成家后立业观念的影响，稳定的婚姻状况为流动人口积极工作、发展事业奠定了坚实的后盾。

第三，人力资本因素中，无论从事哪种类型的非正规就业，受教育年限、工作培训、工作经验以及健康状况，均对流动人口的就业质量产生正向影响，表明人力资本投资、健康资本投资越充分，越促使流动人口找到薪酬福利更好、劳动强度较小，但劳动保护更完善、主观工作满意度更高的就业岗位，进而其综合就业质量水平也就越高。此外，在行业因素中，与建筑业、制造业相比，流动人口从事服务业对就业质量的正向影响更大，这与服务业相对较高的薪酬福利、较好的劳动保护有关；与非正规受雇相比，流动人口从事建筑业、制造业、服务业对自我经营群体就业质量的正向影响更大，这是由两种非正规就业类型的工作自由度差异导致的。

（2）分位数回归分析。为了考察在不同就业质量分位点上两类非正规就业形式对流动人口就业质量的影响差异，本节进一步以分位数回归方法，分析非正规受雇和自我经营对总体流动人口就业质量的影响，具体回归结果见表5.17。

表5.17 异质性非正规就业对总体就业质量的分位数回归结果

解释变量	分位数回归					控制变量	观测值
	0.10	0.25	0.50	0.75	0.90		
非正规受雇	-0.097 ***	-0.092 ***	-0.086 ***	-0.079 **	-0.071 **	已控制	1 348
	(0.015)	(0.014)	(0.011)	(0.028)	(0.026)		
自我经营	-0.037 **	-0.042 ***	-0.050 ***	-0.044 ***	-0.026 **	已控制	967
	(0.013)	(0.004)	(0.006)	(0.005)	(0.010)		

注：受篇幅限制，本表中没有列出控制变量的回归系数。

由表 5.17 可知，第一，在所有分位点上，非正规受雇对流动人口就业质量均为显著的负向影响，且随着分位点数的提升，其负向影响系数逐渐减小。这表明非正规受雇对低就业质量的流动人口的负向影响更大，而对较高就业质量的流动人口负向影响较小，一种原因是，与高质量就业的流动人口相比较，低质量就业的流动人口本身生存境遇比较差，如果再从事非正规受雇的就业类型，则会面临较低的工资水平、不完善的劳动保护以及更加艰难的就业形势，从而对该群体就业质量的负向影响程度也更大。

第二，在所有分位点上，与非正规受雇相比，自我经营对流动人口就业质量的负向影响均较小；且随着分位点数的上升，其负向影响程度呈现"U形"变化趋势。即意味着在 0.50 分位点之前，自我经营对流动人口就业质量的负向影响逐渐增加，而在 0.50 分位点之后，自我经营对流动人口就业质量的负向影响逐渐减弱。这是由于自我经营有较灵活、自由的就业形式，弹性的工作时间，尤其是对低质量就业和高质量就业的流动人口而言，此种就业形式的特点展现得更为突出，因此相应的负向影响也就变得不那么明显。

5.3.3.2 异质性非正规就业的分样本比较分析

为了进一步考察异质性非正规就业——非正规受雇（$Informal_1$）、自我经营（$Informal_2$）与不同城乡区域（区分东部和中西部、城镇和农村）对流动人口就业质量的影响差异，本节引入三个虚拟变量 D_1 东部城镇、D_2 东部农村、D_3 中西部城镇，以中西部农村为基础参照组，仍以人口学特征因素、人力资本因素、行业因素为控制变量，则对应的回归模型如式（5.22）、式（5.23）所示：

$$Y_i = \beta_0 + \alpha_1 Informal_1 + \alpha_2 Informal_1 \times D_1 + \alpha_3 Informal_1 \times D_2 \\ + \alpha_4 Informal_1 \times D_3 + \sum \beta_i X_i + \varepsilon_i \tag{5.22}$$

$$Y_i = \beta_0 + \gamma_1 Informal_2 + \gamma_2 Informal_2 \times D_1 + \gamma_3 Informal_2 \times D_2 \\ + \gamma_4 Informal_2 \times D_3 + \sum \beta_i X_i + \varepsilon_i \tag{5.23}$$

模型（5.22）中 $Informal_1 \times D_1$、$Informal_1 \times D_2$、$Informal_1 \times D_3$ 分别为非正规受雇与三个区域虚拟变量的交互项，α_2、α_3、α_4 分别为对应的回归系数；模型（5.23）中 $Informal_2 \times D_1$、$Informal_2 \times D_2$、$Informal_2 \times D_3$ 分别为自我经营与三

个区域虚拟变量的交互项，γ_2、γ_3、γ_4分别为对应的回归系数。此外，其他变量释义均与前面模型释义相一致，不再赘述。本节利用上述公式，采用普通最小二乘回归方法，分别对总体、男性样本、女性样本进行回归，具体回归结果见表5.18。

表 5.18　异质性非正规就业与城乡交互项对各群体就业质量的回归结果

变量名称		总体	男性	女性
		回归系数 （标准差）	回归系数 （标准差）	回归系数 （标准差）
模型 (5.22)	$Informal_1$	-0.079^{***} （0.011）	-0.083^{***} （0.014）	-0.062^{***} （0.009）
	$Informal_1 \times D_1$	-0.032^{*} （0.016）	-0.040^{**} （0.015）	-0.025^{*} （0.012）
	$Informal_1 \times D_2$	-0.049^{**} （0.018）	-0.053^{**} （0.019）	-0.037^{**} （0.013）
	$Informal_1 \times D_3$	-0.065^{***} （0.008）	-0.071^{***} （0.009）	-0.058^{***} （0.007）
	控制变量	已控制	已控制	已控制
	R^2	0.231	0.274	0.280
	观测值	1 348	732	616
模型 (5.23)	$Informal_2$	-0.047^{***} （0.008）	-0.031^{***} （0.006）	-0.052^{***} （0.010）
	$Informal_2 \times D_1$	0.012^{**} （0.005）	0.019^{**} （0.007）	0.011^{**} （0.004）
	$Informal_2 \times D_2$	-0.028^{**} （0.010）	-0.021^{**} （0.008）	-0.034^{***} （0.001）
	$Informal_2 \times D_3$	-0.051^{***} （0.006）	-0.046^{***} （0.004）	-0.059^{***} （0.003）
	控制变量	已控制	已控制	已控制
	R^2	0.246	0.282	0.301
	观测值	967	565	402

由表5.18可知，第一，模型（5.22）回归结果显示，解释变量非正规受雇、非正规受雇与城乡区域的交互项均对总体流动人口就业质量产生负向影响，且非正规受雇与中西部城镇交互项产生的负向影响在1%水平上显著为-6.5%，而非正规受雇与东部城镇交互项产生的负向影响相对较小，仅在10%水平上显著为-3.2%。一种解释是，我国各地区间经济发展不平衡，与东部地区相比，中西部城镇劳动力市场相对不完善，劳动保护不健全，因此，在中西部地区就业的流动人口从事非正规受雇对其就业质量的负向影响显著更大。分性别看，与女性相比，非正规受雇对男性流动人口就业质量产生的负向影响更为严重，这是由于劳动力市场上存在性别歧视，男性流动人口从事非正规受雇对其职业发展会面临更多的障碍和瓶颈，主观工作满意度会相对更低。

第二，模型（5.23）回归结果显示，自我经营、自我经营与东部地区农村交互项、自我经营与中西部地区城镇交互项，对总体流动人口就业质量均产生负向影响，而自我经营与东部地区城镇交互项对总体流动人口就业质量却为正向影响。对此，一种解释是由于自我经营就业形式的相对灵活性和自由性，以及东部地区城镇劳动力市场相对较发达，在良好的市场经济环境下，流动人口从事自我经营的就业模式不仅薪酬福利较高，劳动强度较小，个体的主观工作满意度也较高，因此，自我经营与东部地区城镇交互项对流动人口就业质量产生正向影响。分性别看，与女性相比，自我经营对男性流动人口就业质量负向影响更小，相对于女性，男性更喜欢从事自我经营这种形式灵活、时间自由、自我支配度较高的就业形式，因此会在一定程度上抵消部分非正规就业的负向影响。综合而言，自我经营对男性流动人口就业质量的负向影响相对较小。

5.3.3.3 影响机制分析

通过前面分析，非正规受雇和自我经营会对流动人口就业质量产生负向影响，那么可能的影响渠道有哪些，其内在的影响机制如何，值得我们深入分析。通常认为非正规就业会影响劳动者的薪酬福利、社会保障等方面，本节根据问卷设置，列出了几个可能的影响渠道，分别为工资水平、工作稳定性、工作时间、社会保障、整体工作满意度。其中，将"您是否参加养老保险或医疗保险，是=1，否=0"作为社会保障的代理变量，工作稳定性为0，1二值变量，可用 Probit 回归；整体工作满意度为满意度量表中1~5的次序变量，可用有序 Probit 回归；工资水平和工作时间为定距变量，可用普通最小二乘法回归。此外，在以上回归过程中，均控制了人口学特征因素（性别、年龄、婚姻状况）、人力资本因素（受教育年限、工作培训、工作经验、健康状况），以及行业因素（建筑业、制造业、服务业），表5.19具体给出了异质性非正规就业对流动人口就业质量影响渠道的估计结果。

表 5.19　异质性非正规就业对总体就业质量影响的渠道分析

被解释变量	非正规受雇	控制变量	R^2	样本量	自我经营	控制变量	R^2	样本量
工资水平	-0.045*** (0.009)	已控制	0.321	1 348	-0.019* (0.010)	已控制	0.293	967
工作稳定性	-0.029** (0.011)	已控制	0.150	1 348	-0.038*** (0.007)	已控制	0.173	967
工作时间	0.062*** (0.001)	已控制	0.189	1 348	-0.014*** (0.003)	已控制	0.182	967
社会保障	-0.027** (0.010)	已控制	0.167	1 348	-0.018*** (0.004)	已控制	0.154	967
整体工作满意度	-0.025** (0.004)	已控制	0.235	1 348	0.036** (0.007)	已控制	0.221	967

由表5.19回归结果可知，第一，非正规受雇在1%水平上显著降低了流动人口的工资水平4.5%，可见从事相比于正规就业，从事非正规受雇会显著降低流动人口的薪酬福利。同时，非正规受雇在5%水平上显著降低了流动人口的工作稳定性、社会保障参与率以及整体工作满意度，表明流动人口从事临时性较强的非正规受雇，不利于就业稳定性的增强；同时限于非正规受雇往往未签订正规劳动合同，具有非正规性的特点，也不利于流动人口参保养老保险、医疗保险等社会保障，进而降低了整体工作满意度和就业质量。此外，非正规受雇在1%水平上显著增加了流动人口的工作时间6.2%，进一步证实了非正规受雇者通常会面临加班加点、工作时间长、劳动强度大的问题。

总之，以上渠道分析均阐释了非正规受雇对流动人口就业质量有显著负向影响。

第二，自我经营则在10%水平显著降低了流动人口的工资水平1.9%，可见与非正规受雇相比较，自我经营对流动人口工资水平的负向影响相对较小。自我经营在1%水平上显著降低了流动人口的工作稳定性和社会保障参与率，这与自我经营有较灵活的就业模式，流动性较强有关。与非正规受雇不同的是，自我经营显著减少了流动人口的工作时间，提高了整体工作满意度，这与流动人口从事自我经营具有较强的自主性，工作时间控制上相对自由，工作环境和晋升机会相对较好有关，从而与非正规受雇存在较大差异。以上影响渠道分析，也在一定程度上解释了与非正规受雇相比，自我经营对流动人口就业质量负向影响较小的原因。

5.3.3.4　稳健性检验

由前面的回归结果显示，流动人口从事非正规就业、自我经营会降低其就业质量，但需要进一步思考的是，异质性非正规就业与流动人口就业质量之间存在一定程度的内生性问题，即就业质量越低的流动人口从事非正规就业的可能性越大，而流动人口从事非正规就业会显著降低其就业质量水平，两者之间相互影响会使得估计结果在一定程度上是有偏的。出现这种内生性问题的一个原因是样本个人特征差异而造成自选择偏差，对此我们考虑使用倾向得分匹配法（PSM）（Rosembaum and Rubin，1985）解决这一问题，并分别重新估计非正规就业和自我经营对全样本、分性别的流动人口就业质量间的影响效应。

具体说，如果从事非正规受雇（自我经营）和没有从事非正规受雇（自我经营）两种流动人口群体的差异，能够被一组共同的影响因素（协变量 X，如性别、年龄、受教育年限、工作经验等）较为完美的解释，那么就可以基于这些共同的影响因素进行分层匹配，使得每层内均有从事非正规受雇（自我经营）的流动人口和没有从事非正规受雇（自我经营）的流动人口两种群体，两者的唯一区别体现在是否从事非正规受雇（自我经营），以此考察两种流动人口群体的就业质量差异。将从事非正规受雇（自我经营）的流动人口视为处理组，将没有从事非正规受雇（自我经营）的流动人口视为控制组，在可观测特征的条件下，用倾向得分匹配把流动人口是否从事非正规受雇（自我经营）当作一种概率，并将此概率作为分层匹配的基础条件，从而可以得到较好的实验组平均处理效应。

利用 Stata 软件进行倾向得分匹配时，需要首先检验从事非正规受雇（自我经营）和没有从事非正规受雇（自我经营）的两种流动人口群体之间其他控制变量间的平衡性，平衡性检验结果显示，匹配前从事非正规受雇（自我经营）和没有从事非正规受雇（自我经营）的两种流动人口在受教育年限、工作经验、年龄等变量间存在较为明显的差异，但是匹配之后大部分变量的偏误比例都下降到6%之下，除了行业因素（建筑业、制造业、服务业）的偏误比例处于6%~8%，但这些变量的偏误比例均在75%以上。同时 T 检验的概率值显示，以上所有变量均不能够在10%的显著性水平下，拒绝处理组从事非正规受雇（自我经营）的流动人口群体，与控制组没有从事非正规受雇（自我经营）的流动人口群体无显著差异的原假设，即匹配结果均通过了平衡性检验。

为了检验结果的可靠性，本节分别采取核匹配、卡尺内最近邻匹配、局部线性回归匹配 3 种方法进行检验，3 种方法在本质上是相同的，如果最终得到实验组平均处理效应在方向与显著性上均相同则表明结果是稳健可靠的。具体两类异质性非正规就业对各群体流动人口就业质量总指数影响的倾向得分匹配的实验组平均处理效应见表 5.20。

表 5.20　异质性非正规就业对流动人口就业质量影响的 ATT 处理效应

	匹配方法	总体	男性	女性
非正规受雇	卡尺内最近邻匹配[①]	-0.087 ***	-0.092 ***	-0.065 ***
		(0.012)	(0.013)	(0.007)
	核匹配[②]	-0.082 ***	-0.085 ***	-0.059 ***
		(0.010)	(0.009)	(0.005)
	局部线性回归匹配[③]	-0.086 ***	-0.089 ***	-0.063 ***
		(0.009)	(0.007)	(0.006)

续表

匹配方法		总体	男性	女性
自我经营	卡尺内最近邻匹配①	−0.045 ***	−0.032 ***	−0.053 ***
		(0.005)	(0.007)	(0.011)
	核匹配②	−0.041 ***	−0.029 **	−0.048 **
		(0.003)	(0.010)	(0.018)
	局部线性回归匹配③	−0.044 ***	−0.034 **	−0.049 **
		(0.004)	(0.013)	(0.018)

注：①此处以 0.25 个对数发生比 log（（1−p）/p）的标准差为半径进行 1∶1 的最近邻匹配；②此处以内核为基础的 kernel 匹配中使用默认的核函数与带宽，不加其他参数；③使用默认的核函数与带宽，并用自助法（bootstrap）以得到自助标准误。同时，由于篇幅限制，只给出了异质性非正规就业对各群体流动人口就业质量总指数的实验组平均处理效应，其他控制变量并未作汇报。

由表 5.20 可知，通过 3 种匹配方法控制其他可观测变量的差异之后，在非正规受雇模型中得到全样本的实验组平均处理效应相差不大，且在 1% 水平上均显著为负，表明流动人口从事非正规受雇会显著降低就业质量水平，且明显大于自我经营对就业质量的负向影响，与表 5.16 的回归结论相一致。分性别样本的实验组平均处理效应显示，与女性相比，非正规受雇对男性流动人口就业质量的负向影响作用更大；而与男性相比，自我经营对女性流动人口就业质量的负向影响作用更大，该结论与表 5.18 的回归结论相一致，进一步证实了前面的回归结果。另外，值得注意的是，以上在修正样本自选择偏差以有效解决内生性问题之后，得到的实验组平均处理效应结果在方向与显著性上均相同，并没有因匹配方法的不同而有所改变，表明处理结果是可靠稳健的。

5.4 非正规就业对居民社会信任水平的影响

5.4.1 概念界定与理论分析

5.4.1.1 非正规就业和社会信任概念界定

国内外学者对非正规就业的概念界定不完全统一。阿穆埃多（Amuedo-

Dorantes，2004）认为，与雇主没有签订劳动合同的劳动者从事的就是非正规就业，因此，将缺乏劳动合同的劳动力作为非正规就业的代理指标。芬克豪泽（Funkhouser，1996）使用劳动力市场中自我就业者（即自我雇佣者）的比例作为非正规就业的代理指标。巴尔甘等（Bargain et al.，2011）认为，非正规就业者应该是缺乏社会保险的非正规就业者和非正规自我雇佣者（自雇型或者小于 6 个雇员的微型企业，但不包括专业技术人员）。而冈特等（Gunther et al.，2012）则认为，非正规就业者必须满足 3 个条件之一：其一，用人单位不提供养老保险；其二，用人单位和劳动者没有签订劳动合同；其三，用人单位的雇佣人数少于 5 人。拉琴科（Radchenko，2014）把非正规部门中没有签订劳动合同的就业者和自我就业者视为非正规就业者。虽然各国社会经济体制、经济活动特征以及文化特征不同，非正规就业的界定标准不完全相同，但总的说，国外学者多数都赞同"非正规就业一般未与用人单位签订劳动合同，劳动关系相对比较脆弱，并且缺乏必要的社会保障等基本事实"。

国内学者对非正规就业的概念界定也不完全相同。常进雄和王丹枫（2010）将非正规就业定义为有雇工的个体经营者、无雇工的个体经营者、临时工以及领取工资的家庭工人。薛进军和高文书（2012）将非正规就业定义为家庭帮工、非正规部门和家庭部门中的自营劳动者、非正规部门的雇主以及从事非正规工作的雇员。杨帆（2015）将非正规就业定义为具有非正式的雇佣关系（无合同、临时雇佣等）、没有进入政府监管体系的就业。王海成和郭敏（2015）将非正规就业定义为没有签订劳动合同或者所在单位（雇主）没有为其提供养老保险。本节参考王海成和郭敏（2015）对非正规就业的定义，将非正规就业定义为没有签订劳动合同或者所在单位（雇主）没有为其提供养老保险。

本节的因变量为社会信任。该变量对应中国 2015 年综合社会调查问卷中相应的问题是："总的来说，您同不同意在这个社会上，绝大多数人都是可以信任的？"本节将选项非常不同意赋值为 1，代表社会信任水平非常低，即非常不信任；选项比较不同意赋值为 2，代表社会信任水平比较低，即比较不信任；选项说不上同意不同意赋值为 3，代表社会信任水平一般；选项比较同意赋值为 4，代表社会信任水平比较高，即比较信任；选项非常同意赋值为 5，代表社会信任水平非常高，即非常信任。

5.4.1.2　理论分析

新古典经济学中的人力资本理论认为，人力资本在就业选择过程中发挥着非常重要的作用，劳动者的就业选择很大程度上取决于其人力资本水平。人力资本主要体现在三个方面：一是劳动者的受教育年限，劳动者接受正规教育的年限越长，则表明劳动者的人力资本存量就越多。二是劳动者的工作经验，劳动者在某个固定岗位上工作年限越长，则表明劳动者与该工作相关的人力资本存量越多，工作经验越丰富。三是劳动者的技能培训，企业对员工进行相关技能培训也能显著提升劳动者的人力资本水平。增加受教育年限、工作经验和技能培训能显著提升劳动者的工作效率和人力资本存量，使劳动者能够创造更高的边际生产力。

然而，在非正规就业群体中，许多农村劳动力的学历水平低，缺乏工作经验，并且雇主提供较少的技能培训，致使他们的人力资本存量显著低于正规就业者。此外，许多非正规就业者的就业不稳定，工作转换频率高，从而降低了他们在某个固定工作岗位的经验，且许多非正规部门没有正规的工作培训机会，不利于非正规就业者人力资本的积累。因此，与正规就业者相比，更多的非正规就业者只能从事工资水平低、工作环境和工作稳定性差且缺乏社会保障的工作。这不仅严重影响了他们的生活质量，甚至会形成恶性循环，对他们的社会信任水平产生严重的不利影响。

5.4.2　数据来源、模型选择与变量描述

5.4.2.1　数据来源

本节使用 2015 年中国综合社会调查数据。选取的样本为年龄在 18~60 岁的居民。剔除数据缺失的样本后，最终得到 5 525 个有效样本，其中，正规就业 2 929 个，非正规就业 2 596 个，非正规就业的占比为 46.9%。该有效样本包含了 28 个省（自治区、直辖市），具有理想的代表性。

5.4.2.2　模型选择

社会信任为有序离散变量，本节采用有序 Probit 模型分析非正规就业对社会信任水平的影响。该模型假定存在一个能够代表因变量（ *Justice* ），但

又不能直接观测的潜在变量 $Justice^*$，本节假定 $Justice^*$ 由下式决定：

$$Justice_i^* = \beta_i Informal_i + X_i'\gamma_i + \varepsilon_i \tag{5.24}$$

其中，$Informal$ 为非正规就业，β 是回归系数；X_i' 表示影响社会信任水平的控制变量（如年龄和受教育年限等），γ 是其对应的回归系数矩阵；ε_i 代表随机误差项。

同时，设 $\alpha_1 < \alpha_2 < \alpha_3 < \alpha_4$，并定义：

$$Justice_i = \begin{cases} 1, & Justice_i^* < \alpha_1 \\ 2, & \alpha_1 \le Justice_i^* < \alpha_2 \\ 3, & \alpha_2 \le Justice_i^* < \alpha_3 \\ 4, & \alpha_3 \le Justice_i^* < \alpha_4 \\ 5, & \alpha_4 \le Justice_i^* \end{cases} \tag{5.25}$$

当 ε_i 服从标准正态分布时，社会信任的条件概率分布可以表示为：

$$Pr(Justice = 1/X) = Pr(Justice^* < \alpha_1) = \phi(\alpha_1 - f(X))$$
$$Pr(Justice = 2/X) = Pr(\alpha_1 \le Justice^* < \alpha_2) = \phi(\alpha_2 - f(X)) - \phi(\alpha_1 - f(X))$$
$$Pr(Justice = 3/X) = Pr(\alpha_2 \le Justice^* < \alpha_3) = \phi(\alpha_3 - f(X)) - \phi(\alpha_2 - f(X))$$
$$Pr(Justice = 4/X) = Pr(\alpha_3 \le Justice^* < \alpha_4) = \phi(\alpha_4 - f(X)) - \phi(\alpha_3 - f(X))$$
$$Pr(Justice = 5/X) = Pr(\alpha_4 \le Justice^*) = 1 - \phi(\alpha_4 - f(X)) \tag{5.26}$$

其中，$\phi(\cdot)$ 为标准正态分布函数。在有序 Probit 模型中，如果随机误差项与自变量相互独立，那么采用极大似然估计（MLE）将会得到一致估计量。

5.4.2.3 变量描述

本节的因变量为社会信任，核心自变量为非正规就业。由于社会信任还受到其他因素的影响，本节引入了控制变量，包括年龄、性别、政治面貌、宗教信仰、户籍状况、受教育年限、婚姻状况、健康状况、主观幸福感、工作满意度和个人年收入的对数。以上变量的描述性统计结果如表 5.21 所示。

表 5.21　变量的描述性统计分析

变量	变量描述	均值	标准差	最小值	最大值
社会信任	赋值为 1~5，社会信任水平递增	2.913	1.406	1.000	5.000
非正规就业	非正规就业赋值为 1，其他赋值为 0	0.530	0.501	0.000	1.000

续表

变量	变量描述	均值	标准差	最小值	最大值
性别	男性赋值为1，女性赋值为0	0.564	0.667	0.000	1.000
年龄	岁	40.011	11.023	18.000	60.000
宗教信仰	有宗教信仰赋值为1，其他赋值为0	0.135	0.512	0.000	1.000
政治面貌	党员赋值为1，其他赋值为0	0.130	0.340	0.000	1.000
户籍状况	城镇赋值为1，其他赋值为0	0.511	0.576	0.000	1.000
受教育年限	年	11.204	4.778	0.000	19.000
健康状况	赋值为1~5，健康状况依次变好	3.876	0.750	1.000	5.000
婚姻状况	已婚赋值为1，其他赋值为0	0.808	0.464	0.000	1.000
主观幸福感	赋值为1~5，主观幸福感依次增强	2.802	1.515	1.000	5.000
工作满意度	赋值为1~5，工作满意度依次增强	2.697	1.327	1.000	5.000
年收入对数	个人年收入的对数	10.112	1.013	8.791	12.501
省级养老保险覆盖率	城乡居民和城镇职工养老保险参保率	0.597	0.083	0.419	0.705

数据来源：2015年中国综合社会调查数据，下同。

由表5.21可知，总体社会信任水平为2.913，接近3，即总体社会信任水平一般。非正规就业变量，均值为0.530，表明总体中有53.0%的居民从事非正规就业，有47.0%的居民从事正规就业。性别变量的均值为0.564，表明总体中男性占56.4%，女性占43.6%。年龄变量，最小值为18岁，最大值为60岁，均值为40.011岁，可见总体居民年龄大致处于中年阶段。宗教信仰变量，均值为0.135，表明总体中仅有13.5%的居民有宗教信仰，86.5%的居民没有宗教信仰。政治面貌变量，均值为0.130，表明总体中有13%的居民是中共党员，有87%的居民是非中共党员，可见政治面貌为党员的占比较少。户籍状况变量，均值为0.511，表明总体中有51.1%的居民是城镇户籍，而农村户籍的居民占比48.9%。受教育年限变量，均值为11.204年，最小值为0年，最大值为19年，可见总体居民平均受教育程度为高中水平。健康状况变量，均值为3.876，接近于4"比较健康"，表明总体居民的健康状况良好。婚姻状况变量，均值为0.808，表明总体中有80.8%的居民是已婚状态，仅有19.2%的居民是未婚状态。主观幸福感变量，均值为2.802，接近于3"一般"，表明总体居民的主观幸福感水平一般。工作满意度变量，均值为2.697，接近于3"一般"，表明总体居民对工作的满意程度为一般水平。年收入水平变量，均值为10.112，最小值为8.791，最大值为12.501，即总体居民的年收入平均水平为24 636.88（e^10.112）元，最低年收入水平为6 574.804（e^8.791）元，最高年收入水平为268 605.758（e^12.501）元，可见不同居民间收入水平差距较大。省级养老保险覆盖率变量，均值为0.597，表明总体中有59.7%的城乡居民和城镇职工参加了养老保险，而有40.3%的居民没有参加养老保险。

5.4.3　实证结果分析

5.4.3.1　全样本回归结果

本节首先对全样本进行了有序 Probit 回归，同时汇报了自变量取其均值时对社会信任的边际影响。具体结果见表5.22。

表5.22　非正规就业与社会信任：有序 Probit 回归结果

解释变量	回归系数	边际效果				
		非常不信任	比较不信任	一般	比较信任	非常信任
非正规就业	-0.125 ***	0.003 ***	0.018 ***	0.029 ***	-0.029 ***	-0.021 ***
	(0.031)	(0.001)	(0.004)	(0.007)	(0.007)	(0.005)
性别	0.147 ***	-0.003 ***	-0.022 ***	-0.034 ***	0.034 ***	0.024 ***
	(0.030)	(0.001)	(0.005)	(0.007)	(0.007)	(0.005)
年龄	0.017 ***	-0.001 ***	-0.003 ***	-0.004 ***	0.004 ***	0.003 ***
	(0.002)	(0.000)	(0.001)	(0.000)	(0.000)	(0.000)
宗教信仰	0.116 **	-0.002 **	-0.016 ***	-0.028 **	0.026 **	0.021 **
	(0.048)	(0.001)	(0.006)	(0.012)	(0.010)	(0.009)
政治面貌	0.220 ***	-0.004 ***	-0.029 ***	-0.055 ***	0.047 ***	0.041 ***
	(0.044)	(0.001)	(0.005)	(0.012)	(0.008)	(0.009)
户籍状况	-0.262 ***	0.005 ***	0.038 ***	0.061 ***	-0.060 ***	-0.044 ***
	(0.036)	(0.001)	(0.005)	(0.008)	(0.008)	(0.006)
受教育年限	0.004 **	-0.000 ***	-0.000 ***	-0.002 **	0.004 **	0.002 **
	(0.002)	(0.000)	(0.000)	(0.001)	(0.002)	(0.001)

续表

解释变量	回归系数	边际效果				
		非常不信任	比较不信任	一般	比较信任	非常信任
健康状况	0.180 ***	-0.004 ***	-0.026 ***	-0.042 ***	0.041 ***	0.030 ***
	(0.018)	(0.001)	(0.003)	(0.004)	(0.004)	(0.003)
婚姻状况	0.077 **	-0.002 *	-0.011 **	-0.017 **	0.018 **	0.013 **
	(0.037)	(0.001)	(0.005)	(0.008)	(0.009)	(0.006)
主观幸福感	0.224 ***	-0.005 ***	-0.025 ***	-0.041 ***	0.027 ***	0.044 ***
	(0.023)	(0.010)	(0.003)	(0.004)	(0.003)	(0.005)
工作满意度	0.140 **	-0.021 **	-0.035 *	0.005 ***	0.044 **	0.005 *
	(0.070)	(0.009)	(0.018)	(0.001)	(0.022)	(0.0031)
收入水平	0.130 ***	-0.003 ***	-0.019 ***	-0.030 ***	0.030 ***	0.022 ***
	(0.021)	(0.001)	(0.003)	(0.005)	(0.005)	(0.004)
观测值	5 525	5 525	5 525	5 525	5 525	5 525

注：括号内数值为标准误差，***，**，*表示在1%，5%，10%统计意义上显著。下同。

由表 5.22 可知，在其他变量不变的情况下，非正规就业对社会信任的影响在 1% 统计意义上显著为负，表明非正规就业是影响社会信任的重要因素之一，如果居民从事非正规就业，那么会显著降低他们的社会信任水平。具体看，如果居民从事非正规就业，那么他们的社会信任水平为"非常不信任""比较不信任""一般"的概率分别上升 0.3%、1.8%、2.9%，同时他们感觉"比较信任"和"非常信任"的概率分别下降 2.9% 和 2.1%。

控制变量的回归结果和已有文献基本一致。与女性相比，男性的社会信任水平相对较高（Glaeser et al.，2000）。随着年龄的增长，居民的社会信任水平也会显著提升；与没有宗教信仰的相比，有宗教信仰能显著提升居民的社会信任水平；与非党员相比，中共党员的身份能提升居民的社会信任水平（李涛等，2008；杨明等，2011；黄健和邓燕华，2012）。与农村户籍相比，城镇户籍的居民社会信任水平相对较低，一个原因是，城镇户籍的居民邻里乡亲和睦程度较低，而农村户籍居民的社区信任度较高，邻里乡亲比较和睦，此外，农村户籍居民的平均期望水平低于城镇居民，容易得到满足，所以社会信任水平相对较高。对于受教育年限变量而言，受教育年限越长，社会信任水平越高，而且受教育年限每提升一个百分点，居民的社会信任水平为"一般"的概率降低0.2%，同时他们感觉"比较信任"和"非常信任"的概率分别上升0.4%和0.2%。健康状况和婚姻状况也是影响居民社会信任水平的重要因素（Delhey and Newton，2003），健康状况越好，社会信任水平越高；与未婚相比，已婚者社会信任水平高。主观幸福感和工作满意度也会显著影响居民的社会信任水平，主观幸福感越高的人社会信任水平越高，工作满意度越高的人社会信任水平越高。已有研究表明，非正规就业显著降低了居民的主观幸福感（丁述磊，2017），因此，非正规就业通过降低居民的主观幸福感，会进一步降低居民的社会信任水平。对于收入水平变量，收入水平越高，社会信任水平越高（申广军和张川川，2016），而且收入水平每提升1个百分点，居民的社会信任水平为"非常不信任""比较不信任"和"一般"的概率分别下降0.3%，1.9%，3.0%，同时他们感觉"比较信任"和"非常信任"的概率分别上升3.0%和2.2%。这表明如果提升居民的收入水平，会显著提升居民的社会信任水平。

5.4.3.2 分样本回归结果

上述分析是对全样本进行的有序Probit回归，得到的结论是非正规就业对全体居民社会信任影响的平均效应。基于非正规就业的异质性，本节将全样本分为性别分样本和户籍分样本，进一步考察非正规就业对异质性群体社会信任水平的影响是否存在差异。性别和户籍分样本的具体回归结果见表5.23。

表 5.23 异质性的非正规就业与社会信任：有序 Probit 回归结果

解释变量	男性	女性	城镇	农村
非正规就业	-0.112 ***	-0.143 ***	-0.049 **	-0.205 ***
	（0.041）	（0.047）	（0.023）	（0.044）
性别	—	—	0.115 ***	0.165 ***
			（0.042）	（0.044）
年龄	0.012 ***	0.026 ***	0.015 ***	0.018 ***
	（0.002）	（0.003）	（0.003）	（0.002）

解释变量	男性	女性	城镇	农村
宗教信仰	0.108	0.130*	0.145**	0.097
	(0.066)	(0.068)	(0.072)	(0.063)
政治面貌	0.261***	0.181**	0.248***	0.257***
	(0.055)	(0.072)	(0.052)	(0.087)
户籍状况	−0.262***	−0.284***	—	—
	(0.046)	(0.055)		
受教育年限	0.003***	0.016**	0.007*	0.013*
	(0.001)	(0.007)	(0.004)	(0.007)
健康状况	0.160***	0.208***	0.128***	0.222***
	(0.024)	(0.027)	(0.026)	(0.025)
婚姻状况	0.098*	0.067**	0.061**	0.098*
	(0.051)	(0.033)	(0.031)	(0.054)
主观幸福感	0.887***	0.602*	0.515***	0.722**
	(0.029)	(0.328)	(0.117)	(0.321)
工作满意度	0.107**	0.118***	0.609***	0.752***
	(0.052)	(0.029)	(0.107)	(0.212)
收入水平	0.146***	0.118***	0.134***	0.118***
	(0.028)	(0.031)	(0.029)	(0.030)
观测值	3 115	2 410	2 821	2 704

表 5.23 回归结果显示，第一，在其他变量不变的情况下，无论对男性还是女性，非正规就业对社会信任的影响均在1%水平上显著为负，但是，非正规就业对女性居民社会信任水平的影响大于男性，表明非正规就业对社会信任的影响存在一定程度的性别异质性。户籍分样本回归结果显示，在其他变量不变的情况下，无论对城镇户籍还是农村户籍，非正规就业对社会信任的影响均为负，但是，非正规就业对农村户籍的负向影响大于城镇户籍，表明非正规就业对社会信任的影响不仅存在一定程度的性别异质性，且还存在一定程度的户籍异质性。

第二，对于性别分样本中的控制变量，随着年龄的增长，女性居民的社会信任水平提升度大于男性居民。宗教信仰对女性居民社会信任的影响在统计意义上显著，而对于男性的影响却不显著。无论对于男性还是女性，与非党员相比，中共党员的身份能提升居民的社会信任水平。户籍状况对社会信任水平的影响与性别基本无关。对于受教育年限变量而言，无论对于男性还是女性，受教育年限越长，社会信任水平越高，而且对于女性来说，受教育年限对社会信任水平的提升作用更大。无论对于男性还是女性，健康状况和婚姻状况均是影响居民社会信任水平的重要因素，健康状况越好，社会信任水平越高；与未婚相比，已婚者社会信任水平较高。健康状况对于女性社会信任水平的影响大于男性，婚姻状况对于男性社会信任水平的影响大于女性，表明健康状况对女性社会信任水平的影响更大，婚姻状况对男性社会信任水平的影响更大。对于主观幸福感和工作满意度变量，无论男性还是女性，主观幸福感和工作满意度均会显著影响居民的社会信任水平，主观幸福感越高的人社会信任水平越高，工作满意度越高的人社会信任水平越高，且不存在性别异质性。对于收入水平变量，无论是男性还是女性，收入水平越高，社会信任水平越高，但是收入水平对男性社会信任的影响大于女性，表明男性自身收入水平对其社会信任度的影响更大。

第三，对于户籍分样本中的控制变量，随着年龄的增长，农村居民的社会信任水平提升度大于城镇居民。宗教信仰对城镇居民社会信任的影响在统计意义上显著，而对于农村居民的影响却不显著。无论对于城镇居民还是农村居民，与非党员相比，中共党员的身份能提升居民的社会信任水平。对于受教育年限变量而言，无论对于城镇户籍居民还是农村户籍居民，受教育年限越长，社会信任水平越高，而且对于农村户籍居民来说，受教育年限对社会信任水平的提升作用更大。无论对于城镇户籍居民还是农村户籍居民，健康状况和婚姻状况均是影响居民社会信任水平的重要因素，健康状况越好，社会信任水平越高；与未婚相比，已婚者社会信任水平较高。但是，健康状况对于农村户籍居民的社会信任水平的影响大于城镇户籍居民，婚姻状况同样对于农村户籍居民的社会信任水平的影响大于城镇户籍居民，表明健康状况和婚姻状况对农村户籍居民的社会信任水平的影响更大。对于主观幸福感和工作满意度变量，无论城镇户籍居民还是农村户籍居民，主观幸福感和工作满意度均会显著影响居民的社会信任水平，主观幸福感越高的人社会信任水平越高，工作满意度越高的人社会信任水平也越高，且不存在户籍异质性。对于收入水平变量，无论是城镇户籍居民还是农村户籍居民，收入水平越高社会信任水平越高，但是收入水平对农村户籍居民社会信任的影响大于城镇户籍居民，表明农村户籍居民自身收入水平对其社会信任度的影响更大，与农村户籍居民的收入水平普遍不高的现象密切相关，因此，努力提高农村户籍居民的收入水平，对于提升整体居民社会信任水平具有重要作用。

5.4.3.3　稳健性检验

非正规就业与社会信任可能存在内生性问题，即社会信任水平越低的人从事非正规就业的概率越大。非正规就业与社会信任之间的反向因果关系，将使核心解释变量非正规就业成为社会信任决定方程的内生变量，因而得到的系数估计值不具有一致性。为了检验上述回归结果的稳健性，需要寻找合适的工具变量，以解决回归方程中的内生性偏误。本节借鉴王海成和郭敏（2015）的做法，寻找的有效工具变量为省级养老保险覆盖率，主要原因是如果一个地区的养老保险覆盖率越高，则表明该地区的劳动保护执行情况越好，因此，劳动者从事非正规就业的概率就会越小。过度识别检验的 P 值为0.781，可以认为工具变量是外生的，与随机误差项不相关。第一阶段回归的 F 统计量 98.368 也超过了经验切割点 10，因此，可以认为省级养老保险覆盖率不是弱工具变量。工具变量回归结果见表 5.24。

表 5.24　非正规就业与社会信任：工具变量有序 Probit 回归结果

解释变量	全样本	男性	女性	城镇	农村
第一阶段					
省级养老保险覆盖率	−0.124 **	−0.219 ***	−0.187 **	−0.177 ***	−0.246 ***
	(0.063)	(0.071)	(0.093)	(0.049)	(0.053)
第二阶段					
非正规就业	−0.114 ***	−0.151 ***	−0.142 ***	−0.038 ***	−0.139 ***
	(0.033)	(0.050)	(0.036)	(0.008)	(0.041)
控制变量	已控制	已控制	已控制	已控制	已控制
观测值	5 525	3 115	2 410	2 821	2 704

由表 5.24 可知，第二阶段回归结果显示，在控制变量不变的情况下，全样本中非正规就业系数在 1% 统计意义上显著为负，表明非正规就业是影响社会信任的重要因素之一，如果劳动者从事非正规就业，那么会显著降低他们的社会信任水平。分样本回归显示，无论对男性还是女性，城镇户籍还是农村户籍，非正规就业对各分样本社会信任的影响也均显著为负，与前文分析结论相一致。此外，由于控制变量系数符号与前文回归结果基本一致，故不再赘述。

5.5 本章小结

本章是数字经济时代就业质量的影响因素及异质性研究，主要利用微观调查数据，分别实证分析了弹性工作对青年就业质量的影响、异质性及机理分析，职业技能培训对农民工就业质量的影响，异质性非正规就业对流动人口就业质量的影响及机理，非正规就业对居民社会信任的影响等，通过以上研究以期进一步丰富就业质量的影响因素及异质性相关领域的研究。具体研究结论如下。

5.5.1 关于弹性工作与青年就业质量

数字经济时代，借助互联网、大数据、云计算、人工智能等数字技术赋能，弹性工时、远程办公、居家办公等弹性工作逐渐盛行发展，这种弹性化工作新形态如何影响青年就业质量值得深入研究。本章在理论分析基础上，利用 2020 年中国家庭追踪调查数据，实证检验了弹性工作对青年就业质量的影响、内在机制及异质性分析。研究发现：第一，弹性工时、弹性空间、弹性工作指数显著提高了青年就业质量，而弹性雇佣显著降低了青年就业质量，即弹性工作的时间、空间、雇佣不同维度对青年就业质量产生差异化影响，但弹性工作制整体而言对青年就业质量的总影响效应为正。通过熵权法替换青年就业质量、倾向得分匹配法（PSM）稳健性检验得到的结论与此一致，再次证实回归结果的稳健性。第二，影响机制显示，生活满意度和心理健康是弹性工作各维度及指数影响青年就业质量的两个重要渠道，灵活化的工时制度、弹性化居家办公、弹性工作指数对两者呈正向调节作用，而弹性雇佣对两者呈负向调节作用。第三，分性别、城乡看，弹性工时、弹性空间、弹性工作指数更显著地提高了女性、城镇青年的就业质量，而弹性雇佣更显著地降低了男性、农村青年的就业质量。分职业类型看，弹性工时、弹性工作指数对生产运输设备操作青年就业质量的正向影响最大，专业技术次之、商业及服务业最小。弹性空间、弹性雇佣对专业技术、商业及服务业、生产运输设备操作青年就业质量分别呈正向影响逐渐减弱、负向影响逐渐增强的趋势。随收入分位点提升，弹性工时、弹性空间、弹性工作指数对青年就业质量提升作用逐渐增强；而与高收入群体比，弹性雇佣更显著地降低了低收入青年的就业质量。

5.5.2 关于职业技能培训与农民工就业质量

本章采用中国劳动力动态调查微观调查问卷数据，首先构建了农民工就业质量指数方程；其次，基于 OLS 回归和 Probit 回归方法比较了农民工参加政府培训和单位培训对其就业质量总指数及分项指标的影响差异；最后，按性别、地区分样本，分析两类工作培训对农民工就业质量影响程度是否存在群体差异，并通过倾向得分匹配法进行稳健性检验，研究发现：第一，农民工总体就业质量指数为 82.26，男性农民工就业质量指数高出女性农民工11.07，且与中部、西部地区农民工就业质量指数相比，东部地区农民工就业质量指数分别高出 8.73 和 15.29，表明农民工就业质量存在较明显的性别差异和区域差异。总体接受政府培训和单位培训的占比分别为 58% 和 42%，男性农民工中接受政府培训和单位培训的比例明显高于女性农民工，而东部地区由于劳动力市场相对完善，无论是政府提供的职业技能培训，还是单位提供的工作培训占比都明显要高于中部和西部地区，培训资源区域分布不平衡。第二，总体回归结果显示，政府培训对总体农民工就业质量指数的影响为8.9%，明显大于单位培训对总体农民工就业质量指数的影响（3.7%）。即表明与单位培训相比较，农民工接受政府培训对就业质量的提升作用明显更高，单位培训效果有待提升。分项指标显示，与单位培训相比较，政府培训每增加 1 个标准差引起的农民工工资水平增加及工作时间减少的标准差更大。同时，无论是参加政府培训还是单位培训，使得农民工的工作稳定性概率和劳动合同的签订概率均会发生一定程度的增加。第三，分样本回归显示，与女性相比较，男性农民工接受政府培训和单位培训后对其就业质量指数提升、工资水平增加、工作时间缩短，及签订正规劳动合同概率的影响更明显；但对于工作稳定性，两类培训均对女性农民工的工作稳定性概率有更显著增加。随着区域由东向西变化，农民工接受政府培训和单位培训后对其就业质量指数、工资水平的正向影响程度由强变弱，而对工作稳定性概率的影响程度由弱变强，且各区域差异较大。此外，接受政府培训会明显缩短西部地区农民工的工作时间，而单位培训会更明显缩短东部地区农民工的工作时间。

5.5.3 关于异质性非正规就业与流动人口就业质量

本节采用中国劳动力动态调查（2016）微观调查问卷数据，首先构建了流动人口就业质量指数方程；其次，基于 OLS 回归和分位数回归方法，比较了流动人口从事非正规受雇和自我经营对其就业质量总指数的影响差异；再次，按照性别分样本，引进城乡区域虚拟变量，分析异质性非正规就业对流动人口就业质量影响程度是否存在群体差异；最后，探讨了内在影响机制，并通过倾向得分匹配法（PSM）进行稳健性检验，研究发现以下结论：第一，非正规受雇对流动人口就业质量产生负向影响，即从事非正规受雇不利于流动人口就业质量的改善，当控制了相关控制变量因素之后，流动人口从事非正规受雇会在 1% 水平上显著降低其就业质量（8.5%）。与非正规受雇相比较，自我经营对流动人口就业质量产生的负向影响相对较小仅为 4.3%。影响机制显示，与自我经营相比，非正规受雇显著降低了流动人口的工资水平，增加了工作时间，降低了流动人口的工作稳定性、社会保障参与率以及整体工作满意度，也进一步阐释了非正规受雇对流动人口就业质量负向影响更大的原因。第二，在所有分位点上，非正规受雇对流动人口就业质量均为显著的负向影响，且随着分位点数的提升，其负向影响系数逐渐减小。在所有分位点上，与非正规受雇相比，自我经营对流动人口就业质量的负向影响较小；且随着分位点数的上升，其负向影响程度呈现"U 形"变化趋势。即意味着在 0.50 分位点之前，自我经营对流动人口就业质量的负向影响逐渐增加，而在 0.50 分位点之后，自我经营对流动人口就业质量的负向影响逐渐减弱。第三，非正规受雇与中西部地区城镇交互项产生的负向影响在 1% 水平上显著为-6.5%，而非正规受雇与东部地区城镇交互项产生的负向影响相对较小，仅在 10% 水平上显著为-3.2%。自我经营与东部地区农村交互项、自我经营与中西部地区城镇交互项对总体流动人口就业质量均产生负向影响，而自我经营与东部地区城镇交互项对总体流动人口就业质量为正向影响。分性别看，与女性相比，非正规受雇对男性流动人口就业质量产生的负向影响更为严重；但与之不同的是，与女性相比较，自我经营对男性流动人口就业质量的负向影响更小。

5.5.4　关于非正规就业对社会信任水平的影响

本章使用 2015 年中国综合社会调查数据，首先从理论上分析了非正规就业对居民社会信任的影响，然后利用有序 Probit 模型对非正规就业如何影响社会信任进行了实证分析，最后对全样本进行了异质性分析，并进行了稳健性检验。研究发现：第一，非正规就业对社会信任具有显著的负向效应。具体看，如果居民从事非正规就业，那么他们的社会信任水平为"非常不信任""比较不信任"和"一般"的概率分别上升了 0.3%、1.8%、2.9%，同时他们感觉"比较信任"和"非常信任"的概率分别下降了 2.9% 和 2.1%。利用省级养老保险覆盖率作为非正规就业的工具变量进行稳健性检验，结果表明全样本中非正规就业对社会信任在 1% 水平上显著为负向影响，即如果从事非正规就业，会显著降低居民的社会信任水平。第二，个体特征因素和工作状况因素显著影响社会信任水平。已婚者的社会信任水平高于未婚者。男性、党员、有信仰，身体健康状况越好、主观幸福感越强，以及年龄越大居民的社会信任水平越高。工作满意度越好以及收入水平越高居民的社会信任水平越高。第三，非正规就业对女性和农村户籍居民的社会信任造成的负向影响大于男性和城镇户籍居民。健康状况对于女性社会信任水平的影响大于男性，婚姻状况对于男性社会信任水平的影响大于女性。健康状况和婚姻状况对于农村户籍居民社会信任水平的影响大于城镇户籍居民。此外，稳健性检验显示，以上回归结果均是可靠稳健的。

6 数字经济时代就业质量的差异分解研究

本章进行就业质量差异分解，主要从性别工资差异分析、工时健康差异分析、城乡技能溢价差异分析三个维度展开，以期更全面地考察数字经济时代微观层面就业质量的差异。其中，关于性别工资差异分析，主要立足数字经济时代互联网日益广泛普及，深入考察互联网使用对性别工资差异的影响、分解及内在机理，剖析互联网使用对性别工资差异的贡献度。关于工时健康差异分析，聚焦流动人口群体，分析工作时间对流动人口正常工时与超时加班群体健康的影响及差异，采用费尔利（Fairlie）非线性分解方法对两群体健康差异进行因素分解，剖析工作时间对两类群体健康差异的贡献度。关于城乡技能溢价差异分析，基于我国城乡数字人才、数字鸿沟差异角度，实证检验互联网使用对青年群体收入提升和技能溢价的影响，试图为进一步缩小城乡数字鸿沟和收入差距，以及借助互联网赋能乡村振兴提供数理依据。

6.1 性别工资差异分析

6.1.1 数据、模型及变量描述

6.1.1.1 数据来源

本节利用 2010 年、2013 年、2015 年中国综合社会调查数据进行实证检验，该数据采用分层抽样方法，涵盖 31 个省市区，范围广泛。该问卷自 2010 年起增设针对个人互联网使用的问题调查，目前最新公布的是 2015 年数据，

为更好地考察互联网使用对劳动者性别工资随时间变化的影响及兼顾样本数据的平稳性，本节选取 2013 年作为中间年份类比对象，以提高研究的可信度。为了方便不同年份数据比较，本节利用消费者物价指数将 2013 年和 2015 年的工资水平转化为按照 2010 年不变价格衡量的实际工资水平。本节剔除数据缺失的样本之后，分别得到 2010 年 3 918 个、2013 年 4 042 个、2015 年 3 670 个有效观测样本。此外，问卷中包括互联网使用、是否将互联网作为信息渠道等问题，已有文献关于互联网与劳动力市场的相关研究中也经常用到该数据库，具有一定的权威性和代表性。

6.1.1.2　分解方法与模型选择

（1）分解方法。奥克萨卡（Oaxaca，1973）和布林德尔（Blinder，1973）提出奥克萨卡—布林德（Blinder）差异分解方法，在 OLS 均值回归基础上解决群体特征工资差异问题，表示如下：

$$\ln W_m - \ln W_f = \left[\overline{X_m} - \overline{X_f}\right]\beta_f + \overline{X_m}\left[\beta_m - \beta_f\right] \tag{6.1}$$

在式（6.1）中的下标 m 代表男性，f 代表女性。等式的左边表示男性与女性之间的工资差异，等式右边第一项代表由个体特征造成的特征差异，第二项代表由非市场因素造成的系数差异。

更进一步的，若想在工资分布的不同分位点上进行差异分解，需要利用分位数分解方法。本节使用的是马查多等（Machado et al.，2005）提出的构造反事实工资分布分解方法（MM 方法），该方法研究的是男性与女性两群体在整个工资分布上的差别，其本质上是奥克萨卡—布林德差异分解方法在条件分位数回归环境下的一种推广，最为关键的是通过大量分位数回归构造实际工资的模拟分布，该过程实质上属于从收入的条件分布过渡到无条件分布的过程，从而进一步确保了工资差异分解结果的准确性。本节分位数分解具体可以表示为：

$$Q_\theta(\ln w_m) - Q_\theta(\ln w_f) = \left[Q_\theta(\ln w_m) - Q_\theta(\ln w_{m-f})\right] + \left[Q_\theta(\ln w_{m-f}) - Q_\theta(\ln w_f)\right]$$

$$\tag{6.2}$$

式（6.2）中的 $Q_\theta(\ln w_{m-f})$ 表示反事实工资条件分布，其含义为对男性赋予女性的工资结构时的男性工资分布。等式右边第一项为因报酬率不同所导致的工资差异即系数差异，第二项为因个体特征不同造成的工资差异即为特征差异。

（2）模型选择。本节根据克鲁格（Krueger，1993）工资决定方程设定形式，以期考察互联网使用对性别工资水平的影响程度，如下所示：

$$\ln wage_t = \alpha_t + \beta_t Internet_t + \gamma_t X_t + \varepsilon_t \tag{6.3}$$

其中，被解释变量 $\ln wage_t$ 是小时工资对数，核心解释变量 $Internet_t$ 为是否使用互联网，X_t 为控制变量，包括性别、年龄、婚姻状况、户籍状况、受教育年限、工作经验、家庭经济地位、区域特征、单位类型。其中，为考察年龄与工资间是否存在倒"U形"关系，还引入年龄平方/100。α_t、β_t、γ_t 为相应的回归系数，ε_t 为误差项，下标 t 为时间年份。采用普通最小二乘法，分别对总体和分性别样本进行回归，分析互联网使用对其工资均值的影响。

在此基础上，进一步的，本节采用分位数回归方法，考察在工资条件分布的不同位置上，分析互联网使用对性别工资水平的影响差异。采用分位数回归的优点是不受极端值影响，从而得到更稳健的回归结果，具体分位数回归模型如下：

$$Q_{i\theta}(Y_i \mid X_i) = X_i \beta_{i\theta} + u_{i\theta} \tag{6.4}$$

其中，$Q_{i\theta}(Y_i \mid X_i)$ 表示给定解释变量 X_i 的情况下与分位数 θ 相对应的条件分位数，分位数回归可选取任意特定分位数进行参数估计，本节选取代表性的分位数是 0.25、0.50、0.75，并通过最小化方程（6.5）得到系数估计值：

$$\min \left\{ \sum_{i: Y_i \geq X_i \beta(\theta)} \theta \mid Y_i - X_i \beta(\theta) \mid + \sum_{i: Y_i < X_i \beta(\theta)} (1 - \theta) \mid Y_i - X_i \beta(\theta) \mid \right\} \tag{6.5}$$

6.1.1.3 变量描述

本节被解释变量为小时工资率，是用个人年收入水平/（52 周·周工作小时数），计算出小时工资后，根据《中国统计年鉴》提供的消费者价格指数，将 2013 年、2015 年名义小时工资转化成以 2010 年为基期的实际小时工资，并分别取对数值。由于工作时间差异是影响性别工资差异的重要原因（Mandel and Semyonoy，2014），为排除工作时间因素，本节采用小时工资率作为被解释变量进行分析。本节核心解释变量为是否使用互联网，由于工资

水平还受到其他因素的影响，本节还引入控制变量：性别、年龄、年龄平方
/100、婚姻状况、户籍状况、受教育年限、工作经验、家庭经济地位、区
域特征、单位类型。其中，家庭经济地位以哑变量的形式引入，以远低于
平均水平为基准组，分别引入低于平均水平、平均水平、高于平均水平、
远高于平均水平四个哑变量；区域特征哑变量是以西部地区为基准区域，
分别引入中部地区、东部地区两个哑变量。以上变量的描述性统计结果如
表 6.1 所示。

由表 6.1 可知，随年份增加，总体小时工资率（对数值）逐渐提高，男
性小时工资率始终高于女性，但两者间差距有逐渐缩小的趋势，2010 年男女
小时工资对数差异值最大为 0.292 8，2013 年次之为 0.279 4，2015 年最小
为 0.209 7。对于互联网使用情况，随年份增加总体使用互联网比率逐渐增
加，如 2010 年总体中仅有 47.75%使用互联网，2013 年增加至 60.09%，2015
年高达 68.72%。可见，随着数字经济的蓬勃发展，互联网用户规模日趋扩
大。对于性别，2010 年、2013 年、2015 年总体中男性占比依次为 60.24%、
61.43%，56.51%。对于年龄，2010—2015 年总体年龄均为 40 岁左右，年龄
平方/100 均在 17~18，且男性平均年龄高于女性。对于婚姻，总体中已婚比
例均超八成且随年份增加有微降趋势；与男性不同，女性已婚比率有逐年
增加趋势。对于户籍，各年份总体城镇户籍占比约六成，女性中城镇户籍
比例高于男性。对于受教育年限，各年份总体受教育年限约为 11 年，且男
女受教育年限相差不大。对于工作经验，总体平均非农工作经验约为 15
年，且与女性相比，男性工作经验约高出 3 年左右。对于家庭经济地位，
各群组中平均水平占比最高约为 50%~65%，可见大多数个体家庭经济地位
处于平均水平。对于区域特征，各年份样本中东部地区占比最多，其次为
中部地区，西部地区占比最少。此外，对于单位类型，各年份总体中企事
业单位/社会团体占比约六成，且与男性相比，女性中企事业单位/社会团
体的比率更高。

表 6.1　变量统计性描述

变量名称	变量描述	2010年			2013年			2015年		
		总体	男性	女性	总体	男性	女性	总体	男性	女性
小时工资率	个人年收入/52·周工作小时数（取对数）	2.067 2	2.183 6	1.890 8	2.424 4	2.532 2	2.252 8	2.641 3	2.732 5	2.522 8
是否互联网使用	互联网使用（包括手机上网），是=1，否=0	0.477 5	0.472 0	0.485 9	0.600 9	0.593 2	0.613 2	0.687 2	0.674 1	0.704 3
性别	男性=1，女性=0	0.602 4	—	—	0.614 3	—	—	0.565 1	—	—
年龄	根据所调查年份，计算出来的实际年龄	39.947 4	41.008 5	38.340 2	40.492 6	41.447 9	38.971 1	40.982 6	41.748 3	39.987 5
年龄平方/100	年龄平方/100	17.125 5	18.069 8	15.695 0	17.644 1	18.493 0	16.292 0	18.174 1	18.947 4	17.169 1
婚姻状况	已婚/同居=1，未婚/离婚/分居=0	0.829 0	0.843 2	0.807 4	0.825 8	0.829 6	0.819 8	0.810 9	0.798 9	0.826 4
户籍状况	城镇=1，农村=0	0.630 4	0.612 3	0.657 9	0.582 9	0.570 7	0.602 3	0.556 4	0.536 2	0.582 7
受教育年限	小学=6，初中=9，普通高中/职业高中/技校/中专=12，大专=15，本科=16，研究生以上=19	11.102 6	11.063 9	11.161 1	11.220 4	11.207 0	11.241 8	11.142 5	11.217 9	11.044 5

续表

变量名称	变量描述	2010 年			2013 年			2015 年		
		总体	男性	女性	总体	男性	女性	总体	男性	女性
工作经验	非农工作的经验年限	15.600 1	16.963 1	13.535 3	15.302 6	16.741 0	13.011 6	14.989 1	16.250 7	13.349 6
家庭经济地位	远低于平均水平	0.043 9	0.043 6	0.044 3	0.026 2	0.024 7	0.028 9	0.034 7	0.034 2	0.035 1
	低于平均水平	0.301 9	0.305 5	0.296 5	0.246 7	0.254 1	0.234 8	0.290 7	0.294 6	0.285 7
	平均水平	0.541 6	0.530 5	0.558 4	0.632 1	0.624 2	0.644 6	0.555 0	0.546 8	0.565 8
	高于平均水平	0.108 5	0.115 3	0.098 2	0.091 5	0.093 4	0.088 5	0.116 9	0.121 0	0.111 5
	远高于平均水平	0.004 1	0.005 1	0.002 6	0.003 5	0.003 6	0.003 2	0.002 7	0.003 4	0.001 9
区域特征	东部地区	0.507 1	0.497 5	0.521 8	0.529 7	0.528 0	0.532 4	0.547 1	0.541 5	0.554 5
	中部地区	0.280 8	0.282 2	0.278 6	0.270 9	0.269 4	0.273 3	0.303 3	0.313 9	0.289 5
	西部地区	0.212 1	0.220 3	0.199 6	0.199 4	0.202 6	0.194 3	0.149 6	0.144 6	0.156 0
单位类型	企业事业单位/党政机关+社会团体/村委会＝1，无单位/自雇＝0	0.597 2	0.574 2	0.632 2	0.645 5	0.631 9	0.667 1	0.599 7	0.585 3	0.618 4
观测数		3 918	2 360	1 558	4 042	2 483	1 559	3 670	2 074	1 596

注：根据 2010 年、2013 年、2015 年中国综合社会调查数据整理而得。

6.1.2 实证分析

6.1.2.1 互联网使用对性别工资的均值影响

在前文分析基础上，本节分别对 2010—2015 年的总体、男性、女性工资进行 OLS 回归，考察互联网使用对性别工资的影响差异，具体结果如表 6.2 所示。

表 6.2 互联网使用对性别工资影响的 OLS 回归结果

变量	全样本			男性			女性		
	2010 年	2013 年	2015 年	2010 年	2013 年	2015 年	2010 年	2013 年	2015 年
互联网使用	0.371 0***	0.295 0***	0.266 0***	0.401 0***	0.288 0***	0.250 0***	0.307 0***	0.291 0***	0.292 0***
	(0.039 0)	(0.030 0)	(0.041 0)	(0.051 8)	(0.038 4)	(0.053 2)	(0.059 8)	(0.048 3)	(0.064 9)
性别	0.297 0***	0.271 0***	0.216 0***	—	—	—	—	—	—
	(0.028 8)	(0.023 8)	(0.029 9)						
年龄	0.047 5***	0.030 9***	0.038 5***	0.062 2***	0.025 6***	0.036 8***	0.022 4	0.030 9*	0.040 1***
	(0.010 5)	(0.008 4)	(0.009 2)	(0.013 3)	(0.009 8)	(0.012 3)	(0.017 7)	(0.015 8)	(0.014 5)
年龄平方/100	−0.059 3***	−0.040 8***	−0.050 0***	−0.075 6***	−0.038 5***	−0.050 0***	−0.029 7	−0.035 7*	−0.049 6***
	(0.012 0)	(0.009 7)	(0.010 1)	(0.015 0)	(0.010 9)	(0.013 1)	(0.021 0)	(0.018 9)	(0.016 7)
婚姻状况	−0.017 1	0.055 1	0.095 6**	0.007 2	0.160 0***	0.214 0***	−0.025 9	−0.073 8	−0.066 5
	(0.045 6)	(0.036 4)	(0.044 3)	(0.064 9)	(0.047 3)	(0.059 4)	(0.064 9)	(0.056 7)	(0.067 8)
户籍状况	0.113 0***	0.079 6***	0.131 0***	0.113 0**	0.058 0	0.133 0***	0.119 0**	0.117 0**	0.121 0**
	(0.037 8)	(0.029 6)	(0.036 8)	(0.051 2)	(0.037 2)	(0.048 0)	(0.055 6)	(0.047 2)	(0.056 7)
受教育年限	0.079 3***	0.066 9***	0.068 9***	0.065 4***	0.062 1***	0.065 1***	0.097 8***	0.073 5***	0.073 0***
	(0.005 5)	(0.004 8)	(0.005 7)	(0.007 5)	(0.006 0)	(0.008 1)	(0.008 2)	(0.007 7)	(0.008 2)
工作经验	0.008 7***	0.009 6***	0.007 6***	0.006 7***	0.009 3***	0.007 3***	0.011 6***	0.011 2**	0.007 4**
	(0.001 9)	(0.001 7)	(0.001 9)	(0.002 5)	(0.002 1)	(0.002 3)	(0.003 0)	(0.002 9)	(0.003 4)
低于平均水平	0.222 0***	0.295 0***	−0.040 3	0.298 0***	0.389 0***	0.136 0	0.080 6	0.190 0	−0.281 0
	(0.069 0)	(0.078 6)	(0.106 0)	(0.086 4)	(0.104 0)	(0.123 0)	(0.113 0)	(0.117 0)	(0.177 0)
平均水平	0.541 0***	0.597 0***	0.236 0**	0.671 0***	0.739 0***	0.413 0***	0.331 0***	0.416 0***	0.008 3
	(0.067 8)	(0.077 2)	(0.105 0)	(0.085 1)	(0.102 0)	(0.121 0)	(0.111 0)	(0.116 0)	(0.178 0)

续表

变量	全样本			男性			女性		
	2010 年	2013 年	2015 年	2010 年	2013 年	2015 年	2010 年	2013 年	2015 年
高于平均水平	0.903 0 ***	1.007 0 ***	0.671 0 ***	1.013 0 ***	1.146 0 ***	0.954 0 ***	0.732 0 ***	0.839 0 ***	0.289 0
	(0.079 7)	(0.087 8)	(0.111 0)	(0.102 0)	(0.115 0)	(0.131 0)	(0.127 0)	(0.133 0)	(0.185 0)
远高于平均水平	1.828 0 ***	1.421 0 ***	1.895 0 ***	1.979 0 ***	1.320 0 ***	2.103 0 ***	1.601 0 *	1.695 0 ***	1.577 0 ***
	(0.476 0)	(0.283 0)	(0.464 0)	(0.563 0)	(0.367 0)	(0.606 0)	(0.853 0)	(0.383 0)	(0.602 0)
中部地区	0.160 0 *	−0.044 7	−0.026 2	0.166 0 *	−0.022 05	0.017 4	0.154 0 *	−0.083 8	−0.089 8
	(0.081 5)	(0.036 6)	(0.050 0)	(0.084 7)	(0.048 1)	(0.063 0)	(0.078 5)	(0.055 6)	(0.079 9)
东部地区	0.252 0 ***	0.359 0 ***	0.292 0 ***	0.300 0 ***	0.373 0 ***	0.359 0 ***	0.188 0 ***	0.345 0 ***	0.197 0 ***
	(0.038 4)	(0.033 4)	(0.047 6)	(0.050 3)	(0.044 2)	(0.061 4)	(0.060 0)	(0.050 1)	(0.075 0)
单位类型	0.025 5	0.055 7 **	0.059 5 *	0.040 5	0.039 7	0.081 2 *	0.005 0	0.095 1 **	0.048 6
	(0.034 1)	(0.028 4)	(0.033 6)	(0.044 7)	(0.035 4)	(0.044 9)	(0.052 3)	(0.047 5)	(0.051 8)
常数项	−0.808 0 ***	−0.202 0	0.244 0	−0.801 0 ***	0.109 0	0.248 0	−0.303 0	−0.149 0	0.580 0 *
	(0.217 0)	(0.188 0)	(0.223 0)	(0.265 0)	(0.228 0)	(0.285 0)	(0.374 0)	(0.315 0)	(0.341 0)
R^2	0.366 0	0.403 0	0.295 0	0.342 0	0.379 0	0.304 0	0.387 0	0.422 0	0.309 0
观测值	3 918	4 042	3 670	2 360	2 483	2 074	1 558	1 559	1 596

注：括号内为稳健标准误差，***，**，*表示在1%，5%，10%水平上显著，下同。

由表6.2回归结果可知，互联网使用对总体工资的影响在1%水平上显著为正，且2010年、2013年、2015年随年份推进，互联网对总体工资影响系数依次为0.371 0、0.295 0、0.266 0，表明互联网使用有明显工资溢价效果，并呈逐年减小趋势。分性别看，2013年、2015年互联网使用对女性工资正向影响效果均高于男性，2010年则反之，即在控制其他因素后，互联网使用对工资水平影响有明显的性别差异。同时，随年份增加性别对总体工资水平的影响系数显著为正并逐年降低，表明各年份中男性小时工资率显著高于女性，两者差距有逐年缩小趋势。

年龄及其平方项与劳动者工资水平呈先上升后下降的趋势。已婚对男性工资有正向影响，已婚对女性工资影响为负却不显著，与婚后男性有更强的责任挣钱养家，而女性婚后面临生育、照顾家庭的压力，可能会暂时退出劳动力市场有关。户籍对工资影响显著为正，表明城镇户籍劳动者工资水平高于农村，城乡收入差异较为明显，该发现与李静等（2017）的研究结果相一致。2010 年、2013 年、2015 年总体的教育收益率约为 7%~8%，且与男性相比，女性显著更高。与男性相比，工作经验对各年份女性收入回报率更高，有较明显的性别异质性。关于家庭经济地位，与基准组远低于平均水平相比，低于平均水平、平均水平、高于平均水平和远高于平均水平，对各年份总体工资的影响显著为正，可见家庭经济地位与工资水平呈正向变动关系。关于区域特征，仅有东部地区的工资水平显著高于西部地区，而中部与西部地区的工资差异并不明显。此外，单位类型对 2013 年、2015 年总体小时工资率影响显著为正，表明个体在正规企事业单位的工资水平要高于非正规就业者。这与闫海波等（2013）的研究结论相一致。

6.1.2.2 互联网使用对性别工资的分位数影响

为了探究在工资分布的不同分位点上互联网使用对性别工资的影响差异，本节进一步采用分位数回归的方法，对 2010 年、2013 年、2015 年各群体性别工资进行分析，具体回归结果如表 6.3 所示。

表 6.3 互联网使用对性别工资影响的分位数回归结果

变量	2010 年男性样本			2013 年男性样本			2015 年男性样本		
	0.25	0.50	0.75	0.25	0.50	0.75	0.25	0.50	0.75
互联网使用	0.269 ***	0.370 ***	0.441 ***	0.297 ***	0.265 ***	0.258 ***	0.224 ***	0.205 ***	0.219 ***
	(0.050)	(0.057)	(0.056)	(0.053)	(0.039)	(0.044)	(0.051)	(0.047)	(0.063)
控制变量	YES	YES	YES	YES	YES	YES	YES	YES	YES
样本量	2 360	2 360	2 360	2 483	2 483	2 483	2 074	2 074	2 074
变量	2010 年女性样本			2013 年女性样本			2015 年女性样本		
	0.25	0.50	0.75	0.25	0.50	0.75	0.25	0.50	0.75
互联网使用	0.284 ***	0.292 ***	0.299 ***	0.211 ***	0.268 ***	0.325 ***	0.244 ***	0.280 ***	0.295 ***
	(0.060)	(0.064)	(0.065)	(0.061)	(0.060)	(0.059)	(0.071)	(0.067)	(0.083)
控制变量	YES	YES	YES	YES	YES	YES	YES	YES	YES
样本量	1 558	1 558	1 558	1 559	1 559	1 559	1 596	1 596	1 596

注：括号内为稳健标准误差，表格内汇报了 0.25、0.50、0.75 分位点的回归结果。限于篇幅，本表只列出核心解释变量互联网使用的回归结果，其他控制变量略去，感兴趣者可向作者索取。

由表 6.3 回归结果可知，随分位点数增加，互联网使用对 2010 年男女两群体性别工资的正影响系数均呈上升趋势，且与女性相比，互联网使用对男性各分位点工资的正向影响更大，表明 2010 年使用互联网对男性工资的促进作用显著高于女性。这与男性对新兴互联网更感兴趣，互联网的熟练使用有助于提高男性的就业竞争力和工作效率有关，尤其是与低收入群体相比，高收入群体使用及时通信、邮件传送等新兴互联网媒体的概率更大，进而极大提高了其办公效率，降低了创业和交易成本，提高了收入水平。与 2010 年不同，随分位点数增加，2013 年互联网使用对男性工资的正向影响呈微降趋势，而对女性工资的正向影响呈上升趋势。在 2015 年中，随分位点数增加，互联网使用对男性、女性工资影响依次呈 U 形的上升趋势，且各分位点上互联网使用对女性工资的正向影响均显著高于男性。这是由于数字产业化蓬勃发展，电脑、手机等互联网媒体日益普及，越来越多的女性开始接触网络、新媒体，尤其是电商运营、信息搜索、网红直播、社交平台等互联网技术使用，显著提高了中高收入阶层女性的工作灵活性和工作效率，减少岗位空缺时间，降低交易成本，吸引着女性群体有更多的就业选择和创业机会，进而会显著增加其小时工资率。其他控制变量中，随分位点数增加，在 2010 年受教育年限对男性工资的正向影响呈下降趋势，而在 2013 年、2015 年受教育年限则对女性工资的正向影响呈逐渐下降趋势，是由于互联网广泛普及和收入来源的多样性，与低收入群体相比，女性高收入群体的教育回报率相对更小。关于工作经验，随分位点数增加，2010 年工作经验对男性工资的正向影响呈逐渐上升趋势，而 2013 年、2015 年工作经验对男性工资的正向影响呈 "U 形" 变化趋势；对女性而言，2010 年、2013 年、2015 年，工作经验对女性工资的正向影响并无明显的分位点效应可循。关于单位类型，2010 年、2013 年、2015 年，无论男性还是女性群体，随分位点数提升，单位类型对工资水平的影响程度由显著为正逐渐变得不显著，甚至为负向影响，表明与自雇/个体经营相比较，企事业单位工作更能显著提高低收入群体工资水平，但对高收入群体影响效果并不明显，即行业职位隔离也是影响工资差异的重要因素（杨伟国和陈玉杰，

2014)。关于区域特征，与西部地区相比，除 2015 年男性样本外，随分位点数增加中东部地区对工资水平的影响呈逐渐减小趋势，表明国家对西部地区精准扶贫力度的增大，各区域收入差距有逐渐缩小趋势，该发现进一步证实了王明康和刘彦平（2019）的研究结论。此外，年龄、婚姻、户籍状况、家庭经济地位对收入水平的影响与前面均值回归结论相一致，此处不再赘述。限于篇幅，具体分位数回归系数图以 2015 年男性、女性样本为例，如图 6.1、图 6.2 所示。

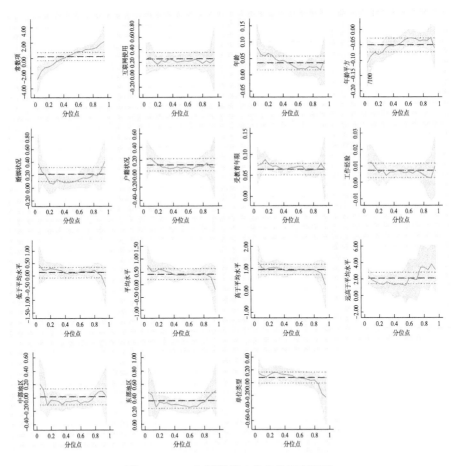

图 6.1　2015 年男性样本分位数回归系数

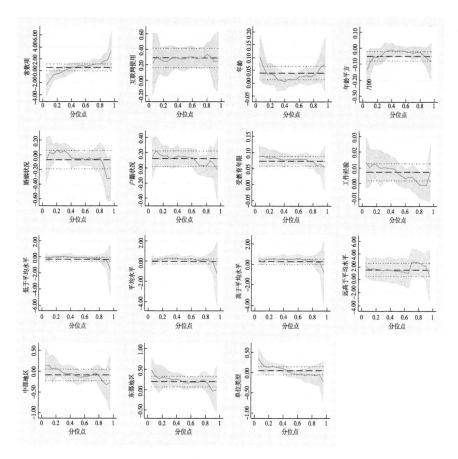

图 6.2　2015 年女性样本分位数回归系数

6.1.2.3　稳健性检验

为了解决由遗漏变量和反向因果而导致的内生性问题，本节采用工具变量法进行稳健性检验。参考已有研究文献，本节选择区（县）互联网普及率作为互联网使用的工具变量进行内生性检验（周广肃和梁琪，2018；毛宇飞等，2018）。选取工具变量区（县）互联网普及率的原因是：其一，互联网普及率是反映一个地区网络基础设施的重要指标，互联网普及率越高则个体使用互联网的可能性越大，满足相关性假设；其二，互联网普及率不会对个体工资产生影响，满足外生性假设。鉴于此，本节采用两阶段最小二乘法（2SLS）分别对 2010 年、2013 年、2015 年总体及分性别样本进行检验，具体回归结果如表6.4所示。

表6.4　互联网使用对各年份性别工资影响的内生性检验

变量		全样本		男性样本		女性样本	
		第一阶段	第二阶段	第一阶段	第二阶段	第一阶段	第二阶段
2010年	互联网使用	—	0.907 ***	—	0.921 ***	—	0.825 ***
			(0.103)		(0.110)		(0.087)
	区（县）互联网普及率	0.856 ***	—	0.872 ***	—	0.841 ***	—
		(0.076)		(0.083)		(0.064)	
	控制变量	YES	YES	YES	YES	YES	YES
	第一阶段 F	167.420 ***	—	119.180 ***	—	72.130 ***	—
	R^2	0.406	0.343	0.411	0.327	0.420	0.352
	观测值	3 918	3 918	2 360	2 360	1 558	1 558
2013年	互联网使用	—	0.806 ***	—	0.783 ***	—	0.795 ***
			(0.094)		(0.076)		(0.080)
	区（县）互联网普及率	0.873 ***	—	0.861 ***	—	0.879 ***	—
		(0.081)		(0.078)		(0.085)	
	控制变量	YES	YES	YES	YES	YES	YES
	第一阶段 F	177.41 ***	—	107.54 ***	—	86.05 ***	—
	R^2	0.428	0.381	0.419	0.346	0.452	0.399
	观测值	4 042	4 042	2 483	2 483	1 559	1 559
2015年	互联网使用	—	0.745 ***	—	0.732 ***	—	0.798 ***
			(0.072)		(0.078)		(0.084)
	区（县）互联网普及率	0.864 ***	—	0.869 ***	—	0.877 ***	—
		(0.080)		(0.075)		(0.079)	
	控制变量	YES	YES	YES	YES	YES	YES
	第一阶段 F	138.75 ***	—	84.46 ***	—	72.24 ***	—
	R^2	0.413	0.274	0.409	0.291	0.435	0.321
	观测值	3 670	3 670	2 074	2 074	1 596	1 596

根据表6.4第一阶段回归结果可知，在2010年、2013年、2015各年份全样本和分性别样本中，互联网普及率的回归系数为正值，即区（县）互联网普及

率与个体使用互联网的概率两者高度相关，且第一阶段回归的 F 统计量均大于 10，排除了弱工具变量的可能性。第二阶段被解释变量为工资水平，回归结果显示，互联网使用对工资的影响均在1%水平上显著为正，且回归系数要大于表 6.2 中 OLS 的估计结果，是由于内生性问题使互联网工资回报率被低估，该发现与毛宇飞等（2018）的研究结论一致。具体在控制其他解释变量之后，对全样本而言，随年份推进互联网使用有明显工资溢价效果，并呈逐年减小趋势；除 2010 年外，2013 年、2015 年互联网使用对女性工资正向影响效果均高于男性，进一步证实了前面 OLS 的回归结论，表明以上结果是稳健的。

6.1.2.4 各年份样本奥克萨卡–布林德分解结果

由前面分析可知，在运用普通最小二乘法方法估计出 2010 年、2013 年、2015 年性别工资决定方程的基础上，为考察个体面临的性别工资歧视程度和影响因素贡献度，本节采用奥克萨卡—布林德分解方法对各年份样本性别工资差异进行分解，其中，包括互联网使用在内的各影响因素对性别工资总差异的贡献度，可分解为特征差异和系数差异。具体分解结果如表 6.5 所示。

表 6.5　各年份性别工资差异的奥克萨卡—布林德分解结果

分解项	变量	2010 年		2013 年		2015 年	
		系数值	百分比（%）	系数值	百分比（%）	系数值	百分比（%）
	工资总差异	0.293 0	100	0.279 0	100	0.210 0	100
特征效应	互联网使用	-0.005 0	-1.689 0	-0.005 9	-2.122 0	-0.007 9	-3.767 0
	年龄	-0.010 8	-3.686 0	-0.012 2	-4.373 0	-0.009 2	-4.386 0
	婚姻	0.002 3	0.788 0	0.001 1	0.405 0	-0.004 5	-2.124 0
	户籍	-0.005 5	-1.874 0	-0.002 7	-0.961 0	-0.007 0	-3.338 0
	受教育年限	-0.008 1	-2.751 0	-0.002 4	-0.867 0	0.012 0	5.711 0
	工作经验	0.035 7	12.184 0	0.038 2	13.692 0	0.024 7	11.759 0
	家庭经济地位	0.004 7	1.601 0	-0.001 7	-0.591 0	0.001 6	0.738 0
	区域特征	-0.007 1	-2.420 0	-0.002 6	-0.946 0	-0.000 3	-0.149 0
	单位类型	-0.001 3	-0.437 0	-0.001 9	-0.695 0	-0.002 3	-1.110 0
	总计	0.005 0	1.717 0	0.009 8	3.523 0	0.007 0	3.334 0

分解项	变量	2010 年		2013 年		2015 年	
		系数值	百分比（%）	系数值	百分比（%）	系数值	百分比（%）
	工资总差异	0.293 0	100	0.279 0	100	0.210 0	100
系数效应	互联网使用	0.032 1	10.956 0	−0.010 9	−3.907 0	−0.018 3	−8.714 0
	年龄	−0.143 0	−48.805 0	−0.362 0	−129.749 0	−0.232 0	−110.476 0
	婚姻	0.086 5	29.522 0	0.196 0	70.251 0	0.241 0	114.762 0
	户籍	−0.003 1	−1.048 0	−0.037 5	−13.449 0	0.011 0	5.238 0
	受教育年限	−0.337 0	−115.017 0	−0.108 0	−38.730 0	−0.115 0	−54.762 0
	工作经验	−0.036 4	−12.423 0	−0.036 3	−13.011 0	−0.010 0	−4.762 0
	家庭经济地位	0.255 0	87.031 0	0.222 0	79.570 0	0.340 0	161.905 0
	区域特征	0.105 0	35.836 0	0.025 0	8.961 0	0.186 0	88.571 0
	单位类型	0.035 5	12.116 0	−0.031 6	−11.326 0	0.024 6	11.714 0
	常数项	0.293 0	100.000 0	0.412 0	147.670 0	−0.225 0	−107.143 0
	总计	0.288 0	98.283 0	0.270 0	96.477 0	0.203 0	96.333 0

由表 6.5 分解结果可知，就工资总差异看，2010 年、2013 年、2015 年性别工资总差异依次降低为 0.293 0、0.279 0、0.210 0，可见随年份推进，男女性之间的工资总差异有逐渐缩小的趋势。具体的，与特征差异相比较，2010 年、2013 年、2015 年系数差异占性别工资总差异的比例明显较高，可见工资总差异中由市场歧视造成的无法解释部分比例颇高。原因是女性面临较为严重的性别歧视现象，同时由于传统社会观念、承担的家庭角色以及体能精力差异，女性在劳动力市场中面临着"同工不同酬"的不平等就业环境和就业机会，导致男女性之间存在较明显的性别工资差异。

就特征差异而言，互联网使用的特征差异为负值，且随年份推进，其绝对值逐渐增加，表明随宽带、无线网络的日趋覆盖，及电脑、手机等客户端媒体逐年普及，女性上网的比例相对较高，尤其是在移动互联网、物联网、电商、大数据等数字经济蓬勃发展下，女性群体面临的就业信息、新型岗位机会逐渐增加，进一步缩小了男女性之间性别工资差异。从系数差异看，互联网使用在 2010 年、2013 年、2015 年的系数差异依次为 0.032 1、−0.010 9、−0.018 3，其系数差异占总差异的比例依次为 10.956 0%、−3.907 0%、−8.714 0%，可见男女性在互联网收益率方面的差异拉大了 2010 年性别工资总差距，却缩小了 2013 年、2015 年性别工资总差距，呈现较明显的年份异质性，与互联网逐年广泛普及有关。

对于受教育年限变量，除 2015 年外，2010 年、2013 年受教育年限的特征差异和占总差异比例为负值，且 2010 年、2013 年、2015 年受教育年限的系数差异和对应比例均为负值，表明个体受教育年限禀赋特征和教育收益率差异显著缩小了性别工资差距，这与女性整体受教育程度逐渐提高有关。其他分解项中，就特征差异看，2010 年、2013 年、2015 年，年龄、户籍状况、区域特征、单位类型的特征差异和对应比例均为负值，表明个体年龄、户籍、区域、单位类型等禀赋特征差异显著缩小了性别工资差异；各年份中工作经验的特征差异值和对应比例均为正值，表明个体工作经验的禀赋差异进一步拉大了性别工资差异；就系数差异看，各年份中年龄、工作经验的系数差异和对应比例均为负值，而婚姻、家庭经济地位的系数差异和对应比例均为正值，表明在劳动力市场中男女性面临的年龄、工作经验回报率差异显著缩小了性别工资总差距，而婚姻和家庭经济地位的回报率差异显著加大了性别工资总差距。

6.1.2.5　各年份样本的分位数分解结果

在 2010 年、2013 年、2015 年样本分位数回归分析基础上，为考察各年份样本不同工资分位点上性别工资差异情况，本节进一步采用分位数分解方法进行工资差异分解。进行分位数分解时，重点考察 0.25、0.50、0.75 代表性工资分位点上，互联网使用对各年份样本不同工资分位点、性别工资差异的特征差异和系数差异情况，同时将工作经验、受教育年限、婚姻状况、户籍状况等其他控制变量合并为"其他"，具体各年份样本的分位数分解结果如表 6.6 所示。

表 6.6 各年份样本性别工资差异的分位数分解结果

年份/分解项		变量	0.25	0.50	0.75
			差异值（占比%）	差异值（占比%）	差异值（占比%）
2010 年	特征差异	互联网使用	−0.002 7 （−2.41）	−0.008 6 （−18.12）	−0.014 8 （−12.65）
		其他	−0.029 0 （−25.64）	−0.015 1 （−31.88）	−0.021 7 （−18.55）
		总计	−0.031 7 （−28.05）	−0.023 7 （−50.00）	−0.036 5 （−31.20）
	系数差异	互联网使用	−0.030 2 （−26.73）	0.003 1 （6.62）	0.149 0 （127.35）
		其他	0.172 9 （154.78）	0.068 0 （143.38）	0.004 0 （3.42）
		总计	0.144 7 （128.05）	0.071 1 （150）	0.153 0 （130.77）
	总差异		0.113 0 （100）	0.047 4 （100）	0.117 0 （100）
2013 年	特征差异	互联网使用	−0.003 8 （−3.20）	−0.011 9 （−26.10）	−0.007 3 （−9.50）
		其他	−0.029 4 （−24.70）	−0.018 7 （−41.01）	−0.024 2 （−31.73）
		总计	−0.033 2 （−27.90）	−0.030 6 （−67.11）	−0.031 5 （−41.23）
	系数差异	互联网使用	0.008 3 （6.98）	−0.022 4 （−49.12）	0.074 3 （97.25）
		其他	0.143 9 （120.92）	0.098 6 （216.23）	0.033 6 （43.98）
		总计	0.152 2 （127.90）	0.076 2 （167.11）	0.107 9 （141.23）
	总差异		0.119 0 （100）	0.045 6 （100）	0.076 4 （100）

年份/分解项		变量	0.25	0.50	0.75
			差异值（占比%）	差异值（占比%）	差异值（占比%）
2015年	特征差异	互联网使用	−0.003 4 （−3.11）	−0.008 0 （−32.55）	−0.003 4 （−4.66）
		其他	0.006 7 （6.16）	−0.024 6 （−99.43）	−0.013 0 （−17.81）
		总计	0.003 3 （3.05）	−0.032 6 （−131.98）	−0.016 4 （−22.47）
	系数差异	互联网使用	−0.012 4 （−11.38）	0.000 9 （3.79）	0.109 0 （149.32）
		其他	0.118 1 （108.33）	0.056 4 （228.19）	−0.019 6 （−26.85）
		总计	0.105 7 （96.95）	0.057 3 （231.98）	0.089 4 （122.47）
	总差异		0.109 0 （100）	0.024 7 （100）	0.073 0 （100）

由表6.6分解结果可知，在2010年、2013年、2015年中，随分位点数提升，性别工资总差异值呈现先下降后升的"U形"变化趋势，表明性别工资总差异在0.50分位点达到最低值，而在0.25低层收入者和0.75高层收入者的性别工资总差异较明显。各年份中，随分位点数提升，系数总差异值均为正值，占总差异的比例均超过100%，且呈现先上升后下降的倒"U形"变化趋势，表明在0.50分位点上不可解释的市场歧视占总差异比例达到最大值，且劳动力市场上性别歧视是造成工资差异的主要原因。除2015年的0.25分位点上特征总差异为正值以外，其他年份中各分位点上特征总差异值和对应比例均为负值，且其绝对值在0.50分位点上达到最大值，表明个体总禀赋特征差异显著缩小了性别工资总差异，尤其是对中等收入阶层而言效果更明显。分年份比较，2010年、2013年、2015年随年份推进，在相同分

位点上性别工资总差异呈逐年缩小趋势；在 0.50 分位点上，各年份中特征差异占总差异的比例均为负值且绝对值逐年增加，表明随年份推进，禀赋特征差异逐渐缩小了中等收入群体性别工资总差异，且对性别工资总差异解释力度逐年增大。

对于核心变量互联网使用分解项，各年份中，随分位点数提升，互联网使用的特征差异值及占比均为负值且呈现"U 形"变化趋势，其绝对值在 0.50 分位点上达到最大值，表明在中等收入阶层中，女性上网的比例较高，这种互联网接入的特征差异能够显著缩小中等收入群体的性别工资差距；而在 2010 年和 2015 年的 0.25 分位点上，互联网使用的系数差异值为负值，但在 0.50 和 0.75 分位点上系数差异为正值，且在 0.75 分位点上达到最大值，即互联网收益率差异拉大了中高层群体性别收入差异，但对低层收入者正好相反。这是由于随数字产业迅速发展，用人单位越来越重视互联网技能使用，劳动力市场的中高层收入者使用互联网的工资溢价更为明显，即男女性在互联网收益率方面的差异逐渐拉大了性别工资差异。分年份比较，在 0.25 和 0.50 分位点上，2010 年、2013 年、2015 年随年份推进，互联网使用特征差异占总差异比例的绝对值呈逐年增大趋势，而在 0.75 分位点上，该比例的绝对值呈逐年缩小趋势，即随年份推进，中低层收入者是否使用互联网的接入特征差异对工资差异的解释力度逐年增大，而高层收入者正好反之。

6.1.3 进一步讨论

6.1.3.1 不同年龄段群体性别工资决定的回归结果

考虑到不同年龄段群体使用互联网频率和用途有明显差异，因此也会对性别工资差异产生不同影响。本节根据问卷设置，将 2010 年、2013 年、2015 年样本中个体按照年龄段划分为 60 后及以上、70 后、80 后群体，采用 OLS 回归方法进一步考察不同年龄段群体互联网使用对性别工资变动的影响，具体回归结果见表 6.7。

表6.7　各年份互联网使用对分年龄性别工资决定的回归结果

年份	变量/分组	60后及以上			70后			80后		
		总体	男性	女性	总体	男性	女性	总体	男性	女性
2010年	互联网使用	0.324***	0.226	0.510***	0.358***	0.398***	0.220***	0.381***	0.430***	0.257***
		(0.108)	(0.141)	(0.173)	(0.061)	(0.083)	(0.086)	(0.054)	(0.071)	(0.082)
	控制变量	YES	YES	YES	YES	YES	YES	YES	YES	YES
	R^2	0.276	0.261	0.300	0.394	0.372	0.413	0.408	0.380	0.449
	观测值	855	480	375	1 220	692	528	1 843	1 188	655
2013年	互联网使用	0.228***	0.194**	0.225*	0.231***	0.196***	0.277***	0.328***	0.320***	0.350***
		(0.078)	(0.092)	(0.133)	(0.049)	(0.066)	(0.073)	(0.045)	(0.051)	(0.089)
	控制变量	YES	YES	YES	YES	YES	YES	YES	YES	YES
	R^2	0.339	0.303	0.375	0.418	0.375	0.449	0.430	0.423	0.442
	观测值	1 198	686	512	1 314	754	560	1 530	1 043	487
2015年	互联网使用	0.197*	0.194	0.240*	0.224***	0.291***	0.216**	0.256***	0.191**	0.362***
		(0.105)	(0.124)	(0.122)	(0.066)	(0.092)	(0.093)	(0.063)	(0.079)	(0.104)
	控制变量	YES	YES	YES	YES	YES	YES	YES	YES	YES
	R^2	0.245	0.248	0.256	0.323	0.320	0.335	0.341	0.349	0.319
	观测值	1 299	708	591	1 063	563	500	1 309	803	506

注：60后及以上样本主要包括60后与少量50后等其他群体，为方便划分统称为60后及以上；80后样本中实际还包含少量90后样本，但样本量很少，未做单独分析，统一用80后指代。

由表 6.7 回归结果可知，横向比较，就总体而言，互联网使用对各年份中 80 后群体工资正向影响显著更高，70 后群体次之、60 后及以上群体相对较低，一种解释是 80 后群体使用互联网的概率相对较高，越来越多的年轻人群使用互联网不仅能够方便获取就业信息及专业信息、加强与亲友之间的联系，而且通过从事电脑 IT 行业、数字化物联网、电商网售、电子竞技、网络直播等数字就业新模式有效增加了收入水平；纵向比较，2010 年、2013 年、2015 随年份推进，互联网使用对 80 后、70 后、60 后及以上不同年龄段群体工资的正向影响均呈逐渐减小趋势，是由于随着互联网的广泛普及，互联网数字红利及工资溢价逐渐缩小导致的。

分性别比较看，在 60 后及以上群体中，互联网使用各年份女性工资水平的正向影响显著高于男性；在 70 后群体中，互联网使用仅对 2010 年和 2015 年男性工资水平的正向影响显著高于女性，而在 2013 年正好相反；在 80 后群体中，除 2010 年以外，互联网使用对女性工资水平的正向影响显著高于男性，即互联网使用对各年份不同年龄段群体工资水平产生异质性影响。是由于不同年龄段中的男女群体使用互联网的偏好和用途存在较大差异，与男性相比，年龄段在 35 岁以下和 45 岁以上的女性群体往往面临生育照料幼儿和职业生涯转型的两个拐点上，互联网的便捷性衍生出电子商务、平台就业等线上工作模式，更加满足了该年龄段女性对闲暇充裕、工作灵活性的需求，提供了平衡家庭和工作的可能，且在线创业有效降低了交易运营成本，扩大了市场份额和获取收益，从而增加了女性选择网络自主创业的概率，进而对其工资水平的正向影响显著更高。

6.1.3.2　不同年龄段群体的奥克萨卡—布林德分解结果

由前面分析可知，在估计出各年份不同年龄段群体互联网使用对性别工资均值的影响后，为进一步考察 60 后及以上、70 后、80 后等不同年龄段群体面临的性别工资歧视程度和影响因素贡献会呈现怎样的变化趋势，本节给出奥克萨卡—布林德性别工资差异分解结果，同时，为着重分析互联网使用变量，将年龄、婚姻状况、受教育年限、户籍状况等其他控制变量合并为"其他"，具体分解结果如表 6.8 所示。

表 6.8 各年份分年龄段群体性别工资差异的奥克萨卡—布林德分解结果

分组/分解项			2010 年		2013 年		2015 年	
			系数值	百分比(%)	系数值	百分比(%)	系数值	百分比(%)
60 后及以上	特征差异	互联网使用	0.007 7	3.059	0.013 0	4.693	−0.000 6	−0.467
		其他	0.004 7	1.842	−0.028 4	−10.253	−0.084 4	−62.496
		总计	0.012 4	4.901	−0.015 4	−5.560	−0.085 0	−62.963
	系数差异	互联网使用	−0.244 0	−96.443	0.053 4	19.278	−0.027 2	−20.148
		其他	0.485 0	191.542	0.238 6	86.137	0.247 2	183.111
		总计	0.241 0	95.099	0.292 0	105.415	0.220 0	162.963
	总差异		0.253 0	100	0.277 0	100	0.135 0	100
70 后	特征差异	互联网使用	0.024 6	7.130	0.009 8	2.698	−0.002 1	−0.849
		其他	0.017 8	5.160	0.010 9	2.989	0.001 2	0.490
		总计	0.042 4	12.290	0.020 7	5.687	−0.000 9	−0.360
	系数差异	互联网使用	0.074 8	21.681	−0.055 1	−15.137	0.047 9	19.008
		其他	0.227 2	65.855	0.398 1	109.450	0.205 1	81.388
		总计	0.302 0	87.536	0.343 0	94.313	0.253 0	100.396
	总差异		0.345 0	100	0.364 0	100	0.252 0	100
80 后	特征差异	互联网使用	−0.010 1	−3.146	−0.003 9	−1.387	−0.000 3	−0.086
		其他	−0.012 3	−3.832	0.074 0	26.070	0.116 3	36.795
		总计	−0.022 4	−6.978	0.070 1	24.683	0.116 0	36.709
	系数差异	互联网使用	0.054 1	16.854	−0.018 6	−6.549	−0.064 4	−20.380
		其他	0.288 9	90.000	0.232 6	81.866	0.264 4	83.671
		总计	0.343 0	106.854	0.214 0	75.317	0.200 0	63.291
	总差异		0.321 0	100	0.284 0	100	0.316 0	100

由表 6.8 分解结果可知，从总差异看，在 2010 年和 2013 年 70 后群体性别工资总差异最大，80 后次之；而在 2015 年 80 后群体性别工资总差异最大，70 后次之，各年份中 60 后及以上性别工资总差异最小。从总特征差异看，由 2010 年、2013 年、2015 年随年份推进，在 60 后及以上和 70 后群体中总特征差异占总差异比例由正值逐渐变为负值，而在 80 后群体中总特征差异占总差

异比例却由负值逐渐变为正值，表明随年份推进，35~45 岁和 45 岁以上群体的禀赋特征差异对性别工资总差异的贡献度由增加到逐年缩小；而 35 岁以下群体的禀赋特征差异对性别工资总差异的贡献度由缩小到逐年增加。从总系数差异看，2010 年、2013 年、2015 年，60 后及以上和 70 后群体的总系数差异占总差异比例均为正值且逐年上升，而 80 后群体的总系数差异占总差异比例均为正值且逐年下降，表明随年份推进，劳动力市场对 60 后及以上和 70 后群体的性别歧视程度逐年增加，而对 80 后群体的性别歧视程度逐年减弱。

对于互联网使用分解项，就特征差异而言，2010 年和 2013 年，60 后及以上和 70 后群体使用互联网的特征差异值及占总差异比例均为正值，而 80 后群体使用互联网的特征差异值及占总差异比例均为负值，这是由于与 60 后及以上和 70 后群体相比较，80 后群体中女性上网的比例相对较高，尤其是网络培训授课的便捷性以及电商、抖音快手等直播平台的兴起，增加了该群体年轻女性的就业机会和收入来源，进而较明显缩小了性别工资差异；在 2015 年，各年龄段群体使用互联网的特征差异值及占总差异的比例为负值，表明随互联网的日趋普及，互联网逐渐向中高龄人群渗透，越来越多的中老年女性使用互联网并有效增加了其收入水平，进而缩小了性别工资差异。对于系数差异而言，除 2010 年以外，2013 年和 2015 年 80 后群体使用互联网的系数差异值及其占比显著为负值，表明 80 后男女群体因互联网使用差异而受到的市场歧视要远低于其他年龄段群体，该年龄段女性使用互联网的收益率显著高于男性，进而有效缩小了其性别工资总差异。

6.1.3.3 影响机理分析

由前面实证分析可知，当前数字经济背景下互联网使用显著缩小了性别工资差异，但究其原因互联网使用是如何缩小性别工资差异的？为了深入研究，本节进一步构建了互联网使用缩小性别工资差异的影响机理，如图 6.3 所示。

由图 6.3 所示，本节认为互联网使用缩小了性别工资差异的影响机理包括三个方面。

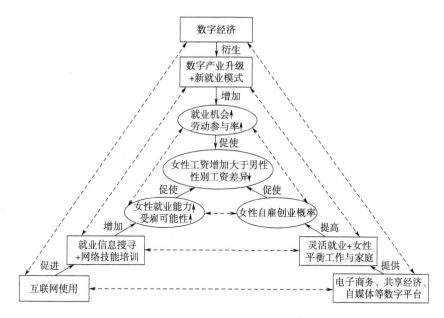

图 6.3　数字经济背景下互联网使用缩小性别工资差异的影响机理

注：直线单箭头表示存在直接影响，虚线双箭头表示两者间存在交互影响，框内"↑↓"分别表示增加、下降。

其一，数字经济推动数字产业化、产业数字化优化升级，不断增加就业岗位、促进就业增长。《中国数字经济发展与就业白皮书（2019）》显示，就数字化产业规模看，2018 年高达 6.4 万亿元，占 GDP 比重为 7.1%，尤其是互联网行业、软件和信息技术服务业收入同比分别增长 20.3% 和 14.2%；与此同时，农业、工业、服务业的产业数字化也在持续推进，以上三类行业数字经济占行业增加值比例依次为 7.3%、18.3%、35.9%；其中，2018 年，我国数字产业化部分的就业岗位达到 1 220 万个，同比增长 9.4 个百分点，而产业数字化部分的就业岗位则高达 1.78 亿个，同比增长 11.6 个百分点。数字经济的迅速发展衍生出了大数据、云计算、人工智能工程技术人员等新就业模式，数字产业化和产业数字化广泛吸纳更多的就业人口，从而增加了女性就业机会，提高了劳动参与率。

其二，互联网使用的日益方便快捷，成为获取信息和工作搜寻的重要渠道。个体通过 PC 互联网、移动互联网搜寻工作可以获得更好的、薪酬福利待遇相对更高的工作收入，抑或是更健全的社会保障及子女入学便利等，尤其是对女性而言更有利于获得与自身能力相匹配的工作岗位。已有研究指出，使用互联网搜寻信息能够明显促进女性的整体就业，尤其是对其非自雇就业的作用效果更加明显（毛宇飞和曾湘泉，2017）。中国互联网络信息中心发布的《第 44 次中国互联网络发展状况统计报告》显示，截至 2019 年上半年，我国利用互联网进行在线教育用户规模增长率最高为 15.5%，网络文学、及时通信、网络购物等增长率也均超过 5%，且女性用户规模增长速度显著高于男性。互联网作为信息搜寻的载体，可以为劳动者尤其是女性劳动者提供各类有用的知识信息，并通过在线教育、网络技能培训等方式不断提升自身人力资本，同时微信、微博等便捷的通信工具，促使人与人之间的日常联系、社会网络关系更为紧密。与男性相比，女性网络用户占比的不断攀升，为女性人力资本、社会资本不断积累，以及就业能力提升提供了有力支撑，同时也极大提高了女性受雇可能性及增加工资水平，从而有利于进一步缩小性别工资差异。

其三，电子商务、共享经济、自媒体等灵活多元化的数字平台，使女性平衡工作与家庭的关系成为可能，提高了女性自雇创业的机会。2019 年 8 月，国务院办公厅印发《关于促进平台经济规范健康发展的指导意见》，指出互联网平台经济是生产力新的组织方式，对于促进大众创业万众创新，尤其是增加就业具有重要作用。与男性相比，女性虽在日常家务劳动方面具有比较优势，但家庭生产活动具有灵活性，互联网平台经济衍生出的网红电商、网红直播、众包众创等线上就业模式，更加满足了女性对闲暇充裕、工作灵活性的需求。中国互联网络信息中心公布的数据显示，2018 年，我国网红经济规模高达 2 550 亿元，且约有 55% 的新互联网企业由女性创建，有 49.4% 的女性在经营天猫网店，女店主创造的销售额高达 46.7%。互联网平台经济等在线创业模式不仅打破了传统组织边界，更有效降低了交易和运营成本，扩大了市场份额和利润收益，增加了女性选择网络自主创业等自雇就业的机会，从而为增加女性工资水平和缩小性别工资差异提供了可能。

6.2 工时健康差异分析

6.2.1 超时工作对城镇职工健康的影响研究

近几十年来，随着社会经济的不断发展，肥胖及相关慢性病的防控在国际上受到高度关注。肥胖是诱发心血管疾病、中风、代谢综合征、Ⅱ型糖尿病和多种慢性病的重要危险因素。肥胖的发生率在全球范围内呈现快速增长的趋势，2017 年全球平均肥胖率为 12%，已经构成威胁人类健康的重大公共卫生挑战之一（Gregg and Shaw，2017）。中国的肥胖率在过去几十年也以"爆炸式"增长的态势发展起来，已有研究表明，中国平均肥胖率已经达到12%左右，处于世界平均水平，但肥胖总人数高居世界第一（Boyd et al.，2019）。肥胖率的快速增长，严重影响了中国居民的健康状况。在对 1990—2017 年中国及其省份的死亡率、发病率和危险因素进行研究发现，肥胖是导致中国人口死亡和疾病负担的十大危险因素之一（Zhou et al.，2019）。

改革开放以来，中国社会经济高速发展，人民生活水平显著改善，膳食营养日益均衡。由于中国经济的市场化历程较短，产业结构转型升级，国际业务以及国内需求的增多，让劳动力市场中的竞争变得越发激烈（丁述磊和刘翠花，2016）。与此同时，由于相关制度不完善，使得劳动力市场中的矛盾日益突出，"996 工作制""亚健康"等问题层出不穷，超时工作已成为中国城镇职工的工作常态。国家历来高度重视人民就业和健康。党的十九大报告强调要实现"更高质量和更充分就业"，推进"健康中国"建设。《"健康中国 2030"规划纲要》指出，未来 15 年，是推进健康中国建设的重要战略机遇期，要强化慢性病的预防和控制。肥胖作为影响慢性病的潜在危险因素，深入考察工作时间对肥胖的影响，不仅可以深入研究工作时间对肥胖影响的传导机制，同时对于预防肥胖和慢性病，规范劳动力市场，减少超时工作现象，从而实现"更高质量和更充分就业"提供实证依据。

6.2.1.1 数据来源、模型设计与变量选取

（1）数据来源。本节采用的数据来自 2018 年中国家庭追踪调查数据。本节的研究是基于 2018 年最新调查数据展开的。考虑到农村样本的工作时间有效性，仅保留了 18～65 周岁的城镇职工样本。最终样本数量包括 1 727 个，男性样本 987 个，女性样本 740 个。

（2）模型设计。为了考察工作时间对肥胖的影响，本节构建的基准回归模型为：

$$Obesity_i = \alpha_0 + \alpha_1 WT_i + \alpha_2 CV_i + \mu_i \qquad (6.6)$$

式（6.6）中，$Obesity_i$ 为肥胖变量，WT_i 为工作时间变量，CV_i 为影响肥胖的控制变量，μ_i 为随机扰动项。为了进一步考察工作时间对肥胖的直接影响，以及工作时间通过影响锻炼时间和睡眠时间进而对肥胖产生的间接影响，本节采用中介效应模型进行分析。中介效应模型为：

$$M_i = \beta_0 + \beta_1 WT_i + \beta_2 CV_i + \mu_i \qquad (6.7)$$

$$Obesity_i = \gamma_0 + \gamma_1 WT_i + \gamma_2 M_i + \gamma_3 CV_i + \mu_i \qquad (6.8)$$

$$Obesity_i = (\gamma_0 + \gamma_2 \beta_0) + (\gamma_1 + \gamma_2 \beta_1)WT_i + (\gamma_3 + \gamma_2 \beta_2)CV_i + \mu_i \qquad (6.9)$$

式（6.9）为式（6.7）带入（6.8）得到。其中，式（6.6）中的 α_1 衡量的是工作时间对肥胖的总效应。式（6.7）中的 β_1 衡量的是工作时间对中介变量 M_i（包括锻炼时间和睡眠时间）的影响效应。式（6.8）中的 γ_1 衡量的是工作时间对肥胖的直接影响效应，式（6.9）中的 $\gamma_2 \beta_1$ 衡量的是工作时间通过中介变量 M_i 对肥胖造成的间接影响效应。

（3）变量选取。本节的被解释变量为城镇职工是否处于肥胖状态，当达到肥胖标准时赋值为 1，否则赋值为 0。关于肥胖的测量，国际流行的主要有身体质量指数（BMI），腰臀比（WHR），腰围和皮褶厚度等。根据中国家庭追踪调查 2018 年数据，本节主要通过身体质量指数对肥胖进行测量。身体质量指数是体重（kg）与身高（m）平方的比值，是国际用来测量超重和肥胖最常用的工具。身体质量指数衡量肥胖的标准共有三套，分别是世界卫生组织标准、亚洲标准和中国标准，具体如表 6.9 所示。

表 6.9　肥胖的身体质量指数衡量标准

身体质量指数分类	世界卫生组织标准	亚洲标准	中国标准
偏瘦	BMI<18.5	BMI<18.5	BMI<18.5
正常	18.5 ≤ BMI<25.0	18.5 ≤ BMI<23.0	18.5 ≤ BMI<24.0
超重	25.0 ≤ BMI<30.0	23.0 ≤ BMI<25.0	24.0 ≤ BMI<28.0
肥胖	30.0 ≤ BMI	25.0 ≤ BMI	28.0 ≤ BMI

资料来源：中华人民共和国卫生行业标准《成人体重判定》（WS/T 428-2013）。

中国肥胖问题工作组织针对中国人的特征，在 2003 年提出了界定中国超重和肥胖程度的临界值，并于 2013 年被卫计委定为中华人民共和国卫生行业标准《成人体重判定》。因此，本节主要依据中国标准对肥胖进行界定。对于肥胖变量，当城镇职工 28.0≤ 身体质量指数赋值为 1，否则赋值为 0。此外，由于身体质量指数是由身高和体重两个变量计算的，对于成年人而言，身高基本不会变化，造成肥胖的主要原因是体重的增加，为了进行稳健性检验，本节进一步检验了工作时间对超重的影响。对于超重变量，当城镇职工 24.0≤BMI<28.0 时赋值为 1，否则赋值为 0。

本节的核心解释变量为工作时间。对于工作时间变量，采用德恩曼等（Doerrmann et al.，2020）的做法，用周工作时间衡量，同时将该变量分为三类，分别是周工作时间小于 40 小时，周工作时间等于 40 小时，周工作时间大于 40 小时。《中华人民共和国劳动法》规定职工每日工作 8 小时，每周工作 40 小时，可见，当周工作时间大于 40 小时的时候，显然会挤占职工的锻炼保健时间和睡眠时间。除了工作时间变量外，本节还引入了影响肥胖的其他控制变量，包括个体特征变量、生活习惯变量和中介变量。其中，个体特征变量包括性别、年龄、受教育程度、收入水平。生活习惯变量包括是否吸烟、是否喝酒。中介变量包括周锻炼时长和工作日睡眠时长。对于性别变量，本节将男性赋值为 1，女性赋值为 0；对于年龄变量，为了考察职工的肥胖状况是否与年龄存在倒"U 形"关系，引入年龄平方变量；对于受教育程度变量，本节将该变量分为三类，分别是高中及以下、大专及大学本科、研究生及以上；对于收入水平变量，本节用职工的税后月工资来衡量，同时取对数处理；对于吸烟变量，本节将吸烟赋值为 1，不吸烟赋值为 0；对于喝酒变量，本节将每周喝酒超过三次赋值为 1，否则为 0；对于周锻炼时长变量，本节将周锻炼时长小于 3.5 小时（每天锻炼时长不足 30 分钟）赋值为 1，否则为 0；对于工作日睡眠时长变量，本节将工作日睡眠时长小于 8 小时赋值为 1，否则为 0。以上变量的描述性统计分析如表 6.10 所示。

表 6.10　变量的描述性统计分析

变量	变量描述	均值	标准差	最小值	最大值
肥胖	BMI≥28.0	0.113	0.317	0	1
超重	24.0≤BMI<28.0	0.235	0.474	0	1
周工作时间	小时	49.027	11.806	30	84
性别	男性赋值为 1，女性为 0	0.572	0.495	0	1
年龄	岁	32.760	7.508	18	65
受教育年限	年	13.158	3.338	0	22
月税后收入	元	4 470.197	3 297.419	800.000	48 000
吸烟	吸烟赋值为 1，否则为 0	0.305	0.461	0	1.000
喝酒	每周喝酒超过三次赋值为 1，否则为 0	0.133	0.339	0	1.000
周锻炼时长	小时	4.300	3.435	0.100	21.000
工作日睡眠时长	小时	7.565	1.007	5.000	14.000

6.2.1.2　实证结果分析

（1）基准回归分析。在基准回归分析中，本节首先考察工作时间对肥胖的影响，然后依次将个体特征变量和生活习惯变量纳入，相关结果如表 6.11 所示。由前面基准模型可知，与每周工作少于 40 小时的城镇职工相比，每周工作 40 小时和每周工作超过 40 小时的城镇职工患肥胖症的概率更大。这与德里曼的研究结果一致，其考察了每周工作时间与美国在职成年人肥胖的关系，同样发现每周工作 40 小时和超过 40 小时的在职成年人患肥胖症的概率，大于每周工作少于 40 小时的在职成年人。

表 6.11　工作时间对肥胖影响的 **Logit** 回归结果

解释变量	模型（1）	模型（2）	模型（3）
	肥胖	肥胖	肥胖
周工作时间超过 40 小时	2.034***	2.100***	2.032***
	(0.590)	(0.597)	(0.597)
工作时间 40 小时	1.277**	1.186*	1.148*
	(0.606)	(0.611)	(0.611)
性别	—	0.595***	0.373*
	—	(0.180)	(0.203)
年龄	—	0.102	0.0843
	—	(0.0678)	(0.0690)
年龄平方	—	-0.093	-0.072
	—	(0.093)	(0.095)
大专及大学本科	—	0.441**	0.526***
	—	(0.175)	(0.180)
研究生及以上	—	1.768***	1.787***
	—	(0.312)	(0.316)
工资收入	—	-0.0843	-0.0544
	—	(0.157)	(0.158)
吸烟	—	—	0.144
	—	—	(0.188)
喝酒	—	—	0.798***
	—	—	(0.196)
常数项	-3.807***	-6.172***	-6.098***
	(0.584)	(1.754)	(1.776)
观测值	1 727	1 727	1 727

注：括号内为稳健标准误差，***，**，*表示在 1%，5%，10%水平上显著，下同。

关于工作时间与肥胖的关系，可以从行为层面和心理层面分析，其一，工作时间越长，越容易产生不健康的行为，包括锻炼不足、睡眠不足、快餐和零食食用频率高、静坐时间长等（Trivedi et al.，2015）。其二，工作时间越长，越容易产生压力感和疲劳感，严重影响心理健康，不仅会导致吸烟、酗酒、饮食等不健康行为产生，而且还会直接影响促肾上腺皮质激素释放激素，促进脂肪堆积（Rutters et al.，2010；高银燕等，2019）。已有研究表明，锻炼保健时间的缩短和睡眠不足会显著增加肥胖。索洛维耶娃等（Solovieva et al.，2013）对1995—2012年的39篇工作时间与肥胖关系的论文进行分析，发现70%的研究结果表明长时间工作和短时间锻炼会显著增加肥胖。福特等（Ford et al.，2014）、延斯（Jens，2015）的研究结果表明睡眠不足也是增加肥胖概率的重要因素之一。改革开放以来，中国的社会结构和经济体制发生了巨大变化，人民的生活水平得到快速提升。与此同时，由于中国经济的市场化历程较短，产业结构不合理，相关制度不完善等问题的存在使得劳动力市场中矛盾日益突出，"996工作制""亚健康"等问题层出不穷。除了生活条件的改善，食物热量摄入过多，增加了职工患肥胖症的概率之外，工作时间的延长，挤占中国城镇职工的锻炼保健时间和睡眠时间，进而增加肥胖的概率，这种因素也不容忽视。

对于控制变量而言，无论是模型（2）还是模型（3）性别变量显著为正，表明与女性相比，中国男性城镇职工患肥胖症的概率更大。这与已有文献研究结果一致，彭等（Peng et al.，2019）分析了1991—2011年中国肥胖趋势，发现男性身体质量指数增长的幅度显著超过女性。因为男性作为劳动力市场的主力军，生活压力更大，工作时间更长，从而导致男性患肥胖症的概率更大。对于年龄变量为正，年龄平方变量为负，表明中国城镇职工的肥胖状况与年龄存在倒"U形"关系，但是这两个变量不显著。对于受教育程度变量而言，无论是模型（2）还是模型（3），与高中及以下群体相比，大专和大学本科群体、研究生及以上群体患肥胖症的概率更高，这与格拉斯等（Classen et al.，2016）研究结果一致，而阿明等（Amin et al.，2018）研究发现，教育可能是防止肥胖的一个保护因素，受教育程度越高，患肥胖症的概率越低。对于中国城镇职工受教育程度与肥胖的关系呈现正相关关系，一个原因是，受教育程度越高，在大城市工作的可能性越大，工作强度也可能越大，从而导致患肥胖症的概率越高。对于收入变量，模型（2）和模型（3）显示，收入提升会降低患肥胖症的概率，但是这两个变量不显著。阿梅耶等（Ameye et al.，2019）研究发现，收入与肥胖存在一种非线性关系，且与国家的收入水平相关，在高收入国家，穷人是最肥胖的，但总体看，世界上所有国家的总体肥胖率都在上升。模型（3）进一步考察吸烟和喝酒（每周喝酒超过 3 次）对肥胖的影响，回归结果显示，吸烟对肥胖的影响不显著，而喝酒变量会显著增加肥胖。这与已有文献研究结果一致，特拉等（Tera et al.，2017）利用美国国家健康追踪调查数据考察了重度饮酒与肥胖的关系发现，重度饮酒会显著增加患肥胖症的概率。

（2）稳健性检验。为了进一步检验前文回归结果的稳健性，本节做了三组稳健性检验。其中，模型（4）更换了回归方法，利用 Probit 回归模型分析了工作时间对肥胖的影响。模型（5）替换了被解释变量，由于身体质量指数是由身高和体重两个变量计算的，对于成年人而言，身高基本不会变化，造成肥胖的主要原因是体重的增加，模型（5）进一步检验了工作时间对超重的影响。模型（6）在基准回归模型的基础上，删掉了年龄极端值，仅保留了 25~55 岁的城镇职工样本，因为对于小于 25 岁的样本和大于 55 岁的样本而言，可能影响其肥胖的因素更为复杂，身体质量指数差异更大，因此为了更为稳健地考察工作时间对肥胖的影响，模型（6）对 25~55 岁的样本进行了回归。具体结果如表 6.12 所示。由模型（4）和模型（6）可知，与每周工作少于 40 小时的城镇职工相比，每周工作 40 小时和每周工作超过 40 小时的城镇职工患肥胖症的概率更大，与前文分析结果一致。由模型（5）可知，与每周工作少于 40 小时的城镇职工相比，每周工作超过 40 小时的城镇职工身体质量指数处于超重区间的概率更大，而每周工作 40 小时的城镇职工身体质量指数处于超重区间的概率虽然大于每周工作少于 40 小时的城镇职工，但是该结果不显著。控制变量的回归结果与前文基本一致，不再赘述。

表 6.12　稳健性检验结果

解释变量	模型（4）	模型（5）	模型（6）
	Probit 回归	超重	去掉极端值
周工作时间超过 40 小时	0.950 ***	0.464 **	1.926 ***
	(0.251)	(0.217)	(0.599)

续表

解释变量	模型 (4)	模型 (5)	模型 (6)
	Probit 回归	超重	去掉极端值
周工作时间 40 小时	0.496*	0.101	1.062*
	(0.258)	(0.227)	(0.614)
CV	YES	YES	YES
观测值	1 727	1 727	1 482

6.2.1.3 中介效应分析

为了分析工作时间影响肥胖的传导机制，本节纳入两个中介变量，分别为周锻炼时间变量和工作日睡眠时间变量。本节将周锻炼时间不足 3.5 小时（每天锻炼时间不足 30 分钟）赋值为 1，其他赋值为 0；将工作日睡眠时间不足 8 小时赋值为 1，其他赋值为 0；从表 7.13 可以看出，在控制其他解释变量的情况下，两个中介变量均通过了显著性检验。由此推断，周锻炼时间和工作日睡眠时间是工作时间影响肥胖的中介变量。与每周工作少于 40 小时的城镇职工相比，每周工作等于 40 小时对城镇职工的周锻炼时间和睡眠时间影响不显著，而每周工作超过 40 小时显著影响城镇职工的周锻炼时间和睡眠时间，进而增加他们患肥胖症的概率。

表 6.13 工作时间影响肥胖的中介机制

解释变量	模型 (7)	模型 (8)	模型 (9)	模型 (10)	模型 (11)
	周锻炼时长	肥胖	睡眠时间	肥胖	肥胖
周工作时间大于 40 小时	0.378**	1.965***	0.388**	1.967***	1.893***
	(0.187)	(0.598)	(0.191)	(0.597)	(0.598)
周工作时间为 40 小时	0.113	1.119*	−0.080	1.165*	1.129*
	(0.194)	(0.613)	(0.199)	(0.612)	(0.613)
周锻炼时长	—	0.748***	—	—	0.692***
		(0.171)			(0.172)
工作日睡眠时长	—	—	—	0.657***	0.594***
				(0.163)	(0.165)

续表

解释变量	模型（7）	模型（8）	模型（9）	模型（10）	模型（11）
	周锻炼时长	肥胖	睡眠时间	肥胖	肥胖
性别	0.014	0.364 *	0.187	0.338	0.334
	(0.121)	(0.204)	(0.121)	(0.205)	(0.206)
年龄	0.028	0.081	0.093 **	0.061	0.059
	(0.044)	(0.069)	(0.043)	(0.069)	(0.070)
年龄平方	-0.065	-0.065	-0.107 *	-0.044	-0.038
	(0.062)	(0.096)	(0.061)	(0.096)	(0.096)
大专及大学本科	0.118	0.498 ***	0.176	0.481 ***	0.456 **
	(0.111)	(0.181)	(0.111)	(0.181)	(0.182)
研究生及以上	0.739 ***	1.673 ***	0.511 **	1.716 ***	1.616 ***
	(0.277)	(0.320)	(0.258)	(0.319)	(0.323)
工资水平	0.184 *	-0.070	0.093	-0.058	-0.075
	(0.102)	(0.160)	(0.101)	(0.161)	(0.162)
吸烟	-0.200	0.182	-0.034	0.155	0.192
	(0.124)	(0.189)	(0.124)	(0.189)	(0.191)
喝酒	-0.200	0.843 ***	0.213	0.773 ***	0.817 ***
	(0.151)	(0.199)	(0.151)	(0.197)	(0.200)
常数项	-1.815 *	-6.356 ***	-3.266 ***	-5.883 ***	-6.071 ***
	(1.052)	(1.793)	(1.053)	(1.783)	(1.799)
观测值	1 727	1 727	1 727	1 727	1 727

具体看，模型（7）证实了每周工作超过 40 小时在 5% 的水平上显著影响周锻炼时间（每天锻炼不足 30 分钟）。模型（8）中控制了工作时间和周锻炼时间变量后，周锻炼时间变量在 1% 的水平上显著增加城镇职工患肥胖症的概率，表明城镇职工每周工作超过 40 小时，会显著降低他们每周锻炼的时间，从而间接增加患肥胖症的概率。模型（9）实证了每周工作超过 40 小时在 5% 的水平上显著影响工作日睡眠时间（每天睡眠不足 8 小时）。模型（10）中控制了工作时间和睡眠时间变量后，睡眠时间变量在 1% 的水平上显著增加城镇职工患肥胖症的概率，表明城镇职工每周工作超过 40 小时，会显著降低他们

工作日睡眠时间，从而间接增加患肥胖症的概率。由模型（11）可知，在工作时间影响肥胖的传导机制中，周锻炼时间和睡眠时间均起到了中介作用，即与每周工作不足 40 小时的城镇职工相比，每周工作超过 40 小时不仅可以直接增加城镇职工患肥胖症的概率，而且还会通过降低他们每周锻炼的时间和工作日的睡眠时间，间接增加他们患肥胖症的概率。然而，与每周工作不足 40 小时的城镇职工相比，每周工作 40 小时的中介效应不显著。此外，由模型（7）和模型（11）可以计算出周锻炼时间变量的中介效应为 0.262（=0.378×0.692），由模型（9）和模型（11）可以计算出睡眠时间变量的中介效应为 0.231（=0.388×0.594），表明工作时间影响肥胖的机制中，周锻炼时间的中介效应大于睡眠时间的中介效应。因此，与每周工作不足 40 小时的城镇职工相比，每周工作超过 40 小时，更可能通过影响职工的锻炼时间，进而影响他们的身体质量指数，增加患肥胖症的概率。

6.2.1.4 工作时间影响肥胖的异质性分析

前文从整体层面考察了工作时间对肥胖的影响及其中介效应。考虑到不同性别和不同收入阶层存在差异，本节进行性别分样本和收入阶层分样本分析，从而考察工作时间对肥胖影响的异质性效应。对于收入阶层，本节以税后工资样本均值为分界线，税后工资高于样本均值的城镇职工样本定义为高收入组，税后工资低于样本均值的城镇职工样本定义为低收入组。具体回归结果如表 6.14 所示。

表 6.14　工作时间影响肥胖的异质性回归结果

解释变量	模型（12）	模型（13）	模型（14）	模型（15）
	男性	女性	高收入组	低收入组
周工作时间大于 40 小时	1.688**	2.424**	1.889*	2.055***
	(0.737)	(1.027)	(1.033)	(0.735)
周工作时间为 40 小时	0.925	1.295	1.059	1.119
	(0.756)	(1.053)	(1.051)	(0.756)
性别	—	—	0.393	0.431*
			(0.364)	(0.257)

续表

解释变量	模型（12）	模型（13）	模型（14）	模型（15）
	男性	女性	高收入组	低收入组
年龄	0.041	0.218	-0.046	0.156*
	(0.078)	(0.164)	(0.116)	(0.092)
年龄平方	-0.019	-0.242	0.097	-0.163
	(0.107)	(0.233)	(0.161)	(0.127)
大专及大学本科	0.564***	0.436	0.620**	0.378
	(0.215)	(0.331)	(0.299)	(0.230)
研究生及以上	1.229**	2.153***	1.082**	2.605***
	(0.495)	(0.445)	(0.521)	(0.438)
工资水平	-0.0230	0.0204	0.153	0.416
	(0.191)	(0.295)	(0.334)	(0.351)
吸烟	0.215	-0.715	0.441	-0.128
	(0.198)	(0.800)	(0.280)	(0.258)
喝酒	0.744***	1.123**	0.525*	0.948***
	(0.214)	(0.513)	(0.314)	(0.257)
常数项	-4.870**	-9.527**	-5.557	-11.100***
	(2.101)	(3.758)	(3.395)	(3.261)
观测值	987	740	639	1 083

由模型（12）和模型（13）可知，无论对于男性样本还是女性样本，与每周工作不足40小时的城镇职工相比，每周工作超过40小时在5%的水平上，均显著增加了男性和女性城镇职工患肥胖症的概率，而且对女性的影响更大，每周工作40小时没有通过显著性检验。由前文的中介效应分析可知，每周工作超过40小时通过锻炼时间影响肥胖的中介效应更大，对于女性城镇职工，如果存在超时加班现象，她们锻炼的时间会比男性减少得更多，因为女性还要承担更多的家庭劳务时间。虽然随着社会的发展，男女共同承担家庭劳务的观念得到了更多的认同，但是不可否认，平均看女性依旧比男性承担更多的家务。因此，如果女性城镇职工每周工作超过40小时，不仅会影响她们的睡眠时间，而且会减少她们更多锻炼时间，从而患肥胖症的概率会大

于男性职工。

由模型（14）可知，对于高收入组样本，与每周工作不足 40 小时的城镇职工相比，每周工作超过 40 小时在 10% 的水平上均显著增加了高收入组职工患肥胖症的概率，每周工作 40 小时没有通过显著性检验。由模型（15）可知，对于低收入组样本，与每周工作不足 40 小时的城镇职工相比，每周工作超过 40 小时在 1% 的水平上均显著增加了低收入组职工患肥胖症的概率，每周工作 40 小时没有通过显著性检验。此外，与每周工作不足 40 小时的城镇职工相比，每周工作超过 40 小时对低收入组的影响大于高收入组，表明每周工作超过 40 小时，低收入组城镇职工患肥胖症的概率大于高收入组。原因是与低收入组职工相比，高收入组职工更加注重自身健康状况，更有能力保持膳食营养均衡，更有条件增加体育锻炼的机会和频率，从而保持更好的体型。

6.2.1.5　结论与启示

党的十九大报告强调要实现"更高质量和更充分就业"，推进"健康中国"建设。《"健康中国 2030"规划纲要》将健康上升为国家战略，提出了"预防为主、防治结合、关口前移、促进资源下沉"的指导意见。肥胖作为影响慢性病的潜在危险因素，需要深入研究肥胖的影响因素，强化肥胖的预防和控制。本节使用 2018 年中国家庭追踪调查数据考察了工作时间对肥胖的影响，研究得到三个结论：

其一，与每周工作少于 40 小时的城镇职工相比，每周工作 40 小时和每周工作超过 40 小时的城镇职工患肥胖症的概率更大。通过变换回归方法、替换被解释变量和去掉极端值做了三组稳健性检验，除了替换被解释变量检验中的每周工作 40 小时变量不显著之外，其他结果显示该结论是稳健的。

其二，中介效应模型分析发现，在工作时间影响肥胖的传导机制中，周锻炼时间（每天锻炼时间不足 30 分钟）和睡眠时间（工作日睡眠时间不足 8 小时）均起到了中介作用，即与每周工作不足 40 小时的城镇职工相比，每周工作超过 40 小时不仅可以直接增加城镇职工患肥胖症的概率，而且还会通过降低他们锻炼时间和睡眠时间，间接增加他们患肥胖症的概率，此外，周锻炼时间的中介效应大于睡眠时间的中介效应。

其三，异质性回归分析发现，无论对于男性样本还是女性样本，低收入组还是高收入组，与每周工作不足 40 小时的城镇职工相比，每周工作超过 40 小时均显著增加了男性和女性城镇职工、低收入组和高收入组城镇职工患肥胖症的概率，而且对女性和低收入组的影响更大。

以上研究结论表明，肥胖作为一种复杂的多因素疾病，不仅要考虑遗传、膳食和环境等因素，而且职工的周工作时间也应作为一个潜在的危险因素进行考虑。为了提升城镇职工公共健康，降低超长工作时间对城镇职工患肥胖症的概率，国家政府部门应进一步落实劳动者法定工作时间的相关规定，限制非法超长时间工作，努力促进劳动力市场工作时间正规化，切实保障职工休息权，提高城镇职工公共健康水平。

6.2.2 流动人口就业质量工时健康差异问题研究

在我国，流动人口是个规模庞大的特殊群体，《2018 年国民经济和社会发展统计公报》①数据显示，2018 年年末流动人口高达 2.41 亿人。尤其是在数字经济蓬勃发展趋势下，各种零工经济、非标准就业、自由职业者等新就业形态应运而生，随着企业对人才需求的日益扩大，预计在 2018—2025 年，中国灵活用工市场的复合增长率将达到 23% 以上②。《中国数字经济发展与就业白皮书（2019）》③显示，2018 年，我国数字经济领域新增就业岗位 1.91 亿个，占当年总就业人数的 24.6%，同比增长 11.5 个百分点，远高于同一时期全国总就业规模增速，数字经济吸纳就业的能力显著提升。数字经济发展为流动人口提供了众多新就业岗位的同时，不仅加速了城乡人口流动，而且工作时间也越来越弹性化，"996" 工作制、熬夜加班已成为流动人口的工作常态，势必会对流动人口的健康状况造成一系列的影响。

健康状况不仅在微观层面上影响流动人口的生产效率，而且会在宏观层面上涉及整个社会的总产出水平。党的十九大报告提出实施 "健康中国" 战略，将全面提高人民健康水平置于优先发展的重要地位。鉴于此，在数字经

---

① 国家统计局：《2018 年国民经济和社会发展统计公报》，2019 年 2 月 28 日。
② 金柚网研究院：《2019 中国灵活用工及灵活就业研究报告》，2019 年 11 月 27 日。
③ 中国信息通信研究院：《中国数字经济发展与就业白皮书（2019）》，2019 年 4 月 19 日。

济发展趋势下，深入考察工作时间对流动人口健康状况的影响及其差异，关注规模庞大的流动人口健康发展问题，不仅直接关乎其自身工作及生存发展，而且关系到"健康中国"战略目标的实现。当前以互联网平台为代表的新就业模式和新就业形态虽然为流动人口提供了众多就业机会，然而超时加班、过劳肥、亚健康等现象也屡见不鲜。流动人口作为弱势群体，与正常工时者相比，超时加班者面临更大的健康风险，因此，两异质性工时群体是否存在显著的健康差异？工作时间如何影响流动人口健康状况？中间的传导渠道是什么？工作时间对两群体间健康差异的贡献度为多少？又存在怎样的性别和区域异质性？

为了回答以上问题，本节基于中国劳动力动态调查数据，选取自评健康、心理健康和身体质量指数作为流动人口健康状况的代理指标，进行实证研究，发现与正常工时者不同，工作时间显著降低了超时加班者的健康状况，且工作时间明显扩大了两异质性工时群体的健康差异。除身体质量指数差异外，女性工时自评健康差异和心理健康差异高于男性。流动人口工时自评健康差异和心理健康差异最大的是西部地区，而工时身体质量指数差异最大的是东部地区。随年份推进，流动人口工时健康总差异呈现逐年扩大趋势。此外，验证了锻炼时间和睡眠状况是工时影响流动人口健康的中介变量，且对异质性工时群体存在不同的中介效应。这一研究结果对进一步加强数字经济平台治理，规范灵活用工时间，以及改善流动人口整体健康水平提供了政策参考。

本节的研究贡献主要体现在三个方面：第一，聚焦数字经济发展，采用2014年和2016年中国劳动力动态调查数据，将总体流动人口分为正常工时者和超时加班者，结合健康需求理论考察工作时间对流动人口总体及异质性分样本健康状况的影响。第二，利用费尔利（Fairlie）非线性分解方法，对流动人口正常工时者和超时加班者的健康差异进行因素分解，得到工作时间对两群体健康差异的贡献度，并考察两群体健康差异的性别、区域及年份变化趋势，对健康差异的文献研究进行了丰富和拓展。第三，采用中介效应模型进行影响机制分析，并以改善整体健康资本水平为宗旨提出合理化政策建议，对于深刻认识中国流动人口工时健康差异问题提供了经验依据。

6.2.2.1 费尔利非线性分解方法

为考察流动人口正常工时者和超时加班者的健康差异及影响因素贡献度，本节采用费尔利非线性分解方法对正常工时者与超时加班者健康差异进行因素分解，不仅能分解出工作时间对健康差异的贡献度，而且能对缩小健康差异提供实证支持。费尔利非线性因素分解方法如下。

假设正常工时者和超时加班者的健康决定方程为：

$$Y^a = X^a \hat{\boldsymbol{\beta}}^a + \varepsilon^a \tag{6.10}$$

$$Y^b = X^b \hat{\boldsymbol{\beta}}^b + \varepsilon^b \tag{6.11}$$

其中，Y^a 表示正常工时者的健康代理指标，Y^b 表示超时加班者的健康代理指标，X 表示个体特征向量，$\boldsymbol{\beta}$ 为相应的系数向量，ε 为随机误差项。正常工时者与超时加班者平均健康差异可以表示为：

$$\overline{Y^a} - \overline{Y^b} = \overline{X^a} \hat{\boldsymbol{\beta}}^a - \overline{X^b} \hat{\boldsymbol{\beta}}^b \tag{6.12}$$

当健康指标 Y 为二元变量时，即 Y 取 1 时表示健康，取 0 时表示不健康，那么式（6.12）可以根据费尔利（2005）的思想分解为：

$$\overline{Y^a} - \overline{Y^b} = \left[\sum_{i=1}^{N^a} \frac{F(X_i^a \hat{\boldsymbol{\beta}}^a)}{N^a} - \sum_{i=1}^{N^b} \frac{F(X_i^b \hat{\boldsymbol{\beta}}^a)}{N^b} \right] + \left[\sum_{i=1}^{N^b} \frac{F(X_i^b \hat{\boldsymbol{\beta}}^a)}{N^b} - \sum_{i=1}^{N^b} \frac{F(X_i^b \hat{\boldsymbol{\beta}}^b)}{N^b} \right]$$

$$\tag{6.13}$$

其中，N^a 和 N^b 分别表示正常工时者和超时加班者的样本数量。式（6.13）中的第一个中括号是由正常工时者和超时加班者可观测因素差异产生的健康差异，称为可解释部分；第二个中括号是由回归方程系数所产生的健康差异，称为不可解释部分。式（6.13）分解是采用正常工时者健康方程的系数估计值 $\hat{\boldsymbol{\beta}}^a$ 和超时加班者可观测因素 X^b，作为可解释部分和不可解释部分的权重。而如果采用超时加班者健康方程的系数估计值 $\hat{\boldsymbol{\beta}}^b$ 和正常工时者可观测因素 X^a，作为可解释部分和不可解释部分的权重时，可得到健康差异分解的另一种表达式：

$$\overline{Y^a} - \overline{Y^b} = \left[\sum_{i=1}^{N^a} \frac{F(X_i^a \hat{\boldsymbol{\beta}}^b)}{N^a} - \sum_{i=1}^{N^b} \frac{F(X_i^b \hat{\boldsymbol{\beta}}^b)}{N^b} \right] + \left[\sum_{i=1}^{N^a} \frac{F(X_i^a \hat{\boldsymbol{\beta}}^a)}{N^a} - \sum_{i=1}^{N^a} \frac{F(X_i^a \hat{\boldsymbol{\beta}}^b)}{N^a} \right]$$

$$\tag{6.14}$$

（6.13）式和（6.14）式的健康差异分解会有不同结果，为得到更稳健的健康差异分解结果，本节采用奥克萨卡等（Oaxaca et al.，1994）的方法，将正常工时者和超时加班者合并样本回归系数 $\hat{\beta}^*$ 作为可解释部分权重，则健康差异分解表达式为：

$$\overline{Y^a} - \overline{Y^b} = \left[\sum_{i=1}^{N^a} \frac{F(X_i^a \hat{\beta}^*)}{N^a} - \sum_{i=1}^{N^b} \frac{F(X_i^b \hat{\beta}^*)}{N^b} \right] +$$

$$\left[\sum_{i=1}^{N^a} \frac{F(X_i^a \hat{\beta}^a)}{N^a} - \sum_{i=1}^{N^a} \frac{F(X_i^a \hat{\beta}^*)}{N^a} \right] + \left[\sum_{i=1}^{N^b} \frac{F(X_i^b \hat{\beta}^*)}{N^b} - \sum_{i=1}^{N^b} \frac{F(X_i^b \hat{\beta}^b)}{N^b} \right] \quad (6.15)$$

其中，（6.15）式中第一个中括号为可解释部分，第二个中括号和第三个中括号为不可解释部分。当健康差异分解为可解释部分和不可解释部分后，可深入考察解释变量对健康差异的贡献度。为阐述方便，本节假设 X 只包含两个解释变量 X_1、X_2。X_1 对正常工时者与超时加班者健康差异的可解释部分贡献程度为：

$$\frac{1}{N^b} \sum_{i=1}^{N^b} \left[F(\hat{\beta}_0^* + X_{1i}^a \hat{\beta}_1^* + X_{2i}^a \hat{\beta}_2^*) - F(\hat{\beta}_0^* + X_{1i}^b \hat{\beta}_1^* + X_{2i}^a \hat{\beta}_2^*) \right] \quad (6.16)$$

X_2 对正常工时者与超时加班者健康差异的可解释部分贡献程度为：

$$\frac{1}{N^b} \sum_{i=1}^{N^b} \left[F(\hat{\beta}_0^* + X_{1i}^b \hat{\beta}_1^* + X_{2i}^a \hat{\beta}_2^*) - F(\hat{\beta}_0^* + X_{1i}^b \hat{\beta}_1^* + X_{2i}^b \hat{\beta}_2^*) \right] \quad (6.17)$$

在计算式（6.16）和式（6.17）的时候，要求正常工时者和超时加班者样本数量相等，但实际分析中，两者相等几乎不可能。与超时加班者相比，在正常工时者样本数量多的时候，可先随机从正常工时者样本中抽取和超时加班者样本数量相同的样本，依据上述分解方法得到一次差异分解结果，并将这一过程反复进行多次，最后将多次得到的分解结果进行平均。相反，与正常工时者相比，在超时加班者样本数量多的时候，可先随机从超时加班者样本数量中抽取和正常工时者样本数量相同的超时加班者样本，剩余分解步骤与前面相同。值得注意的是，在二元离散选择模型的分解过程中，差异分解结果会受解释变量分解的先后顺序影响，费尔利（Fairlie，2005）指出，在每一次抽取样本进行差异分解时，随机化可观测因素的排序，并将多次的分解结果进行平均化处理，即得到每个可观测因素对健康差异可解释部分的贡献率。

6.2.2.2 数据来源、变量定义与样本特征

（1）数据来源。本节采用 2014 年和 2016 年中国劳动力动态调查数据，该调查是中山大学开展的社会科学特色数据库的专项动态调查，包含劳动力、家庭和社区三个层面，2016 年的数据是目前能公开得到的最新数据。本节分析对象是 18~65 岁的有外出务工（至少半年以上）经历的流动人口，剔除数据缺失的样本之后，最终得到 3 699 份有效混合截面样本，其中，2014 年的 1 969 份，2016 年的 1 730 份。该有效样本包含 28 个省（区、市），涉及范围较广，代表性较好。其中，将周工作时间 T 在法定 40 小时及以内的称为"正常工时"（ $T \leqslant 40$ ），将超过 40 小时的统称为"超时加班"（ $T > 40$ ），据统计，混合截面数据中正常工时者有 1 824 份，超时加班者有 1 875 份。此外，为方便不同年份数据比较，本节利用消费者物价指数（CPI）将 2016 年的工资水平转化为按照 2014 年不变价格衡量的实际工资水平。

（2）变量定义。本节被解释变量为流动人口健康状况，为更全面地测评流动人口职业健康状况，从主观和客观两个角度进行综合评价。自评健康作为流动人口对自身健康的主观感知，可综合衡量健康状况。心理健康也是衡量健康的一个重要指标，可反映流动人口的精神状况，良好的心理健康有助于提高流动人口的工作效率。身体质量指数是目前国际上常用来衡量人体胖瘦程度及是否健康的一个指标，因此，本节主观健康代理指标为自评健康和心理健康，客观健康代理指标为身体质量指数。自评健康对应的问题为："您认为自己现在的健康状况如何"，将选项为非常健康和健康的赋值为 1；将选项为一般、比较不健康和非常不健康的赋值为 0。心理健康对应的问题为："在过去一个月内，是否由于情绪问题（如沮丧或焦虑）影响到您的工作或其他日常活动"，该问题选项分别为没有、很少、有时、经常和总是，本节将选项为没有和很少的赋值为 1，代表流动人口心理健康；将选项为有时、经常和总是的赋值为 0，代表心理不健康。世界卫生组织给出不分性别的最优身体质量指数范围是 18.50~24.99，超过最优范围代表过胖，低于最优范围代表过瘦，过胖和过瘦都是不健康的表现，即如果流动人口的身体质量指数处于最

优范围之内，赋值为 1；否则赋值为 0。

本节核心解释变量为工作时间，其他控制变量包括性别、年龄、婚姻状况、受教育年限、吸烟、喝酒、病伤情况等个体特征因素，以及工资水平、工作安全性、医疗保险、养老保险等工作特征因素。对于工作时间，选取周工作小时数，我国《劳动法》规定"劳动者平均每周工作时间不超过四十小时"，本节将流动人口周工作时间不超过 40 小时（$T \leqslant 40$）的定义为正常工时者，周工作时间超过 40 小时（$T>40$）的定义为超时加班者；对于性别，男性＝1，女性＝0；对于年龄，为实际被访时的年龄数；对于婚姻状况，已婚/同居/再婚＝1，未婚/离异/丧偶＝0；对于受教育年限，未上过学＝0，小学＝6，初中＝9，高中/技校/中专＝12，大专＝15，大学本科＝16；对于工资水平，将年工资性收入取对数值；对于工作安全性，非常不满意＝1，不太满意＝2，一般＝3，比较满意＝4，非常满意＝5；对于医疗保险和养老保险，参保＝1，不参保＝0；对于吸烟和喝酒，吸烟＝1，喝酒＝1，不吸烟＝0，不喝酒＝0；对于病伤情况，最近两周内有病伤＝1，没有病伤＝0。

（3）样本特征。对变量定义和赋值之后，本节对流动人口总体、正常工时者和超时加班者分别计算上述被解释变量和解释变量的基本统计性特征，具体如表 6.15 所示。

表 6.15　变量的描述性统计分析

变量	总体		正常工时者		超时加班者	
	均值	标准差	均值	标准差	均值	标准差
自评健康	0.588	0.492	0.822	0.382	0.360	0.480
心理健康	0.753	0.432	0.927	0.261	0.584	0.493
身体质量指数	0.713	0.452	0.858	0.349	0.572	0.495
工作时间	47.069	14.396	36.142	6.129	57.698	11.966
性别	0.646	0.478	0.671	0.470	0.622	0.4849
年龄	40.662	11.626	39.823	11.783	41.477	11.415
婚姻状况	0.859	0.348	0.853	0.354	0.866	0.341
受教育年限	8.716	3.041	9.339	3.066	8.109	2.891

续表

变量	总体		正常工时者		超时加班者	
	均值	标准差	均值	标准差	均值	标准差
工资水平	9.967	0.956	10.075	0.941	9.861	0.958
工作安全性	3.453	0.862	3.506	0.836	3.402	0.885
医疗保险	0.885	0.319	0.929	0.256	0.843	0.364
养老保险	0.786	0.411	0.820	0.384	0.752	0.432
吸烟	0.406	0.491	0.365	0.481	0.445	0.497
喝酒	0.276	0.447	0.248	0.432	0.302	0.459
病伤	0.113	0.316	0.072	0.259	0.152	0.359
观测值	3 699		1 824		1 875	

数据来源：根据 2014 年和 2016 年中国劳动力动态调查混合截面数据计算所得。下同。

由表 6.15 可知，总体流动人口自评健康均值为 0.588，心理健康均值为 0.753，身体质量指数均值为 0.713；超时加班者的自评健康和心理健康都低于正常工时者，且与超时加班者相比，正常工时者的身体质量指数更容易接近身体质量最优范围。对于工作时间，总体流动人口平均每周工作时间为 47.069 小时，正常工时者平均周工作时间为 36.142 小时，而超时加班者为 57.698 小时，可见流动人口超时加班现象较为严重。对于性别、年龄及婚姻状况，总体中男性占比 0.646，平均年龄为 40.662，已婚占比为 0.859；总体受教育程度为 8.716 年（约为初中水平）、总体年工资水平对数值为 9.967（e^9.967 约为 21 311.455 元）、总体工作安全性满意度为 3.453（约为一般），且正常工时者的受教育程度、工资水平及工作安全满意度均大于超时加班者。总体流动人口的医疗保险和养老保险的参保率依次为 0.885 和 0.786，且正常工时者的医疗保险和养老保险的参保概率高于超时加班者；总体流动人口吸烟、喝酒的概率依次为 0.406 和 0.276，且超时加班者吸烟和喝酒的比例明显高于正常工时者；总体流动人口近两周内患有病伤的概率为 0.113，超时加班者患有病伤的概率要高出正常工时者 7.96 个百分点。

6.2.2.3 实证分析

（1）工作时间对总体健康状况影响的逻辑斯蒂回归分析。本节为考察工作时间对总体流动人口健康状况的影响，分别对总体流动人口的自评健康、心理健康、身体质量指数进行逻辑斯蒂回归，具体结果如表 6.16 所示。

表 6.16　工作时间对总体健康状况影响的逻辑斯蒂回归结果

变量	自评健康		心理健康		BMI 指数	
	回归系数	边际效果	回归系数	边际效果	回归系数	边际效果
工作时间	-0.080 0***	-0.012 8***	-0.080 7***	-0.010 5***	-0.053 9***	-0.009 3***
	(0.003 6)	(0.000 4)	(0.003 6)	(0.000 4)	(0.003 0)	(0.000 4)
性别	0.241 0**	0.038 6**	0.641 0***	0.083 8***	0.139 0	0.023 9
	(0.109 0)	(0.017 4)	(0.122 0)	(0.015 8)	(0.104 0)	(0.017 9)
年龄	-0.035 7***	-0.005 7***	-0.004 3	-0.000 6	0.003 6	0.000 6
	(0.004 1)	(0.000 6)	(0.004 6)	(0.000 6)	(0.004 0)	(0.000 7)
婚姻状况	0.048 6	0.007 8	0.099 8	0.013 1	-0.040 9	-0.007 0
	(0.132 0)	(0.021 1)	(0.141 0)	(0.018 5)	(0.125 0)	(0.021 4)
受教育年限	0.134 0***	0.021 5***	0.024 7	0.003 2	0.073 5***	0.012 6***
	(0.015 4)	(0.002 4)	(0.016 8)	(0.002 2)	(0.014 6)	(0.002 5)
工资水平	0.380 0***	0.060 9***	0.157 0***	0.020 5***	0.083 3*	0.014 3*
	(0.046 3)	(0.007 2)	(0.049 2)	(0.006 4)	(0.043 8)	(0.007 5)
工作安全性	0.205 0***	0.032 8***	0.161 0***	0.021 0***	-0.076 1	-0.013 1
	(0.049 0)	(0.007 8)	(0.052 5)	(0.006 8)	(0.046 6)	(0.008 0)
医疗保险	0.506 0***	0.081 0***	0.399 0***	0.052 1***	0.427 0***	0.073 2***
	(0.134 0)	(0.021 3)	(0.137 0)	(0.017 8)	(0.121 0)	(0.020 7)
养老保险	0.178 0*	0.028 4**	0.762 0***	0.099 6***	0.160 0	0.027 5
	(0.104 0)	(0.016 6)	(0.106 0)	(0.013 6)	(0.098 0)	(0.016 8)
吸烟	-0.273 0***	-0.043 6***	-0.492 0***	-0.064 3***	-0.219 0**	-0.037 5***
	(0.103 0)	(0.016 4)	(0.118 0)	(0.015 3)	(0.099 6)	(0.017 1)
喝酒	0.113 0	0.018 1	-0.219 0**	-0.028 7**	-0.321 0***	-0.055 1***
	(0.101 0)	(0.016 1)	(0.111 0)	(0.014 5)	(0.095 7)	(0.016 3)

续表

变量	自评健康		心理健康		BMI 指数	
	回归系数	边际效果	回归系数	边际效果	回归系数	边际效果
病伤	−1.114 0 ***	−0.178 0 ***	−0.591 0 ***	−0.077 3 ***	0.286 0 **	0.049 1 **
	(0.134 0)	(0.020 7)	(0.130 0)	(0.016 8)	(0.127 0)	(0.021 8)
观测值	3 699		3 699		3 699	

注：括号内数值为标准误差，***，**，*表示在1%，5%，10%水平上显著。下同。

表 6.16 回归结果显示，工作时间显著降低了总体流动人口的自评健康、心理健康和身体质量指数，且从边际效果看，工作时间每增加 1 个小时，会使得以自评健康、心理健康和身体质量指数衡量的流动人口健康概率分别降低 1.280%，1.050%，0.930%，负向影响程度逐渐减弱。由于对总体流动人口而言，随着数字经济的发展，衍生出电商平台、零工经济、外卖骑手、网约车司机等灵活就业新模式，流动人口超时劳动已不可避免地成为常态，其可用于工作之外的休闲娱乐、健康保健等时间被迫挤出，熬夜加班、饮食不规律不仅会促使流动人口的身体质量指数偏离健康范围，而且会引发焦虑沮丧、压力过大等不良情绪进而有损心理健康（Kato et al.，2014），更进一步地超长工作时间引发的生理和心理上的不健康，则更显著地降低了总体自评健康状况，表明要想提高流动人口健康状况，尽量避免长期过度劳动，维护其合法休假权利，进一步规范工作时间变得尤为迫切。

性别显著提高了流动人口的自评健康和心理健康水平，但对身体质量指数的正向影响不显著，表明男性流动人口的心理健康和自评健康状况要优于女性，而随着年龄增加显著降低了流动人口的自评健康，但对心理健康和身体质量指数的影响并不显著。除了对心理健康不显著外，从边际效果看，提高受教育程度对身体质量指数、自评健康的促增作用逐渐增强，即流动人口受教育程度越高，生活习惯和健康素养越好，进而能有效提升整体健康水平。这与胡安宁（2014）的研究结论一致。工资水平也显著增加了流动人口的健康状况，从边际效果看，工资水平增加对自评健康的正向影响更显著高于心理健康和身体质量指数。除对身体质量指数影响不显著外，工作安全性越高不仅越有利于提升流动人口心理健康水平，还会显著改善其整体自评健康状况。享有医疗保险和养老保险均显著提高了健康状况（潘杰等，2013），从边际效果看，与其他健康维度相比，参加医疗保险对提升流动人口自评健康水平的正向效果更好，而参加养老保险对心理健康的正向影响更大。吸烟和喝酒均会降低流动人口的自评健康、心理健康和身体质量指数，即吸烟、酗酒不仅会损害生理健康和心理健康，还会增加肥胖的可能性，应努力杜绝吸烟、酗酒等不良嗜好。此外，流动人口近两周内患有伤病会显著降低自评健康和心理健康，但对身体质量指数影响却显著为正，由于患有伤病不仅会降低情绪和有损身体综合机能，还会使身体消瘦。

（2）异质性工时的分样本回归结果。前面是工作时间对总体流动人口健康的影响分析，为深入研究工作时间对正常工时者和超时加班者健康状况产生怎样的影响，本节分别对流动人口中正常工时者和超时加班者的自评健康、心理健康和身体质量指数进行逻辑斯蒂回归，具体结果如表6.17所示。

从表6.17回归结果可知，工作时间对流动人口健康状况影响存在较明显的工时差异性，即工作时间提高了正常工时者的健康状况，但却显著降低了超时加班者的健康状况。具体从边际效果看，工作时间每增加一个小时，会使得以心理健康、自评健康和身体质量指数衡量的正常工时者的健康概率依次增加0.18%、0.44%、0.46%，表明对于正常工时者而言，合理规范的工作时间不仅有利于心情舒畅和整体自评健康，也有助于促使其身体质量指数处于理想范围之内。与之不同的是，工作时间每增加一个小时，会使得以身体质量指数、自评健康和心理健康衡量的超时加班者的健康概率依次下降1.19%、1.34%、1.41%。表明当前互联网技术的快速发展衍生出各种零工经济、外卖骑手、平台就业等新就业模式，在加速了人口流动和提高了城市创业活跃度（叶文平等，2018）的同时，超时劳动也不可避免。对于超时加班的流动人口而言，高强度工作严重透支体力或脑力，不仅容易诱发身体疲劳、不规律饮食及过度肥胖等问题，还会造成心理压力过大、情绪焦虑等不良心理状况，因此工作时间对超时加班流动人口的身体质量指数、自评健康和心理健康等造成损害。

表6.17 工作时间对正常工时者、超时加班者健康影响的逻辑斯蒂回归结果

变量	自评健康				心理健康				身体质量指数			
	正常工时者		超时加班者		正常工时者		超时加班者		正常工时者		超时加班者	
	回归系数	边际效果	回归系数	边际效果	回归系数	边际效果	回归系数	边际效果	回归系数	边际效果	回归系数	边际效果
工作时间	0.035 2*** (0.010 0)	0.004 4*** (0.001 2)	-0.075 0*** (0.006 1)	-0.013 4*** (0.000 9)	0.027 8** (0.014 1)	0.001 8** (0.000 9)	-0.073 9*** (0.005 2)	-0.014 1*** (0.000 8)	0.038 8*** (0.010 2)	0.004 6*** (0.001 2)	-0.055 6*** (0.004 7)	-0.011 9*** (0.000 8)
性别	0.264 0 (0.178 0)	0.032 8 (0.022 2)	0.188 0 (0.146 0)	0.033 5 (0.026 0)	0.779 0*** (0.259 0)	0.050 1*** (0.016 8)	0.606 0*** (0.143 0)	0.115 0*** (0.026 7)	0.201 0 (0.182 0)	0.023 5 (0.021 3)	0.055 4 (0.132 0)	0.011 8 (0.028 1)
年龄	-0.033 4*** (0.006 6)	-0.004 2*** (0.000 8)	-0.033 0*** (0.005 6)	-0.005 9*** (0.001 0)	0.005 7 (0.009 2)	-0.000 4 (0.000 6)	-0.004 5 (0.005 4)	-0.000 9 (0.001 0)	0.009 5 (0.006 8)	0.001 1 (0.000 8)	0.005 3 (0.005 1)	0.001 1 (0.001 2)
婚姻状况	0.070 6 (0.224 0)	0.008 8 (0.027 8)	0.007 1 (0.170 0)	0.001 3 (0.030 4)	0.212 0 (0.273 0)	0.013 6 (0.017 5)	0.057 0 (0.167 0)	0.010 9 (0.031 7)	-0.385 0* (0.232 0)	-0.045 1* (0.027 2)	0.131 0 (0.157 0)	0.027 9 (0.033 4)
受教育程度	0.153 0*** (0.023 3)	0.019 0*** (0.002 8)	0.090 9*** (0.021 0)	0.016 2*** (0.003 7)	-0.009 1 (0.033 1)	-0.000 6 (0.002 1)	0.016 9 (0.020 1)	0.003 2 (0.003 8)	0.101 0*** (0.023 8)	0.011 8*** (0.002 8)	0.039 3** (0.019 0)	0.008 4** (0.004 0)
工资水平	0.311 0*** (0.068 7)	0.038 6*** (0.008 4)	0.367 0*** (0.065 0)	0.065 4*** (0.011 3)	0.249 0** (0.095 1)	0.016 0** (0.006 2)	0.086 4 (0.057 6)	0.016 5 (0.011 0)	0.067 9 (0.073 7)	0.008 0 (0.008 6)	0.037 7 (0.055 0)	0.008 1 (0.011 7)
工作安全性	0.234 0*** (0.079 3)	0.029 1*** (0.009 8)	0.191 0*** (0.065 3)	0.034 0*** (0.011 6)	0.149 0 (0.108 0)	0.009 6 (0.007 0)	0.165 0*** (0.061 1)	0.031 5*** (0.011 6)	-0.121 0 (0.084 4)	-0.014 2 (0.010 0)	-0.060 7 (0.057 7)	-0.012 9 (0.012 3)
医疗保险	0.638 0*** (0.229 0)	0.079 3*** (0.028 3)	0.358 0** (0.167 0)	0.063 8** (0.029 6)	0.855 0*** (0.265 0)	0.055 0*** (0.017 2)	0.221 0 (0.155 0)	0.042 1 (0.029 4)	-0.013 0 (0.258 0)	-0.001 5 (0.030 3)	0.537 0*** (0.144 0)	0.115 0*** (0.030 4)

续表

| 变量 | 自评健康 | | | | 心理健康 | | | | 身体质量指数 | | | |
| | 正常工时者 | | 超时加班者 | | 正常工时者 | | 超时加班者 | | 正常工时者 | | 超时加班者 | |
	回归系数	边际效果	回归系数	边际效果	回归系数	边际效果	回归系数	边际效果	回归系数	边际效果	回归系数	边际效果
养老保险	0.168 0	0.020 8	0.152 0	0.027 1	0.747 0***	0.048 0***	0.782 0***	0.149 0***	0.179 0	0.021 0	0.109 0	0.023 2
	(0.167 0)	(0.020 7)	(0.139 0)	(0.024 7)	(0.203 0)	(0.013 2)	(0.128 0)	(0.023 5)	(0.172 0)	(0.020 2)	(0.123 0)	(0.026 2)
吸烟	-0.360 0**	-0.044 8**	-0.115 0	-0.020 5	-0.888 0***	-0.057 1***	-0.341 0**	-0.064 9**	-0.172 0	-0.020 2	-0.160 0	-0.034 2
	(0.169 0)	(0.021 0)	(0.137 0)	(0.024 4)	(0.253 0)	(0.016 5)	(0.136 0)	(0.025 7)	(0.176 0)	(0.020 7)	(0.125 0)	(0.026 8)
喝酒	0.072 6	0.009 0	0.100 0	0.017 9	-0.191 0	-0.012 3	-0.249 0*	-0.047 4*	-0.295 0*	-0.034 6*	-0.356 0***	-0.076 1***
	(0.164 0)	(0.020 4)	(0.132 0)	(0.023 6)	(0.225 0)	(0.014 5)	(0.129 0)	(0.024 5)	(0.169 0)	(0.019 8)	(0.120 0)	(0.025 4)
病伤	-0.980 0***	-0.122 0***	-1.193 0***	-0.213 0***	-0.535 0*	-0.034 4*	-0.547 0***	-0.104 0***	-0.111 0	-0.013 0	-0.447 0***	-0.095 4***
	(0.215 0)	(0.026 3)	(0.189 0)	(0.032 5)	(0.294 0)	(0.018 9)	(0.147 0)	(0.027 5)	(0.252 0)	(0.029 6)	(0.146 0)	(0.030 8)
观测值	1 824		1 875		1 824		1 875		1 824		1 875	

与正常工时者相比，男性流动人口超时加班者的心理健康状况要优于女性；随着年龄增加，对超时加班者自评健康的负向影响显著大于正常工时者；已婚仅对正常工时流动人口的身体质量指数有负向影响，对其他健康维度影响并不显著。与超时加班者相比，提高受教育程度对正常工时流动人口的自评健康和身体质量指数正向影响更大，与正常工时流动人口的受教育程度较高有关。工资水平对超时加班流动人口的自评健康提升作用显著高于正常工时者，同时仅对正常工时者的心理健康影响显著为正，但对其他分样本健康维度影响不显著。除了对身体质量指数影响不显著外，工作安全性对超时加班者自评健康和心理健康的正向影响显著高于正常工时者，与流动人口超时加班者对于工作安全性的需求程度更高有关。医疗保险对正常工时者流动人口自评健康和心理健康的正向影响显著高于超时加班者，而对身体质量指数的影响却反之。养老保险对超时加班者心理健康的正向影响显著高于正常工时者，但对其他健康维度的影响并不显著。吸烟对正常工时者的自评健康和心理健康为显著负向影响，而对超时加班者的心理健康为负向影响。喝酒、病伤对超时加班者健康状况的负向影响显著高于正常工时者，即要想提高超时加班流动人口的健康状况应摒弃酗酒的不良生活习惯，努力减少病伤发生率、积极培养健康保健意识。

（3）异质性分样本回归结果。为测度工作时间对流动人口健康影响是否会受到性别、区域发展及年份变化的影响，本节将总体按性别分为男性、女性，按区域分为东部、中部、西部地区，按年份分为 2014 年和 2016 年分样本，对 7 个异质性分样本的健康状况进行回归，具体结果见表 6.18。

由表 6.18 可知，分性别比较看，工作时间对女性流动人口自评健康和心理健康的负向影响显著大于男性总体，而工作时间对男性总体身体质量指数的负向影响却显著大于女性总体，这是由于受家庭性别分工角色的影响，职场女性工作之余还要面临繁重的家务劳动，工作时间增加不仅会挤出其闲暇休息时间，还会造成其市场工作与非市场工作间的冲突，进而会对女性自评健康和心理健康造成更大损害；与此同时，超时加班的男性流动人口则更容易出现缺乏锻炼、暴饮暴食、摄入高热量食物等不良习惯，进而忽略身体健康管理造成过度肥胖和亚健康，该发现也进一步证实了温等（Wen et al.，2015）

表 6.18　工作时间对流动人口健康状况影响的异质性分样本回归结果

年份	解释变量	总体边际效果（dy/dx）			正常工时者边际效果（dy/dx）			超时加班者边际效果（dy/dx）		
		自评健康	心理健康	BMI 指数	自评健康	心理健康	BMI 指数	自评健康	心理健康	BMI 指数
男性	工作时间	-0.012 7***	-0.010 0***	-0.009 5***	0.003 9**	0.001 1	0.006 0***	-0.013 8***	-0.013 9***	-0.012 4***
		(0.000 5)	(0.000 4)	(0.000 5)	(0.001 5)	(0.001 1)	(0.001 4)	(0.001 2)	(0.001 0)	(0.001 1)
	控制变量	YES	YES	YES	YES	YES	YES	YES	YES	YES
	观测值	2 390			1 223			1 167		
女性	工作时间	-0.012 9***	-0.011 6***	-0.008 7***	0.005 2**	0.003 0*	0.001 9	-0.012 7**	-0.014 4***	-0.010 8***
		(0.000 7)	(0.000 6)	(0.000 7)	(0.002 2)	(0.001 6)	(0.002 3)	(0.001 4)	(0.001 2)	(0.001 3)
	控制变量	YES	YES	YES	YES	YES	YES	YES	YES	YES
	观测值	1 309			601			708		
东部	工作时间	-0.013 0***	-0.010 1***	-0.010 7***	0.003 3*	0.000 8	0.001 0	-0.014 6***	-0.013 5***	-0.012 2***
		(0.000 6)	(0.000 5)	(0.000 7)	(0.001 9)	(0.001 4)	(0.002 3)	(0.001 4)	(0.001 1)	(0.001 3)
	控制变量	YES	YES	YES	YES	YES	YES	YES	YES	YES
	观测值	1 438			680			758		
中部	工作时间	-0.012 1***	-0.010 9***	-0.008 8***	0.002 6	0.001 5	0.006 7***	-0.016 1***	-0.013 7***	-0.015 2***
		(0.000 9)	(0.000 8)	(0.001 0)	(0.002 4)	(0.001 7)	(0.002 0)	(0.001 9)	(0.001 8)	(0.001 8)
	控制变量	YES	YES	YES	YES	YES	YES	YES	YES	YES
	观测值	992			537			455		

续表

年份	解释变量	总体边际效果（dy/dx）			正常工时者边际效果（dy/dx）			超时加班者边际效果（dy/dx）		
		自评健康	心理健康	BMI指数	自评健康	心理健康	BMI指数	自评健康	心理健康	BMI指数
西部	工作时间	-0.012 9***	-0.011 3***	-0.008 3***	0.006 9***	0.002 8*	0.005 1***	-0.009 2***	-0.015 4***	-0.009 6***
		(0.000 7)	(0.000 6)	(0.000 7)	(0.002 1)	(0.001 7)	(0.001 8)	(0.001 5)	(0.001 3)	(0.001 4)
	控制变量	YES	YES	YES	YES	YES	YES	YES	YES	YES
	观测值	1 269			607			662		
2014年	工作时间	-0.012 7***	-0.008 4***	-0.008 6***	0.004 8***	0.001 0	0.005 8***	-0.014 5***	-0.012 3***	-0.011 8***
		(0.000 6)	(0.000 5)	(0.000 6)	(0.001 7)	(0.001 1)	(0.001 6)	(0.001 4)	(0.001 0)	(0.001 2)
	控制变量	YES	YES	YES	YES	YES	YES	YES	YES	YES
	观测值	1 969			967			1 002		
2016年	工作时间	-0.012 8***	-0.012 5***	-0.009 6***	0.003 7*	0.002 4	0.003 5**	-0.012 0***	-0.014 7***	-0.011 0***
		(0.000 5)	(0.000 5)	(0.000 6)	(0.001 9)	(0.001 5)	(0.001 8)	(0.001 2)	(0.001 2)	(0.001 2)
	控制变量	YES	YES	YES	YES	YES	YES	YES	YES	YES
	观测值	1 730			857			873		

注：限于篇幅，本表仅列出边际效果。

的研究结论。从异质性工时样本比较看，工作时间对女性正常工时者自评健康和心理健康的正向影响显著高于男性正常工时者，即与男性相比，适度合理的工作时间会更有利于促进女性流动人口的身心健康和整体自评健康；而工作时间对男性超时加班者自评健康和身体质量指数的负向影响显著大于女性，由于超长时间工作会显著损害男性流动人口的整体健康，进而压力过大诱发肥胖，以上表明工作时间对流动人口健康状况的影响呈现较明显的性别差异。

与其他区域相比，工作时间对东部地区总体流动人口自评健康的负向影响最大，而随着区域由东向西变化，工作时间对流动人口心理健康的负向影响呈上升趋势，而对身体质量指数的负向影响呈下降趋势，即随着工作时间延长会更显著增加西部地区流动人口心理不健康风险的概率，以及明显增加东部地区流动人口偏离最佳身体质量范围的风险。从异质性工时群体比较看，与其他区域相比，工作时间对西部地区正常工时者的自评健康和心理健康的正向影响最大；随着区域由东向西变化，工作时间对超时加班流动人口的自评健康和身体质量指数的负向影响均呈先上升后下降的倒"U形"的变化趋势，而对心理健康的负向影响呈上升趋势，表明超时劳动会更显著地影响中部地区流动人口的自评健康和身体质量指数，以及西部地区流动人口的心理健康，之所以会出现流动人口异质性区域的工时健康效应，可能与不同区域间经济发展水平、民俗饮食及生活方式差异等外生因素有关。

分不同年份看，就总体边际效果而言，工作时间每增加 1 小时，会使得以自评健康、身体质量指数和心理健康衡量的 2014 年流动人口健康概率依次下降 1.27%、0.86%、0.84%；工作时间每增加 1 小时，会使得以自评健康、身体质量指数和心理健康衡量的 2016 年流动人口健康概率依次下降 1.28%、0.96%、1.25%。可见，随年份增加，工作时间对流动人口健康状况的负向影响有逐年增加趋势。从异质性工时群体比较看，2014 年到 2016 年，工作时间对正常工时流动人口健康状况的正向影响逐渐减弱，与此同时，工作时间对超时加班流动人口的心理健康负向影响逐年增强。近年来，由于平台就业和自由职业者已经成为潮流趋势，市场竞争日益激烈，流动人口超时加班屡见不鲜，"996 工作制"超时劳动不仅会增加工作压力，还会增加罹患抑郁和焦虑的风险,有害其健康状况。

(4)总体工时健康差异的费尔利非线性因素分解。为进一步测度各因素在流动人口正常工时与超时加班者的健康差异中占比情况,尤其是剖析工作时间对两者健康差异的贡献度,本节以总样本回归系数为权重,对两者间健康差异进行费尔利非线性因素分解,分解结果见表6.19。

表 6.19　流动人口正常工时与超时加班者健康差异分解结果

变量	自评健康		心理健康		BMI 指数	
	差异值	占比（%）	差异值	占比（%）	差异值	占比（%）
工作时间	0.072 8***	15.724 0	0.029 2***	8.513 0	0.065 2***	22.797 0
	(0.015 9)	—	(0.011 2)	—	(0.012 6)	—
性别	0.001 8	0.380 0	0.006 2*	1.813 0	0.000 7	0.240 0
	(0.001 5)	—	(0.003 3)	—	(0.000 9)	—
年龄	0.006 5***	1.412 0	0.000 1	0.033 5	0.000 2	0.085 3
	(0.001 9)	—	(0.000 3)	—	(0.000 3)	—
婚姻状况	−0.000 2	−0.044 0	0.000 0	0.018 3	0.000 0	0.001 9
	(0.000 7)	—	(0.000 2)	—	(0.000 2)	—
受教育程度	0.015 0***	3.240 0	−0.000 3	−0.089 8	0.004 2**	1.468 0
	(0.003 1)	—	(0.001 1)	—	(0.002 0)	—
工资水平	0.004 3**	0.937 0	0.003 8**	1.099 0	0.000 4	0.125 0
	(0.001 7)	—	(0.001 9)	—	(0.000 5)	—
工作安全性	0.000 7	0.141 0	0.000 8	0.228 0	−0.001 0	−0.361 0
	(0.000 5)	—	(0.000 6)	—	(0.000 7)	—
医疗保险	0.005 2**	1.123 0	0.007 0**	2.032 0	0.000 0	−0.020 8
	(0.002 4)	—	(0.003 1)	—	(0.001 2)	—
养老保险	0.000 9	0.184 0	0.001 9	0.563 0	0.000 0	−0.004 3
	(0.000 9)	—	(0.001 3)	—	(0.000 2)	—
吸烟	0.001 1	0.227 0	−0.004 4*	−1.289 0	−0.000 5	−0.162 0
	(0.000 8)	—	(0.002 4)	—	(0.000 7)	—
喝酒	−0.000 4	−0.086 5	0.000 5	0.132 0	−0.000 3	−0.115 0
	(0.000 9)	—	(0.000 5)	—	(0.000 5)	—

续表

变量	自评健康		心理健康		BMI 指数	
	差异值	占比（%）	差异值	占比（%）	差异值	占比（%）
病伤	0.007 8 ***	1.684 0	0.001 3	0.387 0	0.000 5	0.185 0
	(0.002 8)	—	(0.001 1)	—	(0.001 3)	—
特征差异	0.115 0	24.838 0	0.046 1	13.440 0	0.069 3	24.231 0
系数差异	0.348 0	75.162 0	0.297 0	86.560 0	0.217 0	75.769 0
总差异	0.463 0	100.000 0	0.343 0	100.000 0	0.286 0	100.000 0

注：基于 100 次抽样匹配的分解结果，括号内为标准差，显著性水平是在正态性假定条件下给出的，占比是指占总差异的比例。

从表 6.19 分解结果可知，工作时间显著扩大了流动人口正常工时者和超时加班者的心理健康差异、自评健康差异和身体质量指数差异，其差异值占总差异的比依次为 8.513%、15.724%、22.797%。由于工作时间对总体流动人口心理健康、自评健康和身体质量指数等维度健康状况的影响均显著为负，以及超时加班者的平均工作时间比正常工时者要长，从而导致工作时间扩大了异质性工时流动人口的健康差异。从总差异值看，流动人口正常工时者与超时加班者自评健康、心理健康和身体质量指数的总差异值分别为 0.463 0、0.343 0、0.286 0，其健康总差异中特征差异占比分别为 24.838 0%、13.440 0%、24.231 0%，可见与心理健康差异和身体质量指数差异相比，流动人口工时自评健康总差异及可解释的特征差异值最大，且流动人口各维度工时健康差异主要是由不可观测的系数差异造成的。

性别显著扩大了流动人口的工时心理健康差异，原因是男性对总体流动人口的心理健康为正向影响，同时流动人口中正常工时者男性的占比要高于超时加班者；年龄和病伤显著扩大了流动人口的工时自评健康差异，原因是年龄和病伤显著降低了流动人口的自评健康水平，以及正常工时者的平均年龄和病伤发生率均明显低于超时加班者，两方面共同作用的结果。受教育程度显著扩大了流动人口的自评健康差异和身体质量指数差异，是因为受教育程度是改善流动人口自评健康和身体质量指数的正向因素，以及正常工时者的平均受教育程度高于超时加班者。工资水平和医疗保险显著扩大了流动人口的自评健康差异和心理健康差异，原因是工资水平和医疗保险均是促进流动人口自评健康和心理健康的正向因素，且正常工时者的平均工资水平和医疗保险参保率均显著高于超时加班者。

（5）异质性分样本工时健康差异因素分解。为进一步测度流动人口正常工时者与超时加班者间健康差异是否存在性别、区域及年份异质性，本节基于费尔利非线性分解方法对前面所分的 7 个异质性分样本进行健康差异因素分解，具体分解结果见表 6.20。

表 6.20　工时健康差异因素分解的性别、区域及年份比较

分类		自评健康		心理健康		身体质量指数	
		差异值	占比（%）	差异值	占比（%）	差异值	占比（%）
男性	特征差异	0.024 1	5.297 0	0.003 2	0.997 0	0.075 6	25.284 0
	系数差异	0.431 0	94.703 0	0.318 0	99.003 0	0.223 0	74.716 0
	总差异	0.455 0	100.000 0	0.321 0	100.000 0	0.299 0	100.000 0
女性	特征差异	0.045 3	9.597 0	0.029 9	7.931 0	0.019 0	7.280 0
	系数差异	0.427 0	90.403 0	0.347 0	92.069 0	0.242 0	92.720 0
	总差异	0.472 0	100.000 0	0.377 0	100.000 0	0.261 0	100.000 0
东部	特征差异	0.021 4	4.738 0	0.017 8	5.528 0	0.008 9	2.906 0
	系数差异	0.430 0	95.262 0	0.304 0	94.472 0	0.298 0	97.094 0
	总差异	0.451 0	100.000 0	0.322 0	100.000 0	0.307 0	100.000 0
中部	特征差异	0.002 3	0.604 0	0.019 9	6.086 0	0.094 4	40.000 0
	系数差异	0.379 0	99.396 0	0.307 0	93.914 0	0.142 0	60.000 0
	总差异	0.381 0	100.000 0	0.327 0	100.000 0	0.236 0	100.000 0
西部	特征差异	0.063 3	11.711 0	0.029 9	7.868 0	0.064 0	21.405 0
	系数差异	0.478 0	88.289 0	0.350 0	92.132 0	0.235 0	78.595 0
	总差异	0.541 0	100.000 0	0.380 0	100.000 0	0.299 0	100.000 0
2014 年	特征差异	0.020 9	4.654 0	0.024 1	8.796 0	0.066 6	25.517 0
	系数差异	0.428 0	95.346 0	0.250 0	91.204 0	0.194 0	74.483 0
	总差异	0.449 0	100.000 0	0.274 0	100.000 0	0.261 0	100.000 0
2016 年	特征差异	0.025 8	5.386 0	0.030 9	7.305 0	0.051 2	16.254 0
	系数差异	0.453 0	94.614 0	0.392 0	92.695 0	0.264 0	83.746 0
	总差异	0.479 0	100.000 0	0.423 0	100.000 0	0.315 0	100.000 0

从表 6.20 异质性分解结果可知，性别分样本显示，女性正常工时者与超时加班者自评健康差异、心理健康差异分别为 0.472 0 和 0.377 0，要高于男性样本的 0.455 0 和 0.321 0，而女性工时身体质量指数差异为 0.261 0 却低于男性样本的 0.299 0，表明正常工时者与超时加班者健康差异存在性别异质性，除身体质量指数差异以外，女性流动人口工时自评健康差异和心理健康差异高于男性样本。由于工作时间会显著降低流动人口的健康状况，男女性体力、生理存在较大差异，相同条件下，工作时间对女性流动人口自评健康和心理健康造成的负向影响会更大，从而使女性正常工时者与超时加班者的健康差异会更大。同时，女性自评健康差异和心理健康差异中的特征差异占比均要高于男性，而女性身体质量指数差异的特征差异占比要低于男性，表明除身体质量指数差异外，与男性相比，女性工时自评健康差异和心理健康差异中更多的是由可观测因素造成的健康差异。

不同区域分样本工时健康差异比较。西部地区流动人口的正常工时者与超时加班者自评健康差异和心理健康差异最大，而东部地区流动人口的身体质量指数差异最大，表明流动人口正常工时者与超时加班者健康差异存在明显区域差别。由于西部地区经济发展程度及收入水平较低，人们面临的生活压力更大，迫于生计面临超时劳动，进而会有损其自评健康和心理健康；相比之下，东部地区经济发展水平较高，流动人口的身体质量身体质量指数除了受超时加班影响外，缺乏锻炼、久坐、高热量饮食或饮酒应酬频繁等原因，造成其身体质量指数偏离最优范围的可能性更大。更进一步的，与其他区域相比，西部地区流动人口自评健康差异和心理健康差异中的特征差异占比达到最高值为 11.711 0% 和 7.868 0%，中部地区流动人口身体质量指数差异中的特征差异占比最高为 40.000%，可能是由于区域发展水平越低，该地区不同社会阶层间非特征因素造成的健康差异越小，因而特征差异是造成其健康差异的主要原因。这与刘波等（2020）的研究结论相一致。

分年份样本工时健康差异分解显示，就总差异而言，2016 年流动人口正常工时者与超时加班者的自评健康差异、心理健康差异和身体质量指数差异分别为 0.479 0、0.423 0、0.315 0，均依次高于 2014 年样本的 0.449 0、0.274 0、0.261 0，即随年份推进，流动人口正常工时者与超时加班者的健康总差异呈现扩大趋势。由于近年来随着互联网平台经济的兴起，越来越多的流动人口从事淘宝店主、网约车司机、外卖骑手等灵活就业新模式，工作模式的变化导致流动人口超时加班成为常态，超负荷工时挤出锻炼和休息时间，不仅损害了健康，更拉大了与正常工时者的健康差异。除自评健康差异外，随年份推进，心理健康差异和身体质量指数差异中的系数差异占比有逐年增加趋势，也即由不可解释因素对健康差异的解释能力越来越强。

6.2.2.4 影响机制分析

为了考察工作时间对流动人口健康（自评健康、心理健康及身体质量指数）的影响机制，本节引入两个中介变量，分别是周锻炼时间和睡眠状况，首先构建的基准回归模型为：

$$Y_i = \alpha_0 + \alpha_1 T_i + \alpha_2 X_i + \varepsilon_i \tag{6.18}$$

式（6.18）中，Y_i（$i=1$，为超时加班者；$i=0$，为正常工时者）为健康变量，T_i 为工作时间变量，X_i 为影响健康的控制变量，ε_i 为随机扰动项。更进一步的，为考察工作时间对流动人口健康（自评健康、心理健康、身体质量指数）的直接影响，以及工作时间通过影响锻炼时间和睡眠状况，进而对流动人口健康产生的间接影响，本节采用中介效应模型进行分析。中介效应模型为：

$$M_i = \beta_0 + \beta_1 T_i + \beta_2 X_i + \varepsilon_i \tag{6.19}$$

$$Y_i = \gamma_0 + \gamma_1 T_i + \gamma_2 M_i + \gamma_3 X_i + \varepsilon_i \tag{6.20}$$

$$Y_i = (\gamma_0 + \gamma_2 \beta_0) + (\gamma_1 + \gamma_2 \beta_1) T_i + (\gamma_3 + \gamma_2 \beta_2) X_i + \varepsilon_i \tag{6.21}$$

式（6.21）为式（6.19）带入式（6.20）得到。式（6.18）中，α_1 衡量的是工作时间对健康的总效应，式（6.19）中 β_1 衡量的是工作时间对中介变量 M_i（锻炼时间和睡眠状况）的影响效应。式（6.20）中 γ_1 衡量的是工作时间对健康的直接影响效应，式（6.21）中 $\gamma_2 \beta_1$ 衡量的是工作时间通过中介变量 M_i 对健康造成的间接影响效应。本节选取周锻炼时长和睡眠状况作为中介变量，根据问卷设置，将每周锻炼时间超过 3.5 小时（每天锻炼时间超过 30 分钟）的赋值为 1，其他赋值为 0；将每周睡眠不好天数［几乎一直有（5~7 天）、常有（3~4 天）、少有（1~2 天）］的赋值为 1，将没有/基本没有（少于 1 天）的赋值为 0。具体中介效应回归结果如表 6.21 所示。

表6.21 工作时间影响流动人口健康的中介效应分析

正常工时者（回归系数）

变量/分组	(1) 锻炼时间	(2) 睡眠状况	(3) 自评健康	(4) 自评健康	(5) 自评健康	(6) 心理健康	(7) 心理健康	(8) 心理健康	(9) BMI指数	(10) BMI指数	(11) BMI指数
工作时间	0.029 7*** (0.008 3)	-0.020 0* (0.010 3)	0.025 0** (0.011 0)	0.033 0*** (0.010 4)	0.024 1** (0.011 2)	0.020 1* (0.011 0)	0.026 9* (0.014 7)	0.021 6* (0.011 6)	0.030 0*** (0.011 0)	0.037 4*** (0.010 5)	0.030 0* (0.011 1)
锻炼时间	—	—	2.473 0*** (0.192 0)	—	2.319 0*** (0.196 0)	1.785 0*** (0.244 0)	—	1.555 0*** (0.251 0)	2.455 0*** (0.206 0)	—	2.372 0*** (0.209 0)
睡眠状况	—	—	—	-1.396 0*** (0.156 0)	-0.888 0*** (0.164 0)	—	-1.366 0*** (0.201 0)	-0.957 0*** (0.206 0)	—	-0.970 0*** (0.161 0)	-0.392 0** (0.167 0)
控制变量	YES			YES			YES			YES	
观测值	1 824			1 824			1 824			1 824	

超时加班者（回归系数）

变量/分组	(12) 锻炼时间	(13) 睡眠状况	(14) 自评健康	(15) 自评健康	(16) 自评健康	(17) 心理健康	(18) 心理健康	(19) 心理健康	(20) BMI指数	(21) BMI指数	(22) BMI指数
工作时间	-0.116 0*** (0.010 3)	0.061 9*** (0.005 0)	-0.058 8*** (0.006 1)	-0.060 1*** (0.006 3)	-0.047 9*** (0.006 4)	-0.068 4*** (0.005 2)	-0.061 9*** (0.005 3)	-0.059 2*** (0.005 4)	-0.049 5*** (0.004 8)	-0.054 2*** (0.004 8)	-0.049 4*** (0.004 9)
锻炼时间	—	—	1.841 0*** (0.176 0)	—	1.623 0*** (0.180 0)	0.776 0*** (0.181 0)	—	0.494 0*** (0.188 0)	0.847 0*** (0.168 0)	—	0.843 0*** (0.170 0)
睡眠状况	—	—	—	-1.309 0*** (0.119 0)	-1.145 0*** (0.122 0)	—	-1.178 0*** (0.114 0)	-1.124 0*** (0.115 0)	—	-0.114 0* (0.062 6)	-0.012 8* (0.007 0)
控制变量	YES			YES			YES			YES	
观测值	1 875			1 875			1 875			1 875	

注：限于表格篇幅，本表仅汇报了回归系数，未汇报边际效果。

由表 6.21 回归结果可知，在控制其他变量不变的情况下，周锻炼时间和睡眠状况两个中介变量通过了显著性检验，也即周锻炼时间和睡眠状况是工作时间能间接影响流动人口自评健康、心理健康和身体质量指数的两个中介变量。由回归（1）和（12）比较、回归（2）和（13）比较可知，与正常工时者不同，工作时间严重挤出了流动人口超时加班者的锻炼保健时间，同时显著增加了其睡眠不好的出现频率，进而导致超时加班者的健康投资不足和健康折旧率较高，根据格罗斯曼（Grossman）的健康需求理论可知，两者共同作用显著损害了其健康状况。控制工作时间、周锻炼时间和睡眠状况变量后，由回归（1）、回归（2）、回归（5）、回归（8）和回归（11）可知，周锻炼时间对正常工时者自评健康、心理健康、身体质量指数的中介效应依次为 0.068 9、0.046 2、0.070 4[①]，而睡眠状况对正常工时者自评健康、心理健康、身体质量指数的中介效应依次为 0.017 8、0.019 1、0.007 8。对比周锻炼时间和睡眠状况的中介效应可见，要想提高流动人口正常工时者的自评健康、心理健康和身体质量指数，积极参加锻炼保健，进行健康投资的效果更明显。

依次类推，控制工作时间、周锻炼时间和睡眠状况变量后，由回归（12）、回归（13）、回归（16）、回归（19）和回归（22）可知，周锻炼时间对超时加班者自评健康、心理健康、身体质量指数的中介效应依次为−0.188 0、−0.057 3、−0.097 8，而睡眠状况对超时加班者自评健康、心理健康、身体质量指数的中介效应依次为−0.070 9、−0.069 6、−0.000 8。对比超时加班流动人口周锻炼时间和睡眠状况的中介效应可见，要想提高该群体的自评健康和身体质量指数，积极锻炼、保健投资更重要；而要想提高该群体的心理健康，拥有良好的睡眠状况效果更明显。纵向比较看，与正常工时者相比，流动人口每周超过 40 小时的超时加班工作，会显著挤出他们每周锻炼时间和造成睡眠不好的情况，即超时加班流动人口有效健康保健投资更为不足，长期的睡眠不良则增加了情绪焦虑和抑郁的风险，从而间接损害了该群体的自评健康、心理健康和身体质量指数。因此，要想提高流动人口的自评

---

① 由式（14）可知，周锻炼时间对正常工时者自评健康、心理健康、身体质量指数的中介效应依次为：0.029 7×2.319 = 0.068 9，0.029 7×1.555 = 0.046 2，0.029 7×2.372 = 0.070 4；依次类推，其他中介效应均可计算。

健康、心理健康和身体质量指数状况，应提高工作效率，尽量减少加班加点、超时工作，每天至少有 30 分钟锻炼保健时间、养成良好的睡眠习惯是较为有效的举措。

6.3　城乡技能溢价差异分析

6.3.1　数据来源、模型选择与变量描述

6.3.1.1　数据来源

本节使用数据来自 2020 年中国家庭追踪调查数据，研究对象为青年群体，国务院印发的《中长期青年发展规划（2016—2025 年)》将青年界定在 14~35 岁，由于 14~17 岁的有效样本数量较少，本节研究的青年群体年龄界定在 18~35 岁。剔除无效样本后，最终得到 6 397 个有效样本，其中，城市样本 4 014 个，农村样本 2 383 个，男性样本 3 566 个，女性样本 2 831 个，该有效样本包含了除西藏以外的 30 个省份，具有较好的代表性。

6.3.1.2　模型选择

本节在经典明瑟收入方程基础上，引入了互联网使用、互联网使用与高技能青年群体交叉项、行业和地区等虚拟变量，构建的基准回归模型为：

$$\ln Income_i = \alpha_0 + \alpha_1 Internet_i + \alpha_2 Internet \times Skill_i + \alpha_3 CV_i + \mu_i \qquad (6.22)$$

式（6.22）中，$\ln Income_i$ 为青年群体小时收入的对数，$Internet_i$ 为互联网使用变量，$Internet \times Skill_i$ 为互联网使用与高技能青年群体的交叉项，CV_i 为影响青年群体收入的控制变量，μ_i 为随机扰动项。为了进一步考察在青年群体收入条件分布的不同位置上，互联网使用对不同收入青年群体的收入水平和技能溢价产生的影响差异，本节继续采用分位数回归方法，具体回归模型如下：

$$Q_{i\theta}(Y_i \mid X_i) = X_i \beta_{i\theta} + u_{i\theta} \qquad (6.23)$$

式（6.23）中，$Q_{i\theta}(Y_i \mid X_i)$ 表示给定 X_i 的情况下与 θ 分位数对应的条件分位数。本节选取的分位数为 10%、25%、50%、75%、90%，并通过最小化

方程（6.24）得到回归系数估计值。

$$\min\left\{ \sum_{i:\ Y_i \geqslant X_i\beta(\theta)} \theta \mid Y_i - X_i\beta(\theta) \mid + \sum_{i:\ Y_i < X_i\beta(\theta)} (1-\theta) \mid Y_i - X_i\beta(\theta) \mid \right\} \quad (6.24)$$

6.3.1.3 变量描述

本节的被解释变量为青年群体小时收入的对数，核心解释变量为互联网使用、互联网使用与高技能青年群体交叉项。互联网使用包括移动上网或电脑上网，如果青年群体使用互联网赋值为 1，否则赋值为 0。本节参照已有文献按照样本的受教育年限对劳动者进行分类（黄灿，2019；盛卫燕和胡秋阳，2019），其中，大专及以上的个体为高技能群体，赋值为 1，大专以下的个体为低技能群体，赋值为 0，交叉项的回归系数反映了互联网使用对高技能青年群体收入水平的额外影响，即技能溢价。对于受教育年限，本节对文盲、小学、初中、高中/中专/职高、大专、大学、硕士和博士分别赋值 0、6、9、12、15、16、19、22。对于工作经验，使用个体（年龄－受教育年限－6）表示。对于性别、婚姻状况、户籍状况，将男性、已婚和非农业户籍青年群体赋值为 1，其他赋值为 0。对于健康状况，赋值 1~5 整数，数字越大代表青年群体越健康。此外，本节引入了建筑业、制造业、服务业三个行业哑变量，同时以西部地区为基准组，引入了东部和中部地区两个区域哑变量。上述变量的描述性统计结果见表 6.22。

表 6.22 变量的描述性统计分析

变量	均值	标准差	最小值	最大值
小时收入的对数	2.845	0.606	0.399	6.215
互联网使用	0.759	0.326	0	1
受教育年限	11.371	4.081	0	22
工作经验	7.130	3.184	0	15
性别	0.557	0.497	0	1
婚姻状况	0.722	0.448	0	1
户籍状况	0.334	0.472	0	1
健康状况	3.347	1.017	1	5
建筑业	0.106	0.309	0	1

变量	均值	标准差	最小值	最大值
制造业	0.285	0.451	0	1
服务业	0.271	0.390	0	1
东部地区	0.487	0.499	0	1
中部地区	0.268	0.443	0	1

数据来源：2020 年中国家庭追踪调查数据。

6.3.2 实证分析

6.3.2.1 基准回归分析

表 6.23 分别汇报了互联网使用影响青年群体收入提升与技能溢价的基准回归结果。由模型（2）回归结果可知，互联网使用存在显著的工资溢价效应，其中，工资溢价率为 13%。为了进一步考察互联网使用对青年群体技能溢价的影响，在模型（2）和模型（3）基础上，引入了互联网使用与高技能青年群体交叉项，研究发现，与低技能青年群体相比，互联网使用对高技能青年群体的收入水平产生了额外提升效应，促成高低技能青年群体之间的收入溢价。交互项回归系数显示，与低技能青年群体相比，使用互联网会为高技能青年群体带来 19% 的小时收入溢价。随着互联网的普及，互联网对我国青年群体整体收入水平具有显著提升作用，但是对于不同技能水平的青年群体收入会产生结构性差异。当下，数字经济蓬勃发展，数字技术对劳动力市场产生深远影响，劳动力市场的增强对高技能青年群体的需求，掌握新技术的高技能青年群体会更加受益于互联网红利，会产生高低技能青年群体收入差距进一步扩大的趋势。

表 6.23　基准回归结果

解释变量	模型（1）	模型（2）	模型（3）
互联网使用×高技能	—	—	0.190*** (0.025)

续表

解释变量	模型（1）	模型（2）	模型（3）
互联网使用	—	0.130***	0.120***
		（0.024）	（0.024）
受教育年限	0.052***	0.051***	0.033***
	（0.003）	（0.003）	（0.004）
工作经验	0.005**	0.005**	0.010***
	（0.002）	（0.002）	（0.002）
工作经验平方	−0.000***	−0.000***	−0.000***
	（0.000）	（0.000）	（0.000）
性别	0.274***	0.274***	0.281***
	（0.014）	（0.014）	（0.014）
婚姻状况	0.031*	0.032*	0.025
	（0.018）	（0.018）	（0.018）
户籍状况	0.085***	0.081***	0.069***
	（0.016）	（0.016）	（0.016）
健康状况	0.011	0.010	0.012*
	（0.007）	（0.007）	（0.006）
建筑业	0.131***	0.137***	0.124***
	（0.024）	（0.024）	（0.024）
制造业	0.059***	0.060***	0.066***
	（0.017）	（0.016）	（0.016）
服务业	0.162***	0.160***	0.156***
	（0.022）	（0.021）	（0.022）
东部	0.167***	0.162***	0.164***
	（0.017）	（0.017）	（0.017）
中部	−0.006	−0.011	−0.010
	（0.019）	（0.019）	（0.019）
常数项	1.83***	1.730***	1.850***
	（0.051）	（0.054）	（0.056）
R^2	0.213	0.217	0.224
观测值	6 397	6 397	6 397

注：括号内数值为标准误差；***，**，*表示在1%，5%，10%统计意义上显著。下同。

就控制变量而言，由模型（3）可知，受教育年限作为重要的人力资本会显著提升青年群体收入水平，工作经验与青年群体收入水平之间存在倒"U形"关系。性别、婚姻状况和户籍状况变量显著为正，表明男性和女性、已婚和未婚者、城镇户籍和农村户籍青年群体之间的收入差异依然显著，其中，受教育年限、工作经验、职业和其他劳动力市场特征差异，只能解释收入差异中的一部分成因，而劳动力市场中深层次根源的性别歧视、婚姻歧视和户籍歧视等现象应该进一步努力消除，坚定推进社会公平和减少收入不平等。健康状况越好，青年群体劳动生产率越高，青年群体收入水平越高。从行业角度看，服务业对青年群体收入水平的提升作用大于制造业和建筑业。原因是随着"互联网+"、共享经济和数字经济的快速发展，我国经济正在从工业经济向数字经济转型，产业结构不断升级，新就业形态不断涌现，服务业将成为我国青年群体就业的主渠道，对青年群体收入水平产生显著影响。从区域角度看，不同区域青年群体存在较为明显的收入差异，尤其是东西部地区差异较大。

6.3.2.2 分位数回归分析

本节采用分位数回归分析不同收入水平青年群体的互联网工资溢价和技能溢价效应，回归结果如表 6.24 所示。

表 6.24　分位数回归结果

解释变量	$Q=0.10$	$Q=0.25$	$Q=0.50$	$Q=0.75$	$Q=0.90$
互联网使用×高技能	0.193 ***	0.201 ***	0.202 ***	0.214 ***	0.259 ***
	(0.045)	(0.029)	(0.029)	(0.032)	(0.046)
互联网使用	0.131 ***	0.143 ***	0.112 ***	0.092 ***	0.085 **
	(0.033)	(0.026)	(0.028)	(0.031)	(0.042)
受教育年限	0.021 ***	0.028 ***	0.031 ***	0.034 ***	0.035 ***
	(0.006)	(0.004)	(0.005)	(0.004)	(0.006)
工作经验	0.015 ***	0.007 **	0.007 **	0.009 ***	0.008 *
	(0.004)	(0.003)	(0.003)	(0.003)	(0.004)
工作经验^2	−0.000 ***	−0.000 **	−0.000 *	−0.000 **	−0.000 *
	(0.000)	(0.000)	(0.000)	(0.000)	(0.000)

续表

解释变量	$Q=0.10$	$Q=0.25$	$Q=0.50$	$Q=0.75$	$Q=0.90$
性别	0.291 ***	0.276 ***	0.286 ***	0.284 ***	0.305 ***
	(0.025)	(0.017)	(0.018)	(0.019)	(0.032)
婚姻状况	0.010	0.005	0.015	0.022	0.051 *
	(0.031)	(0.022)	(0.021)	(0.023)	(0.030)
户籍状况	0.093 ***	0.086 ***	0.067 ***	0.062 **	0.092 **
	(0.028)	(0.020)	(0.018)	(0.024)	(0.036)
健康状况	0.022 *	0.012	0.009	0.014	0.012
	(0.012)	(0.008)	(0.008)	(0.009)	(0.015)
建筑业	0.126 ***	0.146 ***	0.115 ***	0.133 ***	0.124 **
	(0.046)	(0.030)	(0.033)	(0.029)	(0.052)
制造业	0.121 ***	0.093 ***	0.069 ***	0.038 *	−0.018
	(0.026)	(0.019)	(0.018)	(0.020)	(0.034)
服务业	0.066 *	0.098 ***	0.122 ***	0.222 ***	0.269 ***
	(0.039)	(0.028)	(0.032)	(0.037)	(0.043)
东部	0.105 ***	0.133 ***	0.134 ***	0.185 ***	0.261 ***
	(0.031)	(0.021)	(0.021)	(0.018)	(0.037)
中部	−0.043	−0.037	−0.031	0.023	0.076 **
	(0.032)	(0.024)	(0.023)	(0.023)	(0.037)
常数项	1.344 ***	1.600 ***	1.895 ***	2.133 ***	2.359 ***
	(0.096)	(0.066)	(0.067)	(0.072)	(0.094)
观测值	6 397	6 397	6 397	6 397	6 397

由表6.24可知，随着收入分位数的增加，青年群体互联网工资溢价率逐渐降低，而青年群体技能溢价率呈现增长趋势，表明互联网技能溢价对于高收入青年群体的影响大于低收入群体。其内在原因主要包括两方面：

其一，互联网使用不仅对青年群体生产率产生直接影响，而且与技能因素的交互作用也会对收入产生显著影响（Bauer，2018），技能作为反映劳动力市场供给和需求匹配的关键因素，低收入水平的低技能岗位相比高收入水平的高技能岗位更容易随着数字技术的进步被替代，同时新增数字就业需求以高技能岗位为主，对高技能青年群体收入水平的提升作用更强，高收入青年群体相比低收入群体拥有更多的机会和能力提升自身技能水平，因此对于高收入青年群体来说互联网技能溢价更大。

其二，高收入青年群体和低收入青年群体互联网使用率和高技能青年群体占比具有较大差异。当前我国不同青年群体间依然存在一定程度的"数字鸿沟"，低收入青年群体的互联网使用率和技能禀赋显著低于高收入青年群体。由于高收入青年群体在教育层次、技能水平、数字素养等方面存在相对优势，面对技能溢价的激励，高收入青年群体的技能会进一步提升自身的人力资本质量，获得更大的技能溢价。因此，这种由于收入差异导致的互联网使用接入差异和技能差异，也会进一步拉大高低技能青年群体之间的收入差异，从而产生高收入青年群体的技能溢价大于低收入青年群体的现象。可见，低收入青年群体互联网工资溢价率高于高收入青年群体，表明互联网有助于缩小青年群体间的收入差异；而低收入青年群体互联网技能溢价率却低于高收入青年群体，表明需要努力提高低收入青年群体的技能水平，谨防技能溢价差异进一步扩大不同青年群体间的收入差距。

6.3.2.3 城乡差异比较分析

鉴于我国城市和农村互联网普及率存在较为明显的差异，互联网使用对城乡青年群体收入水平和技能溢价会产生不同的影响效应。为此，本节将全样本分为城市和农村进行城乡差异比较分析。具体回归结果如表 6.25 所示。

表 6.25　城乡差异回归结果

分组	解释变量	$Q=0.10$	$Q=0.25$	$Q=0.50$	$Q=0.75$	$Q=0.90$
城市	互联网使用×高技能	0.168***	0.191***	0.202***	0.234***	0.265***
		(0.039)	(0.035)	(0.056)	(0.064)	(0.066)
	互联网使用	0.139***	0.099**	0.072*	0.066**	0.053
		(0.039)	(0.045)	(0.039)	(0.037)	(0.064)
	控制变量	已控制	已控制	已控制	已控制	已控制
	观测值	4 014	4 014	4 014	4 014	4 014

续表

分组	解释变量	Q=0.10	Q=0.25	Q=0.50	Q=0.75	Q=0.90
农村	互联网使用×高技能	0.129 *	0.179 ***	0.186 ***	0.215 ***	0.224 ***
		(0.067)	(0.048)	(0.048)	(0.050)	(0.073)
	互联网使用	0.177 ***	0.183 ***	0.144 ***	0.141 ***	0.131 **
		(0.058)	(0.039)	(0.051)	(0.034)	(0.060)
	控制变量	已控制	已控制	已控制	已控制	已控制
	观测值	2 383	2 383	2 383	2 383	2 383

由表 6.25 可知，对于互联网使用变量回归系数，无论是城市还是农村，互联网使用在全部分位数上均显著提升了青年群体收入水平，即存在显著的工资溢价效应，但是互联网使用对农村的影响效应大于城市，这一结论与已有文献一致。表明随着我国互联网加速向农村地区普及和渗透，互联网使用对农村地区青年群体的收入提升效应明显且回报率大于城市，互联网普及发挥了缩小城乡青年群体收入差距的重要作用。程名望和张家平（2019）利用 2003—2016 年省级面板数据检验互联网普及对我国城乡收入差距的影响，发现互联网普及对我国城乡收入差距的影响已经越过拐点，对于缩小城乡地区收入差距表现出了积极信号。互联网使用对农村地区青年群体工资溢价率高于城市的原因有两方面：其一，农村地区劳动力市场中掌握信息技术的劳动力供给较少，而需求较大，因此在市场中使用互联网获得的劳动报酬较高；其二，由于农村地区信息不对称和交易成本更高，互联网有助于拓宽青年群体的信息渠道，降低信息不对称和交易成本，对青年群体劳动生产率的提升作用更强。

对于互联网使用和高技能劳动者交互项变量回归系数，在全部分位数上城市和农村均表现出明显的互联网技能溢价效应，进一步可以发现互联网技能溢价效应对城市的影响大于农村，表明互联网对于城市高技能青年群体就业需求的带动作用要显著大于农村地区。究其原因，是因为城市和农村依然存在较为明显的"数字鸿沟"，城市互联网普及率和互联网基础设施的发展更加完善，同时数字经济时代催生的许多新就业形态和新技术岗位在城市劳动力市场中更加成熟，城市高技能岗位和高技能青年人才也比农村地区更加充足，导致农村地区的互联网技能溢价率明显低于城市地区。由此可见，虽然互联网普及有助于缩小城乡收入差距，但是城乡高低技能青年人才差异导致的城乡技能溢价呈现明显差异，从而潜在地扩大城乡收入差距。因此，为了谨防城乡互联网技能溢价差异进一步拉大城乡收入差距，应该努力提高农村地区青年群体技能水平，提供更多的技能培训和公共就业服务，保障农村劳动力市场中青年群体技能水平稳步提升，以适应数字经济时代就业发展需求。

6.3.2.4　稳健性检验

本节进行了两组稳健性检验，其一，为了克服劳动者收入水平测量误差，采用替换变量法以个体劳动者月收入的对数衡量其收入水平；其二，进一步采用工具变量法进行内生性检验。采用省级每百人移动电话拥有量作为互联网使用的工具变量，主要因为该变量满足相关性假设和外生性假设，该变量与青年群体互联网使用率高度相关，同时该数据属于宏观层面数据。通过过度识别检验得出 P 值超过了 0.7，第一阶段回归结果的 F 统计量超过了经验切割点 10，表明该工具变量外生且不属于弱工具变量。具体结果见表 6.26。

表 6.26　稳健性检验

检验方法		解释变量	全样本	城市	农村
替换被解释变量法		互联网使用×高技能	0.170 ***	0.198 ***	0.159 ***
			(0.022)	(0.028)	(0.035)
		互联网使用	0.097 ***	0.092 ***	0.114 ***
			(0.021)	(0.029)	(0.029)
		控制变量	已控制	已控制	已控制
		观测值	6 397	4 014	2 383
工具变量法	第一阶段回归	每百人移动电话拥有量	0.028 ***	0.024 **	0.029 ***
			(0.009)	(0.011)	(0.007)
	第二阶段回归	互联网使用×高技能	0.282 ***	0.306 ***	0.271 ***
			(0.035)	(0.060)	(0.054)
		互联网使用	0.170 ***	0.147 **	0.191 ***
			(0.020)	(0.069)	(0.054)
		控制变量	已控制	已控制	已控制
		观测值	6 397	4 014	2 383

由表 6.26 可知，无论是全样本还是城乡分样本，通过替换被解释变量进行回归发现，互联网使用对青年群体收入水平和技能溢价的影响均显著为正。同时城乡分样本回归结果表明，农村地区互联网使用的工资溢价率大于城市地区，而城市地区互联网技能溢价率却高于农村地区，与前文分析基本一致，表明回归结果保持稳健。工具变量法稳健性检验中第一阶段回归结果显示，省级每百人移动电话拥有量对全样本和城乡分样本互联网使用的影响均在统计意义上显著为正，符合前文分析。第二阶段回归结果表明，互联网使用对全样本和城乡分样本青年群体收入水平和技能溢价的影响均显著为正，且城乡互联网工资溢价率和互联网技能溢价率的差异性也与前文分析结果基本一致，进一步证实了回归结果的稳健性。

6.3.2.5 进一步讨论

由于不同性别和年龄段之间互联网使用率存在明显差异，互联网使用对城乡个体劳动者收入水平和技能溢价，会产生不同性别和年龄段异质性影响效应，为此，本节进一步对城乡不同性别青年群体和年龄段进行比较差异分析。对于年龄段的划分，本节将年龄处于 18~35 岁的样本划分为青年群体，35 岁以上的样本为中老年群体。分性别和年龄段回归结果如表 6.27 和表 6.28 所示。

表 6.27 分性别回归结果

分组	解释变量	小时收入对数		月收入对数	
		男性青年	女性青年	男性青年	女性青年
城市	互联网使用×高技能	0.219***	0.188*	0.217***	0.185***
		(0.046)	(0.114)	(0.041)	(0.039)
	互联网使用	0.073***	0.119***	0.082**	0.122***
		(0.022)	(0.044)	(0.039)	(0.039)
	控制变量	已控制	已控制	已控制	已控制
	观测值	2 154	1 860	2 154	1 860
农村	互联网使用×高技能	0.208***	0.172***	0.194***	0.165***
		(0.067)	(0.044)	(0.058)	(0.035)
	互联网使用	0.094**	0.136**	0.097***	0.124***
		(0.041)	(0.082)	(0.035)	(0.015)
	控制变量	已控制	已控制	已控制	已控制
	观测值	1 412	971	1 412	971

由表 6.27 可知，无论以小时收入的对数还是月收入的对数作为被解释变量，城市和农村女性青年互联网工资溢价率均大于男性青年，而女性青年互联网技能溢价率却低于男性青年，表明互联网普及发展对性别工资差异的影响存在不确定影响，对于低技能青年群体有助于缩小性别工资差异，然而对于高技能青年群体，互联网使用会进一步扩大性别工资差异。多数高技能青年群体属于高收入群体，互联网由此会进一步扩大高收入青年群体性别工资差异。已有文献也证实了这个结论，毛宇飞等（2018）利用中国家庭追踪调查数据，实证分析了互联网使用对性别工资差异的影响，研究发现，互联网使用有助于缩小中低收入阶层就业群体的性别工资差异，然而却加大了高收入阶层就业群体的性别工资差异。通过城乡差异比较可以发现，无论男性青年还是女性青年，农村青年群体互联网工资溢价率高于城市青年群体，而互联网技能溢价率却低于城市。这与前文分析结论一致。可见，应该加强对女性和农村青年群体教育培训和职业技能培训，增加女性和农村青年群体互联网使用率和使用技能，有效提升女性和农村青年群体互联网技能溢价，谨防技能差异扩大而造成性别工资差异和城乡工资差异进一步拉大。

表 6.28　分年龄段回归结果

分组	解释变量	小时收入对数		月收入对数	
		青年群体	中老年群体	青年群体	中老年群体
城市	互联网使用×高技能	0.202 ***	0.148 ***	0.196 ***	0.167 ***
		(0.037)	(0.028)	(0.033)	(0.025)
	互联网使用	0.104 ***	0.085 **	0.112 ***	0.086 *
		(0.021)	(0.042)	(0.035)	(0.051)
	控制变量	已控制	已控制	已控制	已控制
	观测值	3 316	698	3 316	698
农村	互联网使用×高技能	0.158 ***	0.130 ***	0.171 **	0.146 ***
		(0.046)	(0.031)	(0.084)	(0.019)
	互联网使用	0.159 ***	0.081 ***	0.158 ***	0.070 **
		(0.043)	(0.022)	(0.036)	(0.033)
	控制变量	已控制	已控制	已控制	已控制
	观测值	1 501	882	1 501	882

由表 6.28 可知，无论以小时收入的对数还是月收入的对数作为被解释变量，城市青年群体和农村青年群体互联网工资溢价率和互联网技能溢价率均大于中老年群体，表明互联网普及发展会显著提高青年群体收入水平。原因是与中老年群体相比，青年群体互联网使用比例和互联网使用技能较高，同时与中老年群体相比，青年群体使用互联网进行再学习和人力资本再提升的偏好更强，能够熟练运用互联网进行职业搜寻和工作，对劳动生产率的提升作用大于中老年群体。此外，数字经济背景下，催生了许多亲和青年群体的新就业形态，不仅拓宽了青年群体职业选择渠道，同时也提高了青年群体收入水平。随着互联网持续向中高龄人群渗透，未来中老年群体互联网工资溢价率和互联网技能溢价率将会进一步提升。通过城乡差异比较可以发现，对于青年群体，农村青年劳动者互联网工资溢价率高于城市，而互联网技能溢价率却低于城市。这与前文分析结论一致，但是对于中老年群体，无论是互联网工资溢价率还是互联网技能溢价率，农村地区均低于城市，原因是互联网使用率不高和互联网技能水平较低，依旧是农村地区中老年群体面临的主要问题。因此，应进一步加强农村地区互联网基础设施建设，提升农村地区中老年群体互联网使用率和技能水平，努力提高农村地区中老年群体互联网工资溢价率和技能溢价是互联网助推乡村振兴的重要抓手。

6.4 本章小结

本章研究数字经济时代就业质量的差异分解，主要从性别工资差异、工时健康差异、城乡技能溢价差异三个维度进行分析，以期较全面地反映就业质量三个不同群体间的差异及分解研究。通过本章分析，主要得出以下研究结论。

6.4.1 性别工资差异分析

本章第一节在数字经济背景下基于就业理论、信息搜寻理论和家庭经济理论，利用 2010 年、2013 年、2015 年中国综合社会调查数据，考察了互联网使用对性别工资的影响及工资差异分解，探讨了不同年龄段群体互联网使用对性别工资差异变动的异质性及内在影响机理。研究发现，互联网使用对总体工资水平有显著正向影响，随年份推进其影响程度呈逐渐减小趋势和明显的性别差异性。互联网使用的特征差异为负值，且随年份推进特征差异绝对值逐渐增加，即随数字化网络的广泛普及，互联网使用显著缩小了性别工资差异。各年份中随分位点数提升，性别工资总差异呈先下降后上升的"U形"变化趋势。2010年、2013年、2015年随年份推进，在相同分位点上性别工资总差异呈逐年缩小趋势，且禀赋特征差异逐渐缩小了中等收入群体性别工资总差异。各年份中随分位点数提升，互联网使用的特征差异值及占比均为负值且呈现"U形"变化趋势，即在中等收入阶层中，女性上网的比例较高。这种互联网接入的特征差异能显著缩小中等收入群体的性别工资差距。男女性在互联网收益率方面的系数差异可有效缩小低层收入者的性别工资差距，但却加大了中高层收入者的性别工资差距。互联网使用对各年份中80后群体工资正向影响显著更高，70后群体次之、60后及以上群体相对较低，呈现较明显的年龄异质性。工资差异分解显示，互联网逐渐向中高龄人群渗透，越来越多的中老年女性使用互联网并有效增加了收入水平，进而缩小了性别工资差异。除2010年外，2013年和2015年80后群体使用互联网的系数差异值及其占比为负值，表明80后男女群体因互联网使用差异而受到的市场歧视要远低于其他年龄段群体。

6.4.2 工时健康差异分析

本章第二节基于健康需求理论，使用2014年和2016年中国劳动力动态调查数据，考察了数字经济背景下流动人口工时健康差异分解及异质性分析，并采用中介效应模型进行影响机理分析，得出以下结论：工作时间显著降低了流动人口的自评健康、心理健康和身体质量指数衡量的健康状况，且与正常工时者不同，工作时间显著降低了超时加班者的健康状况。随年份增加，工作时间对流动人口健康状况的负向影响呈逐年增加趋势。健康差异分解显示，工作时间显著扩大了流动人口正常工时者与超时加班者自评健康差异、心理健康差异和身体质量指数差异。流动人口各维度工时健康差异主要是由不可解释的系数差异造成的，且与心理健康差异和身体质量指数差异相比，流动人口工时自评健康总差异及可解释的特征差异值最大。分样本健康差异分解显示，除身体质量指数差异外，女性流动人口工时自评健康差异和心理健康差异高于男性。流动人口正常工时者与超时加班者自评健康差异和心理健康差异最大的是西部地区，而流动人口工时身体质量指数差异最大的是东部地区，即流动人口正常工时者与超时加班者健康差异存在明显区域差别。随年份推进，流动人口正常工时者与超时加班者的健康总差异呈现扩大趋势，且由不可解释因素对健康差异的解释能力越来越强。中介效应显示，周锻炼时间和睡眠状况是工作时间影响流动人口自评健康、心理健康和身体质量指数的两个中介变量，且对比两变量的中介效应可见，要想提高超时加班者的自评健康和身体质量指数，积极锻炼保健更重要，而要想提高其心理健康，拥有良好的睡眠状况效果更明显。

6.4.3　城乡技能溢价差异分析

本章第三节利用 2020 年中国家庭追踪调查数据，从城乡差异角度实证分析了互联网使用对青年群体收入提升和技能溢价的影响，以及不同群体异质性分析。研究发现：第一，互联网使用存在显著的工资溢价效应，与低技能青年群体相比，互联网使用对高技能青年群体的收入水平产生了额外提升效应，促成高低技能之间的收入溢价。第二，互联网使用对青年群体收入水平在不同分位数上均具有显著正向影响，随着收入分位数增加，互联网工资溢价率逐渐降低，互联网使用与高技能虚拟变量交互项的回归系数逐渐变大，即互联网技能溢价对于高收入青年群体的影响大于低收入青年群体。第三，城乡差异比较分析发现，互联网使用对农村地区青年群体的收入提升效应明显大于城市，互联网普及发挥了缩小城乡青年群体收入差距的重要作用，但互联网技能溢价效应对城市的影响却大于农村，会阻碍缩小城乡青年群体收入差距。第四，分样本研究发现，与男性青年相比，城乡女性青年互联网工资溢价率更高，而互联网技能溢价率却反之；城乡青年群体互联网工资溢价率、技能溢价率均大于中老年群体，同时与城市相比，农村中老年群体获取的互联网红利更低。可见，数字经济时代互联网已经成为影响青年群体收入提升和工作技能的重要因素。

7 数字经济发展促进就业扩容提质的机制研究

7.1 以数实融合发展促进就业扩容提质

数字经济的主战场从消费互联网转移到产业互联网，数字技术已经成为全球实体产业竞争的重要一环，推进数字技术与实体经济融合成为全球经济发展的新趋势。2022年11月，世界互联网大会乌镇峰会上，数字技术与实体经济深度融合创新案例层出不穷，人机交互、线上办公、远程医疗、智慧粮仓等展示备受瞩目。中国互联网协会发布的《中国互联网发展报告（2022）》数据显示①，中国数字经济规模增至45.5万亿元，总量稳居世界第二，目前已建成全球最大5G网络，"5G+工业互联网"在建项目超过1 800个，覆盖钢铁、电力等20多个国民经济重点行业，数字技术融合应用加速落地，赋能实体经济高质量发展。数实融合强大的赋能效应，不仅为数字经济提供了丰富的应用场景及市场空间，而且还能够帮助实体经济降本增效、提质升级，并进一步催生大量新产业、新业态、新商业模式。中国拥有全球最大的数字消费市场，产生了海量的数据资源，数字基础设施也实现了跨越式发展，各种数字应用渗透率位于世界前列，是中国推进数实融合的优势所在。数实融合为中国经济高质量发展提供了新动能、新空间和新的确定性，借助数实融合发展机遇可以加速建设网络强国、数字中国、制造强国。

目前，推进数实融合已成为国家重要战略。2022年1月，国务院印发了

---

① 中国互联网协会：《中国互联网发展报告（2022）》，https：//www. isc. org. cn/article/13848794657714176. html，2022年9月14日。

《"十四五"数字经济发展规划》，指出数字技术与实体经济深度融合是数字经济发展的主线。2022 年 10 月，党的二十大报告进一步提出要加快数字经济发展，促进数字经济与实体经济深度融合，打造具有国际竞争力的数字产业集群。随着数字经济成为经济增长的新引擎，聚力推进数实融合成为中国实现产业基础高级化与产业链现代化的重要途径，将为中国"十四五"及中长期经济高质量发展提供更多机遇。然而，现阶段还存在一些阻碍数实融合的制约因素，包括地区间、产业间、企业间数字鸿沟犹存，数据要素市场体系不完善，关键核心技术面临"卡脖子"问题，数字化人才供给明显不足，等等。数实融合贯穿生产、分配、流通、消费各环节，促进数实融合需要构建技术、数据、人才等要素支撑的数字化转型服务生态体系。鉴于此，本节深入分析数实融合的理论机制、制约因素和推进路径，对于新发展阶段加速推进数实融合发展具有重要的理论价值和现实意义。

7.1.1 数实融合的内涵、特征及驱动因素

7.1.1.1 数实融合的内涵

数实融合是在数字技术快速迭代升级，数字经济蓬勃发展背景下提出的概念。目前，对数实融合有两个层面的理解，一是数字技术与实体经济深度融合，二是数字经济与实体经济深度融合。关于数实融合中的"数"是指数字技术还是数字经济，尚未形成统一的认知，理论界和产业界也经常混合使用（夏杰长，2022）。认识数实融合的本质内涵需要首先厘清数字技术、数字经济与实体经济的内涵与联系。数字技术一般是指人工智能、区块链、云计算、大数据、物联网等新一代信息技术。这种技术应用于信息的采集、存储、分析和共享过程中，可以全面融入人类经济、政治、文化、社会、生态文明建设各领域和全过程，为人类生产、生活、生态带来新理念、新业态、新模式，产生了广泛而深刻的影响。数字经济是伴随着数字技术的迭代升级和应用赋能发展起来的一种新型经济形态，是继农业经济、工业经济之后的主要经济形态。

数字经济的内涵包含三个核心内容：一是数据要素成为关键生产要素，

与传统的劳动力、土地、资本、管理等生产要素相比，数据要素具有非竞争性、互补性、外部性、指数级增值性等特征（陈昌盛和许伟，2022）；二是现代信息网络成为主要载体，促使产业变革和商业模式突破性创新，催生了生产方式智能化、产业形态数字化、产业组织平台化新特征，"云上"生产、"网上"销售、"线上"生活成为新常态；三是信息通信技术融合应用、全要素数字化转型成为重要推动力，借助数字技术赋能，各产业、企业等实现全面数字化转型，促使生产、分配、流通、消费四个社会再生产环节在物理世界和数字世界中高效运转。实体经济是指物质和精神产品的生产、销售及提供相关服务的经济活动，不仅包括农业、工业、能源、交通运输、邮电、建筑等物质生产活动，也包括了商业、教育、文化、艺术、体育等精神产品的生产和服务（张宇等，2021）。

基于数字技术、数字经济与实体经济的内涵可以发现三者之间的联系：数字技术是数字经济的重要基础和核心驱动力，数字经济是一种新型经济形态，伴随着产业变革和商业模式创新不断膨胀，从而成为继农业经济、工业经济之后的主流经济形态。实体经济是一种经济活动，在不同经济形态下存在不同的运行方式，不仅农业经济和工业经济形态下存在实体经济，数字经济形态下也会存在实体经济。

基于以上认识，数实融合的内涵是一个不断演进和深化的概念。在数字经济发展初期，以信息通信产业为主要内容的数字产业化是先导力量，此时数字技术尚未融入实体经济。移动互联网的发展促使数字技术应用和创新开始发端于消费端，数字技术与实体经济开始初步融合，以电子商务平台为代表的消费互联网，成为数字经济"上半场"蓬勃发展的主要增长点。随着数字技术的快速迭代升级，数字技术与生产场景开始结合，传统产业数字化转型加速升级，产业互联网接力消费互联网成为推动数字经济发展的新引擎。产业互联网开启数字技术与实体经济深度融合新征程，对传统产业的生产、销售、流通、融资等进行流程再造和优化整合，生产、流通、运营等效率大幅提升。未来，当数字技术与实体经济达到完全融合，即数字技术贯穿于实体经济生产、分配、流通、消费全流程时，数字经济也完全融入了实体经济，此时数字经济与实体经济也实现了完全融合（见图7.1）。基于以上分析，数实融合的内涵包含两个阶段：初级阶段是数字技术与实体经济的融合；终极阶段是数字经济与实体经济的融合。现阶段仍然是数字经济发展初级阶段，因此数实融合是数字技术与实体经济的融合。

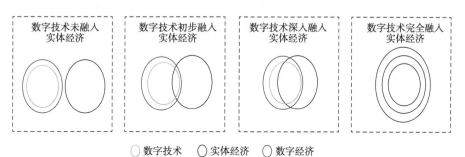

图 7.1　数实融合内涵的演进与深化

7.1.1.2　数实融合的特征

在数字经济发展初期，数实融合存在三方面典型特征，分别是产业数字化升级、企业数字化转型、劳动力技能变革。

（1）产业数字化升级。数字技术与传统产业融合，促使传统产业数字化升级是数字经济发展的主引擎，也是数实融合的主要内容（Teece，2018）。产业数字化升级是形成产业链群生态体系和推动产业组织创新的重要动力，是人类由工业文明向数字文明跃迁的必经过程（余东华和李云汉，2021）。当下，三次产业的数字化渗透率均不断提升，其中服务业成为数字技术赋能主战场，依次向制造业、农业渗透，总体呈现"三二一"产业逆向渗透趋势。随着数字技术迭代升级和新型基础设施建设持续深入，服务业迈上全面数字化升级快车道。信息化、品质化、便利化、融合化成为服务业发展新趋势，通过连接多个产业，优化组合多种生产要素，打破行业壁垒，不断拓宽新服务应用场景，网上购物、线上办公、互联网医疗等新业态快速发展，消费者一站式获得感得到极大提升。服务业数字化升级也加速了职业重构，催生了互联网营销师、网约配送员、全媒体运营师等新职业（见表 7.1）。在数实融合趋势下，制造业数字化升级不断提速，数字技术与数据资源贯穿设计、生产、销售、运营、售后服务等全流程。高端化、智能化、绿色化成为制造业发展新趋势（戴翔和杨双至，2022），智能工厂、智能生产、智能物流等应用场景的实现大幅缩短了生产周期，提高了供需匹配效率。与制造业数字化升级相关的新职业大量涌现，诸如人工智能、工业互联网、智能制造等工程技术人员、工业机器人系统操作员和运维员等职业应运而生。数实融合是农业面向现代化升级的核心驱动力，农业全链路的数字化减少了农产品生产、物流、交易中的冗余环节，不仅可以实现供应链的短链化发展，而且可以提升农产品的精准化生产和运营。网络化、智能化、高效化成为农业发展新趋势，农机自动化、遥控灌溉、数字遥控农药喷洒等应用场景日渐成熟，智能设备不仅可以提供动植物的育种、遗传等研究效率，而且还可以实现播种、灌溉和施肥等生产管理过程的自动化（迟明园和石雅楠，2022）。同时，农业经理人、无人机驾驶员、农业数字化技术员等新职业也助力农业数字化升级提速增质。

表7.1　三次产业数字化升级

三次产业	数字化渗透率	应用场景	新职业
服务业	高	网上购物、网络营销、在线学习、互联网医疗、线上办公、数字家政、智慧文旅、智慧酒店、智慧政府等	互联网营销师、网约配送员、全媒体运营师、在线学习服务师、健康照护师、老年人能力评估师等
制造业	中	智能工厂、智能生产、智能物流、智能分拣、设备健康管理、智能决策、数字孪生、需求预测等	人工智能、工业互联网、智能制造等工程技术人员、物联网安装调试员、工业机器人系统操作员和运维员等
农业	低	农机自动化、农业航空、智慧养殖、智慧物流、智慧农贸、遥控灌溉、数字遥控农药喷洒等	农业经理人、无人机驾驶员、农业数字化技术员、民宿管家等

（2）企业数字化转型。企业作为产业的微观主体，在数实融合和产业数字化升级背景下，借助数字技术对业务、管理、运营完成数字化转型改造已成为必然趋势。以数字技术为支撑的创新生态系统可以显著激发企业创新活力，不断催生企业生产方式的适应性创新（Risnen and Tuovinen，2020）。在

业务数字化层面，消费互联网的前端应用及商业模式创新带动了后端产业互联网的发展，通过需求牵引供给，供给创造新需求，真正实现端到端全产业链的重构和升级。业务全链路数字化、网络化和智能化是核心趋势，通过打破数据孤岛，利用数据穿透订单、生产、采购、仓储、服务等业务环节，实现业务数据化和数据业务化，推动构建数据智能和全链路环式价值网，促使企业实现由人工决策向智能决策转变（张建锋等，2022）。在管理数字化层面，数实融合促使企业组织模式发生变革，网络型组织结构成为企业延长价值创造触点和融入数字生态圈的变革方向。在网络型组织结构下，管理模式朝着扁平化、网络化方向转变（张其仔等，2021），其中扁平化要求企业削减管理层级，扩大管理控制宽度，并对基层员工进行充分授权赋能，网络化要求以团队作为基本工作单位，实行目标管理。在运营数字化层面，数字化运营体系的构建以及各种业务场景的贯穿可以帮助企业沉淀数据资产，借助数字技术和数据资产能够大幅提升获客效率，提高客户体验感和忠诚度，并挖掘客户长期价值。

（3）劳动力技能变革。数实融合对劳动力市场产生重要影响，其中，劳动力技能变革是一个重要特征。已有研究证实，数字技术对劳动力市场就业产生"双刃剑"效应，不仅会替代传统重复性、机械性等枯燥的就业岗位（Virgillito，2016；Frey and Osborne，2017），还会催生更加符合社会发展需求的新型就业岗位（Borland and Coelli，2017；Acemoglu and Restrepo，2020）。数字技术与实体经济融合带来的上述影响是引发劳动力技能变革的重要驱动力。麦肯锡发布的《中国的技能转型》报告显示[①]，到2030年，将有2.2亿中国劳动者（占劳动力队伍的30%）可能面临职业变更，约有5 160亿工时（平均每位劳动者约87天）将因技能需求变化而需要重新部署，采用数字化技术，构建协同生态系统，优化职业教育路径，转换思维，加强激励是推动中国劳动力技能转型的有益途径。随着服务业、制造业、农业数字化升级加速，劳动者数字素养和技能水平的重要性日益增加。数字技术的创新应用还

---

① 麦肯锡：《中国的技能转型》，https://www.mckinsey.com.cn/wp – content/uploads/2021/03/MGI_Reskilling-China_-Full-CN-report.pdf，2021年3月。

催生了大量新就业形态，灵活雇佣模式盛行发展，打破了传统单一稳定的雇佣模式（Bal and Izak，2021）。弹性化用工模式发展的重要原因之一是劳动者技能的多元性，伴随着互联网长大的新一代青年，不满足于单一生存技能，探索更多选择、期待更多可能的自身价值追求，因而技能的多元化为他们拥有多重职业身份，成为典型的"斜杠青年"提供了支撑。除了数字化技能，个体创新和创意的能力重要性也在不断提升。布德罗等（Boudreau et al.，2016）在《未来的工作》一书中指出，未来工作任务将呈现分解性、扩散性、脱离性，组织结构也将呈现渗透性、互连性、合作性、灵活性，个体需要持续学习和掌握新的知识技能，以降低被数字化技术取代的概率。

7.1.1.3 数实融合的驱动因素

（1）国家政策支持。中国政府高度重视数实融合。党的十八大以来，政府层面相继出台一系列政策措施大力支持数实融合发展。中国政府从以互联网为代表的数字技术角度促进数实融合。2016年4月，习近平在网络安全和信息化工作座谈会上提出，着力推动互联网和实体经济深度融合发展。同年9月，在G20杭州峰会上，习近平提出数字经济成为中国创新增长的新引擎和新途径。此后，在政府层面与数实融合相关的文件存在两种形式：一是数字技术与实体经济深度融合；二是数字经济与实体经济深度融合。可见，中国政府层面政策大力支持是推动数实融合发展的重要驱动力。

（2）数字技术与数据赋能。数实融合的核心离不开数字技术和数据的赋能。纵观历史，人类社会发展在技术赋能下不断颠覆式创新，尤其是工业革命以来，颠覆式创新的速度不断加快。信息技术的诞生，技术加速赋能产业发展，提升了生产效率。现代信息网络为数字技术、数据价值赋能提供了物理载体，增强了数字技术的连接能力和数据汇聚处理能力（王佳元，2022）。随着移动通信技术逐渐取得突破，促进了电子商务等服务业的快速发展。当今，世界各国高度重视数字技术发展，借助5G和6G的超大宽带、超低延时、超多链接等功能，可以将人工智能、云计算、大数据、物联网等应用落地于服务业、制造业和农业的数字化升级。这种集群式、融合式的技术创新将推动新一轮产业革命，转变经济发展范式。数字技术推动产业升级离不开数据支撑，技术－数据如同数字社会的"骨架与血液"，整个生产、分配、流通、消费社会再生产过程和社会服务管理均由数字技术和数据支撑赋能。数据作为数字经济时代新型生产要素，在实体经济中具有内生且呈指数级增长特性，与数字技术融合可以加快实体经济的创新效率，不仅促使研发、金融、设计等生产性服务变得可分工、可贸易，而且有助于形成需求牵引创新供给新模式。在数字技术－数据赋能下，社会分工不断深化，市场交易成本大幅降低，实体经济实现了质量变革、效率变革与动力变革。

（3）经济高质量发展需要。新发展阶段，经济发展的主题为高质量发展，高质量发展以创新驱动增长为特征，推动经济发展不断向结构更合理、附加值更高的阶段演化。经济高质量发展更加迫切需要数实融合，实体经济作为现代产业体系的重要组成部分，实体经济高质量发展是实现中国式现代化最坚实的经济基础。数实融合不断赋能诸如农业、制造业、交通、能源、医疗等多领域高质量发展，无论是规模还是深度广度上，推动着实体经济的组织、结构和布局向更高层次推进。在农业领域，数字技术赋能传统农业数字化升级，大田种植、畜禽和水产养殖、园艺作物等融入了数字科技，智慧农业和精准农业成为新时代农业高质量发展的标志。在制造业领域，数字技术促进制造业生产、组织、服务方式发生系统性变革，推广"数智化、柔性化、绿色化"等新型制造，是实现制造业高质量发展的重要方向（夏杰长，2022）。在交通领域，随着数字新基建的深入推进，智慧高速、智能网联、自动驾驶、轨道、民航等领域，均呈现深度数实融合发展态势。未来，随着数字技术持续渗透经济发展的各领域、全过程，全面深入的数实融合将是增强经济韧性、赋能经济高质量发展的关键钥匙。

7.1.2 数实融合的理论机制分析

马克思对社会再生产过程进行了系统论述，提出了生产、分配、流通、消费四大环节，畅通经济循环的全过程。数实融合贯穿整个社会再生产过程，推动着生产、分配、流通、消费环节发生了深刻变革。

7.1.2.1 数实生产融合

数字技术与生产环节融合将长期助力产业结构优化调整，深化实体经济数字化转型，推动经济高质量发展（田秀娟和李睿，2022）。数字化制造是数实生产融合的典型特征，主要体现为定制化生产、分布式生产、智能化生产、质量化生产（见图7.2）。

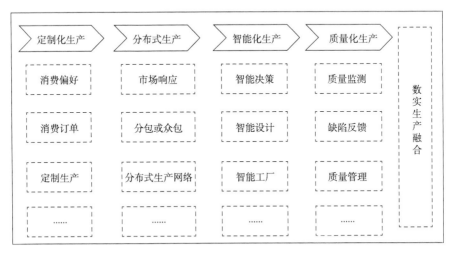

图 7.2 数实生产融合

在定制化生产层面，由于消费结构和消费质量持续优化，消费者需求更加趋于多样化、个性化，企业借助数字技术赋能可以快速、低成本地掌握消费者偏好，通过数据分析更好地指挥原材料采购、生产与销售，从而满足消费者需求。这种定制化生产背后的主要逻辑是互联网、大数据等数字技术与传统生产制造融合下的新型生产制造模式，目的是将工业经济时代标准化、大批量的生产方式，转向个性化、小批量的数字化生产方式，从而形成精细化、模块化的全社会生产分工协同网络，开辟定制化生产新空间。

在分布式生产层面，为了满足定制化生产需求，企业需要利用数字技术创建数字化的市场响应机制，切实提高对客户需求的响应速度，然后根据个性化的产品需求将生产环节逐步从生产链条中剥离开来，突破传统集中化生产限制，借助分包或众包方式完成产品生产。这种分布式生产极大程度上突破了时间和空间的限制，充分提高了广大参与个体的生产技能，使得世界各地的个人、公司或机构借助数字技术建立分布式生产网络，大幅拓展了企业生产能力与经营边界。

在智能化生产层面，数字技术赋能生产机器具有感知、学习、记忆、分析、决策等能力，不断优化升级设计、管理、制造、服务等生产环节，重新定义了生产链条，实现了智能决策、智能生产。随着数字孪生、人工智能、大数据等数字技术加速迭代升级，智能工厂蔚然成风，将成为新型现代化工厂。智能工厂以数据驱动生产流程再造，以个性化定制、网络化协同、服务化延伸为特征，大幅度缩短了生产周期，提升了供需匹配效率。工业互联网的发展促使机器与生产系统、机器间、企业间、企业上下游实时连接与智能交互，通过数据的实时收集、分析与决策，能够精准控制各生产环节，为智能工厂提供平台支撑，极大程度提升了生产效率（郭晗和全勤慧，2022）。

在质量化生产层面，传统企业生产过程中存在质检工作量大、管理成本高、质量问题响应慢等问题，而当下的数字技术可以赋能企业实现产品质量检验的规范化、数字化、可追溯化。在生产过程中，数字技术可以消除不同系统之间的信息孤岛，畅通各质量管理环节，实现数据互通共享，推动质量管理全链条管控，通过运用大数据分析、质量维度分析，可以实现质量管控关口前移，大幅提升了企业质量管理水平。可见，数实生产融合不仅可以促使生产分工日益定制化、分布式、智能化，而且还可以提升产品生产质量水平。

7.1.2.2 数实分配融合

数实融合推动生产方式、商业模式和生活方式发生变革，显著影响了价值创造机制。数据作为数字经济时代推动经济发展的"石油"，已经成为参与价值创造的重要生产要素。一方面，数据本身可以创造价值。数据对生产函数的影响类似于技术之于生产函数（Jones and Tonetti，2020）。与工业经济时代的生产线整合劳动力、资本、技术等要素从而形成商品类似，数据作为新型生产要素可以投入人工智能、机器学习、数据挖掘等生产单元，产生各种优化的算法服务。与传统生产要素相比，数据要素具有指数级增长特征，这种特性可以帮助企业持续优化升级产品研发、制造、销售和运营各环节。同时，借助数字技术赋能和海量数据支持，企业生产管理效率可以大幅提升，人流、物流、资金流、信息流可以顺畅实现跨时间、跨空间的协同管理，极大程度提升了企业价值创造能力。另一方面数据可以提高其他生产要素的效率，参与价值创造。传统劳动力、资本、土地、技术等生产要素与数据融合可以提升资源配置和生产效率。随着经济数字化程度不断加深，人类活动产生的海量数据资源可以加速技术的扩散应用和迭代升级，传统资本、土地更容易配置到效率更高的领域，劳动者数字人力资本水平的提升也可以显著提高劳动生产率。

价值创造机制的改变对国民收入分配产生深远影响。中国特色社会主义初级阶段的分配制度以按劳分配为主、多种分配方式并存，其中按生产要素分配是多种分配方式的重要表现。随着数字技术进步和生产力发展，数据的生产、开发利用、产业创新成为驱动全球经济发展的新型生产要素和战略资源。将数据作为生产要素按贡献参与分配已经成为数实分配融合的重要机制，标志着数据作为生产要素的重大价值，进一步丰富了多种分配方式。党的十九届四中全会通过的《中共中央关于坚持和完善中国特色社会主义制度、推进国家治理体系和治理能力现代化若干重大问题的决定》，将分配制度上升到基本经济制度的高度，并首次提出数据可作为生产要素同传统生产要素一样由市场评价贡献，按贡献参与分配。随着数实融合不断深化，数据要素参与收入分配的体制机制将不断健全完善。尤其是随着数据产权进一步确立和维护，劳动者的数据产权收益也将得到保障，对于优化国民收入分配产生了积极作用，"劳有所得"将向"劳有所值"转变，人力资本价值的重要性得到极大提升。

7.1.2.3 数实流通融合

自工业革命以来，技术进步是影响全球工业化进程的核心要素，也是加速全球贸易和流通的推动力。工业经济时代，流通体系是层层分销模式，大规模生产和消费之间需要经历批发、零售等环节。数字经济时代，数字技术打破了传统零售模式，数字化新零售创造出大量全新的交易方式，网上购物、供应链整合等大量流通新业态盛行发展。以淘宝、京东、美团、亚马逊等为代表的数字平台极大压缩了时空距离，将传统线下的生产者和消费者面对面交互转变成基于网络的跨时空交互模式，颠覆了传统的产销链接方式（见图7.3）。随着人工智能、大数据、云计算等数字技术全方位重塑传统流通体系，企业、行业、区域之间全面持久的商品交换和市场竞争进一步加速，推动了新发展格局下现代流通体系的建设。随着流通环节数字化程度不断加深，数字技术将从降本增效、业态创新维度加速数实流通融合，产业链、供应链、服务链不断加强联动，进而推动流通体系朝着敏捷化、定制化、网络化方向发展，大幅提升了流通协同发展和现代化水平。在降本增效层面，数字技术可以精准匹配供需资源配置效率，精准预测市场降低交易成本，提升运营和管理效率，优化劳动力结构，从而有助于赋能商贸流通企业高质量发展（李朝鲜，2022）。在业态创新维度，数字技术赋能电子商务、直播带货、无人零售、智慧商店、无店铺销售等新业态、新商业模式，推动了流通体系数字化发展。

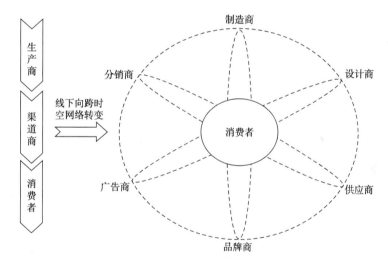

图7.3　直线型流通体系向网络型流通体系转变

数实流通融合蕴含重大的商业价值，可以体现在数字技术赋能流通企业做出正确决策、提升物流精准性、增强客户黏性等层面。在数字技术赋能流通企业做出正确决策层面，与传统物流企业主要基于市场调研和主观经验制定决策不同，现代流通企业依据大数据技术对市场中的海量数据进行收集、分析、处理，可以实时获取具体业务运作情况，将其转化为有价值的信息，从而可以聚焦发展较快、利润空间较大的业务领域，并据此做出合理的运营决策（张晓燕和张方明，2022）。在提升物流精准性层面，数字技术赋能流通企业可以基于需求端大数据的精准画像，深度挖掘个性化、品质化、差异化的消费需求，从而实现消费互联网与产业互联网的互联互通，极大程度地提升物流体系的精准性，满足多元化的消费需求。在增强客户黏性层面，数字技术赋能流通企业应用大数据技术对海量数据进行处理，并基于大数据分析结果将物流配送信息及时呈现给客户，从而有效建立与客户的信任关系，提升客户的物流服务体验，有利于培养客户黏性和忠诚度。畅通市场流通是完善市场体系和规范市场秩序的关键环节，数实流通融合将打破流通壁垒，加速国民经济循环。

7.1.2.4 数实消费融合

消费环节是拉动内需、打通国民经济循环的重要环节，数实消费融合将促使消费环节开拓更大的价值空间和发展机遇。数字技术将从供给端和消费端加速数实消费融合，其中，在供给端，数字技术促使企业组织模式扁平化、商业模式平台化、消费物品品质化；在需求端，数字技术赋能消费主体差异化、消费内容个性化、消费方式网络化（见图7.4）。具体看，数字技术通过打通各产业、场景的可连接性，消费者与消费者、消费者与企业形成价值共创的联合体，企业组织模式扁平化有利于企业快速更新迭代商品或服务以响应消费者需求。商业模式平台化促使平台网络零售成为社会零售的重要组成部分，社交电商、直播带货、短视频带货、在线教育等新型消费场景，突破了传统商业和零售模式，提升了商品供应链出货速度和库存消化周期。企业为了满足消费者品质化消费需求，需要不断研发推出更符合消费者需求的品质化产品和服务，由此推动供给侧不断优化、升级，增品种、提品质、创品牌成为供给侧推动消费升级的重要方向。

在消费主体差异化层面，伴随互联网成长的青年群体，天生无畏、追求个性，已经成为消费市场的新主力。手机成为青年群体社交、消费、娱乐等活动的主要渠道，该群体更偏好创新型产品、科技型产品。与此同时，随着人民生活水平的提升，中老年人不再单纯满足于老有所养，而是更加追求精神层面的满足，社交、旅游、健身等消费需求愈加明显。在消费内容个性化

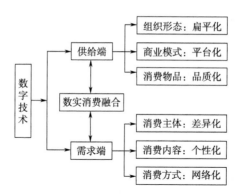

图 7.4 数实消费融合

层面，随着消费需求由"量"的增长向"质"的提升转变，在医疗、养老、教育等领域不断释放出个性化消费新需求，近年来新增的老年人能力评估师、健康照护师、康复辅助技术咨询师、在线学习服务师、陪诊师等职业，为进一步满足人们个性化消费需求提供了新途径（丁述磊和张抗私，2021）。在消费方式网络化层面，网络化消费与线下实体消费融合发展是推动数实消费融合的重要机制。数字技术可以帮助消费者大幅度降低搜寻成本，网络化消费增强了消费体验感，消费者可以根据自身喜好快速寻找并购买符合自身需求的产品。随着数字技术不断创新发展，数实消费融合已经成为推动数实融合发展的重要力量。

7.1.3 数实融合的制约因素分析

7.1.3.1 地区间、产业间、企业间数字鸿沟犹存

数实融合过程中各地区、各产业、各企业之间由于数字化渗透程度存在差异，导致数实融合发展程度不均衡（董香书等，2022）。在地区层面，东部地区数字化渗透率领先中西部地区，尤其是京津冀、长三角、粤港澳三大城市群成为全国数字经济发展的"领头羊"。中国信息通信研究院发布的《中国数字经济发展报告（2022 年）》数据显示①，不同区域数字经济产业园数量存

---

① 中国信息通信研究院：《中国数字经济发展报告（2022 年）》，http://www.caict.ac.cn/kxyj/qwfb/bps/202207/t20220708_405627.htm，2022 年 7 月 8 日。

在明显差异，东部地区数字经济产业园数量占比为 41%，中部、西部、东北部地区占比分别为 28%、25%、6%。赛迪顾问发布的《2022 中国数字经济发展报告》数据显示①，数字经济 5 个一线城市均分布在东部地区，新一线城市中东部地区占 8 个，中西部地区占 6 个，数字经济二线城市中东部地区占 17 个，中西部地区占 8 个。区域间数字经济产业园和城市群的差距会显著影响数字化人才的区域流动，同时造成区域间数字化渗透率存在明显差异，成为制约区域间数实融合发展的重要因素。

在产业层面，三次产业数字化渗透率均呈现提升趋势，但产业间不均衡问题较为突出。目前，中国第三产业数字化发展较为超前，但一二产业数字化渗透率明显滞后，数实融合呈现"三二一"产业逆向渗透趋势。在第三产业中，批发和零售业、文化体育和娱乐业、科学研究与技术服务业、金融业、租赁和商务服务业数字化转型起步较早，数字化渗透率普遍较高；第二产业中，汽车及其他交通运输设备制造业、通用与专用设备制造业、电器机械及器材业等领域数字化生产设备投入规模较大，数字化设备应用水平相对较高；与二三产业相比，第一产业数字产品应用能力明显不足，数字化转型进程相对滞后。加速制造业和农业数字化转型升级是推进数实融合的关键任务，当下，数字技术尚未全产业链、全生命周期地融入实体经济，制造业和农业数字化渗透率不高是制约产业间数实融合的重要因素。在企业层面，企业数字化转型面临一定的资金、技术、人才投入门槛，且只有达到一定规模后才能具有显著的创新能力提升效应。与大型企业相比，中小企业数字化渗透率较低，企业生产的关键核心环节数字化程度不高，数字技术应用一般仅停留在办公、服务等非生产环节。同时，由于中国消费互联网和工业互联网当前发展并不均衡，中小企业数字化转型的基础、经验、核心关键技术还比较薄弱，部分中小企业主的数字化转型意识不强，为中小企业数字化进程带来了很多困难，导致大量中小企业面临"不愿转""不敢转""不会转"等问题。中小企业数字化水平相对滞后会影响全社会数字技术网络效应的发挥，不利于推

---

① 赛迪顾问：《2022 中国数字经济发展研究报告》，http://www.mtx.cn/#/report? id = 1001946，2022 年 11 月 16 日。

进数实融合发展。

7.1.3.2 数据要素市场体系不完善

数字经济时代，数据作为新型生产要素，数据驱动数实融合成为关键，充分激活数据要素潜能需要完善的数据要素市场体系（高富平和冉高苒，2022）。然而，当前中国数据资源规模庞大，数据价值潜力尚未充分释放，仍存在数据权属、数据流通、数据安全和隐私保护、数据治理等方面的问题。在数据权属层面，数据权属是与数据有关的权利、利益、责任的分配，数据权属不明是数实融合发展中的薄弱环节（张文魁，2022）。当前数据权属问题仍未形成清晰统一的理论支撑，数据权属问题讨论处于发散状态，数据权属不明会显著影响市场主体的数据开发利用积极性。《数据安全法》和《个人信息保护法》的实施，确立了数据安全治理的基本法律制度框架，然而当前数据权属、分级分类仍处于探索阶段。就数据本身而言，有个人数据、企业（组织）数据、政府数据之分，如何根据数据主体的不同实现数据的分级分类管理，促使数据主体之间的权责利配置对等、清晰、充分，直接影响数据要素市场的构建和数实融合发展程度。在数据流通层面，推动数字技术与实体经济深度融合离不开数据的充分流通和开放共享，数据价值的充分释放也普遍体现于流通共享过程中。然而，目前数据孤岛问题依旧存在，不同主体或部门的数据被分割、存储成为单独的数据集，大量数据无法实现互联互通、共享和整合利用。同时，拥有市场支配地位的大型企业还存在利用大数据技术实施"数据垄断"行为，"阿里系""腾讯系"等数据共享阵营，彼此之间数据壁垒森严。这种现象是不同企业之间数据竞争的行为结果。数据流通层面的障碍会严重制约数据要素市场化建设，不利于释放数据价值和推动数实融合发展。

在数据安全和隐私保护层面，由于人工智能、大数据、云计算等数字技术的广泛使用，数据安全和隐私保护问题日益突出（Bimpikis et al.，2019）。在个人数据安全方面，公民个人信息未脱敏被展示和非法售卖情况较为严重，例如，政务公开、招考公示、银行、证券、保险、电话等用户个人信息被暴露的风险较大。同时，随着数字平台的快速发展，大量个人数据被收集，用户个人信息泄露风险激增。在国家数据安全方面，数据安全已经成为关乎国家利益的政治问题，大资本数字平台利用数字技术可以干预政治活动，比如，当下俄乌战争中出现的网络黑客攻击和国际平台断网行动。目前，国家信息安全漏洞共享平台新增收录通用软硬件漏洞数量连年增高，已经成为影响国家安全的重要隐患。在数据治理层面，在全球数字化发展进程中，不同国家和地区（乃至行业、企业、社区）之间存在较大的数字鸿沟，造成数据战略规划、数据价值认知、数据技术基础、数据标准和整合等不同维度存在较大差异，这种差异化对数据治理体系的构建带来了持续性挑战。

7.1.3.3 关键核心技术面临"卡脖子"问题

数字技术是促进数实融合发展的关键前提和基础。2022 年 10 月，第十三届全国人民代表大会常务委员会第三十七次会议发布的《关于数字经济发展情况的报告》显示[①]，中国数字基础设施实现了跨越式发展。具体表现在三个方面，一是信息通信网络建设规模全球领先，光缆线路长度 2012—2021 年增长了 2.7 倍，达到 5 481 万公里，累计建成开通 5G 基站达到 196.8 万个，IPv6 活跃用户达到 6.97 亿户，已经建成了全球最大的光纤和移动宽带网络；二是信息通信服务能力大幅提升，互联网普及率从 2012 年的 42.1%提高到 2021 年的 73%，5G 移动电话用户约占全球的 3/4，高达 3.55 亿户；三是算力基础设施达到世界领先水平，截至 2022 年 6 月，中国建成了 153 家国家绿色数据中心，数据中心机架总规模超过 590 万标准机架，全国一体化大数据中心体系基本建成。数字基础设施的跨越式发展为推动中国数实融合提供了基础技术支撑和保障。

然而，在关键核心领域数字技术面临创新能力不足，外部依赖较大，仍然受制于人，对数实融合发展形成严重制约（王琛伟，2022）。在高端芯片、操作系统、工业设计软件、基础材料等领域，技术研发和工艺制造水平仍然落后于国际先进水平。例如，美西方近年来对华为等企业实施芯片"断供"；

---

① 中华人民共和国国家发展和改革委员会：《关于数字经济发展情况的报告》，https://www.ndrc.gov.cn/fzggw/wld/hlf/lddt/202211/t20221116_1341446.html? code = &state = 123，2022 年 11 月 16 日。

在工业方面，部分关键元器件、零部件、原材料仍依赖进口。2022年以来，美国等国家进一步强化关键和新兴技术清单管理，在芯片、新能源技术等领域加强法律保护力度。2022年2月，美国政府发布了更新版的《关键和新兴技术国家战略》，为保持全球领导力明确了包含人工智能、区块链、先进制造、量子科学、数据科学及存储技术、通信及网络技术、人机交互等在内的20项"关键和新兴技术"清单。2022年8月，美国签署了《芯片与科学法案》，旨在扩大美国高科技行业投资，包括芯片、电信、半导体生产、基础研究等，预示着美国从法律层面开启了系统性、全方位国际技术保护与竞争的时代。当下，数字技术已经成为新一轮国际竞争的重点领域，人工智能、量子计算、5G等关键核心数字技术，已经成为中美科技竞争的核心领域，打好数字经济关键核心技术攻坚战，努力突破"卡脖子"技术瓶颈（戚聿东等，2022），不仅影响中国数实融合发展程度，而且对于维护国家发展与安全至关重要。

7.1.3.4　数字化人才供给明显不足

数实融合发展离不开数字化人才支撑。随着社会经济数字化、网络化、智能化发展，数字化人才需求激增，然而当前中国仍面临严重的数字化人才短缺问题，已经成为制约数实融合发展的重要因素。当前中国数字化人才供给总量严重不足，数字化人才缺口接近1 100万人（矫萍和陈甬军，2022）。数字化人才供给总量不足，是由于人才供给结构调整滞后于数字经济发展所需的人才涨幅。

从需求端看，随着数字经济发展，一方面，数字技术迭代升级加速，人工智能、区块链、云计算、大数据等工程技术人员、网络安全和芯片领域研发人才等门槛不断提高；另一方面，新产业、新业态、新商业模式层出不穷，数字化应用场景复杂性不断提高，复合型人才、数字网络营销人才、设计分析人才等需求大幅增加，无论是技术需求层面，还是新业态发展都大幅增加了对数字化高端技术人才、复合型人才的需求。以近年来中国颁布的新职业为例，2019年以来，中国连续颁布了多批新职业，其中包含大量数字职业，如人工智能、区块链、大数据等工程技术人员。目前，新职业人才缺口较大，根据《新职业在线学习平台发展报告》数据显示，统计的部分新职业人才缺口均超过百万人（见表7.2）。

表 7.2　中国新职业人才缺口　　　　　　　　万人

新职业	人才缺口	新职业	人才缺口
无人机驾驶员	100	电子竞技运营师	150
工业机器人系统操作员	125	电子竞技员	200
工业机器人系统运维员	125	数字化管理师	200
建筑信息模型技术员	130	人工智能人才	500
云计算工程技术人员	150	物联网安装调试员	500
农业经理人	150		

资料来源：根据2020年中国就业培训技术指导中心联合阿里钉钉发布的《新职业在线学习平台发展报告》中的相关数据整理。

从供给端看，不仅高校数字化人才培养总量不足，而且还存在区域、行业供给结构性失衡现象。在数字化人才培养层面，当前高等院校相关课程体系和专业设置滞后于技术和产业发展需求，科教和产教融合水平较低，跨学科、跨领域复合型数字化人才供给能力不足。以网络安全人才为例，工业和信息化部网络安全产业发展中心发布的《网络安全产业人才发展报告（2021年版）》数据显示[①]，中国网络安全专业人才累计缺口在140万人以上，而相关专业人才每年高校毕业生仅2万人左右。在供给结构层面，由于区域、行业数字鸿沟明显，数字经济发达的地区存在人才虹吸和聚集效应，加剧了数字化人才供给结构性失衡。中国信息通信研究院发布的《中国城市数字经济发展报告（2021年）》数据显示[②]，全国竞争力指数排名前15位的城市中，东部地区有12个，中西部地区只有3个。区域数字经济发展不平衡，促使数字化人才流动加剧，导致数字化人才大量涌入数字经济发达地区，从而进一步扩大了地区数字经济发展不平衡，不利于区域数实融合均衡发展。

---

① 工业和信息化部信息中心：《网络安全产业人才发展报告（2021年版）》，http://www.miitxxzx. org. cn/art/2021/10/12/art_33_1742. html，2021年10月12日。

② 中国信息通信研究院：《中国城市数字经济发展报告（2021年）》，http://www.caict. ac. cn/kxyj/qwfb/ztbg/202112/P020211221381181106185. pdf，2021年12月21日。

7.1.4　数字融合的推进路径分析

为加快推进数实融合发展，本章提出四条政策建议。

其一，加强数字基础设施建设，加快弥合地区间、产业间、企业间数字鸿沟。一是构建、完善以人工智能、区块链、大数据、5G等为代表的新型基础设施体系，全力打造工业互联网、大数据网络中心、超算中心，不断提升数实融合的数据采集、分析、处理和存储能力，同时加大对传统基础设施的数字化升级改造，为数实融合发展提供坚实基础支撑。二是增强中西部数字经济欠发达区域的数字基础设施投资力度，鼓励中西部地区发挥本地资源禀赋比较优势，大力发展大数据产业，建立超大规模的数据处理中心，加快构建一体化国家算力体系，以"东数西算"弥合区域数字鸿沟。三是大力推动数字技术与制造业深度融合发展，推动制造业全产业链实现数字化改造，努力建设并创新发展智慧农业，推进"三农"综合信息服务，全力提升农业数字化水平，进一步加快商贸、物流、金融等服务业数字化程度，持续推进数字技术与一二三产业融合发展。四是加速中小企业数字化转型进程，加大技术、资金、服务支持力度，降低中小企业数字化转型门槛，鼓励和支持数字龙头企业开放数字化资源，对传统企业和中小企业数字化转型提供帮扶，同时加快培育"专精特新"中小企业，并加强对典型应用场景和标杆企业经验宣传推广，不断优化数字营商环境，促使企业全面数字化转型。

其二，加快推进数据要素市场体系建设，不断完善数据要素治理体系。一是在数据确权方面重点围绕数据所有权、使用权、流转权等制定相关法律规章制度，加快建立全国统一的数据要素市场法律法规体系，明确个人数据、企业（组织）数据、政府数据产权归属，以及可交易数据品种与各产权归属主体的权利与责任边界，对不同数据实施分级分类管理，扫除各类数据交易的产权障碍。二是推动数据在不同行业间、企业间、政企间等充分流通、有序交易和开放共享，探索并建立标准规范、交易规则清晰的数据要素市场和数据互联互通平台，完善数据产生和流转的配套软硬件，打破数据孤岛，实现生产、运营、管理数据的流通融合，打通数据要素价值创造、交换、实现的全链条，充分释放数据流通价值。三是在实现数据充分流通和共享的同时，制定数据隐私保护和安全审查制度，加强涉及个人隐私、企业秘密、国家利益的数据安全和隐私保护，明确数据分级分类保护和数据安全应急处置机制，妥善保护各类数据安全。四是不断提升数据治理能力，加强数据来源监管，建立数据治理全球协商机制，增强各个国家或地区、主体之间的网络互信关系，维持数据市场秩序并实现良性持续发展，促使数字技术和数据价值持续惠及全球经济发展。

其三，加强核心数字技术攻关，加速突破"卡脖子"关键核心技术。一是以国家战略需求为导向，完善支撑关键核心技术创新突破发展的新型举国体制，积聚力量推进5G、集成电路、高端芯片、量子通信、卫星技术、人工智能、区块链、云计算、大数据、超级计算、工业互联网等关键核心技术攻关，切实改变核心技术受制于人的被动局面。二是充分发挥有为政府和有效市场的各自优势，以国家实验室为抓手，汇集企业、科研机构、高等院校等科研力量形成核心技术攻关团队，一方面，政府层面对科研攻关团队加大研发投资，给予充足的技术创新资金支持；另一方面，进一步深化市场改革，引导资本市场对核心数字技术攻关提供更多的资金支持。三是给予科研攻关团队更多自主权，大幅提升科研团队的处置权，减少科研人员的束缚，通过"揭榜挂帅""包干制""赛马制"等机制，充分激活科研团队的创新能力，全面提升关键核心技术创新团队的整体效能。四是积极探索新发展格局下开放合作的关键核心技术发展新道路，高水平科技自立自强与高水平开放合作互为基础和条件，除了自身加强核心技术攻关之外，还应根据技术的安全敏感性和经济成长性制定差异化竞争合作策略，努力降低竞争影响，积极扩大科技合作领域。

其四，加强数实融合复合型人才培养，建立完善的人才发展机制。一是高等院校应加强数字化技术专业教育，加大数字技能提升相关教材开发力度，积极完善与人工智能、大数据、工业互联网等数字技术相关的专业课程、教学内容和教学方法，创建同时掌握数字技术和行业专业知识的数实融合复合型人才培养基地，促进人才培养与数实融合发展供需匹配。二是推动"互联网+职业技能培训"模式大众化、实时化、创新化，聚焦农业、制造业、服务业与数字技术深度融合，深化产教融合，积极发挥龙头企业、培训机构、高等院校的合作作用,探索数实融合技能培训新模式,大力培养数字新农人、数字新工人、数字服务人。三是完善跨界融合高端数字化人才引进机制,政府和企业应加大与数实融合发展相适应的高端领军人才和相关研究人员的引进力度,探索建立与国际接轨的高端人才招聘制度,推动构建人才引进反哺人才自主培养的良性循环。四是加强制度体系建设,营造良好的人才发展环境,健全激励制度和绩效考核评价体系,合理设定职称评定和业绩评优,确保人才进得来、留得住、干得好,为构建完备的数实融合人才战略体系,储备一批跨界融合高端数字化人才奠定坚实基础。

7.2 以企业数字化转型促进就业扩容提质

以数字化、网络化、智能化为主要特征的数字革命,成为继工业革命之后的又一次重大技术变革。在数字革命下,数字经济成为继农业经济、工业经济之后的新型经济形态,且伴随着人工智能、区块链、量子计算、物联网等基础数字技术的创新融合发展,数字经济推动人类迈进数字文明新时代。数字经济时代,数据成为新型生产要素,数字化记录和万物互联成为显著特征,共享经济、平台经济、体验经济等新型商业模式层出不穷。新商业模式促使企业组织创新呈现新趋势,自组织、平台组织、海星组织、生态组织等新型企业组织模式大量涌现,由于数字技术促使社会交易成本、沟通成本和协同成本大幅下降,多品种、小批量的范围经济蔚然成风。与传统企业组织相比,新型企业组织在组织边界、组织形态、组织产权、组织方式、组织机制等层面产生重大变革,其中在组织边界层面,跨界式融合、开放式发展成为新常态;在组织形态层面,科层制组织向网络型组织演变;在组织产权层面,人力资本价值更加彰显;在组织方式层面,平台+个人的分工协作方式崛起;在组织机制层面,集权管控向授权赋能、固定办公向弹性办公方向演变。

企业组织变革推动劳动关系发生更加深刻的变革和迭代。一方面,企业组织变革促使工作特征发生重大变化,远程办公、灵活办公、弹性办公成为常态;另一方面,劳动者就业观念发生改变,更加追求独立自由、个性化差异、工作与生活平衡，尤其是伴随互联网成长的年轻一代，他们天生无畏、追求个性、渴望自由。几年之后，与生俱来与尖端科技互动，并将数字技术完全融入生活的他们，也将加入劳动力市场，将是推动劳动力市场变革、构建新型劳动关系的主力军。劳动关系作为生产关系的重要组成部分，是最基本、最重要的社会关系之一。党的十八大以来，党中央高度重视构建和谐劳动关系。2015 年，中共中央、国务院印发《关于构建和谐劳动关系的意见》，对构建中国特色和谐劳动关系进行了顶层设计。《"十四五"就业促进规划》进一步明确提出构建和谐劳动关系的任务要求。回望过去，前三次工业革命中国尚未来得及参与，均是工业革命发生后努力追赶世界前沿。展望未来，中国有幸在数字革命兴起的阶段就已经参与，将迎来千载难逢的机遇。因此，需要前瞻性、战略性研究当下的企业组织模式变革、劳动关系发展新趋势，这不仅有利于搭建劳动与资本相互共生的利益平台，而且对于构建和谐劳动关系、推动数字经济高质量发展具有重要的理论和现实意义。

7.2.1 数字经济时代的市场、企业与人性特征

7.2.1.1 数字经济时代的市场特征分析

市场是社会分工和商品生产的产物。市场在其发育和壮大过程中，也推动着社会分工的深化，且"劳动分工—生产率提高—市场扩张—分工深化"循环持续机制，是人类社会实现长期经济增长的源泉（Young，1928）。随着社会分工深化和商品经济发展，尤其是工业革命以来市场生态发育呈现不同的规律特征。第一次工业革命开创了以机器代替手工劳动的时代，蒸汽机的改良提高了生产力，推动了大工厂制的建立、交通运输领域的革新以及世界市场的密切联系。国际贸易的发展为殖民统治扩展了广阔的海外市场，"圈地运动"的推行促进了城市化的兴起，该时期的市场由最初实行自由经营、竞争和贸易，逐渐发展成为垄断，占有独特资源将在竞争中获得优势地位。第二次工业革命推动工业化制造快速发展，产业工人出现分化，中产阶级开始崛起，全球市场进入高速发展期，市场规模快速扩张。随着第三产业的发展，产业间不断交叉融合，并衍生出大量新产业，产业集群成为该时期市场的典

型特征，不同产业之间形成了稳定的供应链关系（杨少杰，2020）。第三次工业革命推动地球变成了"地球村"，市场空间开始"缩小"，网络化创新呈立体、多维发展态势，新技术革命促使体力的解放逐渐发展到脑力的拓展。市场中的传统产业部门得到极大改造，知识技术密集型产业迅速崛起，产业集群之间相互渗透融合，逐渐形成稳定的产业生态圈，市场环境走向成熟并取得了空前繁荣。

当下，数字革命成为继前三次工业革命之后的又一次重大技术变革，数字经济成为数字革命最重要的特征。数字经济下的市场在要素、边界、连接、组织、产业、垄断、疆域层面呈现了新型特征（见表7.3）。具体看，在要素层面，数字经济下的市场产生了数据新要素，该要素可以和其他生产要素融合、互补与替代，数据在不同场景下应用会产生不同的价值，且在应用过程中会产生更多新数据并呈指数级增长（Jones and Tonetti，2020）。在边界层面，平台市场打破传统企业边界，物理空间距离得到极大压缩，全时全域互联互通促使传统的产权边界、供求关系、产业间、国家间的边界被打破和重构。在连接层面，全球物联网的连接数已经超过非物联网的连接数，实现了"物超非"，随着市场对终端设备的智能交互需求快速增加，商用、家用以及产业物联网等应用市场逐渐成熟，人类迈进万物互联的"市场大连接"时代。在组织层面，随着传统边界逐渐被打破、重构、开放，市场连接性不断增强，数字平台作为新型组织方式大幅度降低了市场信息不对称，增强了协作参与程度，加快了市场交易速度（张文魁，2022）。在产业层面，数字产业化和产业数字化成为建设数字市场的关键，借助数据赋能，各行各业加速数字化转型升级，市场中大量新产业、新业态、新商业模式呈井喷式爆发，创造了更多适应女性等重点群体的就业机会（Sovbetov，2018）。在垄断层面，得益于数字经济多边市场、跨界经营与网络规模效应，大资本数字平台凭借海量数据借助算法加持，在资本过度逐利动机驱使下，频繁对外野蛮扩张和无序跨界经营，产生高度集中、垄断或寡头垄断倾向，将"赢者通吃"发挥到极致，对市场竞争机制带来扭曲影响。在疆域层面，借助数字技术赋能，数据的爆发增长将推动数字经济迈向数字孪生新发展阶段，在该阶段物理世界与数字世界互联、互通和交互操作，平行城市、元宇宙成为新发展领域。在虚实融合的市场中，观念产业、观念生产和消费成为核心，分配制度将更加重视公平，经济组织更加以用户为中心，市场更加重视培育生产、交易和消费的均衡经济。

表 7.3 数字经济时代的市场典型特征

主要特征	表观特征	作用机制
新要素	数据成新要素，具有非竞争性、互补性并呈指数级增长	融合、互补、替代
新边界	传统产权、供求、产业间、国家间的边界模糊	打破、重构、开放
新连接	宏观与微观、人与人、人与物、物与物	实时感知、万物互联
新组织	平台化、去中心化、大规模柔性定制	成本下降、协作参与
新产业	数字产业化、产业数字化	数据赋能、数字化转型
新垄断	高度集中、垄断或寡头垄断倾向性	资本无序扩张、赢者通吃
新疆域	数字孪生、平行城市、元宇宙	实时传感、连接映射、虚实融合

7.2.1.2 数字经济时代的企业特征分析

企业是市场的主体，是创造价值的基本单元。企业之所以存在，科斯认为，主要源于市场交易成本的存在。企业的显著特征是替代价格机制，由于信息不对称、有限理性以及市场结构等因素，企业内部的管理成本低于市场交易成本。企业的边界和规模取决于企业内部管理成本与市场交易成本的比较，直至企业内部组织一笔额外交易的成本，等同于在公开市场或在另一企业中进行此项交易的成本为止，企业将一直扩大规模（Coase，1937）。迈进数字经济时代，数字技术和数据要素的普遍应用，对企业管理成本和市场交易成本产生重要影响。一方面，将降低企业管理成本，拓展企业边界。数字技术通过降低企业的交通、通信、人工、租金等管理费用，可以缩短管理路径和决策反应时间；另一方面，将降低市场交易成本，拓展市场边界。数字技术通过极大程度降低市场交易的不对称性，促使企业和消费者之间的搜寻、匹配更加容易，大幅度降低了谈判和履约成本。用户价值主导和替代式竞争驱动企业发生管理变革（戚聿东和肖旭，2020），企业数字化转型升级成为数字经济时代企业发展的必由之路，且与传统企业相比，数字化企业在驱动因素、关键要素、成本习性、成长路径、组织结构、竞争属性层面存在显著特征差异。

在驱动因素层面，传统企业由要素驱动成长，如，加大土地、资源、劳动力等生产要素投入，不断扩大企业规模，而数字化企业由创新驱动发展，依靠科技创新、新产品研发、技术和生产力的提高，打破了规模、范围和学习等因素对企业成长的限制，促使企业实现"换道超车"，快速成长（Iansiti and Lakhani，2020）。在生产要素层面，传统企业生产要素包括劳动、资本、土地、知识、技术、管理等，而数字化企业的生产要素还包括数据要素，且数据要素成为关键生产要素。数据作为数字经济时代的"石油"，其资源的丰富性、产出的边际非递减性、价值溢出的倍增性，促使数字化企业以数倍于传统企业的数据快速发展，甚至超越传统大型企业。例如，从1990—2020年全球市场前十大公司变迁中可以看到（见表7.4），苹果、微软、脸书、阿里巴巴等数字化企业，以较短的年份迅速成为当下的全球巨头企业。在成本习性层面，传统企业当产量增加到一定程度后，若继续增加产量将面临边际成本递增约束，而数字化企业的数据要素不存在折旧现象，且"越用越多，越用越好"的特征促使零边际成本与规模报酬递增特性凸显。在成长路径层面，传统企业从初创期到成熟发展期，一般沿袭小微企业-中小企业-大中型企业-巨型企业的成长路径，且时间跨度较长，而数字化企业经历初创企业-独角兽-巨型平台的成长模式，时间跨度相对较短。已有研究表明，按照平均增速计算，每创造1万亿美元的市值，平台经济巨头需要27年，而传统跨国公司则需要305年（陈昌盛和许伟，2022）。在组织结构层面，传统企业呈现金字塔形垂直结构，属于边界清晰的科层结构，而数字化企业是以平台为中心的多元主体耦合，属于边界模糊的生态圈网状结构。组织结构变迁是实现从以产品为中心向以客户为中心转变的重要环节，有利于提高组织的敏捷性（胡国栋和王晓杰，2019）。在竞争属性层面，传统企业的竞争层次包括产品竞争、营销竞争、战略竞争和文化竞争，其中产品竞争是资源观基础上的核心优势，而数字化企业以用户至上，流量为王，数据制胜，其用户基础上的动态能力成为核心竞争优势。

表 7.4　全球市值前十大公司变迁（1990—2020 年）

1990 年	2000 年	2010 年	2020 年
日本电信电话公司	微软	中国石油	沙特阿美
东京三菱银行	通用电气	埃克森美孚	苹果
日本兴业银行	日本 NTT 电信	微软	微软
三井住友银行	思科	工商银行	谷歌
丰田汽车	沃尔玛	沃尔玛	亚马逊
日本富士银行	英特尔	建设银行	脸书
日本第一劝业银行	日本电报电话公司	必和必拓	阿里巴巴集团
国际商业机器公司	埃克森美孚	汇丰银行	伯克斯尔·哈撒韦
日本联合银行	朗讯	巴西国家石油	腾讯
埃克森美孚	德国电信	苹果	强生

资料来源：根据公开资料整理。

7.2.1.3　数字经济时代的人性特征分析

何为人性？人性是人的本性，是人类物种共同的属性。认识和改变世界是人类所有活动的根本目的，人性特征会随着人类认识和改变世界的能力提升而不断发生变化，并体现在人类的思想理念、价值追求、劳动方式、生活模式等领域。随着社会发展，人性的演变规律呈现复杂性、独特性与价值性的"三性合一"的特征，其复杂性表征了人性特征的多元化，且在不同时间、空间有不同的体现；独特性表征了虽然人类是社会性群体，但是不同个体拥有独特的个性化追求；价值性表征了个体对他人产生的价值影响（杨少杰，2019）。人类文明的进步推动人性的三个维度逐渐走向统一，并一直朝着一个方向演变——具备独特价值的人。当下，人类社会经济形态发生重大改变，与工业经济时代的人性特征相比，数字经济时代人性的复杂性、独特性与价值性进一步融合统一，人的独特价值也逐渐清晰。

从复杂性层面看，人性是复杂的，不同的社会发展阶段或思想流派对人性有不同的认知假设，如受法、儒、墨、道四大思想影响，分别有性恶论、性善论、可塑论和道性论。对人性不同的认知假设会显著影响管理思想，性恶论倾向于假设人性具有自私、懒惰特征，管理思想注重对劳动者的监督、控制和制度规范建设。性善论倾向于假设人性具有积极、向善特征，管理思想注重对劳动者的引导、激发和道德规范建设。可塑论倾向于假设人性具有可塑、生成特征，管理思想注重对劳动者的培训、教育和人才培养建设。道性论倾向于假设人性具有自由、归真特征，管理思想注重对劳动者的授权、赋能和共治共享建设。工业经济时代，基于对人性自私、懒惰等认知，企业对员工管理一般是严管理和强控制，如泰罗的计件工资制。数字经济时代，创造创新力变得尤为重要，管理模式应倡导以人为本，不断激活个体主观能动性和创造创新力（Briel et al.，2018）。从独特性层面看，人性追求独特人格和个性解放，且从人类发展的进程看，人的独特性和个性化越发明显。人格作为人性的具体化，有多种不同种类的划分，以"九型人格"为例，依据人们的思维、情绪和行为，可分为九种具体化的人性，分别为完美型、助人型、成就型、自我型、智慧型、忠诚型、活跃型、领袖型、和平型。在企业人事管理过程中，管理者可针对不同人格特性对员工采取相适应的管理模式。独特人格与个体所处的市场生态环境密切相关，市场生态环境越封闭，个体的独特性越不明显，市场生态环境越开放，个体的独特性体现越明显。与工业经济时代相比，数字经济意味着更大的开放体系，更多的资源参与，更广的跨界融合，个体的独特性、个性化、自由化体现得淋漓尽致。以不同世代群体为例，X 世代、Y 世代、Z 世代、阿尔法世代的演进，也是逐渐从迷茫→自信→独立→个性化→自由化的演进。自由是人类永恒的追求，正是以自由为其存在方式，人才能够真正存在于社会之中（黄裕生，2022），当下的 Z 世代、Alpha 世代更加追求独立自由化和个性化差异，个性化定制也蔚然成风。

从价值性层面看，人性追求价值最大化，这种最大化不仅可以为社会创造最大价值，而且可以满足自身价值追求。从社会发展进程看，人类创造的价值越来越大，尤其是工业革命以来，随着机器大生产代替手工劳作，个体可以通过资本、机器、技术等工具为社会创造更多的价值。如今迈进数字经济时代，在数字技术带来了个体价值崛起的背景下，个体在新技术的帮助下变成"强个体"，充分拥有信息资源并拥有更强的对话能力。从自身价值追求看，当下，越来越多的个体喜欢从事灵活、自由、自主的工作，追求工作与生活平衡性，力求实现自身价值。马斯洛需求层次理论表明，当人类满足基本物质需求后，对思想、情感、心理、艺术、时尚等精神或非物质产品的需要正空前高涨，审美需求和自我实现需求成为自身的主流价值追求。

7.2.2 企业组织变革的底层逻辑与去中心化自治组织的到来

7.2.2.1 企业组织变革的底层逻辑

企业组织变革是市场生态发展和人性特征演变的必然结果。经济形态从农业经济、工业经济迈进数字经济的过程中，市场生态一直处于变化与演进之中，总的演进趋势为开放与融合。在市场生态中，产业从最初的自由竞争、垄断竞争、经济体的联盟合作、经济共同体演进为全球经济一体化，最终形成经济生态圈。在这个过程中，新旧产业不断更替，价值创造活动的复杂程度不断提升，全球产业价值链不断向下游延伸，市场生态越发成熟。市场生态发育程度与市场开放程度和企业组织形态密切相关，市场生态最初是相对封闭的系统，随着市场生态不断发展，市场开放程度逐渐提升，此时组织环境的变化推动组织变革，企业组织形态从最初的封闭型组织向开放型组织转变（刘汉民等，2020）。在人性特征演变中，生活水平的提升提高了消费者需求层次，消费需求开始由"量"的增长向"质"的提升转变，消费结构持续优化，消费者个性化、多样化的需求要求企业组织向更敏捷、更扁平、更透明的方向转变。知识成为生产要素提高了员工的主体性，人性的复杂性、独特性与价值性促使知识型员工成为企业价值创造的主体，可以拥有更多的剩余控制权和剩余索取权。借助数字技术赋能，个体力量迅速崛起，企业去中心化、去威权化激活员工从被动的"要我干"到"我要干"转变。员工主体性的提升导致企业价值创造能力结构从工业经济时代的资本收益力、经营领导力、团队创造力，逐渐转向数字经济时代的组织人格力，对应的价值主体分别从股东、精英群体、客户与团队转向所有价值创造者。

价值主体的转变导致企业组织发生变革（杨少杰，2020）。在股东价值形态下，资本为企业创造主要价值，股东及其代理人拥有绝对权力，企业组织结构以指令型为基础的直线型组织结构为主，劳动者仅是管理者思想和手臂的延伸。在精英价值形态下，精英群体为企业创造主要价值，尤其是职业经理人的出现加速了精英群体对资本价值地位的取代，此时，企业内部出现职能分工与专业化合作，需要以职能型结构配置各项职能，因此企业组织结构以组织部门分工为基础的职能型组织结构为主。当企业对具有独立产品市场、独立责任和利益的部门实行分权管理时，事业部将是职能型组织结构的最终形式，也是价值精英形态的巅峰状态。在客户价值形态下，骨干群体为企业创造主要价值，在面对市场需求加速变化的情况下，企业组织需要变得更灵活，要贴近客户、洞悉客户需求并快速响应需求，流程型组织结构能帮助企业骨干群体与客户结合在一起，企业内部运行秩序也逐渐由纵向转为横向。在利益相关者价值形态下，所有价值创造者为企业创造主要价值，因为此时个体在数字技术赋能下可以独立进行价值创造活动，所有个体纵横交错形成的价值创造链成为全球化的市场生态圈，此时网络型组织结构可以延长企业价值创造触点，从而更好地融入数字市场生态圈，同时还能进一步促进数字技术创新和扩散（江飞涛，2022）。这种网络组织结构最大的特征是去中心化，网络组织结构中的每个节点都很重要，都有能力独立完成任务并创造价值，例如，海尔的"人单合一"模式下，平台主、小微客、创客聚焦在网络平台，三者之间不是上下级关系，而是相互协作、服务的关系，共同参与产品的研发生产和销售服务，促使个体创造性、独立性、灵活性得到充分激发。随着数字经济发展，这种去中心化的网络组织结构将蔚然成风。

7.2.2.2 去中心化自治组织的到来

正如前文所述，数字经济时代的生产要素发生了根本性变化，企业组织模式不再是劳动密集型的工厂或资本密集型的公司，而变成了数字技术驱动的数字平台。变革最大的逻辑是要以发展为目的，从长远趋势看，随着新一轮科技革命和产业变革的深入推进，数字经济发展需要社区，社区作为城市的基本单元，将变成更加充满人文关怀、智慧、共享、低碳的地方。在数字化管理基础上，社区叠加空间、产业、制度以及文化等元素，不仅有交通场景、安全治理场景等智慧场景建设，而且还能满足关注邻里生活和服务效率的个体需求。为达到以上发展目的，去中心化自治组织（decentralized autonomous organization，DAO）成为代表未来数字经济的组织模式，是一种全新的人类组织协同方式。去中心化自治组织的本质是一套智能合约，通过在区块链上执行的一套共享规则进行协调和合作，并基于一系列公开的规则，在无人干预和管理的情况下自主运行（朱嘉明，2022）。去中心化自治组织遵循三个定律：一是诚信机制，每个去中心化自治组织节点的行为均受多个去中心化自治组织节点互相审查，单个节点违背规则将被集体封锁；二是不可侵犯机制，去中心化自治组织的规则和决策通过智能合约执行，所有新决策制定或旧规则更改，都需要在组织内部达成共识后才能生效执行（陈加友，2021）；三是自我保护，去中心化自治组织面临任何威胁时，会自动采取更多手段避免造成系统崩溃。

去中心化自治组织存在四个基本特征：一是分布式与去中心化，遵循平等、自愿、互惠、互利原则，通过自下而上的网络节点之间的交互、竞争与协作实现组织目标，受每个组织节点的资源禀赋、互补优势和利益共赢驱动，产生强大的协同效应。二是自主性与自动性，组织规则由程序自主运行，管理是代码化、程序化且自动化，组织内部的共识和信任更易达成，组织的信任、沟通和交易成本进一步降低。三是组织化与有序性，去中心化自治组织的运转规则、奖惩机制、职责权力等公开透明，相关参与者的权利、责任、利益均等，组织运转更加协调、有序。四是智能化与通证化，去中心化自治组织改变了传统的科层制以及人为式管理模式，实现了智能化管理，借助数字技术以数字化、智能化、链上链下协同治理为手段，将组织中的各元素（人、事件、产品等）通证化，促使不同要素资本充分融合，从而激活组织效能（刘涛和袁毅，2022）。去中心化自治组织的基本特征促使去中心化自治组织与传统企业组织存在五点显著差异（见图7.5）：一是去中心化自治组织比传统企业组织更加扁平、透明、分散，去中心化自治组织中的所有行动和资金流向均可被参与者可视；二是去中心化自治组织比传统企业组织更容易全球化；三是去中心化自治组织比传统企业组织的中心化管理运行成本更低，从而可以减少寻租成本；四是去中心化自治组织的募资打破了地域、国籍和人脉圈层限制，让创业和募资变得简单，从而相比传统企业组织更容易打破创业壁垒，降低创业门槛；五是去中心化自治组织相比传统企业组织更多依靠员工自愿劳动，自愿、自发行为促使个体从事自身热爱的工作。值得注意的是，这种新型组织形态目前仍处于早期实践阶段，该模式能否在未来对公司带来巨大冲击影响，还需要时间检验。

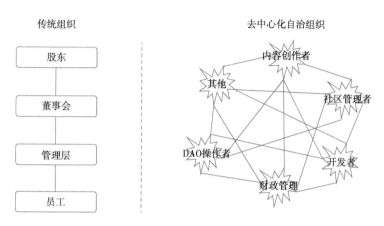

图 7.5　传统组织与去中心化自治组织的对比

当下，全球性的传统实体经济向数字经济转型，虚实融合已是大势所趋。元宇宙作为一种新型场所、载体和平台可以推动现实世界和虚拟现实世界的互动与移植（王卓和刘小莞，2022），给人类思考、观察和收获带来新型体验机会，加速数字解放、数字自由和数字正义时代的到来。2021年作为元宇宙的大爆炸年，微软、英伟达、腾讯、百度、华为等企业均纷纷加入布局元宇宙行列之中。元宇宙作为一种新型经济竞争赛道，将改变传统的产业结构和产业生态环境，一方面，元宇宙将激发数字技术及产业新一轮突破，元宇宙作为前沿科学技术的集大成者，将进一步激发对芯片、人工智能、区块链、脑机交互、数字孪生等技术的突破；另一方面，元宇宙在工业、医疗、社交、游戏、物流等场景中的应用，将催生新产品和新业态，孕育重大产业机会。元宇宙发展将改变企业组织模式，工业经济时代产生的金字塔型企业组织模式往往是集中管理，而数字经济时代，企业组织形态将由集中走向分散，企业组织变革方向将是去中心化自治组织的形式（杨东和高一乘，2022）。在这种虚实融合的数字空间中，Z世代、阿尔法世代等与生俱来就具有生存和工作的特征。随着元宇宙的发展，未来生产、沟通、协作等方式将进一步发生重大变革，对企业组织形态和劳动关系也将产生颠覆性影响。

7.2.3　数字经济时代的劳动关系发展新趋势

劳动关系变迁是企业组织变革、人性特征演变的必然结果。关于数字经济时代劳动关系变革，国内外学者给予了一定关注，但缺乏系统性、整合性研究。本节聚焦人职匹配、雇佣关系、办公场所、人机协作、工作时间、管理模式、结算方式、治理体系，从全景式视角探讨数字经济时代的劳动关系发展新趋势。

7.2.3.1　人职匹配精准化、共生化

人职匹配是有效配置和合理使用人力资源的基础。工业经济时代，企业和劳动者之间的信息不对称导致无效供给、有效需求不足、人职不匹配等市场资源错配现象较为严重。数字经济时代，一方面，数字技术可以充分发挥数据的信息价值，提升信息传播效率，极大程度降低供需双方的信息不对称，通过精准匹配实现有效供给和实际需求的高效结合，优化了市场资源配置效率（Kuhn and Mansour，2014）；另一方面，数字革命的数字化、大连接、智能化特征，打破了企业与市场、产业和行业边界，重构了企业组织与人的连接关系，降低了人职连接壁垒，同时人寻企业向人企互寻转变，加速人职匹配效率和精准性。随着平台+个人分工协作方式的崛起，市场职业体系呈现更加开放、共享、合作新态势，组织价值、个体价值、用户和社会价值发生重构，更加强调利益相关者价值的共同实现。此时，精准化的人职匹配向互利共生模式演进，个体可通过与多平台组织建立合作关系实现自身价值最大化，企业组织将向平台生态系统跃迁，逐渐走向社会化、实时化，主动响应和实现客户需求。随着数字生态系统逐渐完善，互利共生化的人职匹配不仅促使个体的工作潜能进一步激发，且客户多样化和个性化需求将得到满足，进而实现企业价值，最终达到职得其人、人适其职、人职共生的理想状态。

7.2.3.2　雇佣关系灵活化、非标准化

自1980年以来，劳动关系在全世界范围呈现灵活化、非标准化发展趋势，数字经济将进一步加速雇佣关系朝着该方向发展（戚聿东等，2021）。劳动关系作为一个寻求效率、公平与话语权平衡的系统，在雇佣关系中寻求管

理方和劳工方平衡，灵活化、非标准化的驱动因素既有市场因素、又有管理方和劳工方因素。从市场因素看，随着电商、社交平台、短视频等互联网平台的兴起，零工经济、共享经济、平台经济等新经济形态快速发展，催生了大量新产业、新业态、新商业模式，技能型、知识型、创意型的灵活工作机会大量涌现，身兼数职的斜杠青年更是成为网络热词，劳动力市场表现出强大的就业韧性。从管理方看，灵活化、非标准化雇佣模式可以有效降低经营成本，盘活现金流，增强了企业组织韧性。随着腾讯会议、企业微信、钉钉等数字化协同办公工具，为灵活办公提供了技术支持，帮助企业打破了地域、岗位等因素的限制，解决了用工难问题，企业的传统理念也从"人才为企业所有"逐渐向"人才为企业所用"转变。从劳工方看，个体就业观念发生了转变，尤其是 Z 世代群体更加追求弹性化、灵活性、个性化、为自己打工的价值导向。随着个体数字素养和技能水平的提升，根据自身兴趣爱好、能力、时间、地点等选择灵活化、非标准化的雇佣模式的青年群体激增。

7.2.3.3 办公场所线上化、虚拟化

工业经济时代，人类的办公场所通常为固定的生产车间、办公室、会议室等。数字经济时代，随着互联网、人工智能、云计算等数字技术的快速发展，办公场所从线下向线上转型成为新趋势，尤其是新冠病毒席卷全球，加速了企业选择线上办公。在数字化浪潮下，线上办公也是企业数字化转型的重要方式，有利于企业提高资源的使用效率，推动实现企业组织结构和运营方式的变革，更加灵活地开展业务、聘用员工、服务客户，促使企业向轻型化、高效化方向转型（Bloom et al.，2015）。线上办公也受到政府和员工的支持和青睐，政府机关、行政事业单位借助线上办公系统实现非接触式服务特色，线上办公帮助劳动者打破了劳动时间、空间壁垒，提升了个体工作自由度，符合个体追求灵活化、自由化、个性化的价值导向。随着元宇宙产业的逐步发展，人们的生产、生活和生态方式进一步发生革命性变化，办公场所将再次面临新的演变。与传统线上办公相比，元宇宙对办公场所的重要改变增加了临场感、沉浸感和虚拟感，降低了线上办公的物理距离隔阂感，增加了实际复制与团队成员面对面的体验，从而可以使个体获得团队工作的自发

性、互动性和趣味性。元宇宙作为虚实结合的载体，将推动社交、工作、游戏等场景变革，随着算力、人工智能、物联网、区块链等技术日趋成熟，内容创作、应用等数字生态逐步完善，元宇宙也将羽翼丰满，虚拟办公呼之欲出。

7.2.3.4 人机协作常态化、柔性化

随着科技和社会的发展，工业机器人进入工作场所已是大势所趋，其能分担的作业更多为密集性、重复性且高负荷工作，生产效率更高，人们转而将承担更多沟通、协调、管理等工作。与机器人协作不存在性别差异，不仅男性可以人机协作，女性也可胜任相关工作，发挥更多价值（李建奇，2022）。在传统行业领域，工业机器人和无人机已经得到大量使用，一些重复性、标准化、效益低的工作被取代，与此同时也催生了相关系统和设备的维护、操作等专业人员，如工业机器人系统操作员、物联网安装调试员等新职业应运而生。在服务业领域，人机协作也在加速推进，如智能客服、营销运营、客户洞察分析、服务机器人等场景均凸显人工智能价值。随着产业的智能化、数字化升级，人机协作将变得更加常态化、柔性化，通过人机协作促使工作更具创新性和高附加值。当然，历史经验表明科技进步虽然会产生机器换人现象（Acemoglu and Restrepo，2020），但是并不能完全替代劳动力，尤其是随着人类需求不断细分，个性化、定制化、体验化、互动式的产品和服务将更受青睐，诸如健康管理师、调饮师、食品安全管理师、营养指导师等职业很难被人工智能取代，这些职业均具有服务、参与、联系、情感等典型特征。人类拥有独特的情商、创造力和思维逻辑线，随着科技产品的革新，社会需求继续向边缘进化、高精度服务发展，人机协作的常态化、柔性化只会更加便捷人类社会生产、生活、生态。虽然当下人机协作已经成为不可逆的趋势，但是人类依旧占据社会主体地位，人类面临的真正挑战不是人工智能，而是如何与时俱进并强大自己。

7.2.3.5 工作时间弹性化、自由化

工作日长度一直都是资本与雇佣劳动之间斗争的焦点。工业经济时代，为攫取更多剩余价值，资本家总是千方百计改进机器，缩短工作日中的必要

劳动时间，延长剩余劳动时间。工人阶级的长期斗争以及工业革命极大提升了社会生产力，推动人类生活水平明显提升，工时制度也逐渐发生变革，工作日长度逐渐缩短。1919 年，国际劳工大会规定了 8 小时工作日制，工业企业员工一天不得超过 8 小时，一周不得超过 48 小时。戈登在《美国增长的起落》中提到，1870—1940 年，劳动者的工作不愉悦明显下降，这与工作时间从每周 60 小时减少到每周 40 小时密不可分（Gordon，2018）。数字经济时代，一方面，数字革命驱动劳动、资本、土地、数据、知识等生产要素科学整合、高效利用，推动生产力发展突飞猛进；另一方面，人们的生活水平大幅提升，追求日趋多元化，思想观念开放化，普遍形成了自主选择生活方式的自由意志。市场层面，零工经济、共享经济也催生了大量包容性灵活岗位，降低了个体工作时间的约束，促使弹性化工时盛行。技术层面，数字技术打破了传统社会化大生产条件下，机器和分工对物理工作空间的限制，改变了工作时间相对固定的传统生产方式。随着数字经济发展，大量新就业形态赋能劳动者借助数字平台将自己的爱好、知识和技能充分利用，使得多种职业汇聚一身，增加了劳动者工作更高的弹性化与自由化。

7.2.3.6 管理模式扁平化、网络化

传统的企业组织结构往往是金字塔形，通过集权管控和高效监督实现组织目标，这种组织结构自上而下实行层层约束和监督，导致信息传递较慢，员工容易产生懒惰、懈怠、敷衍情绪，造成组织创新效率低下，此时劳动者只是管理者思想和手臂的延伸，很难充分释放自身的创造创新力。数字经济时代，市场、消费者、员工均发生重大变化，一方面，市场环境瞬息万变，消费者需求个性多样；另一方面，知识型员工、Z 世代、斜杠青年等群体拥有"不服管""稳定性差"等特征。这是该群体对去权威化领导关系、更和谐化工作氛围的追求。为快速反应、及时决策并抢占市场，以及创建以人为本的工作环境，企业必须冲破职权分明的科层组织结构，大幅缩短企业的管理链条，管理模式朝着扁平化、网络化方向转变，此时组织成员的自我管理、自我效能感需求显著增强（张其仔等，2021）。扁平化要求企业削减管理层级，扩大管理控制宽度，增加基层与客户直接接触的机会，并赋予基层拥有

部分决策权，避免顾客需求信息向上级传达过程中的失真与滞后。网络化要求以团队作为基本工作单位，实行目标管理，促进信息无障碍流动，内部充分沟通交流，提高不同团队之间的协作能力，充分释放各团队的比较优势和创造创新力，以高质量、高时效完成既定任务，抢先占领市场。扁平化、网络化的管理模式更加强调个体价值与组织协同价值最大化，通过集权管控向授权赋能演进，不断提升个体的主观能动性，大幅增加管理效率。

7.2.3.7 结算方式订单化、股权化

经济从属性是传统劳动关系产生的基础，工人通过出卖自己的劳动力，雇主向工人支付固定的劳动报酬。数字经济时代，随着灵活就业的盛行以及人力资本水平的提升，劳动报酬的结算方式呈现订单化和股权化并存的特征。订单化是灵活就业群体通过网上接单形式提供服务，如网约车司机、网约家政员、网约配送员、在线提供翻译和咨询编程、互联网营销师等职业，其劳动报酬的结算方式以其订单数量作为主要依据。当下，灵活用工的理念已被越来越多的企业所接受，已有研究发现，2021年，中国有61.14%的企业在使用灵活用工，比2020年增加5.46%（杨伟国等，2021）。随着线下到线上、单一到多元、固定到灵活的进一步转变，越来越多的灵活就业者的劳动报酬结算方式依据其提供的服务订单数量，由企业为其支付或者直接由客户为其支付。

股权化一般是指高管股东化、员工创客化等更加重视人力资本的劳动报酬结算方式。随着人力资本特别是智力资本的重要性不断提升，其稀缺性以及资产专用性可能超过物力资本，从而产生的同股不同权、同股不同利的双重股权结构（也被称为AB类股权结构），其目的是激活拥有原创能力、精神动力和趋势洞察力的人力资本，实现人与组织的互利共生，个体价值和公司价值达到最大化（郑志刚，2019）。数字经济时代，颠覆性创新和替代式竞争成为新常态，公司治理已从股东单边治理模式走向了利益相关者共同治理模式，高管股东化、员工创客化等做法逐步盛行。

7.2.3.8 治理体系多元化、数字化

数字经济时代，劳动关系治理体系将呈现治理主体多元化、治理技术数

字化趋势。在利益相关者价值形态下，劳动者、企业、其他各类市场主体、客户、政府部门、社会组织和其他利益相关者，形成利益协同、价值共创的网络生态体系，和谐劳动关系将演变为所有利益相关者互利共生、彼此赋能、持续共存的生态关系（见图7.6）。传统的协调劳动关系三方机制仍面临代表性不全面不到位、运行机制不顺畅等问题（杨成湘，2022），治理主体将进一步延伸到整个劳动关系生态圈，要求推动各方主体联动形成以劳动关系三方机制为主，利益相关者协商共建为辅的和谐劳动关系治理体系。

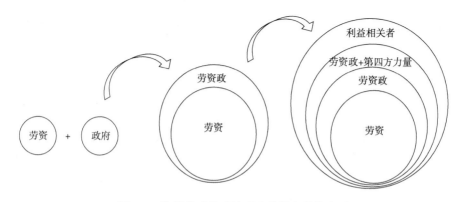

图7.6　和谐劳动关系治理主体的多元化变迁

随着人工智能、大数据、云计算等数字技术的迭代升级，以数字技术为基础可以实现对企业用工的动态监管。数字平台构建的巨大数据链中包含海量的用工数据，这些数据是监测劳动者权益是否得到合理保护最真实、最直观的信息来源。通过建立数据产权制度，推进公共数据、企业数据、个人数据分类分级确权授权使用，搭建劳动者工作时间、报酬给付、劳动争议处理等核心数据监测平台，实现动态监管，为精细化治理和精准化服务，从而构建和谐劳动关系生态体系提供技术支撑、数据基础。此外，借助数字技术，也可以实现人才招聘、员工培训、离职管理等层面的治理升级。在人才招聘层面，大数据算法可以根据岗位需求自动筛选和匹配合适的求职者，极大地提高招聘效率和准确性；在员工培训层面，借助数字技术可以实现从传统标准化统一培训，转向因材施教、私人定制的个性化培训；在离职管理层面，通过大数据挖掘可以提前掌握员工离职倾向，有助于从被动得知转向主动预测，从而可以提前进行留任干预，改善劳动关系。

7.2.4 构建数字经济时代和谐劳动关系的政策建议

数字经济时代，为构建和谐劳动关系，提出四条政策建议。

其一，从市场层面构建数字经济生态体系，打造劳动者工作新模式。一是提升数字新基建，集中突破高端芯片、人工智能、量子计算、区块链、类脑智能、元宇宙技术等领域关键核心数字技术，为数字经济高速、高质、高能发展提供坚实基础。二是加快数字技术与实体经济深度融合，切实赋能实体经济全面数字化升级，充分发挥海量数据和丰富应用场景优势，实现跨界融合发展，不断延伸产业链条，鼓励发展新产业、新业态、新商业模式，培育数字经济新增长点。三是充分发挥数据要素的作用，培育数据要素市场，打通数据供给壁垒，强化高质量数据要素供给，加快数据要素流通交易，促进数据、技术、场景深度融合，推动数据价值产品化、服务化，满足数字经济生态体系各领域数据需求。四是充分挖掘数字经济领域工作新模式，例如，前瞻性布局元宇宙，未来元宇宙将从生产、沟通、协作等维度对工作边界、工作模式产生变革，沉浸式工作体验不仅能激发创新力，而且远程办公、合作办公、效率办公、全球化办公将成为新常态。

其二，从企业层面加快组织结构变革进程，推动企业组织去中心化。一是高度重视去中心化组织的潜在应用价值，打破传统企业的等级制度，大力精简管理流程和机构部门，推动实现组织结构扁平化、数字化、网络化，促使组织形态向去中心化靠拢。二是创新管理思想，摒弃把人当作"机械人"、劳动者只是管理者思想和手臂延伸的理念，倡导以人为本，重视劳动者个体价值的崛起，并给予充分的工作自主权，企业产权结构更加重视人力资本，最大程度解放个体生产力。三是借助智能化管理和通证经济激励，促使组织流程实现自运转、自治理、自演进，打破闭塞僵化的系统，建立信息共享机制，减少信息不对称，提升内部反馈机制，使权力随之进行分布，推动敏捷化组织形成，快速响应市场个性化需求和应对外部环境变化。四是大力提升员工与管理者、团队与团队之间的协同性，同时努力构建合作、共享、开放的产业生态圈，促使组织和市场边界跨界融合，通过合作与共享建立一种整体合一、互为主体、灵活高效的有机系统。

其三，从个体层面适应新环境、强化新技能、激活新思想、创造新话语权。一是充分认识数字经济对社会生产、生活、生态带来的巨大影响，积极拥抱新经济新业态，尤其是 X 世代、Y 世代要努力融入新型数字社会，适应数字生活和数字劳动力市场环境。二是全力提高自身数字素养和技能水平，尤其是中老年、女性、落后地区等重点群体应提高学网、懂网、用网能力，缩小数字鸿沟，促使自身向知识型、技能型、数字型劳动者转变，增强数字就业能力。三是超越传统经济思维模式，提升数字经济思维能力，数字经济属于典型的复杂系统，为推动个体融入网络空间互联互通、共享共治，需要激活非线性的新思维，努力成为具有数字素养、数字技能、数字思想的数字化人才。四是保持终身学习的态度，不断增强创新意识，提升自身原创能力、精神动力和趋势洞察力的人力资本，不断增强自身谈判地位和话语权，推动"劳有所得"向"劳有所值"转变，同时提升数字法治素质和维权能力，当自身合法劳动权益受到侵犯时，能依法捍卫自身的合法劳动权益。

其四，从政府和社会组织层面推动法律体系和制度改革，灵活运用利益相关者力量。一是坚持促进发展和监管规范两手抓原则，全面、具体地明确数据要素的权利归属，及时跟进前沿数字技术研究，加强信息技术领域立法，补齐制度短板，注重建立健全知识产权保护法律法规，全面提升知识产权创造、保护、服务的法制水平，为数字经济创新发展提供规则依据。二是制定出台推动企业加快组织变革的顶层设计和政策引导，鼓励国有大中型企业、中小企业分别根据自身特点主动转型，建立以人为本的新型组织模式，同时加大对企业家的支持力度，完善政府服务体系，全面提升企业家对未来的趋势洞察力和创造力。三是加强对新就业、新模式、新岗位的前瞻性研究，对其灵活多样的工作时间、地点、方式等变化带来的新型劳动关系，及时推动建立保障劳动者权益的制度体系，避免因制度建设落后阻碍新型工作模式发展。四是构建劳、资、政、第四方力量以及所有利益相关者共同参与的和谐劳动关系治理体系，灵活运用社会团体、基金会和民办非企业单位组成的第四方力量，以及利益相关者对构建和谐劳动关系的作用，加快构建数字经济时代和谐劳动关系。

7.3 以劳动者数字技能提升促进就业扩容提质

7.3.1 新技术革命带来的工作新变化与新要求

21世纪，拉开了数字化时代的帷幕，数字化时代与早期的蒸汽时代、电气时代、信息时代统一构成了人类文明发展的四个重要阶段。人工智能、大数据、云计算、区块链等数字技术广泛普及应用，逐步改变着全球的工作形态、产业结构、经济增长及生产生活方式。特别是在工作领域，新技术革命为其带来了三方面的变化。

第一，工作方式发生改变对就业保障提出新要求。数字化时代，随着各种新产业、新业态、新商业模式的盛行发展必然会使工作方式发生变化，在各种数字技术赋能之下，劳动者可以不局限于固定的上班场所，远程办公、居家办公等弹性化办公成为新型工作方式。同时，共享经济、平台经济之下，各种短期工作任务增多、人机协作日益常态化，使得工作状态的多重流动性逐渐增强，工作的宽度进一步拓展。不断变动的工作性质会降低劳动者工作的稳定性，各种短期的、临时的、非正规性就业越来越多，从而会带来收入不稳定、社会保险参保率不足、劳动关系存在矛盾等亟待解决的就业保障问题。数字化时代，有效实施"监管与包容"相对平衡的劳动及社会保障政策，成为新技术变革下工作方式改进的新要求。

第二，机器换人速度加快与提高就业竞争力的新要求。工业机器人、人工智能、5G等数字技术迅速发展应用，各式各样的服务机器人、工业机器人、特种机器人逐渐在众多岗位替代人们的工作，尤其是在工业生产、生活服务、日常办公等领域体现得更为明显，由此触发的机器换人的恐慌情绪开始蔓延，人们的职业危机感日益增强，不断激发着人们的就业竞争意识，从而逐渐对劳动力市场的稳定性产生冲击。在此趋势下，许多行业的劳资双方关系变得越来越松散，表面上看劳动者虽有更多自主选择机会，实则不稳定的劳动关系会让劳动者失去平等谈判的地位。新一轮技术革命重塑工作所需技能，劳动者的知识技能竞争不断加剧，对高技能劳动者的需求逐渐增加，并降低了对中低知识技能劳动者的需求，为了适应这一变化趋势，劳动者需要投入更多时间及精力进行学习和更新技能，从而终身学习和技能培训将成为智能时代的一种常态。

第三，数字化变革对管理方式提出新要求。数字化时代，管理方式逐渐趋于扁平化、网络化、虚拟化、民主化、弹性化。具体看，一是数字技术应用提高了组织内部之间信息的管理、传输和交换速度，促使中间管理层级逐渐压缩和消失，传统科层制的组织管理方式日趋边缘化，取而代之的是扁平化、网络化的管理方式，从而为努力精简管理层级，提高协作能力和管理效率，强化应对市场环境的适应能力创造了条件。二是互联网应用打破了各企业之间、企业内部部门之间的边界，企业主要通过互联网进行管理，促使各种要素能自由地流通和配置，从而实现虚拟化管理方式。比如，一些互联网公司和大型跨国企业非常适用虚拟化的管理方式，布德罗等（Boudrot，2016）指出，工作者之家 Elance 通过虚拟化的互联网对注册会员进行管理，该网站上已有 970 万名自由职业者，并为全球超过 380 万家企业提供过服务。三是数字化时代，股东、企业、消费者、公众之间的信息传播更为便捷高效，越来越多的员工、消费者、公众参与公司治理意愿不断增强，企业管理由大股东主导向多主体协同治理转变，企业必须注重聆听各主体意见和充分发挥员工创造力，才能创造出更富市场价值的高质量产品，满足日益个性化、多样化的市场需求。同时，充分利用外界消费者及公众舆论信息，形成强有力的外部监督并作用于内部治理，从而实现更加民主化的管理方式。四是实行更加弹性化的管理方式，企业和组织内部的岗位调动更具频繁性、灵活性，劳动者会根据工作要求弹性化安排到相应的工作团队中，如实行"工人团队授权""精益生产"等，不再隶属某个固定的上级，从而更好地体现了管理方式的弹性化特点。

7.3.2 新技术革命带来的工作新环境

在互联网、人工智能、大数据和云计算等数字技术赋能下，劳动者的工作环境呈现数字化新变化，表现为人机交互、远程办公、数据监控的新工作环境。具体表现在三个方面。

7.3.2.1 人机交互的新工作环境

数字化时代，互联网、人工智能、5G 等科学技术广泛普及应用，不仅成为企业技术创新和变革的核心驱动力，更推动了工作环境呈现人机交互的新特征。人机交互是研究人与计算机系统间自然高效信息交换的原理与技术，形成由多种模态的输入输出、软硬件接口构成的用户终端界面的特定交互模式。人机交互工作环境的本质是共在性，即人把自己的优点与机器的智能结合在一起，两者实现深度融合，形成一个更加有力、支撑性的人机混合智能发展趋势。在这个人机环境交互系统中，人要"做正确的事情"，机要"正确地做事情"，环境要"提供做事的平台"，人与机器通过环境大系统进行有效结合，综合性研究生理、心理及大脑等问题，从而两者间成功交换复杂信息的能力越来越重要，以确保形成良好的人机互动模式。人机交互的新工作环境不仅提高了工作及研发效率，降低了人工及定制成本，而且管理工作更具智能化、数据化的新特点。由于危险系数高、工作环境差的工作被机器人取代，人机交互的工作环境将会明显优化，工作环境的安全性逐渐提高，例如，现代大多数汽车制造商的喷漆作业会采用机器进行，实行无人工厂模式，原先的喷漆工转而调至装配、质检等车间，不仅提高了生产速度，而且改善了劳动环境。

7.3.2.2 远程办公的新工作环境

为了实现更好的工作与生活平衡，避免出现交通拥挤、资源消耗的情况，许多雇主在 20 世纪 70 年代就提出利用信息技术在家里、户外等办公场所外的远程办公方式，但囿于该种工作方式存在知识分享、员工工作监管等方面的局限性并未被广泛采纳。聚焦数字化时代，各种先进数字技术的应用为远程办公减弱了许多阻力，并提供了很多可能性。诸如元宇宙、虚拟现实技术、数字助手、云共享等数字技术，可以实现远程监控及管理员工的工作情况，有效留存了员工办公的数字足迹；而学习通、钉钉、飞书、微信、腾讯会议等智能办公 App 的广泛应用，可以进行远程的音视频及文本交流，实现在家里或者任意地方能随时分享知识及编辑数据，从而能有效克服远程办公的社会孤立和知识隐藏的缺点，打破了地理距离对工作的限制。远程居家办公不仅提高了办公管理的灵活性、节省租金及办公设备的运营成本，还可有效提高员工工作效率，增强灵活弹性安排（Bloom et al.，2015），从而创造更多价值并实现公司与员工的双赢。《2022年中国远程居家办公发展报告》[①] 显示，远程居家办公职位招聘的主力行业有互联网、数字化、单体化、知识型行业，主力城市有北上广深，疫情后中西部城市占比不断增加，云办公成为新型工作趋势，显示出应对危机的强大韧性。

7.3.2.3 数据监控下的新工作环境

与以往管理者对员工直接监督的传统方式不同，数字化时代，各种先进数字技术的运用，能够让管理者追踪到员工的数字足迹和相关证据，如大数据监管、云监管平台能够避免原先监管中间层级多、传递速度慢、信息遗漏等问题，实现更有效、更直接的传递工作信息，有助于管理者与员工间形成双向决策创新能力，从而不断提高监管效率。由于数字技术应用下的算法记录会被管理者监视或其他员工可见，会督促员工积极工作并及时修正自身行为，以达到组织最终预期。与此同时，大数据时代，海量数据持续涌现，在实时定位、人脸识别、远程监控等新型监控下，利用大数据进行信息交换、整合、分析，能够不断发现新知识、创造新价值，有利于及时发现和纠正不规范行为、实时预警，体现出创新监管的潜力，终将成为未来工作环境的主流模式。

7.3.3 新技术革命带来的工作新趋势

人工智能等先进数字技术作为社会和科技发展的产物，在改变工作环境的同时，也给工作带来了许多新趋势，具体体现在四个方面。

7.3.3.1 劳动收入多元化趋势

数字化时代，劳动者的收入日趋多元化，不仅包括工资性收入，还有各种资产性收益。具体而言，工资性收入主要来源于劳动者从事的全职工作、

---

① 智联招聘、北京大学国家发展研究院：《2022年中国远程居家办公发展报告》，https://www.100ec.cn/detail--6613405.html，2022年6月20日。

兼职工作、个体经营、线上工作等主副业收入；资产性收益主要指劳动者投资基金、股票、债券等金融资产而获得的收益及分红。劳动收入多元化特别是投资金融资产获取的收益增加，不仅逐渐模糊了劳资间的界限，还可有效调节劳资间收入分配。随着数字技术快速发展，各种众筹、基金等数字金融产品明显降低了投资门槛，无论是风险偏好、中立、还是规避者都有对应的理财产品。劳动者投资金融性资产后，可以凭借自己金融性资产获取企业利润分享权利，从而议价能力提高。从本质上说，数字经济发展催生了更稳定且广泛的金融体系，进一步拓宽了劳动者分享利润和企业募集资金的新渠道，有利于劳动收入多元化、促进劳资双方共赢和改善收入不平等。此外，近年来在平台经济、共享经济推动下，抖音、快手、微信等全媒体运营师、网络营销师、在线学习服务师、网约车司机等灵活就业盛行发展，劳动者告别工业经济时代的"单一角色"，逐渐成为数字经济时代的"多重身份"的斜杠人员，不断衍生出固定工作+兴趣爱好组合、脑力+体力组合、写作+教学+咨询组合、一岗多职能等多元化收入组合方式，收入水平得以不断提升。

7.3.3.2 劳动形态灵活性、自主性、非典型趋势

随着人工智能、区块链、云计算等数字技术普及应用，带动共享经济、平台经济迅速崛起，催生日趋多样的网络平台劳动，如云劳动、网约零工、共享员工、承揽、工作优步化等新兴灵活用工模式迅速扩张。《2021年中国灵活用工发展蓝皮书》显示，处于领先地位数字化转型的企业使用灵活用工的约占60%，未来这个比例还会继续增长并进入快速发展阶段。数字化助力灵活用工进一步解决资源配置的问题，实现人与岗的精准匹配，呈现出时间、地点、需求及成本弹性的劳动形态，有助于企业降本增效和满足劳动者个性化需求。同时，在灵活就业盛行发展趋势下，越来越多的劳动者从事微商电商、网络直播、创客平台等自雇及自主创业的就业形式，如众包、众创、众扶、众筹，成为女性、大学生、退役军人等重点群体创新创业主战场，激发了劳动者的自主创业动机和创业热情，凸显了个体兴趣、才华和自主性，最终以普遍的自主性劳动为终极目标。展望未来，元宇宙是智能化时代的一片新蓝海，各领域、行业及企业在发展元宇宙产业时，可以基于区块链的公共

基础设施搭建应用和系统。在元宇宙及各种人工智能技术影响下，人类的劳动形态将会深入演化和发展，劳动过程与消费过程的界限变得模糊、劳动场所日趋灵活化，劳动管理变得虚拟化，劳动时间碎片化，劳动风险分散化，劳动从属性弱化，从而呈现虚实融合的非典型劳动形态。

7.3.3.3 劳动技能数字化趋势凸显

进入数字化时代，数字技术不断迭代升级，在人们生活与工作中的作用愈发重要，对劳动者所需掌握的数字应用技能和数字专业技能提出了新要求。概而言之，数字技能是指能够有效利用信息与传播技术获取、分享、生产、评估及处理信息，以解决复杂问题、确保数据安全的一系列技能及相关素养。数字技术的迅速发展衍生了全媒体运营师、数字化管理师、互联网营销师等新职业，这些新职业在各行业应用广泛，且与数字技能紧密相关，然而数字化技能人才的供给速度远跟不上需求增速，使得数字化人才成为企业争夺的焦点。与此同时，随着数字化赋能制造业，大量高精尖设备逐步替代传统设备，一些传统就业岗位与数字化技术不断融合，对劳动力的数字化技能要求、职业转化需求越来越高，容易形成专业化数字技能人才短缺且传统产业技能人才过剩并存的局面，劳动者为了稳定就业避免失业，需要在整个职业生涯持续提升自身数字化技能及职业素质。

麦肯锡研究院公布的《2022 年中国的技能转型报告》显示，在中等自动化情景下，预计到 2030 年，中国或将有 2.2 亿劳动者（占劳动力总数的 1/3）需要面临职业变更，其中，体力和人工操作技能以及基础认知技能的需求将分别下降 18% 和 11%，社会和情感沟通技能以及技术技能需求则会分别增加 18% 和 51%。由此可见，数字化变革推动了我国劳动力市场技能需求类型的持续变化，日益凸显了提升数字技能和持续提供职业教育培训的重要性。

7.3.3.4 劳动关系灵活化、非标准化趋势

数字技术进步不仅提升了生产效率和组织模式创新，而且推动劳动关系不断变革和迭代。当下，数据作为一种新型生产要素，引发数字资本成为劳动资料的新形态。在数字资本控制下，资本与劳动力结合的方式更加复杂，劳动力为资本平台创造剩余价值的本质更为隐蔽（陈晓仪，2022）。与此同

时，劳动关系在数字化变革推动下呈现灵活化、非标准化的发展趋势，其推动因素主要来源于市场、管理方和劳工方。从市场因素看，电商、社交平台、短视频等网络平台，催生了大量平台经济、共享经济、零工经济等新经济形态，涌现了众多知识型、技能型、创意型的灵活就业机会，劳动关系也随着就业形态的改变而更具灵活化。从管理方因素看，灵活化、非标准化雇佣模式不仅能够降低经营成本、盘活现金流，而且腾讯会议、企业微信、钉钉等数字化办公工具，帮助企业打破时间、地域、岗位因素的限制，有效解决用工难的问题，企业人才理念逐渐由"为企业所有"向"为企业所用"进行转变，劳动关系的从属性逐步弱化。从劳工方因素看，劳动者就业理念不断发生改变，特别是Z世代更加倾向弹性化、个性化、自我实现的价值追求。随着劳动者数字素养和技能水平的提升，根据自身的兴趣爱好、能力、时间、地点等，选择灵活化、非标准化的雇佣模式的青年群体激增。可见，在高度智能化、去中心化及多元价值化的数字化时代，劳动与数字技术的结合塑造了具有自主性的新型组织模式和新主体，促使劳动者就业观念更加自由化和灵活化，劳动形态的多元化将深入演化发展并呈现非典型化特征，进一步推动劳动关系的从属性逐步弱化并向灵活化、非标准化的趋势发展。

7.3.4 劳动者数字技能提升的路径选择

劳动者数字技能提升的路径包括四个方面。

一是发挥职业技能培训的牵引作用，统筹利用现有资源，遴选培育一批互联网培训平台和数字技能培训优质职业院校，打造资源共享、功能突出的数字技能培训基地，健全终身职业技能培训制度，着眼于社会、企业、产业、个体发展需求，开展大规模、多层次职业技能培训，大力提升劳动者技能水平、能力素质，尤其是数字素养和技能水平，特别要加大青年群体、转岗再就业群体的数字技能培训力度，大力提升退役军人、中老年人、农民工等重点群体的学网、懂网、用网能力，不断提升劳动力数字就业能力。

二是全面深化高校教育改革，提高职业教育质量，坚持以就业导向、服务导向和市场需求导向为宗旨，深化产教融合，积极发挥龙头企业、培训机构、高等学校的合作作用，强化校企对接，提高高校人才培养和市场需求契合度，创新人才培养和培训方式，形成数字化意识，建设数字化技能学习平台，不断强化数字人才培养，加强劳动者数字技能培训。

三是加强新职业从业人员技能培训。数字经济催生大量新产业、新业态、新商业模式，要完善新职业信息发布制度和职业标准开发机制，加快新职业培训大纲、培训教材、教学课程等基础性资源开发，重点针对新职业、新岗位和人工智能、大数据、云计算等数字技能开展培训，改善新职业人才供给质量结构，推动新职业行稳致远。

四是推进数字化人力资源市场体系建设，运用数字技术及时掌握各级劳动力供求数据，建立常态化数据采集、更新、应用和管理机制，定期提供多形式、精准匹配的招聘会运营服务，不断增强公共就业服务能力。弘扬终身学习理念，构建终身学习保障机制。劳动者应积极拥抱新经济、新业态，保持终身学习态度，持续提升数字素养和技能水平，不断培育创新思维，为数字经济时代实现高质量发展提供强有力的数字人才和技能支撑。

7.4 本章小结

推进数字技术与实体经济深度融合成为全球经济发展新趋势。产业数字化升级、企业数字化转型、劳动力技能变革，成为数实融合的典型特征，国家政策扶持、数字技术-数据赋能、经济高质量发展需要，成为推动数实融合的现实基础。理论分析机制表明，数实融合贯穿整个社会再生产过程，推动着生产、分配、流通、消费环节发生了深刻变革。数实深度融合需要加速生产融合、分配融合、流通融合、消费融合。现阶段，地区间、产业间、企业间数字鸿沟犹存，数据要素市场体系不完善，关键核心技术面临"卡脖子"问题，数字化人才供给明显不足等因素制约了数实融合发展。为加速推进数实融合，需要加强数字基础设施建设，加快弥合地区间、产业间、企业间数字鸿沟；推进数据要素市场体系建设，不断完善数据要素治理体系；加强核心数字技术攻关，加速突破"卡脖子"关键核心技术；强化数实融合复合型人才培养，不断建立完善的人才发展机制。

数字经济时代，新技术革命带来了工作的新变化与新要求，具体体现在工作方式发生改变、就业保障提出新要求，机器换人速度加快与提高就业竞争力的新要求，数字化变革对管理方式提出新要求。同时，在互联网、人工智能、大数据和云计算等数字技术赋能下，劳动者的工作环境呈现数字化新变化，表现为人机交互、远程办公、数据监控的新工作环境。最后，新技术革命带来的工作新趋势，体现在劳动收入多元化趋势，劳动形态灵活性、自主性、非典型趋势，劳动技能数字化趋势凸显，劳动关系灵活化、非标准化趋势。在以上分析基础上，劳动者数字技能提升的路径选择主要有：发挥职业技能培训的牵引作用，全面深化高校教育改革，提高职业教育质量，加强新职业从业人员技能培训，推进数字化人力资源市场体系建设。

8 研究结论与政策建议

数字经济发展不仅引领社会生产力不断突破和飞越，更对就业领域产生了深刻影响。本书聚焦"数字经济发展对就业总量、结构及质量的影响与提升机制"中心主题，首先，系统梳理了数字经济促进就业总量增长、就业结构优化及就业质量提升相关的理论分析，从弹性工作、职业技能培训、互联网使用、工资差异、健康资本等层面进一步展开阐释，为后文实证检验提供理论基础。同时，围绕核心主题梳理了相关文献，主要从数字经济发展的就业效应（包括数字经济的内涵与测量、数字经济对就业总量、结构及质量的影响），弹性工作对青年就业质量的影响，职业技能培训对农民工就业质量的影响，互联网使用对工资差异的影响，非正规就业对流动人口就业质量的影响，工作时间对健康的影响等方面进行文献述评，从而为后文的实证检验提供文献基础。

其次，从数字产业化和产业数字化维度对数字经济进行测评，从推动科学技术创新和深化社会分工层面阐释数字经济的就业效应，利用省级宏观数据测评了各省份就业质量状况，并实证分析数字经济发展对就业总量、就业结构和就业质量的影响。就业质量是一个综合性概念，除了各地区、省级宏观层面的就业质量外，还有聚焦劳动者个体微观层面的就业质量。鉴于此，利用微观调查数据，实证分析了弹性工作对青年就业质量的影响、异质性及机理分析，职业技能培训对农民工就业质量的影响，异质性非正规就业对劳动者就业质量的影响及机理，以期进一步丰富就业质量的影响因素及异质性相关领域的研究。此外，本书从性别工资差异、流动人口工时健康差异、城乡技能溢价差异，分析不同群体间就业质量的差异，以期缩小不同群体间工资差异、健康差异，为弥合各群体差异及实现更高质量就业提供实证依据。

最后，本书从数实融合发展、企业数字化转型、劳动者数字技能提升三个维度，分析了促进就业扩容提质的机制，试图在数字经济蓬勃发展趋势下，努力为实现更加充分、更高质量就业提供更多有益思考。基于以上分析发现的结论，提出了相关的政策建议。

8.1 研究结论

8.1.1 数字经济发展创造大量就业机会，显著增加了就业数量

基于 2010—2020 年中国省级面板数据实证分析了数字经济发展对就业数量的影响。研究发现，数字经济发展对就业数量的影响在 1% 水平上显著为正，表明数字经济发展有利于促进就业数量稳健增长。究其原因，随着数字经济快速发展，5G、物联网、工业互联网、人工智能等技术愈发成熟和广泛应用，区块链、元宇宙、量子科技等新兴技术蓄势待发，各种商业模式和产业业态不断衍生并激发出众多数字化、智能化、灵活性就业岗位，为大学生、农民工等重点就业群体提供了大量就业机会，有助于提升总体劳动参与率、城镇人口就业比重和第三产业就业比重，进一步扩大了就业数量。数字经济发展促使数字生活日益丰富，为检验数字生活带来的就业效应，基于 2010—2015 年中国综合社会调查数据，实证分析了数字生活的就业效应。研究发现，控制了个体层面影响因素之后，数字生活促使个人就业概率提升了 19.9%。由于我国就业存在显著的城乡差异，城乡异质性分析结果表明，数字生活使非农户口个体就业概率提升了 20%，使农业户口个体就业概率提升了 25.8%。农业户口的系数显著大于非农业户口，意味着数字生活对农业户口个体的就业效应更大。这是因为农村信息网络基础设施建设相对落后，居民数字生活发展水平基数较低，数字生活水平提升对于就业概率提升的边际效用更大、敏感度更高。

8.1.2 数字经济发展推动产业结构升级，显著促进了创业增长

基于 2010—2020 年中国省级面板数据，实证分析了数字经济发展对产业

结构升级、创业增长的影响及内在机理。研究发现,以产业结构整体升级、产业结构高级化、产业结构合理化作为产业结构升级的代理指标,数字经济发展显著推动了中国产业结构升级,通过优化产业间的协调程度,增加产业间的聚合质量,促进了产业结构整体素质和效率提升。数字经济发展可以激活劳动力市场中个体的创业热情,无论是生存型创业还是机会型创业均呈现显著的增长效应,且数字经济发展对机会型创业的影响大于生存型创业。区域异质性回归结果显示,与中西部地区相比,数字经济发展对东部地区创业增长的促进作用更强。影响机制分析发现,中国数字经济发展具有较强的创新能力,以专利申请数、专利申请授权数作为科学技术创新的代理指标,数字经济发展显著促进了科学技术创新。同时,以社会消费品零售总额作为劳动分工深化的代理指标,数字经济发展显著促进了劳动分工的深化,超级细化的分工模式正逐渐成为现实。通过分解数字经济发展,数字产业化和产业数字化对创业增长影响差异的回归结果显示,无论是生存型创业还是机会型创业,与数字产业化相比,产业数字化对创业增长的影响大于数字产业化,表明产业数字化拥有更强的创业增长效应。

8.1.3 数字经济发展促进就业结构升级,显著提升了就业质量

基于 2008—2018 年中国省级面板数据测算了中国各省级地区就业质量得分,并实证分析了数字经济发展对就业结构和就业质量的影响及其区域异质性。研究发现,互联网普及率、电话普及率、长途光缆长度,对就业结构的影响系数均显著为正,且互联网普及率、电话普及率每增加 1%,会使得就业人员中第三产业就业占比分别增加 0.082 1%、0.031 4%。以软件业务收入、快递业务收入、网上零售额、快递业务量、专利申请授权数、规模以上工业企业专利数,为数字经济发展代理指标,发现以上指标显著增加了第三产业就业份额占比,该结果进一步从定量角度证实数字经济发展推动了就业服务业化,优化了就业结构。以熵权法、CRITIC 法、等权重法测算得到就业质量得分,除长途光缆长度不显著外,代表互联网和电信业、软件业、电商零售业、科学技术发展的各代理指标,对就业质量得分的影响均显著为正,表明各数字产业发展提高了薪酬水平,增加了就业机会,改善了就业环境,进而

有助于实现更高质量就业。以组合赋权法就业质量进行变量替换发现以上结论均成立，证实研究结果是稳健可靠的。同时，以解释变量滞后一期进行内生性检验发现，数字经济发展各代理指标对就业结构和就业质量的影响大小、方向和显著性水平基本不变，进一步证实了本书结论的稳健性。影响机制分析发现，数字经济发展通过改善就业环境，提高就业能力、劳动报酬、劳动保护四个分维度，助力实现更高质量就业，验证了前文的影响机理。2008—2018 年，中国各省份就业质量平均得分不高，但呈稳步上升趋势，中西部地区就业质量与东部地区仍然存在一定差距，区域差异较明显。随着区域由东向西变化，软件业务收入、邮电业务总量、快递业务收入、网上零售额、快递业务量均对组合赋权就业质量的正向影响逐渐减弱；而与东部地区相比，互联网普及率、电话普及率、专利申请授权数和规模以上工业企业专利数，对中西部地区就业质量的正向影响更大。可见，就业质量较低的中西部地区应该进一步提高互联网普及率和电话普及率，加强专利保护，为数字经济发展铺垫良好的基础设施，同时大力发展软件业、邮电业和电商零售业，以缩小与东部地区的差距，最终实现全国各地区更高质量就业。

8.1.4 数字经济促使弹性工作，提升青年就业质量

数字经济时代，借助互联网、大数据、云计算、人工智能等数字技术赋能，弹性工时、远程办公、居家办公等弹性工作逐渐盛行发展，这种弹性化工作新形态如何影响青年就业质量值得深入研究。基于 2020 年中国家庭追踪调查数据，实证检验了弹性工作对青年就业质量的影响、内在机制及异质性分析。研究发现，弹性工时、弹性空间、弹性工作指数显著提高了青年就业质量，而弹性雇佣显著降低了青年就业质量，即弹性工作的时间、空间、雇佣不同维度对青年就业质量产生差异化影响，但弹性工作制整体而言对青年就业质量的总影响效应为正。通过熵权法替换青年就业质量、PSM 稳健性检验得到的结论与此一致，再次证实回归结果的稳健性。影响机制显示，生活满意度和心理健康是弹性工作各维度及指数影响青年就业质量的两个重要渠道，灵活化的工时制度、弹性化居家办公、弹性工作指数对两者呈正向调节作用，而弹性雇佣对两者呈负向调节作用。分性别、城乡看，弹性工时、弹

性空间、弹性工作指数更显著提高了女性和城镇青年的就业质量，而弹性雇佣显著降低了男性和农村青年的就业质量。分职业类型看，弹性工时、弹性工作指数对生产运输设备操作青年就业质量的正向影响最大，专业技术业次之、商业及服务业最小。弹性空间、弹性雇佣对专业技术、商业及服务业、生产运输设备操作青年就业质量分别呈正向影响逐渐减弱、负向影响逐渐增强的趋势。随收入分位点提升，弹性工时、弹性空间、弹性工作指数对青年就业质量提升作用逐渐增强；而与高收入群体相比，弹性雇佣显著降低了低收入青年的就业质量。

8.1.5 数字经济促使职业技能培训，提升农民工就业质量

基于 2016 年中国劳动力动态调查数据，构建了农民工就业质量指数方程，并利用普通最小二乘法回归和多元概率比回归方法，比较了农民工参加政府培训和单位培训对其就业质量总指数及分项指标的影响大小差异，按性别、地区分样本，分析两类工作培训对农民工就业质量影响程度是否存在群体差异，通过倾向得分匹配法进行了稳健性检验。研究发现，农民工总体就业质量指数为 82.26，男性农民工就业质量指数高出女性农民工11.07，且与中部、西部地区农民工就业质量指数相比，东部地区农民工就业质量指数分别高出 8.73 和 15.29，表明农民工就业质量存在较明显的性别差异和区域差异。总体接受政府培训和单位培训的占比分别为 58% 和42%，男性农民工中接受政府培训和单位培训的比例明显高于女性农民工，而东部地区由于劳动力市场相对完善，无论是政府提供的职业技能培训还是单位提供的工作培训占比都明显高于中部和西部地区，培训资源区域分布不平衡。总体回归结果显示，政府培训对总体农民工就业质量指数的影响为 8.9%，明显大于单位培训对总体农民工就业质量指数的影响（3.7%）。即表明与单位培训相比较，农民工接受政府培训对就业质量的提升作用要明显更高，单位培训效果有待提升。分项指标显示，与单位培训相比较，政府培训每增加 1 个标准差引起农民工的工资水平增加及工作时间减少的标准差更大。同时，无论是参加政府培训还是单位培训，使得农民工的工作稳定性概率和劳动合同的签订概率均会发生一定程度的增加。

分样本回归显示，与女性相比较，男性农民工接受政府培训和单位培训后，对就业质量指数提升、工资水平增加、工作时间缩短及签订正规劳动合同概率的影响更明显；但对于工作稳定性，两类培训均对女性农民工的工作稳定性概率有更显著增加。随着区域由东向西变化，农民工接受政府培训和单位培训后对其就业质量指数、工资水平的正向影响程度由强变弱，而对工作稳定性概率的影响程度由弱变强，且各区域差异较大。此外，接受政府培训会明显缩短西部地区农民工的工作时间，而单位培训会明显缩短东部地区农民工的工作时间。

8.1.6 数字经济提升非正规就业群体就业质量

基于 2016 年中国劳动力动态调查数据，构建了流动人口就业质量指数方程，利用普通最小二乘法回归和分位数回归方法，比较了流动人口从事非正规受雇和自我经营对其就业质量总指数的影响差异，按照性别分样本，引进城乡区域虚拟变量，分析了异质性非正规就业对流动人口就业质量影响程度是否存在群体差异，并探讨了内在影响机制。研究发现，非正规受雇对流动人口就业质量产生负向影响，即从事非正规受雇不利于流动人口就业质量的改善，当控制了相关控制变量因素之后，流动人口从事非正规受雇会在 1% 水平上显著降低其就业质量 8.5%。与非正规受雇相比，自我经营对流动人口就业质量产生的负向影响相对较小仅为 4.3%。影响机制显示，与自我经营相比，非正规受雇显著降低了流动人口的工资水平，增加了工作时间，降低了流动人口的工作稳定性，社会保障参与率，以及整体工作满意度，也进一步阐释了非正规受雇对流动人口就业质量负向影响更大的原因。在所有分位点上，非正规受雇对流动人口就业质量均呈显著的负向影响，且随着分位点数的提升，其负向影响系数逐渐减小。在所有分位点上，与非正规受雇相比，自我经营对流动人口就业质量的负向影响均较小；且随着分位点数的上升，其负向影响程度呈现"U形"变化趋势。即意味着在 0.50 分位点之前，自我经营对流动人口就业质量的负向影响逐渐增加，而在 0.50 分位点之后，自我经营对流动人口就业质量的负向影响逐渐减弱。非正规受雇与中西部地区城镇交互项产生的负向影响在 1% 水平显著为 -6.5%，而非正规受雇与东部地区城镇交互项产生的负向影响相对较小，仅在 10%水平上显著为-3.2%。自我经营与东部地区农村交互项，自我经营与中西部地区城镇交互项，对总体流动人口就业质量均产生负向影响，而自我经营与东部地区城镇交互项对总体流动人口就业质量为正向影响。分性别看，与女性相比，非正规受雇对男性流动人口就业质量产生的负向影响更为严重；但与之不同的是，与女性相比，自我经营却对男性流动人口就业质量负向影响更小。

8.1.7 互联网普及增加了女性就业选择，缩小了性别工资差异

基于 2010 年、2013 年、2015 年中国综合社会调查数据，考察了互联网使用对性别工资的影响及工资差异，探讨了不同年龄段群体互联网使用对性别工资差异变动的异质性及内在影响机理。研究发现，互联网使用对总体工资水平有显著正向影响，随年份推进其影响程度呈逐渐减小趋势和明显的性别差异性；互联网使用的特征差异为负值，且随年份推进特征差异绝对值逐渐增加，即随数字化网络的广泛普及，互联网使用显著缩小了性别工资差异。各年份中随分位点数提升，性别工资总差异呈先下降后上升的"U 形"变化趋势；2010 年、2013 年、2015 年，在相同分位点上性别工资总差异呈逐年缩小趋势，且禀赋特征差异逐渐缩小了中等收入群体性别工资总差异。各年份中随分位点数提升，互联网使用的特征差异值及占比均为负值且呈现"U 形"变化趋势，即在中等收入阶层中，女性上网的比例较高，这种互联网接入的特征差异能显著缩小中等收入群体的性别工资差距；男女性在互联网收益率方面的系数差异可有效缩小低层收入者的性别工资差距，但却加大了中高层收入者的性别工资差距。互联网使用对各年份中 80 后群体工资正向影响显著更高，70 后群体次之、60 后及以上群体相对较低，呈现较明显的年龄异质性；工资差异分解显示，互联网逐渐向中高龄人群渗透，越来越多的中老年女性使用互联网并有效增加了收入水平，进而缩小了性别工资差异。除 2010 年外，2013 年和 2015 年中 80 后群体使用互联网的系数差异值及其占比为负值，表明 80 后男女群体因互联网使用差异而受到的市场歧视要远低于其他年龄段群体。

8.1.8 互联网使用存在显著的工资溢价效应，有利于缩小城乡收入差距

数字经济时代互联网已经成为影响青年群体收入提升和工作技能的重要因素。基于 2020 年中国家庭追踪调查数据，从城乡差异角度实证分析了互联网使用对青年群体收入提升和技能溢价的影响，以及不同群体异质性分析。研究发现，互联网使用存在显著的工资溢价效应，与低技能青年群体相比，互联网使用对高技能青年群体的收入水平产生了额外提升效应，促成高低技能之间的收入溢价。互联网使用对青年群体收入水平在不同分位数上均具有显著正向影响，随着收入分位数增加，互联网工资溢价率逐渐降低，互联网使用与高技能虚拟变量交互项的回归系数逐渐变大，即互联网技能溢价对于高收入青年群体的影响大于低收入青年群体。城乡差异比较分析发现，互联网使用对农村地区青年群体的收入提升效应明显大于城市，互联网普及发挥了缩小城乡青年群体收入差距的重要作用，但互联网技能溢价效应对城市的影响却大于农村，会阻碍缩小城乡青年群体收入差距。分样本研究发现，与男性青年相比，城乡女性青年互联网工资溢价率更高，而互联网技能溢价率却反之；城乡青年群体互联网工资溢价率、技能溢价率均大于中老年群体，同时与城市相比，农村中老年群体获取的互联网红利更低。

8.1.9 数字平台缺乏工时规范约束，不利于健康人力资本积累

基于 2014 年和 2016 年中国劳动力动态调查数据，考察了数字经济背景下流动人口工时健康差异分解及异质性，并采用中介效应模型进行影响机理分析。研究发现，工作时间显著降低了流动人口的自评健康、心理健康和身体质量指数衡量的健康状况，且与正常工时者不同，工作时间显著降低了超时加班者的健康状况。随年份增加，工作时间对流动人口健康状况的负向影响呈逐年增加趋势。健康差异分解显示，工作时间显著扩大了流动人口正常工时者与超时加班者自评健康差异、心理健康差异和身体质量指数差异。流动人口各维度工时健康差异主要是由不可解释的系数差异造成的，且与心理健康差异和身体质量指数差异相比，流动人口工时自评健康总差异及可解释

的特征差异值最大。分样本健康差异分解显示，除身体质量指数差异外，女性流动人口工时自评健康差异和心理健康差异高于男性。流动人口正常工时者与超时加班者自评健康差异和心理健康差异最大的是西部地区，而流动人口工时身体质量指数差异最大的是东部地区，即流动人口正常工时者与超时加班者健康差异存在明显区域差别。随年份推进，流动人口正常工时者与超时加班者的健康总差异呈现扩大趋势，且由不可解释因素对健康差异的解释能力越来越强。中介效应显示，周锻炼时间和睡眠状况是工作时间影响流动人口自评健康、心理健康和身体质量指数的两个中介变量，且对比两变量的中介效应可见，要想提高超时加班者的自评健康和身体质量指数，积极锻炼保健更重要；而要想提高其心理健康，拥有良好的睡眠状况效果更明显。

8.1.10 数字经济促使企业组织发生变革，劳动关系发展面临新趋势

数字经济时代，企业组织发生变革，劳动关系发展面临新趋势。本书聚焦市场、企业、人性特征，对企业组织变革的底层逻辑与变革方向进行分析，并从全景式视角探讨劳动关系发展新趋势。研究发现，数字革命推动市场在要素、边界、连接、组织、产业、垄断、疆域层面呈现新特征，数字化企业在驱动因素、关键要素、成本习性、成长路径、组织结构、竞争属性层面与传统企业存在显著差异，数字经济下的人性复杂性、独特性与价值性加速融合统一。在利益相关者价值形态下，网络型组织结构可以延长企业价值创造触点，随着组织形态由集中走向分散，去中心化自治组织将成为变革新方向。当下，市场方、管理方、劳工方面临新特征：从市场方看，新经济形态快速发展促使技能型、知识型、创意型的灵活工作机会大量涌现；从管理方看，灵活化、非标准化雇佣模式可以有效降低经营成本，盘活现金流，增强了企业组织韧性；从劳工方看，个体就业观念发生了转变，尤其是青年群体更加追求弹性化、灵活性、个性化、为自己打工的价值导向。以上三方因素合力促使劳动关系发展面临新趋势，包括人职匹配趋于精准化、共生化，雇佣关系趋于灵活化、非标准化，办公场所趋于线上化、虚拟化，人机协作趋于常态化、柔性化，工作时间趋于弹性化、自由化，管理模式趋于扁平化、网络

化，付酬方式趋于订单化、股权化，治理体系趋于多元化、数字化。

8.2 政策建议

8.2.1 把握数字经济发展趋势和规律，加强数字基础设施建设

加速互联网、人工智能、大数据等数字技术创新应用，建设高速泛在、智能敏捷、天地一体、安全可控的数字基础设施，促进数字技术与经济社会发展各领域全过程有机融合。全力打造工业互联网、大数据网络中心、超算中心，不断提升数实融合的数据采集、分析、处理和存储能力，同时加大对传统基础设施的数字化升级改造，为数实融合发展提供坚实基础支撑。

高效发挥中国网络大国和制造大国双重叠加优势，大力推动数字技术与制造业深度融合发展，推动制造业全产业链实现数字化变革，促进制造业产业模式和企业形态发生全方位、全链条数字化改造，不断提升全要素生产率，赋能中国产业结构向数字化、网络化、智能化、高端化方向发展。努力建设并创新发展智慧农业，推进"三农"综合信息服务，全力提升农业数字化水平，进一步加快商贸、物流、金融等服务业数字化程度，持续推进数字技术与一二三产业融合发展。

加速中小企业数字化转型进程，加大技术、资金、服务支持力度，降低中小企业数字化转型门槛，鼓励和支持数字龙头企业开放数字化资源，对传统企业和中小企业数字化转型提供帮扶，同时加快培育"专精特新"中小企业，并加强对典型应用场景和标杆企业经验宣传推广，不断优化数字营商环境，促使企业全面数字化转型，成为推动数实融合发展的重要力量。

畅通生产、分配、流通、消费各环节，持续推进产业基础高级化合理化、产业链现代化，对于高技术制造业和知识密集型服务业，加大研发力度，培育新型优势，多措并举增强和提升产业结构升级动力和现代化水平。增强中西部地区数字经济欠发达区域的数字基础设施投资力度，鼓励中西部地区发挥本地资源禀赋比较优势，大力发展大数据产业，建立超大规模的数据处理

中心，加快构建一体化国家算力体系，以"东数西算"弥合区域数字鸿沟。

8.2.2 加强核心数字技术攻关，推进数据要素市场体系建设

以国家战略需求为导向，完善支撑关键核心技术创新突破发展的新型举国体制，积聚力量推进 5G、集成电路、高端芯片、量子通信、卫星技术、人工智能、区块链、云计算、大数据、超级计算、工业互联网等关键核心技术攻关，切实改变核心技术受制于人的被动局面。充分发挥有为政府和有效市场的各自优势，以国家实验室为抓手，汇集企业、科研机构、高等院校等科研力量形成核心技术攻关团队，一方面，政府层面对科研攻关团队加大研发投资，给予充足的技术创新资金支持；另一方面，进一步深化市场改革，引导资本市场对核心数字技术攻关提供更多的资金支持。

给予科研攻关团队更多自主权，大幅提升科研团队的处置权，减少科研人员的束缚，通过"揭榜挂帅""包干制""赛马制"等机制，充分激活科研团队的创新能力，全面提升关键核心技术创新团队的整体效能。积极探索新发展格局下开放合作的关键核心技术发展道路，高水平科技自立自强与高水平开放合作互为基础和条件，除了自身加强核心技术攻关之外，还应根据技术的安全敏感性和经济成长性制定差异化竞争合作策略，努力降低竞争影响，积极扩大科技合作领域。

在数据确权方面重点围绕数据所有权、使用权、流转权等制定相关法律规章制度，加快建立全国统一的数据要素市场法律法规体系，明确个人数据、企业（组织）数据、政府数据产权归属，以及可交易数据品种与各产权归属主体的权利与责任边界，对不同数据实施分级分类管理，扫除各类数据交易的产权障碍。推动数据在不同行业间、企业间、政企间等充分流通、有序交易和开放共享，探索并建立标准规范、交易规则清晰的数据要素市场和数据互联互通平台，完善数据产生和流转的配套软硬件，打破数据孤岛，实现生产、运营、管理数据的流通融合，打通数据要素价值创造、交换、实现的全链条，充分释放数据流通价值。

在实现数据充分流通和共享的同时，制定数据隐私保护和安全审查制度，加强个人隐私、企业秘密、国家利益的数据安全和隐私保护，明确数据分级

分类保护和数据安全应急处置机制，妥善保护各类数据安全。不断提升数据治理能力，加强数据来源监管，建立数据治理全球协商机制，增强各个国家或地区、主体之间的网络互信关系，维持数据市场秩序并实现良性持续发展，促使数字技术和数据价值持续惠及全球经济发展。

8.2.3 推动数字产业化和产业数字化协同发展

产业数字化作为驱动中国数字经济发展的强大引擎，数字产业化要顺应产业发展趋势，为产业数字化提供数字技术、产品、服务，引领和推动各行各业高效利用数字产业设施，充分释放数据要素红利，不断提升产业数字化水平，深入实施创新驱动发展战略，加快提升数字经济创新能力。

有效推动数字技术创新、企业产品创新、商业模式创新以及制度创新的协同与融合，着力推进产学研深度融合，优化配置各类创新要素，促进产业链上下游、大中小企业融通创新，培育壮大数字经济时代以新产业、新业态、新商业模式为代表的新动能，不断优化创业环境，增强创业机会。

系统优化创新创业环境，深入推进"放管服"改革，加大创新创业政策扶持力度，落实好小微企业税收优惠、普惠金融等政策，进一步强化数字人才教育和数字技能培训，做大做强创新创业孵化平台，厚植创业增长沃土。同时，激发劳动者创新潜能和创业活力，鼓励自谋职业、自主创业。劳动者个体要扎实做好数字人力资本投资，顺应数字经济就业形态的变化，不断培育数字思维，积极做好数字知识、能力和资源储备，不断增强数字核心竞争力。

坚持实施区域协同发展战略，促进人才、技术、资金等资源向中西部地区转移，努力提升中西部地区数字经济发展规模和质量，缩小数字经济区域发展差异，充分发挥数字经济的创新创业效应，激活中西部地区创新创业活力，从而在全国范围内扎实推进大众创业、万众创新。

8.2.4 构建数字经济生态体系，持续推动就业结构优化升级

加快数字技术与实体经济深度融合，切实赋能实体经济全面数字化升级，充分发挥海量数据和丰富应用场景优势，实现跨界融合发展，不断延伸产业

链条，鼓励发展新产业、新业态、新商业模式，培育数字经济新增长点。充分发挥数据要素的作用，培育数据要素市场，打通数据供给壁垒，强化高质量数据要素供给，加快数据要素流通交易，促进数据、技术、场景深度融合，推动数据价值产品化、服务化，满足数字经济生态体系各领域数据需求。

充分挖掘数字经济领域工作新模式，例如，前瞻性布局元宇宙，未来元宇宙将从生产、沟通、协作等维度对工作边界、工作模式产生变革，沉浸式工作体验不仅能激发创新创造力，而且使远程办公、合作办公、效率办公、全球化办公成为新常态。

加大就业优先政策的实施力度，取消对新就业形态的不合理限制，制定一系列减税降费、创业补贴、担保贷款等惠企纾困政策，切实降低企业生产成本，稳固第三产业就业基本盘，扩大服务业就业吸纳能力。

在推动就业结构优化升级过程中降低传统产业就业者的退出和转换壁垒，提高劳动者人力资本和再就业能力，帮扶个体实现多平台就业创业，最大程度地防范结构性失业风险，使其适应技能转型和环境变化。

8.2.5 加快企业组织结构变革，鼓励个体适应新环境、强化新技能

高度重视去中心化组织的潜在应用价值，打破传统企业的等级制度，大力精简管理流程和机构部门，推动实现组织结构扁平化、数字化、网络化，促使组织形态向去中心化靠拢。创新管理思想，摒弃把人当作"机械人"，劳动者只是管理者思想和手臂延伸的理念，倡导以人为本，重视劳动者个体价值的崛起，并给予充分的工作自主权，企业产权结构更加重视人力资本，最大程度地解放个体生产力。

借助智能化管理和通证经济激励，促使组织流程实现自运转、自治理、自演进，打破闭塞僵化的系统，建立信息共享机制，减少信息不对称，提升内部反馈机制，使权力随之进行分布，推动敏捷化组织形成，快速响应市场个性化需求和应对外部环境变化。大力提升员工与管理者、团队与团队之间的协同性，同时努力构建合作、共享、开放的产业生态圈，促使组织和市场边界跨界融合，通过合作与共享建立一种整体合一、互为主体、灵活高效的

有机系统。

积极拥抱新经济、新业态、新商业模式，尤其是 X 世代、Y 世代要努力融入新型数字社会，适应数字生活和数字劳动力市场环境。全力提高自身数字素养和技能水平。中老年、女性、落后地区等重点群体应提高学网、懂网、用网能力，缩小数字鸿沟，促使自身向知识型、技能型、数字型劳动者转变，增强数字就业能力。

超越传统经济思维模式，提升数字经济思维能力。数字经济属于典型的复杂系统，为推动个体融入网络空间互联互通、共享共治，需要激活非线性的新思维，努力成为具有数字素养、数字技能、数字思想的数字化人才。保持终身学习的态度，不断增强创新意识，提升自身原创能力、精神动力和趋势洞察力的人力资本，不断增强自身谈判地位和话语权，推动"劳有所得"向"劳有所值"转变，同时提升数字法治素质和维权能力，当自身合法劳动权益受到侵犯时，能依法捍卫自身的合法劳动权益。

8.2.6 试点完善中国情境下的弹性工作制

政府和企业应充分创造条件和借助数字技术赋能，鼓励远程工作、灵活工时、压缩工时和年工时考核等方式，提倡多种形式的弹性工作。企业应不断提升内部管理能力、优化管理流程，给予员工更多的工作自主权，根据不同类型岗位特征采取合适的弹性工作制度、评估及反馈机制。借鉴国外改革经验，旅游业、文化创意业等现代服务业、信息技术行业、教育产业较为适合推行弹性工作制，以上岗位的职工可在保证工时不变的情况下，根据自己能力和偏好自主选择上下班时间、有效协商节假日和休息时间安排，抑或确保在完成工作任务的前提下，申请居家办公或远程办公，以充分自主分配自身时间、资源及效率。

努力完善弹性就业的社会保障制度和劳动保障制度，积极推广家庭-工作平衡理念以实现青年更高质量就业。考虑到未签订劳动合同的弹性就业缺乏有效的法律保护和社会保障，政府及相关部门应研究和实施符合弹性就业的社会保险形式，如缴费办法、基数、比例、年限等，设计合适的标准，为弹性就业者降低门槛、灵活服务，确保其老有所养、病有所医、困有所帮。同时，健全和完善适合青年弹性就业的劳动保障制度，如明确小时用工最低薪资标准、工时、劳动及安全卫生条件、人格尊严保护等，设立青年弹性就业者权益保障协会并提供法律咨询，切实维护青年合法权益和改善就业质量。

将发展弹性就业纳入社会政策的考虑范围，积极宣传"家庭-工作平衡"的理念，鼓励青年树立现代就业观，自立自强，积极寻找各种就业机会，并充分发挥青年自身年龄优势和职业才能。针对不同性别、城乡青年制定差异化弹性工作措施，尤其要关注并帮扶低收入青年就业。考虑到青年群体面临性别、城乡差异，单位应允许并鼓励女性及有条件的城镇青年选择兼顾工作与家庭的弹性工时和弹性办公，通过灵活化的时空选择以缓解工作-家庭冲突而带来的工作压力，并适度增强农村青年弹性就业者的社会福利，将其纳入社保范围并做好农村青年的培训工作，积极拓宽就业渠道。

对创办小企业或从事个体经营的青年，实行税费减免和信贷扶持等优惠政策。要特别关注收入水平较低的青年就业状况并实施专项帮扶，有针对性地开展技术指导、就业指导和咨询服务，制定落实好相关社会福利、税费减免、优惠工商管理政策等权益，更好地激发贫困青年参与劳动力市场和提高就业质量。

8.2.7　加强农民工职业技能培训，提升农民工就业质量

构建全国性的农民工就业质量指标体系，努力消除性别歧视、区域差异等障碍因素，各地区应进一步完善就业服务平台，增加就业机会，切实提高各群体农民工就业条件和就业质量。

政府应加大就业培训的经费来源及师资投入力度，特别是对中西部地区，要设立优抚和补贴政策，鼓励培训教师积极上岗，以缩小区域差异。进一步优化农民工就业培训效果，构建多种类、多层次职业技能培训体系。开展培训时应充分考虑农民工的不同特征，如可按学历划分，对学历层次高和接受能力强的群体，可融入一些电脑技工、数控等信息化较强的技术培训；对学历层次较低的群体，可实行一些烹饪、汽修等操作性较强的技能培训，以有效提升培训效果。

用人单位应定期开展职业技能培训，充分做好培训前的准备事项，在培

训过程中注意对不同性别、年龄等特征的农民工因材施教，并根据反馈信息及时给予合理有效指导，实现实时评估。用人单位应强化用工的管理规定，要与有资质的培训机构挂钩，对所有员工实行先培训、后上岗的制度，建立常态化和制度化的培训机制。用人单位还应严格遵守和履行反歧视的相关法律法规以及劳动合约，重视女性农民工的职业发展，设立合理有效的薪资激励制度，积极营造男女平等的企业氛围。

在政府和用人单位积极开展职业技能培训的同时，农民工自身也应树立积极接受培训、提高就业能力的意识，不断提升自身素质以成为劳动力市场需求人才，激发全社会创造力和发展活力，努力推动经济持续健康发展。

8.2.8　强化用工管理，提升流动人口、非正规就业群体就业质量

将非正规劳动者纳入市场监管范围，尤其是推动中小微企业规范有序用工。比如，可以通过备案的方式建立劳动用工信息数据库，进一步强化流动人口、非正规就业者的用工管理，以有效解决非正规就业者劳动合同签订率低，劳动者合法权益受到侵害的问题。劳动监管部门应当督促用人单位与雇员签订书面劳动合同，并为其缴纳各种社会保险，否则用人单位的劳动保障年检不予办理，并因此而受到处罚。

中央和地方政府要制定合理的规章制度，努力消除城乡、区域、性别等影响劳动者平等就业的障碍因素，尤其是加大中西部地区的就业扶持力度，促进各地区劳动力市场平稳推进和协同区域经济发展。政府还应不断改进劳动保障配套政策，适度降低社会保险缴费基数和比例，有效将低收入水平的劳动者和中小微企业纳入社会保险范畴，由此可扩大社会保险范畴和统筹层次，有利于激发企业经营的潜能和活力。

政府及用人单位优化就业培训效果，构建多种类、多层次职业技能培训体系，开展培训时充分考虑劳动者的不同性别、年龄等特征，因材施教，充分做好培训前的准备事项，并根据反馈信息及时给予合理有效指导，实现实时评估。

流动人口还应增加受教育年限，不断提升自身人力资本水平和综合素质，增强就业能力和职业转换能力，为自己从非正规就业部门向正规就业部门转

化提供"敲门砖",真正实现更高质量和更充分就业。

8.2.9　优化数字经济平台治理,保护流动人口的合法工时权益

优化数字经济平台治理,推进多元协同治理新模式。近年来,平台经济日益成为吸纳大量社会就业的重要载体,在积极探索新业态、新模式,以及为广大流动人口提供众多就业机会的同时,政府应不断优化数字经济平台发展环境,探索建立分类分级管理机制,推动政府与平台企业、第三方组织之间的联动合作,加强行业自律,建立争议、投诉处理机制和反馈机制。积极打造以互联网技术为基础的核心监管能力,制定有利于新就业形态可持续健康发展的监管规则,适时推进数字经济时代流动人口就业管理的社会多元协同治理新模式。

正规化工作时间,加大工时违反处罚力度。建议政府对有关特殊工时制度予以补充修订,进一步强化特殊工时监管力度。用人单位应限制非法超长时间工作,严格遵守特殊工时相关法律规定,如劳动合同条款中关于特殊工时的相关规定,应由劳资双方共同达成一致意见,充分尊重劳动者意愿,切实保障流动人口休息休假权,促使劳动力市场工作时间正规化,且用人单位安排流动人口延长工作时间的,必须按照法律标准支付其加班工资。违反工资工时相关规定的用人单位,应承担赔偿责任,行为严重的用人单位要面临民事和刑事罚金,保护流动人口的合法工时权益。

完善女性和中西部地区等弱势流动人口的劳动保障配套政策。当前流动人口社会保障整体参保率不高、社会保险缴费基数过大,而中西部地区尤为甚之,因此中西部地区社会保障部门应加大社会保障经费和对女性和中西部地区流动人口等弱势群体的投入,进一步降低社会保险缴费基数和比例,扩大养老、医疗及工伤保险等社会保险范畴和统筹层次,不断完善其劳动保障配套政策。鼓励和规范有关企事业单位积极开展医疗健康大数据创新应用研究,积极探索弱势流动人口健康管理新模式。

提升流动人口健康素养水平。当前,新型灵活就业形态使得超时加班不可避免,但为了更好地工作生活,鼓励流动人口要有健康养生意识,积极进行锻炼保健,摒弃吸烟、酗酒等不良嗜好,提高工作效率,避免长时间加班

熬夜，养成合理作息及膳食平衡的良好习惯，积极参加一些心理咨询，及时自我调适以疏解心理压力等负面情绪，不断增强健康资本。鼓励流动人口合理规划时间，积极学习新知识和新技术，努力丰富社会关系网络，充实自身业余文化生活，以良好的身体素质和精神风貌面对生活和工作。

8.2.10 弥合性别、城乡数字鸿沟，缩小性别工资差异和技能溢价差异

加强网络服务能力，探索新型教育服务供给模式，提高女性就业能力。目前，我国互联网用户的可及性差异和技能差异仍较明显，数字鸿沟现象依然存在，尤其是在女性群体中更为突出。政府等相关部门要不断优化升级互联网和移动网络基础设施建设，降低上网费率和提升网速，拓展网络用户规模和加强网络服务能力，利用网络技术创新教育服务供给新模式，特别是提高女性互联网使用率和数字技能。同时，注重优化互联网应用服务质量，线上线下的紧密结合将为女性工作和家庭的平衡带来新机遇，为女性线上就业及创业提供更多可能，不断提高女性就业能力和工资水平，从而有效缩小性别工资差异。

完善就业保障服务体系，结合共享经济理念，发展女性多元化就业创业新形态。针对数字时代的灵活就业热潮，建议政府部门建立健全新型灵活就业的社会保障制度和就业服务体系，积极提高政府服务能力和加大政策创新力度。努力缩小各年龄段群体对互联网利用的差异性和不平衡性，推进互联网向中高龄人群渗透，使更多的中老年女性受益于信息技术发展红利。同时充分结合数字经济+互联网共享经济理念，以适应弹性工作制度、远程办公等实现灵活就业形式，发展微商、自媒体、网络直播等多元化就业创业新形态，增加女性就业机会和收入水平。

持续弥合城乡数字鸿沟，改善农村地区互联网基础设施建设，加快落实网络提速降费，打通农村信息传播高速公路，根据农村地区生产生活特点，针对性地建设振兴乡村发展的教育、电商等网络服务平台，让更多农村地区居民享受互联网红利。加强农村地区劳动者职业教育培训和职业技能培训，尤其是为女性青年群体和中老年群体，提供更多的职业技能培训和公共就业

服务，以适应数字经济时代就业发展需求，谨防技能差异扩大造成城乡或性别等不同群体间工资差距扩大。

加大乡村地区青年人才引进，提高乡村地区高学历和高技能青年人才比例，结合乡村产业发展特征，制定精准引才战略，鼓励用人单位或地方政府组织到全国知名高校开展招聘，合理引进教育、科技、医疗等各行各业高学历和高技能青年人才，并对新进人才建立"乡村振兴人才储备库"，对业绩突出的优秀青年人才重用提拔，确保青年人才引得来，留得住。

促进"互联网+农村"深度融合，推动以互联网平台经济为代表的新就业形态为振兴乡村发展持续赋能。进一步完善农村创业培训体系和创业融资一体化机制，引导更多青年群体走向农村创业，打造农村青年创业统一的融资平台和担保平台，对农村青年创业贷款实行优先办理、优惠利率、优化服务，努力实现创业带动就业的倍增效应。

8.2.11 加强数实融合复合型人才培养，努力缩小就业质量区域差异

高等院校应加强数字化技术专业教育，加大数字技能提升相关教材开发力度，积极完善与人工智能、大数据、工业互联网等数字技术相关的专业课程、教学内容和教学方法，创建同时掌握数字技术和行业专业知识的数实融合复合型人才培养基地，促进人才培养与数实融合发展供需匹配。

推动"互联网+职业技能培训"模式大众化、实时化、创新化，聚焦农业、制造业、服务业与数字技术深度融合，深化产教融合，积极发挥龙头企业、培训机构、高等院校的合作作用，探索数实融合技能培训新模式，大力培养数字新农人、数字新工人、数字服务人。

完善跨界融合高端数字化人才引进机制。政府和企业应加大与数实融合发展相适应的高端领军人才和相关研究人员的引进力度，探索建立与国际接轨的高端人才招聘制度，推动构建人才引进反哺人才自主培养的良性循环。

加强制度体系建设，营造良好的人才发展环境。健全激励制度和绩效考核评价体系，合理设定职称评定和业绩评优，确保人才进得来、留得住、干得好，为构建完备的数实融合人才战略体系，储备一批跨界融合高端数字化

人才奠定坚实基础。

积极制定数字人才战略，大力推进"互联网+职业技能培训计划"，努力提高劳动者就业能力，加强劳动权益保护，并对就业质量定期评估、动态监测，对于就业质量较低省份找到症结所在并及时修正，进一步缩小区域就业质量差异，最终实现各地区更高质量就业。

8.2.12 完善新就业形态公共就业服务和保障体系，构建和谐劳动关系

构建数字就业服务体系，加强资源共享，扩大互联互通，重点围绕扩大就业、精准辅导、拓展服务等层面，加快构建开放、共享、一站式的数字化就业服务平台，建设智能招聘大厅，不断提升智慧就业服务水平。加快推进智慧工会建设，充分吸纳新就业形态群体加入工会，创新公共就业服务模式，为更多新就业形态群体提供就业选择指导和培训服务，多措并举促进新就业形态群体健康规范发展。

政府应进一步完善新就业形态群体社会保障体系，简化社保办理流程，完善现行转移接续政策，研究平台企业参保责任，加强社保宣传，鼓励新就业形态从业者积极参保，构建适应新就业形态发展需要的社会保障体系。

加强对新就业、新模式、新岗位的前瞻性研究，对其灵活多样的工作时间、地点、方式等变化带来的新型劳动关系，及时推动建立保障劳动者权益的制度体系，避免因制度建设落后阻碍新型工作模式发展。

构建劳、资、政、第四方力量共同参与的和谐劳动关系治理体系，灵活运用社会团体、基金会和民办非企业单位组成的第四方力量对构建和谐劳动关系的作用，加快构建数字经济时代和谐劳动关系。

参考文献

[1] 白雪洁，宋培，李琳，等．数字经济能否推动中国产业结构转型？：基于效率型技术进步视角 [J]．西安交通大学学报（社会科学版），2021（6）：1-15.

[2] 卜茂亮，罗华江，周耿．Internet 对劳动力市场的影响：基于中国家庭动态跟踪调查（CFPS）数据的实证研究 [J]．南方人口，2011（5）：1-10.

[3] 布德罗，杰苏萨森，克里尔曼．未来的工作：传统雇佣时代的终结 [M]．毕崇毅，康至军，译．北京：机械工业出版社，2016.

[4] 蔡昉，杨涛．城乡收入差距的政治经济学 [J]．中国社会科学，2000（4）：11-22.

[5] 蔡昉．中国经济改革效应分析：劳动力重新配置的视角 [J]．经济研究，2017（7）：4-17.

[6] 蔡昉．中国就业增长与结构变化 [J]．社会科学管理与评论，2007（2）：30-43.

[7] 蔡海静，马汴京．高校扩招、能力异质性与大学毕业生就业 [J]．中国人口科学，2015（4）：102-110.

[8] 蔡海亚，徐盈之．贸易开放是否影响了中国产业结构升级？ [J]．数量经济技术经济研究，2017（10）：3-22.

[9] 曹静，周亚林．人工智能对经济的影响研究进展 [J]．经济学动态，2018（1）：103-115.

[10] 常进雄，王丹枫．我国城镇正规就业与非正规就业的工资差异 [J]．数量经济技术经济研究，2010（9）：94-106.

[11] 陈昌盛，许伟．数字宏观：数字时代的宏观经济管理变革 [M].

北京：中信出版社，2022.

[12] 陈加友. 基于区块链技术的去中心化自治组织：核心属性、理论解析与应用前景 [J]. 改革，2021（3）：134-143.

[13] 陈婷婷. 生育代价、社会资本与流动女性的就业质量：基于全国样本的监测数据 [J]. 广东社会科学，2018（1）：200-209.

[14] 陈晓仪. 西方学者对数字经济时代资本主义劳资关系的研究述评 [J]. 经济学家，2022（4）：37-44.

[15] 陈勇，柏喆. 技能偏向型技术进步、劳动者集聚效应与地区工资差距扩大 [J]. 中国工业经济，2018（9）：79-97.

[16] 陈钊，陆铭. 在集聚中走向平衡：中国城乡与区域经济协调发展的实证研究 [M]. 北京：北京大学出版社，2009.

[17] 程名望，张家平. 互联网普及与城乡收入差距：理论与实证 [J]. 中国农村经济，2019（2）：19-41.

[18] 程蹊，尹宁波. 浅析农民工的就业质量与权益保护 [J]. 农业经济，2003（11）：37-38.

[19] 程云飞，李姝，等. "数字鸿沟"与老年人自评健康：以北京市为例 [J]. 老龄科学研究，2018（3）：2-14.

[20] 迟明园，石雅楠. 数字经济促进产业结构优化升级的影响机制及对策 [J]. 经济纵横，2022（4）：122-128.

[21] 丛屹，俞伯阳. 数字经济对中国劳动力资源配置效率的影响 [J]. 财经理论与实践，2020（2）：108-114.

[22] 崔学东，曹樱凡. "共享经济"还是"零工经济"？：后工业与金融资本主义下的积累与雇佣劳动关系 [J]. 政治经济学评论，2019（1）：22-36.

[23] 代锋，吴克明. 社会资本对大学生就业质量的利弊影响探析 [J]. 教育科学，2009（3）：8-10.

[24] 代明，姜寒，程磊. 分享经济理论发展动态：纪念威茨曼《分享经济》出版30周年 [J]. 经济学动态，2014（7）：106-114.

[25] 戴翔，杨双至. 数字赋能、数字投入来源与制造业绿色化转型 [J]. 中

国工业经济, 2022 (9): 83-101.

[26] 邓睿. 社会资本动员中的关系资源如何影响农民工就业质量? [J]. 经济学动态, 2020 (1): 52-68.

[27] 邓睿. 身份的就业效应: "城市人"身份认同影响农民工就业质量的经验考察 [J]. 经济社会体制比较, 2019 (5): 91-104.

[28] 丁守海, 丁洋, 吴迪. 中国就业矛盾从数量型向质量型转化研究 [J]. 经济学家, 2018 (12): 57-63.

[29] 丁述磊. 非正规就业对居民主观幸福感的影响: 来自中国综合社会调查的经验分析 [J]. 经济与管理研究, 2017 (4): 57-67.

[30] 丁述磊, 刘翠花. 非正规就业对居民健康的影响: 来自中国劳动力动态调查的经验分析 [J]. 中国劳动关系学院学报, 2016 (6): 45-55.

[31] 丁述磊, 刘翠花. 数字经济时代互联网使用对就业质量的影响研究: 基于社会网络的视角 [J]. 经济与管理研究, 2021 (10): 97-114.

[32] 丁述磊, 刘翠花. 数字经济时代互联网使用、收入提升与青年群体技能溢价: 基于城乡差异的视角 [J]. 当代经济管理, 2022 (4): 64-72.

[33] 丁述磊, 戚聿东, 刘翠花. 数字经济时代职业重构与青年职业发展 [J]. 改革, 2022 (6): 91-105.

[34] 丁述磊, 张抗私. 数字经济时代新职业与经济循环 [J]. 中国人口科学, 2021 (5): 102-113.

[35] 丁煜, 徐延辉, 李金星. 农民工参加职业技能培训的影响因素分析 [J]. 人口学刊, 2011 (3): 29-36.

[36] 董香书, 王晋梅, 肖翔. 数字经济如何影响制造业企业技术创新: 基于"数字鸿沟"的视角 [J]. 经济学家, 2022 (11): 62-73.

[37] 杜鹏, 韩文婷. 互联网与老年生活: 挑战与机遇 [J]. 人口研究, 2021 (3): 3-16.

[38] 杜鹏, 汪斌. 互联网使用如何影响中国老年人生活满意度? [J]. 人口研究, 2020 (4): 3-17.

[39] 方建国, 尹丽波. 技术创新对就业的影响: 创造还是毁灭工作岗位: 以福建省为例 [J]. 中国人口科学, 2012 (6): 34-43.

［40］方鸣，张婷婷，刘美玲．农民工返乡创业扶持政策绩效评价与政策取向：基于全国返乡创业企业的调查数据［J］．安徽大学学报（哲学社会科学版），2021（6）：122-132.

［41］冯沁雪，曹宇莲，岳昌君．专业兴趣会影响就业质量吗？：基于2009—2019年高校毕业生就业调查的实证研究［J］．教育与经济，2021（4）：56-64.

［42］干春晖，郑若谷，余典范．中国产业结构变迁对经济增长和波动的影响［J］．经济研究，2011（5）：4-16.

［43］高富平，冉高苒．数据要素市场形成论：一种数据要素治理的机制框架［J］．上海经济研究，2022（9）：70-86.

［44］高虹，陆铭．社会信任对劳动力流动的影响：中国农村整合型社会资本的作用及其地区差异［J］．中国农村经济，2010（3）：12-24.

［45］高银燕，甘婷，江丽丽，等．工作时长与肥胖发生风险的剂量反应关系［J］．环境与职业医学，2019（11）：989-994.

［46］关博．加快完善适应新就业形态的用工和社保制度［J］．宏观经济管理，2019（4）：30-35.

［47］郭晗，全勤慧．数字经济与实体经济融合发展：测度评价与实现路径［J］．经济纵横，2022（11）：72-82.

［48］郭晴，孟世超，毛宇飞．数字普惠金融发展能促进就业质量提升吗？［J］．上海财经大学学报，2022（1）：61-75.

［49］韩晶，陈曦．就业质量差异性视角下区域创新效率研究［J］．工业技术经济，2020（6）：3-12.

［50］何铨，张湘笛．老年人数字鸿沟的影响因素及社会融合策略［J］．浙江工业大学学报（社会科学版），2017（4）：437-441.

［51］贺娅萍，徐康宁．互联网对城乡收入差距的影响：基于中国事实的检验［J］．经济经纬，2019（2）：25-32.

［52］赫国胜，柳如眉．人口老龄化、数字鸿沟与金融互联网［J］．南方金融，2015（11）：11-18.

［53］胡安宁．教育能否让我们更健康：基于2010年中国综合社会调查

的城乡比较分析［J］. 中国社会科学，2014（5）：116-130.

［54］胡鞍钢，杨韵新. 就业模式转变从正规化到非正规化［J］. 管理世界，2001（2）：69-78.

［55］胡鞍钢，赵黎. 我国转型期城镇非正规就业与非正规经济（1990—2004）［J］. 清华大学学报（哲学社会科学版），2006（3）：111-119.

［56］胡国栋，王晓杰. 平台型企业的演化逻辑及自组织机制：基于海尔集团的案例研究［J］. 中国软科学，2019（3）：143-152.

［57］胡浩然，张盼盼，张瑞恩. 互联网普及与中国省内工资差距收敛［J］. 经济评论，2020（1）：96-111.

［58］黄灿. 贸易开放、收入水平与技能溢价：基于中国居民收入调查数据的检验［J］. 辽宁大学学报（哲学社会科学版），2019（5）：40-50.

［59］黄超. 家长教养方式的阶层差异及其对子女非认知能力的影响［J］. 社会，2018（6）：216-240.

［60］黄健，邓燕华. 高等教育与社会信任：基于中英调查数据的研究［J］. 中国社会科学，2012（11）：98-112.

［61］黄敬宝. 人力资本、社会资本对大学生就业质量的影响［J］. 北京社会科学，2012（3）：52-58.

［62］黄玖立，刘畅. 方言与社会信任［J］. 财经研究，2017（7）：83-93.

［63］黄裕生. 论自由、差异与人的社会性存在［J］. 中国社会科学，2022（2）：23-42.

［64］贾丽萍. 非正规就业群体社会保障问题研究［J］. 人口学刊，2007（7）：41-46.

［65］江飞涛. 技术革命浪潮下创新组织演变的历史脉络与未来展望：数字经济时代下的新思考［J］. 学术月刊，2022（4）：50-62.

［66］蒋琪，王标悦，张辉，等. 互联网使用对中国居民个人收入的影响：基于 CFPS 面板数据的经验研究［J］. 劳动经济研究，2018（5）：121-143.

［67］焦勇. 数字经济赋能制造业转型：从价值重塑到价值创造［J］. 经济学家，2020（6）：87-94.

［68］矫萍，陈甬军. 数字技术创新驱动现代服务业与先进制造业深度融

合［N］．光明日报，2022-08-09．

［69］解垩．中国地区间健康差异的因素分解［J］．山西财经大学学报，2011（8）：11-24．

［70］靳永爱，赵梦晗．互联网使用与中国老年人的积极老龄化：基于2016年中国老年社会追踪调查数据的分析［J］．人口学刊，2019（6）：44-55．

［71］荆文君，孙宝文．数字经济促进经济高质量发展：一个理论分析框架［J］．经济学家，2019（2）：66-73．

［72］景跃军，张昀．我国劳动力就业结构与产业结构相关性及协调性分析［J］．人口学刊，2015（5）：85-93．

［73］康茜，林光华．工业机器人与农民工就业：替代抑或促进［J］．山西财经大学学报，2021（2）：43-56．

［74］克拉克．经济进步的条件［M］．北京：商务印书馆，1940．

［75］赖德胜，石丹淅．推动实现更高质量的就业：理论探讨与政策建议［J］．第一资源，2013（2）：18-26．

［76］赖德胜，苏丽锋，孟大虎，等．中国各地区就业质量测算与评价［J］．经济理论与经济管理，2011（11）：88-99．

［77］雷光勇，邱保印，王文忠．社会信任、审计师选择与企业投资效率［J］．审计研究，2014（4）：72-80．

［78］李朝鲜．"双循环"背景下数字技术如何赋能商贸流通企业高质量发展［J］．北京工商大学学报（社会科学版），2022（5）：59-70．

［79］李建民，王婷，孙智帅．从健康优势到健康劣势：乡城流动人口中的"流行病学悖论"［J］．人口研究，2019（6）：46-60．

［80］李建奇．数字化变革、非常规技能溢价与女性就业［J］．财经研究，2022（7）：48-62．

［81］李建新，李春华．城乡老年人口健康差异研究［J］．人口学刊，2014（5）：37-47．

［82］李静，李逸飞，周孝．迁移类型、户籍身份与工资收入水平［J］．经济理论与经济管理，2017（11）：72-84．

［83］李俊 . 职业培训与新生代农民工的职业发展［J］. 中国青年研究，2014（12）：52-58.

［84］李礼连，程名望，张珩 . 公共就业服务提高了农民工就业质量吗？［J］. 中国农村观察，2022（4）：134-152.

［85］李实 . 中国农村女劳动力流动行为的经验分析［J］. 上海经济研究，2001（1）：38-46.

［86］李涛，黄纯纯，何兴强，等 . 什么影响了居民的社会信任水平？：来自广东省的经验证据［J］. 经济研究，2008（1）：137-152.

［87］李涛，张文韬 . 人格经济学研究的国际动态［J］. 经济学动态，2015（8）：128-143.

［88］李晓西，刘一萌，宋涛 . 人类绿色发展指数的测算［J］. 中国社会科学，2014（6）：69-95.

［89］李逸飞，李静，许明 . 制造业就业与服务业就业的交互乘数及空间溢出效应［J］. 财贸经济，2017（4）：115-129.

［90］李韵秋，张顺 . "职场紧箍咒"：超时劳动对受雇者健康的影响及其性别差异［J］. 人口与经济，2020（1）：16-28.

［91］李治国，车帅，王杰 . 数字经济发展与产业结构转型升级：基于中国 275 个城市的异质性检验［J］. 广东财经大学学报，2021（5）：27-40.

［92］李中建，袁璐璐 . 务工距离对农民工就业质量的影响分析［J］. 中国农村经济，2017（6）：70-83.

［93］梁萌 . 弹性工时制何以失效？：互联网企业工作压力机制的理论与实践研究［J］. 社会学评论，2019（3）：35-49.

［94］梁童心，齐亚强，叶华 . 职业是如何影响健康的？：基于 2012 年中国劳动力动态调查的实证研究［J］. 社会学研究，2019（4）：193-217.

［95］林龙飞，祝仲坤 . 户籍改革的"标配"：居住证何以影响农民工就业质量？［J］. 宏观质量研究，2022（5）：67-78.

［96］刘波，胡宗义，龚志民 . 中国居民健康差距中的机会不平等［J］. 经济评论，2020（2）：68-85.

［97］刘春雷，于妍 . 大学生就业心理现状及其影响因素研究［J］. 人口

学刊，2011（6）：81-88.

[98] 刘翠花，丁述磊. 非正规就业对居民工作满意度的影响：来自中国劳动力动态调查的经验分析 [J]. 当代经济管理，2018（11）：70-79.

[99] 刘翠花，戚聿东，丁述磊. 数字经济时代弹性工作如何影响青年就业质量？ [J]. 宏观质量研究，2022（11）：43-60.

[100] 刘翠花. 数字经济对产业结构升级和创业增长的影响 [J]. 中国人口科学，2022（2）：112-125.

[101] 刘汉民，解晓晴，齐宇. 工业革命、组织变革与企业理论创新 [J]. 经济与管理研究，2020（8）：3-13.

[102] 刘皓琰，李明. 网络生产力下经济模式的劳动关系变化探析 [J]. 经济学家，2017（12）：33-41.

[103] 刘华，胡文馨. 非正式渠道与青年工作稳定性 [J]. 经济学动态，2021（10）：116-130.

[104] 刘华兴. 公共行政场域视角下的青年公务员工作满意度研究：基于驻鲁高校 MPA 群体的调查 [J]. 管理学刊，2020（1）：82-93.

[105] 刘军，杨渊鋆，张三峰. 中国数字经济测度与驱动因素研究 [J]. 上海经济研究，2020（6）：81-96.

[106] 刘涛，袁毅. 去中心化自组织管理的形态、特征及差异性比较 [J]. 河北学刊，2022（3）：134-141.

[107] 刘晓倩，韩青. 农村居民互联网使用对收入的影响及其机理：基于中国家庭追踪调查（CFPS）数据 [J]. 农业技术经济，2018（9）：123-134.

[108] 刘艳珍. 国外农村剩余劳动力转移培训的基本经验及其启示 [J]. 华北水利水电学院学报（社科版），2010（2）：14-16.

[109] 刘洋，陈晓东. 中国数字经济发展对产业结构升级的影响 [J]. 经济与管理研究，2021（8）：15-29.

[110] 刘永强，赵曙明. 工作：家庭无边界情境下企业管理制度效率的概念框架 [J]. 当代财经，2016（11）：69-78.

[111] 吕荣杰，郝力晓. 人工智能等技术对劳动力市场的影响效应研究

［J］.工业技术经济，2018（12）：131-137.

［112］罗莹.当代大学生就业能力与就业质量的关系研究［J］.中国青年研究，2014（9）：85-88.

［113］马丹.社会网络对生活满意度的影响研究：基于京、沪、粤三地的分析［J］.社会，2015（3）：168-192.

［114］毛宇飞，李烨.互联网与人力资本：现代农业经济增长的新引擎：基于我国省际面板数据的实证研究［J］.农村经济，2016（6）：113-118.

［115］毛宇飞，曾湘泉，胡文馨.互联网使用能否减小性别工资差距？：基于CFPS数据的经验分析［J］.财经研究，2018（7）：33-45.

［116］毛宇飞，曾湘泉.互联网使用是否促进了女性就业：基于CGSS数据的经验分析［J］.经济学动态，2017（6）：21-31.

［117］毛宇飞，曾湘泉，祝慧琳.互联网使用、就业决策与就业质量：基于CGSS数据的经验证据［J］.经济理论与经济管理，2019（1）：72-85.

［118］孟大虎，苏丽锋，李璐.人力资本与大学生的就业实现和就业质量：基于问卷数据的实证分析［J］.人口与经济，2012（3）：19-26.

［119］明娟.农民工就业质量状况及变动趋势［J］.城市问题，2016（3）：83-91.

［120］明娟，曾湘泉.工作转换与受雇农民工就业质量：影响效应及传导机制［J］.经济学动态，2015，（12）：22-33.

［121］莫怡青，李力行.零工经济对创业的影响：以外卖平台的兴起为例［J］.管理世界，2022（2）：31-45.

［122］牛建林.人口流动对中国城乡居民健康差异的影响［J］.中国社会科学，2013（2）：46-63.

［123］潘杰，雷晓燕，刘国恩.医疗保险促进健康吗？：基于中国城镇居民基本医疗保险的实证分析［J］.经济研究，2013（4）：130-142.

［124］彭国胜，陈成文.社会制度与青年农民工的就业质量：基于湖南长沙市的实证调查［J］.四川行政学院学报，2009（3）：91-94.

［125］彭希哲，吕明阳，陆蒙华.使用互联网会让老年人感到更幸福吗？：来自CGSS数据的实证研究［J］.南京社会科学，2019（10）：57-68.

［126］彭正霞，陆根书，李丽洁．大学毕业生就业质量的影响因素及路径分析［J］．中国高教研究，2020（1）：57-64．

［127］戚聿东，褚席．数字生活的就业效应：微观证据与内在机制［J］．财贸经济，2021（4）：98-114．

［128］戚聿东，丁述磊，刘翠花．数字经济时代互联网使用对灵活就业者工资收入的影响研究［J］．社会科学辑刊，2022（1）：125-138．

［129］戚聿东，丁述磊，刘翠花．数字经济时代新职业促进专业化发展和经济增长的机理研究：基于社会分工视角［J］．北京师范大学学报（社会科学版），2021（3）：58-69．

［130］戚聿东，丁述磊，刘翠花．数字经济时代新职业发展与新型劳动关系的构建［J］．改革，2021（9）：65-81．

［131］戚聿东，杜博，叶胜然．知识产权与技术标准协同驱动数字产业创新：机理与路径［J］．中国工业经济，2022（8）：5-24．

［132］戚聿东，刘翠花，丁述磊．数字经济发展、就业结构优化与就业质量提升［J］．经济学动态，2020（11）：17-35．

［133］戚聿东，刘翠花．数字经济背景下互联网使用是否缩小了性别工资差异：基于中国综合社会调查的经验分析［J］．经济理论与经济管理，2020（9）：70-87．

［134］戚聿东，刘翠花．数字经济背景下流动人口工时健康差异问题研究［J］．中国人口科学，2021（1）：50-63．

［135］戚聿东，肖旭．数字经济时代的企业管理变革［J］．管理世界，2020（6）：135-152．

［136］齐亚强，牛建林．地区经济发展与收入分配状况对我国居民健康差异的影响［J］．社会学评论，2015（2）：65-76．

［137］钱纳里，赛尔奎因．工业化和经济增长的比较研究［M］．上海：上海三联书店，1989．

［138］卿石松，郑加梅．工作让生活更美好：就业质量视角下的幸福感研究［J］．财贸经济，2016，37（4）：134-148．

［139］任海霞．非正规就业人员社会保障的困境与抉择：以内蒙古为

例［J］.经济经纬，2016，33（3）：120-125.

［140］邵文波，匡霞，林文轩.信息化与高技能劳动力相对需求：基于中国微观企业层面的经验研究［J］.经济评论，2018（2）：15-29.

［141］邵文波，盛丹.信息化与中国企业就业吸纳下降之谜［J］.经济研究，2017（6）：120-136.

［142］申广军，张川川.收入差距、社会分化与社会信任［J］.经济社会体制比较，2016（1）：121-136.

［143］盛卫燕，胡秋阳.认知能力、非认知能力与技能溢价：基于CFPS 2010-2016年微观数据的实证研究［J］.上海经济研究，2019（4）：28-42.

［144］师博.人工智能助推经济高质量发展的机理诠释［J］.改革，2020（1）：30-38.

［145］石丹淅，赖柳华.新生代农民工的工作时间及其影响因素［J］.现代财经，2014（7）：103-113.

［146］石晋阳，陈刚.社交媒体视域下老年人的数字化生存：问题与反思［J］.扬州大学学报（人文社会科学版），2019（6）：119-128.

［147］史宇鹏，李新荣.公共资源与社会信任：以义务教育为例［J］.经济研究，2016（5）：86-100.

［148］苏岚岚，孔荣.互联网使用促进农户创业增益了吗?：基于内生转换回归模型的实证分析［J］.中国农村经济，2020（2）：62-80.

［149］苏丽锋，陈建伟.我国新时期个人就业质量影响因素研究：基于调查数据的实证分析［J］.人口与经济，2015（4）：107-118.

［150］苏丽锋.我国转型期各地就业质量的测算与决定机制研究［J］.经济科学，2013（4）：41-53.

［151］孙鹃娟，蒋炜康.负性生活事件与中国老年人的心理健康状况：兼论社会网络、应对方式的调节作用［J］.人口研究，2020（2）：73-86.

［152］孙妍.青年就业特征及变动趋势研究［J］.中国青年研究，2022（1）：5-10.

［153］孙毅.数字经济学［M］.北京：机械工业出版社，2021.

［154］孙早，侯玉琳.工业智能化如何重塑劳动力就业结构［J］.中国

工业经济，2019（5）：61-79.

［155］唐丹，孙惠，徐瑛．照顾孙子女对老年人心理健康的影响：社会网络的中介作用［J］．人口研究，2020（4）：33-45.

［156］唐礼智，李雨佳．教育投入、人力资本与技能溢价［J］．南京社会科学，2020（2）：18-26.

［157］托马斯．中国：充分就业前景展望［J］．管理世界，1999（3）：92-103.

［158］田毕飞，陈紫若．FDI对中国创业的空间外溢效应［J］．中国工业经济，2016（8）：40-57.

［159］田秀娟，李睿．数字技术赋能实体经济转型发展：基于熊彼特内生增长理论的分析框架［J］．管理世界，2022（5）：56-74.

［160］万向东．农民工非正式就业的进入条件与效果［J］．管理世界，2008（1）：63-74.

［161］汪斌．多维解释视角下中国老年人互联网使用的影响因素研究［J］．人口与发展，2020（3）：98-106.

［162］汪伟，刘玉飞，彭冬冬．人口老龄化的产业结构升级效应研究［J］．中国工业经济，2015（11）：47-61.

［163］王琛伟．数字经济和实体经济深度融合：核心动力、主要问题与趋势对策［J］．人民论坛·学术前沿，2022（18）：12-21.

［164］王春超，张承莎．非认知能力与工资性收入［J］．世界经济，2019（3）：143-167.

［165］王弟海，李夏伟，黄亮．健康投资如何影响经济增长：来自跨国面板数据的研究［J］．经济科学，2019（1）：5-17.

［166］王桂新，胡健．城市农民工社会保障与市民化意愿［J］．人口学刊，2015（6）：45-55.

［167］王海成，郭敏．非正规就业对主观幸福感的影响：劳动力市场正规化政策的合理性［J］．经济学动态，2015（5）：50-59.

［168］王佳元．数字经济赋能产业深度融合发展：作用机制、问题挑战及政策建议［J］．宏观经济研究，2022（5）：74-81.

［169］王建国，李实．大城市的农民工工资水平高吗？［J］．管理世界，2015（1）：51-62.

［170］王静，王欣．进城农民工超时工作的成因与特征研究［J］．统计研究，2013（10）：111-112.

［171］王娟．高质量发展背景下的新就业形态：内涵、影响及发展对策［J］．学术交流，2019（3）：131-141.

［172］王孟成，戴娇阳，姚树桥．中国大五人格问卷的初步编制Ⅰ：理论框架与信度分析［J］．中国临床心理学杂志，2010（5）：545-548.

［173］王明康，刘彦平．旅游产业集聚、城镇化与城乡收入差距：基于省级面板数据的实证研究［J］．华中农业大学学报（社会科学版），2019（6）：78-88.

［174］王倩．论我国特殊工时制的改造：在弹性与保障之间［J］．法学评论，2021（6）：93-105.

［175］王琼，叶静怡．进城务工人员健康状况、收入与超时劳动［J］．中国农村经济，2016（2）：2-12.

［176］王文．数字经济时代下工业智能化促进了高质量就业吗［J］．经济学家，2020（4）：89-98.

［177］王欣，杨婧．劳动时间长度与健康的关系：基于肥胖的视角［J］．人口与经济，2019（6）：29-48.

［178］王秀丽，宋林，朱红亮．我国农民工职业培训体系构建的理论思考：对德国"双元制"模式的借鉴［J］．西北大学学报（哲学社会科学版），2015（5）：144-149.

［179］王学军．中国城镇正规就业与非正规就业的工资差异演变研究：基于非条件分位数回归的分解方法［J］．财经理论与实践，2017（4）：89-96.

［180］王元超．互联网工资溢价效应的阶层差异［J］．社会学评论，2019（2）：27-41.

［181］王卓，刘小莞．元宇宙：时空再造与虚实相融的社会新形态［J］．社会科学研究，2022（5）：14-24.

［182］王子成，杨伟国．就业匹配对大学生就业质量的影响效应［J］．教育与经济，2014（3）：44-52．

［183］翁仁木．国外就业质量评价指标体系比较研究［J］．中国劳动，2016（5）：22-27．

［184］巫瑞，李飚，李思雨．工业机器人、技能升级与工资溢价［J］．工业技术经济，2022（8）：92-99．

［185］吴清军，李贞．分享经济下的劳动控制与工作自主性：关于网约车司机工作的混合研究［J］．社会学研究，2018（4）：137-162．

［186］夏杰长．我国劳动就业结构与产业结构的偏差［J］．中国工业经济，2000（1）：36-40．

［187］夏杰长．中国式现代化视域下实体经济的高质量发展［J］．改革，2022（10）：1-11．

［188］向书坚，吴文君．中国数字经济卫星账户框架设计研究［J］．统计研究，2019（10）：3-16．

［189］肖亚庆．大力推动数字经济高质量发展［N］．学习时报，2021-07-16．

［190］邢春冰，贾淑艳，李实．教育回报率的地区差异及其对劳动力流动的影响［J］．经济研究，2013（11）：114-126．

［191］许宪春，张美慧．中国数字经济规模测算研究：基于国际比较的视角［J］．中国工业经济，2020（5）：23-41．

［192］续继，唐琦．数字经济与国民经济核算文献评述［J］．经济学动态，2019（10）：117-131．

［193］薛进军，高文书．中国城镇非正规就业：规模、特征和收入差距［J］．经济社会体制比较，2012（6）：59-69．

［194］闫海波，陈敬良，孟媛．非正规就业部门的形成机理研究：理论、实证与政策框架［J］．中国人口·资源与环境，2013（8）：81-89．

［195］燕晓飞．中国非正规就业增长的新特点与对策［J］．经济纵横，2013（1）：57-60．

［196］杨超，张征宇．流动人口与本地人口就业质量差异研究：现状、

来源与成因 [J]. 财经研究, 2022 (4): 19-33.

[197] 杨成湘. 论中国特色协调劳动关系三方机制的特征及其改革路向 [J]. 社会科学辑刊, 2022 (4): 136-145.

[198] 杨东, 高一乘. 论"元宇宙"主体组织模式的重构 [J]. 上海大学学报 (社会科学版), 2022 (5): 75-87.

[199] 杨帆. 流动人口正规就业与非正规就业的工资差异研究 [J]. 人口研究, 2015 (6): 94-104.

[200] 杨凡, 黄映娇, 王富百慧. 中国老年人的体育锻炼和社会参与: 健康促进与网络拓展 [J]. 人口研究, 2021 (3): 97-113.

[201] 杨凡, 林鹏东. 流动人口非正规就业对其居留意愿的影响 [J]. 人口学刊, 2018 (6): 40-51.

[202] 杨菊华. 边界与跨界: 工作-家庭关系模式的变革 [J]. 探索与争鸣, 2018 (10): 62-71.

[203] 杨璐. 中老年人互联网使用状况的影响因素研究: 基于 CHARLS 数据 [J]. 人口与社会, 2020 (3): 61-72.

[204] 杨明, 孟天广, 方然. 变迁社会中的社会信任: 存量与变化: 1990—2010 年 [J]. 北京大学学报 (哲学社会科学版), 2011 (6): 100-109.

[205] 杨少杰. 进化: 组织形态管理 [M]. 北京: 中国法制出版社, 2019.

[206] 杨少杰. 组织结构演变: 解码组织变革底层逻辑 [M]. 北京: 中国法制出版社, 2020.

[207] 杨伟国, 陈玉杰. 职位隔离对高管薪酬性别差异的影响 [J]. 经济理论与经济管理, 2014 (12): 74-92.

[208] 杨伟国, 邱子童, 吴清军. 人工智能应用的就业效应研究综述 [J]. 中国人口科学, 2018 (5): 109-119.

[209] 杨伟国, 吴清军, 张建国. 中国灵活用工发展报告 (2021) [M]. 北京: 社会科学文献出版社, 2021.

[210] 杨宜勇. 中国转型时期的就业问题 [M]. 北京: 中国劳动社会保障出版社, 2002.

[211] 叶静怡，杨洋．最低工资标准及其执行差异：违规率与违规深度 [J]．经济学动态，2015（8）：51-63.

[212] 叶文平，李新春，陈远强．流动人口对城市创业活跃度的影响：机制与证据 [J]．经济研究，2018（6）：157-170.

[213] 易鸣，翁丽影，徐长生．金融摩擦、创新创业与经济增长：基于劳动分工的视角 [J]．世界经济文汇，2019（4）：1-17.

[214] 尹海洁，王翌佳．东北地区城市工作贫困群体就业质量研究：来自哈尔滨、长春和沈阳市的调查 [J]．中国人口科学，2015（3）：116-125.

[215] 于潇，刘澍．老年人数字鸿沟与家庭支持：基于2018年中国家庭追踪调查的研究 [J]．吉林大学社会科学学报，2021（6）：67-82.

[216] 余东华，李云汉．数字经济时代的产业组织创新：以数字技术驱动的产业链群生态体系为例 [J]．改革，2021（7）：24-43.

[217] 余永泽，潘妍．中国经济高速增长与服务业结构升级滞后并存之谜：基于地方经济增长目标约束视角的解释 [J]．经济研究，2019（3）：150-165.

[218] 俞林，印建兵，孙明贵．新生代农民工职业转换意愿作用机理分析 [J]．统计与决策，2017（10）：42-49.

[219] 袁超，张东．流动赋权：外出务工经历与农村女性劳动力就业质量 [J]．经济经纬，2021（1）：57-65.

[220] 原新．乡城流动人口对大城市人口年龄结构影响分析：以京、津、沪为例 [J]．人口学刊，2005（2）：3-8.

[221] 张彬彬，杨滨伊．零工经济中平台型灵活就业人员的劳动供给影响因素研究：来自外卖骑手的证据 [J]．经济与管理研究，2022（6）：80-89.

[222] 张车伟．中国人口与劳动问题报告 [M]．北京：社会科学文献出版社，2019.

[223] 张车伟，蔡昉．就业弹性的变化趋势研究 [J]．中国工业经济，2002（5）：22-30.

[224] 张成刚．就业发展的未来趋势，新就业形态的概念及影响分析 [J].

中国人力资源开发，2016（19）：86-91.

［225］张建锋，肖利华，叶军，等．数智化敏捷组织：云钉一体驱动组织转型［M］．北京：人民邮电出版社，2022.

［226］张凯．就业质量的概念内涵及其理论基础［J］．社会发展研究，2015（1）：86-108.

［227］张抗私，刘翠花，丁述磊．工作时间如何影响城镇职工的健康状况?：来自中国劳动力动态调查的经验分析［J］．劳动经济研究，2018（1）：107-127.

［228］张抗私，刘翠花，丁述磊．正规就业与非正规就业工资差异研究［J］．中国人口科学，2018（1）：83-94.

［229］张其仔．新工业革命背景下的世界一流管理：特征与展望［J］．经济管理，2021（6）：5-21.

［230］张未平，范君晖．老年数字鸿沟的社会支持体系构建［J］．老龄科学研究，2019（2）：63-70.

［231］张文娟，赵德宇．城市中低龄老年人的社会参与模式研究［J］．人口与发展，2017（1）：78-88.

［232］张文魁．数字经济的内生特性与产业组织［J］．管理世界，2022（7）：79-90.

［233］张晓燕，张方明．数实融合：数字经济赋能传统产业转型升级［M］．北京：中国经济出版社，2022.

［234］张新春，董长瑞．人工智能技术条件下"人的全面发展"向何处去：兼论新技术下劳动的一般特征［J］．经济学家，2019（1）：43-52.

［235］张新红，于凤霞，刘厉兵，等．信息化城市发展水平测评［J］．电子政务，2012（1）：12-19.

［236］张新岭，孙友然，江游．经济学视域的非正规就业概念体系［J］．统计预测与决策，2008（11）：131-133.

［237］张勋，万广华，张佳佳，等．数字经济、普惠金融与包容性增长［J］．经济研究，2019（8）：71-86.

［238］张宇，谢地，任保平，等．中国特色社会主义政治经济学［M］.

北京：高等教育出版社，2021.

［239］张玉明．共享创新［M］．北京：科学出版社，2021.

［240］张毓龙，刘超捷．灵活就业群体和谐劳动关系治理新探［J］．现代经济探讨，2020（10）：7-12.

［241］张原．农民工就业能力能否促进就业质量？：基于代际和城乡比较的实证研究［J］．当代经济科学，2020（2）：16-31.

［242］赵建国，周德水．互联网使用对大学毕业生就业工资的影响［J］．中国人口科学，2019（1）：47-60.

［243］赵建国，周德水．灵活就业流动人口的养老保险覆盖率及其收入效应［J］．社会保障评论，2020（2）：29-42.

［244］赵涛，张智，梁上坤．数字经济、创业活跃度与高质量发展：来自中国城市的经验证据［J］．管理世界，2020（10）：65-75.

［245］赵忠，侯振刚．我国城镇居民的健康需求与 Grossman 模型：来自截面数据的证据［J］．经济研究，2005（10）：79-90.

［246］郑志刚．从"股东"中心到"企业家"中心：公司治理制度变革的全球趋势［J］．金融评论，2019（1）：58-72.

［247］周广肃，李沙浪．消费不平等会引发社会信任危机吗？［J］．浙江社会科学，2016（7）：11-21.

［248］周广肃，梁琪．互联网使用、市场摩擦与家庭风险金融资产投资［J］．金融研究，2018（1）：84-101.

［249］周群芳，苏群．我国农民工与城镇职工就业质量差异及其分解：基于 RIF 无条件分位数回归的分解法［J］．农业技术经济，2018（6）：32-43.

［250］周志春．中国产业结构变动对就业增长影响研究：基于面板数据的实证分析［J］．社会科学战线，2010（4）：259-261.

［251］朱嘉明．元宇宙与数字经济［M］．北京：中央编译出版社，2022.

［252］朱松岭．新就业形态：概念、模式与前景［J］．中国青年社会科学，2018（3）：8-14.

［253］诸萍．子女随迁对流动青年就业质量的影响研究：基于性别差异

视角［J］. 南方人口, 2021 (3): 41-55.

［254］庄家炽. 从被管理的手到被管理的心: 劳动过程视野下的加班研究［J］. 社会学研究, 2018 (3): 74-91.

［255］庄家炽, 刘爱玉, 孙超. 网络空间性别不平等的再生产: 互联网工资溢价效应的性别差异: 以第三期妇女地位调查为例［J］. 社会, 2016 (5): 88-106.

［256］ABEL J R, DEITZ R. Underemployment in the early careers of college graduates following the great recession［J］. Journal of economic perspectives, 2015, 38 (3): 123-145.

［257］ABS. Measuring digital activities in the australian economy［EB/OL］. https://www.abs.gov.au/websitedbs/ D3310114. nsf/home/ABS+Chief+Economist+-+Full+Paper+of+Measuring+Digital+Activities+in+the+Australian+Economy, 2019.

［258］ACEMOGLU D, RESTREPO P. Robots and jobs: evidence from US labor markets［J］. Journal of political economy, 2020, 128 (6): 2188-2244.

［259］ACEMOGLU D, RESTREPO P. The race between man and machine: implications of technology for growth, factor shares, and employment［J］. American economic review, 2018, 108 (6): 1488-1542.

［260］ACEMOGLU D. Why do new technologies complement skills? Directed technical change and wage inequality［J］. The quarterly journal of economics, 1998, 113 (4): 1055-1089.

［261］ALDRICH M. On the track of efficiency: scientific management comes to railroad shops, 1900-1930［J］. Business history review, 2010, 84 (3): 501-526.

［262］ALESINA A, LA FERRARA E. Participation in heterogeneous communities ［J］. The quarterly journal of economics, 2000, 115 (3): 847-904.

［263］Alesina A, La Ferrara E. Who trusts others? ［J］. Journal of public economics, 2002, 85 (2): 207-234.

［264］ALLEN T D, JOHNSON R C, et al. Work-family conflict and flexible work arrangements: Deconstructing flexibility［J］. Personnel psychology, 2013, 66 (2): 345-376.

[265] AMEYE H, SWINNEN J. Obesity, income and gender: the changing global relationship [J]. Global food security, 2019 (23): 267-281.

[266] AMIN V, DUNN P, SPECTOR T. Does education attenuate the genetic risk of obesity? Evidence from UK Twins [J]. Economics & human biology, 2018 (31): 200-208.

[267] AMUEDO-DORANTES C. Determinants and poverty implications of informal sector work in Chile [J]. Economic development and cultural change, 2004, 52 (2): 347-368.

[268] ANKER R, CHERNYSHEV I, et al. Measuring Decent Work with Statistical Indicators [J]. International labour review, 2003, 142 (2): 147-178.

[269] ANWAR M A, GRAHAM M. Between a rock and a hard place: Freedom, flexibility, precarity and vulnerability in the gig economy in Africa [J]. Competition & change, 2021, 25 (2): 237-258.

[270] ASHFORTH B E, KREINER G E, FUGATE M. All in a day's work: boundaries and micro role transitions [J]. Academy of management review, 2000, 25 (3): 472-491.

[271] ATASOY H. The effects of broadband internet expansion on labor market outcomes [J]. ILR review, 2013, 66 (2): 315-345.

[272] AUTIO E. Strategic entrepreneurial internationalization: a normative framework [J]. Strategic entrepreneurship journal, 2017, 11 (3): 211-227.

[273] AUTOR D H, DORN D, HANSON G H. Untangling trade and technology: evidence from local labour markets [J]. The economic journal, 2015, 125 (584): 621-646.

[274] AUTOR D H, KATZ L F, KRUEGER A B. Computing inequality: have computers changed the labor market? [J]. The quarterly journal of economics, 1998, 113 (4): 1169-1213.

[275] BALLANCE J. Gender discrimination across US States: what has changed over the past thirty years? [M]. Honors projects in economics, rhode Island: Bryant University, 2012.

[276] BAL P M, IZAK M. Paradigms of flexibility: a systematic review of research on workplace flexibility [J]. European management review, 2021, 18 (1): 37-50.

[277] BAREFOOT K, CURTIS D, JOLLIFF W, et al. Defining and measuring the digital economy [R]. Washington: BEA Working Paper, 2018.

[278] BARGAIN O, KWENDA P. Earnings structures, informal employment, and self-employment: new evidence from brazil, mexico, and south africa [J]. Review of income and wealth, 2011 (57): S100-S122.

[279] Bauer J M. The internet and income inequality: socio-economic challenges in a hyperconnected society [J]. Telecommunications policy, 2018, 42 (4): 333-343.

[280] BÖCKERMAN P, VIINIKAINEN J, PULKKI-RÅBACK L, et al. Does higher education protect against obesity? evidence using mendelian randomization [J]. Preventive medicine, 2017 (101): 195-198.

[281] BEA. Measuring the digital economy: An update incorporating data from the 2018 comprehensive update of the industry economic accounts [EB/OL]. https://www.bea.gov/system/files/2019-04/digital-economy-report-updateApril-2019_1.pdf, 2019.

[282] BECKER G S. Theeconomics of discrimination [M]. Chicago: University of Chicago Press, 1957.

[283] BELZIL C, HANSEN J. Unobserved ability and the return to schooling [J]. Econometrica, 2002, 70 (5): 2075-2091.

[284] BERGER E M. Happy working mothers? investigating the effect of maternal employment on life satisfaction [J]. Economica, 2013, 80 (317): 23-43.

[285] BESSEN J. AI and jobs: the role of demand [R]. Cambridge: National Bureau of Economic Research, 2018.

[286] BIMPIKIS K, CRAPIS D, TAHBAZ-SALEHI A. Information sale and competition [J]. Management science, 2019, 65 (6): 2646-2664.

[287] BLACK S E, SPITZ-OENER A. Explaining women's success: technological

change and the skill content of women's work [J]. The review of economics and statistics, 2010, 92 (1): 187-194.

[288] BLAU F D, BELLER A H. Trends in earnings differentials by gender, 1971-1981 [J]. Industrial and labor relations review, 1988, 41 (4): 513-529.

[289] BLINDER A S. Wage discrimination: reduced form and structural estimates [J]. Journal of human resources, 1973, 8 (4): 436-455.

[290] BLOOM N, LIANG J, et al. Does working from home work? evidence from a Chinese experiment [J]. The quarterly journal of economics, 2015, 130 (1): 165-218.

[291] BORLAND J, COELLI M. Are robots taking our jobs? [J]. Australian economic review, 2017, 50 (4): 377-397.

[292] BOUDREAU J, JESÚSSASSON R, CREELMAN D. The future of work: the end of the era of traditional employment [M]. Beijing: Mechanical Industry Press, 2016.

[293] BOYD A P, LAMBERMON I, CORNELIS G R. Competition between the yops of yersinia enterocolitica for delivery into eukaryotic cells: role of the syce chaperone binding domain of yope [J]. Journal of bacteriology, 2019, 182 (17): 4811-4821.

[294] BRIEL F V, DAVIDSSON P, RECKER J. Digital technologies as external enablers of new venture creation in the IT hardware sector [J]. Entrepreneurship theory and practice, 2018, 42 (1): 47-69.

[295] BROWN D H, MCDANIEL D O. Manual for media trainers: a learner-centered approach [M]. New York: AIBD, 2001.

[296] BROWN T, AVENELL A, EDMUNDS L D, et al. Systematic review of long-term lifestyle interventions to prevent weight gain and morbidity in adults [J]. Obesity reviews, 2009, 10 (6): 627-638.

[297] BUDDELMEYER H, MCVICAR D, WOODEN M. Non-standard "contingent" employment and job satisfaction: a panel data analysis [J]. Industrial relations: a journal of economy and society, 2015, 54 (2): 256-275.

[298] BURDETT K, COLES M G. Long-term partnership formation: marriage and employment [J]. The economic journal, 1999, 109 (456): 307-334.

[299] CARPENTER M A, LI M, JIANG H. Social network research in organizational contexts: a systematic review of methodological issues and choices [J]. Journal of management, 2012, 38 (4): 1328-1361.

[300] CARUSO C C, BUSHNELL T, et al. Long working hours, safety, and health: toward a National Research Agenda [J]. American journal of industrial medicine, 2006, 49 (11): 930-942.

[301] CHEN W. The implications of social capital for the digital divides in America [J]. The information society, 2013, 29 (1): 13-25.

[302] CHEVALIER A, DOLTON P., LUEHRMANN M. Making it count: incentives, student effort and performance [J]. Journal of the royal statistical society, Series A. Statistics in society, 2018, 181 (2): 323-349.

[303] CLARK S C. Work/family border theory: a new theory of work/family balance [J]. Human relations, 2000, 53 (6): 747-770.

[304] CLASSEN T J, THOMPSON O. Genes and the intergenerational transmission of BMI and obesity [J]. Economics & human biology, 2016 (23): 121-133.

[305] COASE R H. The nature of the firm [J]. Economica, 1937, 4 (16): 386-405.

[306] CORTES G M, JAIMOVICH N, SIU H E. Disappearing routine jobs: who, how, and why? [J]. Journal of monetary economics, 2017 (91): 69-87.

[307] CORTES G M. Where have the middle-wage workers gone? a study of polarization using panel data [J]. Journal of labor economics, 2016, 34 (1): 63-105.

[308] COSTA JR P T, MCCRAE R R. Four ways five factors are basic [J]. Personality and individual differences, 1992, 13 (6): 653-665.

[309] DAVID H. Why are there still so many jobs? The history and future of workplace automation [J]. Journal of economic perspectives, 2015, 29 (3):

3-30.

[310] DAVOINE L, ERHEL C, GUERGOAT-LARIVIÈRE M. Monitoring quality in work: European Employment Strategy indicators and beyond [J]. International labour review, 2008, 147 (2-3): 163-198.

[311] DEAN D, RUBNER H, JOHNSON G T. The internet economy in G20: The S4. 2 trillion growth opportunity [R]. Boston: The Boston Consulting Group, 2016.

[312] DELHEY J, NEWTON K. Who trusts?: the origins of social trust in seven societies [J]. European societies, 2003, 5 (2): 93-137.

[313] DETTLING L J. Broadband in the labor market: the impact of residential high-speed internet on married women's labor force participation [J]. ILR review, 2017, 70 (2): 451-482.

[314] DIMAGGIO P, BONIKOWSKI B. Make money surfing the web? The impact of Internet use on the earnings of US workers [J]. American sociological review, 2008, 73 (2): 227-250.

[315] DOERRMANN C, OANCEA S C, SELYA A. The association between hours spent at work and obesity status: results from NHANES 2015 to 2016 [J]. American journal of health promotion, 2020, 34 (4): 359-365.

[316] DOLAN P, PEASGOOD T, WHITE M. Do we really know what makes us happy? A review of the economic literature on the factors associated with subjective well-being [J]. Journal of economic psychology, 2008, 29 (1): 94-122.

[317] DUCKWORTH A L, QUIRK A, GALLOP R, et al. Cognitive and noncognitive predictors of success [J]. Proceedings of the national academy of sciences, 2019, 116 (47): 23499-23504.

[318] DUPEYRAT C, MARINÉ C. Implicit theories of intelligence, goal orientation, cognitive engagement, and achievement: A test of Dweck's model with returning to school adults [J]. Contemporary educational psychology, 2005, 30 (1): 43-59.

[319] DURLAUF S N, FAFCHAMPS M. "Social capital", handbook of

economic growth, in: Philippe Aghion & Steven Durlauf (ed.) [J]. Handbook of economic growth, 2005, 26 (1): 1639-1699.

[320] EAGLE B W, MILES E W, ICENOGLE M L. Interrole conflicts and the permeability of work and family domains: are there gender differences? [J]. Journal of vocational behavior, 1997, 50 (2): 168-184.

[321] ECK J. Greenhouses. [J]. Horticulture, 1993, 45 (2): 110-134.

[322] EUROFOUND. Trends in job quality in Europe [R]. Brussels: Publications Office of the European Union, 2012.

[323] EUROPEAN COMMISSION. Digital economy and society index [R]. Brussels: European Commission, 2015.

[324] EUROPEAN COMMISSION. Taking stock of five years of the European employment strategy [M]. Brussels: Brussels Conference, 2002.

[325] EUROSTAT. Digital economy & society in the EU-A browse through our online world in figures [R]. Brussels: Luxembourg: Eurostat, 2017.

[326] EVANGELISTA R. Innovation and employment in services: results from the Italian innovation survey [J]. Industrial and corporate change, 2000, 17 (4): 813-839.

[327] FAIRLIE R W. An extension of the Blinder-Oaxaca decomposition technique to logit and probit models [J]. Journal of economic and social measurement, 2005, 30 (4): 305-316.

[328] FAN W, LAM J, et al. Constrained choices? Linking employees' and spouses' work time to health behaviors [J]. Social science & medicine, 2015 (126): 99-109.

[329] FEIN E C, SKINNER N. Clarifying the effect of work hours on health through work-life conflict [J]. Asia pacific journal of human resources, 2015, 53 (4): 448-470.

[330] FINDLAY R, Coastal-inland interactions in Burmese history: a long-term perspective [J]. Asian-pacific economic literature, 2013, 27 (1): 1-26.

[331] FORD E S, LI C, et al. Sleep duration and body mass index and waist circumference among US adults [J]. Obesity, 2014, 22 (2): 598-607.

[332] FORMAN C, GOLDFARB A, GREENSTEIN S. The internet and local wages: a puzzle [J]. American economic review, 2012, 102 (1): 556-575.

[333] FREY C B, OSBORNE M A. The future of employment: How susceptible are jobs to computerisation? [J]. Technological forecasting and social change, 2017 (114): 254-280.

[334] FUKUYAMA F. Trust: the social virtues and the creation of prosperity [M]. New York: Free Press, 1995.

[335] FUNKHOUSER E. The urban informal sector in Central America: Household survey evidence [J]. World development, 1996, 24 (11): 1737-1751.

[336] GALOR O, MOAV O. From physical to human capital accumulation: inequality and the process of development [J]. The review of economic studies, 2004, 71 (4): 1001-1026.

[337] GAO Y, ZANG L, SUN J. Does computer penetration increase farmers' income? an empirical study from China [J]. Telecommunications policy, 2018, 42 (5): 345-360.

[338] GERSHUNY B, KLERK H D. Mentoring undergraduate students with aspirations for clinically relevant work: The bard college model [J]. Journal of cognitive psychotherapy, 2012, 26 (3): 176-182.

[339] GLAESER E L, LAIBSON D I, SCHEINKMAN J A, et al. Measuring trust [J]. The quarterly journal of economics, 2000, 115 (3): 811-846.

[340] GÜNTHER I, LAUNOV A. Informal employment in developing countries: Opportunity or last resort? [J]. Journal of development economics, 2012, 97 (1): 88-98.

[341] GOLDFARB A, TUCKER C. Digital economics [J]. Journal of economic literature, 2019, 57 (1): 3-43.

[342] GORDON R. The rise and fall of American growth [M]. Beijing: CITIC Press, 2018.

［343］ GRAETZ G, MICHAELS G. Robots at work ［J］. Review of economics and statistics, 2018, 100 （5）: 753-768.

［344］ GREENAN N, GUELLEC D. Technological innovation and employment reallocation ［J］. Labour, 2000, 14 （4）: 547-590.

［345］ GREEN F, MOSTAFA T, THIRION A, et al. Is job quality becoming more unequal? ［J］. ILR review, 2013, 66 （4）: 753-784.

［346］ GREGG E W, SHAW J E. Global health effects of overweight and obesity ［J］. N Engl J Med, 2017 （377）: 80-81.

［347］ GROSSMAN M. On the concept of health capital and the demand for health ［J］. The journal of political economy, 1972, 80 （2）, 223-255.

［348］ GUISO L, SAPIENZA P, ZINGALES L. The role of social capital in financial development ［J］. American economic review, 2004, 94 （3）: 526-556.

［349］ HART K. Informal income opportunities and urban employment in Ghana ［J］. The journal of modern african studies, 1973, 11 （1）: 61-89.

［350］ HEBDEN L, CHEY T, ALLMAN-FARINELLI M. Lifestyle intervention for preventing weight gain in young adults: a systematic review and meta-analysis of RCTs ［J］. Obesity reviews, 2012, 13 （8）: 692-710.

［351］ HESS T, LEGNER C, et al. Digital life as a topic of business and information systems engineering? ［J］. Business & information systems engineering, 2014, 6 （4）: 247-253.

［352］ HOLMAN D. Job types and job quality in Europe ［J］. Human relations, 2013, 66 （4）: 475-502.

［353］ IANSITI M, LAKHANI K R. Competing in the age of AI: How machine intelligence changes the rules of business ［J］. Harvard business review, 2020, 98 （1）: 60-67.

［354］ IGARASHI T, KASHIMA Y, et al. Culture, trust, and social networks ［J］. Asian journal of social psychology, 2008, 11 （1）: 88-101.

［355］ IHM J, HSIEH Y P. The implications of information and communication technology use for the social well-being of older adults ［J］. Information, communication &

society, 2015, 18 (10): 1123-1138.

[356] ILO. Conciliation and arbitration procedures in labour disputes: a comparative study [J]. Journal of industrial relations, 1981, 23 (4): 558.

[357] ILO. Decent work, report of the director general [R]. Geneva: International Labor Office, 1999.

[358] ILO. Employment, income and equity: a strategy for increasing productive employment in Kenya [R]. Switzerland: Geneva, 1972.

[359] ILO. Guidelines concerning a statistical definition of informal employment [R]. Switzerland: Geneva, 2003.

[360] IMF. Measuring the digital economy [R]. IMF Policy Papers, 2018, No. 022818.

[361] INAH M, IYAMIYAM M A, UDONWA R E. Diet and lifestyle: a panacea for achieving longevity in ugep, nigeria [J]. European journal of biology and medical science research, 2013, 1 (4): 19-33.

[362] ITU. Measuring the information society report 2016 [R]. Genera: International Telecommunication Union, 2016.

[363] JONES C I, TONETTI C. Nonrivalry and the Economics of Data [J]. American economic review, 2020, 110 (9): 2819-2858.

[364] KAHNEMAN D, KRUEGER A B. Developments in the measurement of subjective well – being [J]. American economic association, 2006, 20 (1): 3-24.

[365] KAORI Y, YUKI F, SHINSUKE, K. Synchronous double primary cancers of a mixed adenoneuroendocrine carcinoma of the distal bile duct and a carcinoma in situ in the perihilar bile duct [J]. Nippon shokakibyo gakkai zasshi, 2020, 117 (2): 178-188.

[366] KATO R, HARUYAMA Y, et al. Heavy overtime work and depressive disorder among male workers [J]. Occupational medicine, 2014, 64 (8): 622-628.

[367] KATZ V. Regulating the sharing economy [J]. Berkeley technology law

journal, 2015, 30 (6): 1067-1118.

[368] KHANNA S. Gender wage discrimination in India: Glass ceiling or sticky floor? [R]. Delhi: Delhi School of Economics Centre for Development Economics (CDE) Working Paper, 2012.

[369] KIM J S, CAMPAGNA A F. Effects of flexitime on employee attendance and performance: a field experiment [J]. Academy of management journal, 1981, 24 (4): 729-741.

[370] KNACK S, KEEFER P. Does social capital have an economic payoff? a cross-country investigation [J]. The quarterly journal of economics, 1997, 112 (4): 1251-1288.

[371] KOSSEK E E, THOMPSON R J, LAUTSCH B A. Balanced workplace flexibility: avoiding the traps [J]. California management review, 2015, 57 (4): 5-25.

[372] KRUEGER A B. How computers have changed the wage structure: evidence from microdata, 1984-1989 [J]. The quarterly journal of economics, 1993, 108 (1): 33-60.

[373] KUHN P, MANSOUR H. Is internet job search still ineffective? [J]. The economic journal, 2014, 124 (581): 1213-1233.

[374] LAMBERT A D, MARLER J H, GUEUTAL H G. Individual differences: factors affecting employee utilization of flexible work arrangements [J]. Journal of vocational behavior, 2008, 73 (1): 107-117.

[375] LAUDIEN S M, PESCH R. Understanding the influence of digitalization on service firm business model design: a qualitative-empirical analysis [J]. Review of managerial science, 2019, 13 (3): 575-587.

[376] LEE S H, KIM J. Has the internet changed the wage structure too? [J]. Labour economics, 2004, 11 (1): 119-127.

[377] LEI Y W. Delivering solidarity: Platform architecture and collective contention in China's platform economy [J]. American sociological review, 2021, 86 (2): 279-309.

［378］LESCHKE J, WATT A. Challenges in constructing a multi-dimensional European job quality index ［J］. Social indicators research, 2014, 118 （1）: 1-31.

［379］LESCHKE J, WATT A. Challenges in constructing a multi-dimensional European job quality index ［J］. Social indicators research, 2014, 118 （1）: 1-31.

［380］LEWIS W A. Economic development with unlimited supplies of labour ［J］. The manchester school, 1954, （22）: 139-191.

［381］LIN J. Technological adaptation, cities, and new work ［J］. Review of economics and statistics, 2011, 93 （2）: 554-574.

［382］LORDAN G, NEUMARK D. People versus machines: The impact of minimum wages on automatable jobs ［J］. Labour economics, 2018 （52）: 40-53.

［383］MACHADO J A F, MATA J. Counterfactual decomposition of changes in wage distributions using quantile regression ［J］. Journal of applied econometrics, 2005, 20 （4）: 445-465.

［384］MAGEE C A, CAPUTI P, IVERSON D C. Short sleep mediates the association between long work hours and increased body mass index ［J］. Journal of behavioral medicine, 2011, 34 （2）: 83-91.

［385］MANDEL H, SEMYONOV M. Gender pay gap and employment sector: sources of earnings disparities in the United States, 1970-2010 ［J］. Demography, 2014, 51 （5）: 1597-1618.

［386］MARTINETTI E, ROCHE J M. Operationalization of the capability approach, from theory to practice: a review of techniques and empirical applications ［J］. Debating global society: reach and limits of the capability approach, 2009, 40 （5）: 157-203.

［387］MINCER J. Schooling, experience, and earning ［M］. New York: National Bureau of Economic Research, 1974.

［388］MORENO-GALBIS E, WOLFF F C. New technologies and the gender wage gap: Evidence from France ［J］. Relations industrielles/industrial relations,

2008, 63 (2): 317-339.

[389] MORETTI E. Local multipliers [J]. American economic review, 2010, 100 (2): 373-377.

[390] MORTENSEN D T, PISSARIDES C A. Unemployment responses to "skill-biased" technology shocks: the role of labour market policy [J]. The economic journal, 1999, 109 (455): 242-265.

[391] MUSHKIN S J. Health as an investment [J]. Journal of political economy, 1962, 70 (5): 129-157.

[392] MUYSKEN J. Beyond unobserved heterogeneity in computer wage premiums/data on computer use in Germany, 1997-2001 [R]. Waastricht: UNU-Merit Working Paper Series, 2006a, No. 2006-006/1.

[393] MUYSKEN J. Data on computer use in Germany, 1997-2001 [R]. Waastricht: UNU-Merit Working Paper Series, 2006b, No. 2006-006/2.

[394] NADLER D A, LAWLER E E. Quality of work life: Perspectives and directions [J]. Organizational dynamics, 1983, 11 (3): 20-30.

[395] NAMBISAN S. Digital entrepreneurship: Toward a digital technology perspective of entrepreneurship [J]. Entrepreneurship theory and practice, 2017, 41 (6): 1029-1055.

[396] NAMBISAN S, SIEGEL D, KENNEY M. On open innovation, platforms, and entrepreneurship [J]. Strategic entrepreneurship journal, 2018, 12 (3): 354-368.

[397] NEGROPONTE N. Being Digital [M]. New York: Vintage Books, 1996.

[398] NIPPERT C. Home and work [M]. Chicago: University of Chicago Press, 1996.

[399] OAXACA R L, RANSOM M R. On discrimination and the decomposition of wage differentials [J]. Journal of econometrics, 1994, 61 (1): 5-21.

[400] OECD. A proposed framework for digital supply-use tables [EB/OL]. http://www. oecd. org/officialdocuments/publicdisplaydocumentpdf/? cote = SDD/

CSSP/WPNA（2018）3&DocLanguage＝En，2018.

［401］OECD. Measuring digital trade：Towards a conceptual framework ［M］. Paris：OECD Publishing，2017.

［402］OECD. Measuring the digital economy：A new perspective ［M］. Paris：OECD Publishing，2014.

［403］PEDULLA D S，PAGER D. Race and networks in the job search process ［J］. American sociological review，2019，84（6）：983-1012.

［404］PENDAKUR K，PENDAKUR R. Language as both human capital and ethnicity ［J］. International migration review，2002，36（1）：147-177.

［405］PENG X，NIE J Y，WANG X F，et al. Melatonin alleviates the deterioration of oocytes from mice subjected to repeated superovulation ［J］. Journal of cellular physiology，2019，234（8）：13413-13422.

［406］PISNEN J，TUOVINEN T. Digital innovations in rural micro-enterprises ［J］. Journal of rural studies，2020（73）：56-67.

［407］POSTAR D R. The effect of high-speed internet access on the gender wage gap ［M］. Washington：Georgetown University Press，2013.

［408］PÉREZ C. Technological change and opportunities for development as a moving target ［J］. Cepal review，2001（75）：109-130.

［409］PSYCHOGIOS A G，SZAMOSI L T，WOOD G. Introducing employment relations in South Eastern Europe ［J］. Employeerelations，2010，32（3）：205-211.

［410］RADCHENKO N. Heterogeneity in informal salaried employment：evidence from the Egyptian labor market survey ［J］. World development，2014（62）：169-188.

［411］RICHTER D H，SULLIVAN P P. Modification of near-wall coherent structures by inertial particles ［J］. Physics of fluids，2014，26（10）：407-432.

［412］RISNEN J，TUOVINEN T. Digital innovations in rural micro-enterprises ［J］. Journal ofrural studies，2020（73）：56-67.

［413］ROBEYNS I. The capability approach：a theoretical survey ［J］.

Journal of human development, 2005, 6 (1): 93-117.

[414] ROSENBAUM P R, RUBIN D B. Constructing a control group using multivariate matched sampling methods that incorporate the propensity score [J]. The American statistician, 1985, 39 (1): 33-38.

[415] ROSSITER J A. Human resource management [M]. Beijing: China Renmin University Press, 1999.

[416] RUBERY J, KEIZER A, GRIMSHAW D. Flexibility bites back: the multiple and hidden costs of flexible employment policies [J]. Human resource management journal, 2016, 26 (3): 235-251.

[417] RUTTERS F, NIEUWENHUIZEN A G, et al. Hypothalamic – Pituitary – Adrenal (HPA) axis functioning in relation to body fat distribution [J]. Clinical endocrinology, 2010, 72 (6): 738-743.

[418] SCHIEMAN S, YOUNG M. The demands of creative work: implications for stress in the work – family interface [J]. Social science research, 2010, 39 (2): 246-259.

[419] SCHIEMAN S, YOUNG M. The demands of creative work: Implications for stress in the work – family interface [J]. Social science research, 2010, 39 (2): 246-259.

[420] SEN A. Capability and well – being73 [J]. The quality of life, 1993 (30): 1-445.

[421] SEN A. Capitalism beyond the crisis [J]. New York review of books, 2009, 56 (5): 26-35.

[422] SEN A. Development as freedom [M]. Oxford: Oxford University Press, 1999.

[423] SEN A. Inequality reexamined [M]. Oxford: Clarendon Press, 1992.

[424] SIEGRIST J, WAHRENDORF M, SIEGRIST. Work stress and health in a globalized economy [M]. Berlin: Springer Berlin Heidelberg, 2016.

[425] SMITH C, SMITH J B, SHAW E. Embracing digital networks: Entrepreneurs' social capital online [J]. Journal of business venturing, 2017, 32

（1）：18-34.

［426］SOLOVIEVA S, LALLUKKA T, VIRTANEN M, et al. Psychosocial factors at work, long work hours, and obesity: a systematic review ［J］. Scandinavian journal of work environment & health, 2013, 39 （3）：241-258.

［427］SPEHR J. Human Pose Estimation ［J］. Springer international publishing, 2015, 8 （6）：121-133.

［428］SPIELER I, SCHEIBE S, STAMOV-ROßNAGEL C, et al. Help or hindrance? Day-level relationships between flextime use, work-nonwork boundaries, and affective well-being ［J］. Journal of applied psychology, 2017, 102 （1）：67-87.

［429］STALLKAMP M, SCHOTTER A P J. Platforms without borders? The international strategies of digital platform firms ［J］. Global strategy journal, 2021, 11 （1）：58-80.

［430］SULLIVAN R, PURUSHOTHAM A. Analysis of media reporting of the lancet oncology commission ［J］. Lancet oncology, 2013, 45 （1）：12-30.

［431］SWINBURN B A, KRAAK V I, et al. The global syndemic of obesity, undernutrition, and climate change: the Lancet Commission report ［J］. The lancet, 2019, 393 （10173）：791-846.

［432］TANCIONI M, SIMONETTI R. A macroeconometric model for the analysis of the impact of technological change and trade on employment ［J］. Journal of interdisciplinary economics, 2002, 13 （1-3）：185-221.

［433］TAPSCOTT D. The digital economy: Promise and peril in the age of networked intelligence ［M］. New York: McGraw-Hill, 1996.

［434］TAYLOR B, LIPPITT G. Management development and training manual ［M］. Beijing: Tsinghua University Press, 1987.

［435］TEECE D J. Profiting from innovation in the digital economy: enabling technologies, standards, and licensing models in the wireless world ［J］. Research policy, 2018, 47 （8）：1367-1387.

［436］TERA F. Theory of a methodology for initial lead determination, and a procedure to resolve it to some of its stages ［R］. Chemical geology, 2017.

［437］THOMPSON R J, PAYNE S C, TAYLOR A B. Applicant attraction to flexible work arrangements: separating the influence of flextime and flexplace ［J］. Journal of occupational and organizational psychology, 2015, 88 （4）: 726-749.

［438］TODARO M. The economic development of the third world ［M］. Beijing: China Renmin University Press, 1988.

［439］TOKMAN V E. Policies for a heterogeneous informal sector in Latin America ［J］. World development, 1989, 17 （7）: 1067-1076.

［440］TOMAS P, et al. The long-run growth in obesity as a function of technological change ［J］. Perspectives in biology and medicine, 2003 （3）: 87-107.

［441］TRIVEDI T, LIU J, PROBST J, et al. Obesity and obesity-related behaviors among rural and urban adults in the USA ［J］. Rural and remote health, 2015, 15 （4）: 32-67.

［442］VEDAA Ø, HARRIS A, BJORVATN B, et al. Systematic review of the relationship between quick returns in rotating shift work and health-related outcomes ［J］. Ergonomics, 2016, 59 （1）: 1-14.

［443］VIRGILLITO M E. Rise of the robots: technology and the threat of a jobless future ［J］. Labor history, 2017, 58 （2）: 240-242.

［444］VIRTANEN M, FERRIE J E, et al. Long working hours and symptoms of anxiety and depression: a 5-year follow-up of the Whitehall II study ［J］. Psychological medicine, 2011, 41 （12）: 2485-2494.

［445］WARR P. Work, happiness, and unhappiness ［M］. London: Psychology Press, 2007.

［446］WASSERMAN I M, RICHMOND-ABBOTT M. Gender and the Internet: Causes of variation in access, level, and scope of use ［J］. Social science quarterly, 2005, 86 （1）: 252-270.

［447］WICKS-LIM J. The working poor: a booming demographic ［J］. New labor forum, 2012, 21 （3）: 17-25.

［448］WILKINSON R G. Social determinants of health: the solid facts ［R］. Geneva: World Health Organization, 1998.

［449］YOUNG A A. Increasing returns and economic progress ［J］. The economic journal, 1928, 38 (152): 527-542.

［450］ZAK P J, KNACK S. Trust and growth ［J］. The economic journal, 2001, 111 (470): 295-321.

［451］ZHOU M, WANG H, et al. Mortality, morbidity, and risk factors in China and its provinces, 1990-2017: a systematic analysis for the Global Burden of Disease Study 2017 ［J］. The lancet, 2019, 394 (10204): 1145-1158.

后　记

时光荏苒，白驹过隙，感谢一路走来所有帮助过我的人！这本书出自我的国家社会科学基金青年项目"数字经济发展对就业总量、结构及质量的影响与提升机制研究"（20CJY015）的结项报告，首先衷心感谢全国哲学社会科学工作办公室能够于 2020 年 9 月给予立项，该项目于 2023 年 5 月顺利结项，也正是由于主持完成了该项青年项目，我才能够围绕"数字经济与就业"这个领域顺利开展了一系列学术研究，也进一步助力我个人的学术研究。在此，我对全国哲学社会科学工作办公室表示衷心感谢，也对能够受到首都经济贸易大学经济学院学科建设经费和北京市属高校分类发展项目"两区"建设助力扩大开放，实现首都高质量发展的资助表示诚挚谢意！在本书稿完成之际，回首过往种种依然历历在目，久久不能散去……曾记得，从硕士、博士到博士后再到现在进入工作岗位，成为一名教师，美丽的校园一直都是我人生中最重要、最精彩岁月的地方。在此，我的心中有太多的感慨，有太多的事值得回忆，有太多的人需要感谢。

感谢我的恩师张抗私教授，张老师渊博的知识和深刻的思想引领着我走向学术研究之路，她严谨认真的学术态度深深影响着我，恩师经常对我说"要情真意切地做学问"，这几个字已经深深刻在了我的心里。回顾在整个硕博连读期间，从最初对论文写作的懵懵懂懂，到能够系统地完成博士论文，无不体现着恩师在我身上付出的滴滴心血和谆谆教诲。还记得课堂之上，恩师妙语连珠般地讲授劳经知识，让原本枯燥单调的学习变得生动有趣、熠熠生辉；还记得无论恩师多忙，都会抽出时间给我指出论文的不足，以及需要改进的地方，让我的学术水平得以进一步提升；也还记得当我惆怅彷徨之时，恩师给予我最温暖、最有力的鼓励，让我重拾信心继续努力拼搏下去……那些温馨而又熟悉的画面至今仍然历历在目，在我脑海里留下了不可抹去的印记。在生活中，恩师如慈母般关心我，教给我豁达谦和的处世之道，对于恩师的教诲和帮助，我会永远铭记于心！在这里，我想真诚地道一声："老师您辛苦了！谢谢老师！"

衷心感谢我的博士后导师戚聿东教授，戚老师渊博的知识和深刻的思想引领着我继续深耕学术之路，他治学严谨、孜孜不倦、春风化雨、润物无声，不仅是我研究领域及方向的领航人，更是我人生中的良师益友。回顾我的博士后生涯，给我印象最深的便是每当我迷惑的时候，戚老师都能给我带来学术自信和温暖关怀，能够指点迷津、量身定制出最适合我的研究主题。记得开学术讨论会时，戚老师妙语连珠般地讲授最前沿的知识、最热门的话题，让学习变得生动有趣、熠熠生辉；记得无论戚老师多忙，都会抽出时间给我指出论文需要改进的地方，让我的学术水平得以进一步提升；记得2020年初在我申请国家社科青年项目不知该如何写标书时，戚老师给我指明方向，并多次指导我撰写和提出宝贵的修改建议，最终在老师指导和自己努力下幸运获批课题；也还记得在我怀孕期间，戚老师给予我特殊关心与照顾，嘱咐我要好好休养，我的心中满满全是感动，那些温馨而又熟悉的画面至今仍然历历在目，在我脑海里留下了不可抹去的印记。在生活中，戚老师教给我豁达、乐观、谦和的处世之道，对于戚老师给予我的所有教诲和各种工作上的推荐及帮助，我都会永远铭记于心！

感谢我的爱人丁述磊，从硕士、博士、博士后乃至现在的工作期间，我们互相学习与进步、互相陪伴与支持、互相取长补短、齐心协力，我们不仅是知冷知热的情侣和伴侣，更惺惺相惜的挚友和战友，因为有彼此的存在，让我们不再孤单和落寞，而是更加充实和快乐，期望与你一起携手共筑美好的未来生活！与你相识至今已有十年的时间，感谢你一直以来的陪伴、懂得和帮助，因为有你生活变得有了温度和色彩。陪伴不易，相伴余生！

感谢我温暖可爱的同门好友，有晓蒙姐、善乐哥、晨哥、周鑫、倩琳、杜博……每一次课上的合作与讨论、课下的相聚与玩耍不仅是智慧的碰撞，更多的是心灵的共鸣，谢谢有你们，让我们围绕着恩师组成一个团结友爱的大家庭，一起努力前行，也为我的求学生涯增添了更多美丽的记忆。感谢东北财经大学经济学院曾经教育过我的老师们，记得有张凤林老师给我们讲人力资本课程，王询老师给我们讲企业理论，齐鹰飞老师给我们讲高级宏观经济学，刘凤芹老师给我们讲制度经济学，王维国老师给我们讲计量经济学……还有许多知识渊博、和蔼可亲的老师们，你们的谆谆教导、关心和帮助给我的求学生涯带来了很多感动和温暖。

同时，还要特别感谢首都经济贸易大学所有的老师们，2022 年 6 月能够顺利加入首都经济贸易大学经济学院这个温暖的大家庭是我莫大的荣幸，我定会倍加珍惜。而且，我能够在这里认识到学识渊博、德高望重的教学指导老师王军老师，对于我的教学和职业生涯规划给予宝贵的指导意见和支持关照，您的教诲如同一盏明灯，照亮我的前行之路，学生一直铭记于心。在这里，还有和蔼可亲、温文尔雅的杜雯翠老师、杜鹏程老师、赵家章老师，当然还有许多勤勤恳恳、无私奉献的各位领导、前辈和老师们，遇到你们是我莫大的幸运，你们也是我未来努力学习的榜样和楷模！作为一名新教师，我深知自己在起步阶段有很多不足，教学经验有待丰富，业务水平有待提高，知识领域有待拓宽，但我相信有各位前辈的言传身教以及老师们深厚思想内涵、丰富文化知识和精湛教学技艺的熏陶感染，再加上我们诚恳认真的学习态度，一定能够不断提高，取得最大的进步，不辜负各位领导和老师们的期望。同时，本专著得到首都经济贸易大学经济学院学科建设经费和北京市属高校分类发展项目"两区"建设助力扩大开放，实现首都高质量发展的资助和鼎力支持，特此对经济学院各位领导表示诚挚的感谢。作为新教师，我会继续传承骆驼精神，努力做有理想信念、扎实学识、仁爱之心的好老师！

最后，特别感谢我敬爱的父亲刘永堂和母亲李福云，父母勤劳善良、仁义宽厚，一直在竭尽所能把最好的给予我和姐姐刘珍，父母经常教育我要做一个正直、善良、对社会有用的人，我一直都谨记在心。记得在我小时候，勤劳朴实的父亲就经常对我说学如逆水行舟，不进则退，这句话已经成为我学习的座右铭，父亲教会我做人要脚踏实地、坚持不懈，凡事尽力而为并学会处之泰然；也还记得和蔼善良的母亲给我们做可口的饭菜，为了这个家日夜辛勤操劳，让我们能够健康快乐长大，母亲教会我用宽容的心对待生活，用感恩的心对待一切。感谢父母的生育之恩、养育之情，你们辛苦了，所有的点点滴滴女儿都一生铭记于心，我未来定当涌泉相报。22 年的求学生涯，整个过程并不总是一帆风顺的，其间也经历了一些困难、挫折，正是父母和姐姐给予了我最无私的关怀、包容和鼓励，让我勇敢而又坚定地继续前行下去。同时，还要感谢我亲爱的女儿丁柠芊，2021年你顺利地来到妈妈身边，你是那么的可爱、听话和懂事，每当看到你、想到你，我的嘴角总会情不自禁地扬起微笑，女本柔弱，为母则刚，妈妈愿尽一切力量呵护你健康平安、快乐长大，愿你将来成为一个对国家、对社会有用之人。此外，还要感谢我的公公丁钦海、婆婆李二环在生活中给予我的体恤、无私的帮助和支持，家是我心中最柔软的地方，那不仅是温暖的庇护所，更是爱的港湾！

感谢所有我生命中遇到过的人和事，这些都是我人生中最宝贵的财富！天行健，君子以自强不息；地势坤，君子以厚德载物！未来我会带着感恩的心继续努力奋斗下去，以最真挚的热情去生活和工作，回馈父母的养育之恩、恩师及前辈的培育之情，以及所有有恩于我的可爱的人！